LA NOUVELLE Grammaire PRATIQUE

secondaire et adulte

Myriam Laporte

Ginette Rochon

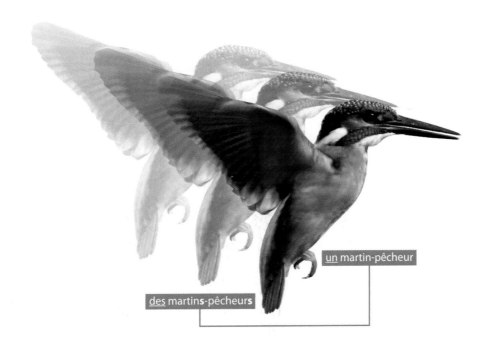

un martin-pêcheur

des martins-pêcheurs

CEC parasco

9001, boul. Louis-H.-La Fontaine, Anjou (Québec) Canada H1J 2C5
Téléphone : 514-351-6010 • Télécopieur : 514-351-3534

Direction de l'édition
Danielle Guy
Diane De Santis
Marie-Josée Charette
Alexandra Labrèche

Direction de la production
Danielle Latendresse

Direction de la coordination
Sylvie Richard
Rodolphe Courcy

Charge de projet
Manon Lagarde

Révision linguistique et adaptation de l'introduction
Nicole Blanchette

Correction d'épreuves
Marie Théorêt
Jacinthe Caron

Illustrations
Stéphane Jorisch

Conception et réalisation graphique LE GROUPE **flexidée**
COMMUNICATEUR GRAPHIQUE

**Réalisation graphique
des pages liminaires**
Les Studios Artifisme

Conception et réalisation graphique de la couverture

matteau parent
graphisme et communication
Geneviève Guérard

Les auteures et l'Éditeur tiennent à remercier les personnes suivantes qui ont participé à l'élaboration du projet.

Consultante scientifique
Marie-Christine Paret, professeure honoraire de didactique du français, Université de Montréal

Consultants pédagogiques
Denis Charbonneau, chargé de cours au département de didactique, Université de Montréal, et conseiller pédagogique, commission scolaire de la Seigneurie-des-Mille-Îles

Danielle Girard, enseignante, Institut Secondaire Keranna

Catherine Martin, enseignante ressource, école secondaire Calixa-Lavallée, commission scolaire de la Pointe-de-l'Île

France-Hélène Rayle Despatis, enseignante, école secondaire du Mont-Bruno, commission scolaire des Patriotes

Karine St-Onge, enseignante, école secondaire de l'Odyssée, commission scolaire des Sommets

Michel Turcotte, chargé de cours en didactique de l'écriture, Université de Montréal

Emanuel Valex, enseignant, école Wilfrid-Léger, commission scolaire du Val-des-Cerfs

Christiane Vogel, enseignante, école Paul-Gérin-Lajoie d'Outremont, commission scolaire Marguerite-Bourgeoys

Collaborateurs à la rédaction des textes d'ouverture de chapitres
Angèle Delaunois • Sophie Jama • Jacques Pasquet

Gouvernement du Québec – Programme de crédit d'impôt pour l'édition de livres Gestion SODEC.

Les Éditions CEC inc. remercient le gouvernement du Québec pour l'aide financière accordée à l'édition de cet ouvrage par l'entremise du Programme de crédit d'impôt pour l'édition de livres, administré par la SODEC.

Nouvelle grammaire pratique – secondaire et adulte
© 2012, Les Éditions CEC inc.
9001, boul. Louis-H.-La Fontaine
Anjou (Québec) H1J 2C5

Dépôt légal : 2012
Bibliothèque et Archives nationales du Québec
Bibliothèque et Archives Canada

ISBN 978-2-7617-6280-9
ISBN 978-2-7617-3271-0 (*Nouvelle grammaire pratique – pour tous*)

Imprimé au Canada
3   4   5   6   7   20   19   18   17   16

Sources iconographiques de la couverture
© Rickshu/Shutterstock 6444443
© Worlpics/Shutterstock 49476232
© Login/Shutterstock 46330102

TABLE DES MATIÈRES

TABLE DES MATIÈRES

TABLE DES MATIÈRES

Si vous avez étudié à l'école la grammaire nouvelle[1], vous vous retrouverez facilement dans la *Nouvelle grammaire pratique,* puisque l'approche et les termes employés vous sont déjà familiers. Dans ce cas, la partie *Le Guide* qui suit pourra vous servir d'outil de révision.

En revanche, si vous avez appris selon la grammaire dite « traditionnelle », telle qu'on l'enseignait au Québec avant le passage à la grammaire nouvelle, la partie *Le Guide* vous sera utile pour vous familiariser avec la nouvelle approche étant donné qu'elle propose une comparaison entre les deux.

Faisons d'abord un survol de la partie *Le Guide* avant de présenter le contenu de la *Nouvelle grammaire pratique.*

Ce qu'offre *Le Guide*

La première section de la partie *Le Guide* présente brièvement l'origine de la grammaire nouvelle.

Dans la deuxième section, vous trouverez les principales différences entre la grammaire nouvelle et la grammaire traditionnelle. Elles sont présentées à l'aide de tableaux comparatifs, ce qui permet de faire facilement un lien entre les deux. Vous verrez les changements apportés en ce qui concerne les classes de mots, les fonctions, la conjugaison, la phrase et l'analyse de la phrase.

La troisième section présente des notions qui sont propres à la grammaire employée aujourd'hui, notamment l'approche donneur-receveur, la phrase de base et les manipulations syntaxiques. Il y est aussi question de la grande importance que la grammaire nouvelle accorde au texte.

La quatrième section fournit des exemples d'application de la grammaire nouvelle.

La partie *Le Guide* se termine sur un tableau synthèse des principaux aspects de la grammaire nouvelle.

---

1. La grammaire nouvelle est enseignée au Québec depuis 1995 au secondaire et depuis 2001 au primaire.

La *Nouvelle grammaire pratique* en bref

La *Nouvelle grammaire pratique* a été conçue selon le *Programme de formation de l'école québécoise* du ministère de l'Éducation.

Cet ouvrage comporte huit parties. Il présente d'abord les outils d'analyse que sont le modèle de la phrase de base et les manipulations syntaxiques. Ces outils seront utilisés tout au long de la grammaire afin de mieux faire comprendre certains mécanismes de la langue.

Les trois parties suivantes traitent des classes de mots, des groupes et de la phrase. Nous avons choisi de partir de la plus petite unité syntaxique, soit le mot, pour aller progressivement vers la phrase. Même si une grammaire ne se consulte pas nécessairement de façon linéaire, cet ordre nous a paru logique : de l'unité la plus simple à l'unité la plus complexe.

La conjugaison et les accords font le pont entre la phrase et le lexique. Puis, la communication et le texte, y compris la ponctuation, font l'objet de la dernière partie de la grammaire. Ainsi, dans cette démarche, les notions sont graduellement intégrées pour en arriver au tout qu'est le texte.

L'ouvrage se termine par trois annexes : une synthèse des fonctions syntaxiques, des tableaux sur l'emploi des temps dans la phrase et un résumé des rectifications orthographiques.

Organisation des chapitres

Chaque chapitre est organisé de façon à faciliter le repérage des contenus.

Par exemple, un chapitre type commence par un texte d'observation. Ensuite, la notion est abordée selon les caractéristiques et les règles qui lui sont propres. Les cas généraux sont donnés ; puis, s'il y a lieu, des précisions sont ajoutées sous une rubrique intitulée justement « Pour préciser ». Le pictogramme 2ᵉ cycle ▶ réfère à des contenus à l'étude au deuxième cycle du secondaire.

Finalement, un tableau intitulé « Les faits saillants » résume le contenu du chapitre. Il donne une vue d'ensemble des points généraux.

Par ailleurs, tout au long de l'ouvrage, on remarquera des notes placées en marge ; ces notes sont des astuces ou des renseignements pratiques en lien avec les notions présentées. Elles peuvent s'appliquer tant à l'écriture qu'à la lecture.

À propos des abréviations et des symboles...

Vous pourrez remarquer dans la grammaire un certain nombre d'abréviations et de symboles. Les unités que sont les classes de mots, les groupes et la phrase sont représentées par des symboles (sans point et avec majuscule initiale). Les fonctions, quant à elles, sont représentées par des abréviations (avec point et tout en minuscules). Ces deux façons de faire permettent, dans l'analyse, de bien distinguer les unités des fonctions. D'ailleurs, pour marquer davantage cette distinction dans l'analyse, les fonctions sont écrites en dessous de la phrase, alors que les unités apparaissent au-dessus de la phrase.

Objectif

Notre objectif est de proposer un ouvrage de référence sur la grammaire nouvelle qui soit clair et facile à consulter. Nous avons toujours cherché à présenter les notions de la façon la plus simple et la plus concise possible, en mettant d'abord l'accent sur les cas généraux et les régularités du français.

Enfin, nous souhaitons que la *Nouvelle grammaire pratique* soit une source de connaissances utiles pour mieux comprendre la langue française. Nous espérons aussi qu'elle contribuera à faire apprécier cette belle langue qui nous tient à cœur.

Les auteures

Les grandes orientations de la grammaire nouvelle

La grammaire nouvelle, malgré ses différences d'avec la grammaire traditionnelle[1], poursuit le même but : soutenir l'apprentissage de l'orthographe et des règles d'accord. Cependant, elle fournit des outils qui lui sont propres pour comprendre la structure des phrases (syntaxe) et l'organisation des textes. C'est grâce aux recherches en sciences de l'éducation et du langage qu'on en est arrivé à l'établissement de la grammaire nouvelle.

Bien sûr, la grammaire actuelle comporte plusieurs termes nouveaux qu'on a retenus parce qu'ils désignent plus clairement les notions qu'ils représentent. Mais au-delà des termes, la principale différence réside dans la façon d'étudier la matière : la grammaire nouvelle repose sur l'analyse de la phrase par les groupes de mots qui la composent. C'est pourquoi on parle maintenant de « groupe du nom », de « groupe du verbe », par exemple, et de leur fonction dans la phrase.

Voici quelques cas qui donnent un aperçu de cette différence dans l'analyse.

Dans la **grammaire nouvelle**, l'analyse de la langue est axée sur la structure de la phrase et la forme des mots (le genre et le nombre des noms et des adjectifs ; la personne, le nombre et le temps des verbes ; etc.). Par exemple, pour repérer un nom dans la phrase, on peut s'appuyer non seulement sur la définition du nom, mais également sur le fait que le nom est souvent précédé d'un déterminant (ex. : *le parc, la pelouse, les bancs*). On peut aussi observer la forme du mot *monde* (masculin singulier) pour accorder le verbe au singulier dans une phrase comme *Tout le* **monde** *sort !*

En comparaison, dans la **grammaire traditionnelle**, l'analyse de la langue se fondait essentiellement sur le sens. On y définissait la nature des mots ou leur fonction selon le sens exprimé. La définition traditionnelle du nom étant « mot qui désigne une personne, un animal ou une chose », on pouvait éprouver de la difficulté à classer certains noms comme *joie, mathématique* ou *aventure* parce qu'ils ne renvoient ni à une personne, ni à un animal, ni à une chose. Par ailleurs, dans la phrase *Tout le monde a participé à la fête,* on pouvait avoir la tentation d'accorder le verbe au pluriel, puisque le sujet de la phrase désigne un groupe de personnes.

Les sections qui suivent permettent de découvrir la grammaire nouvelle en exposant ses différences d'avec la grammaire traditionnelle, en présentant les notions qui lui sont propres et en donnant quelques exemples d'application. Pour terminer, un tableau fait la synthèse des principaux aspects de la grammaire nouvelle.

---

1. La grammaire traditionnelle désigne l'approche enseignée au Québec avant 1995 pour le secondaire et avant 2001 pour le primaire.

1. L'origine de la grammaire nouvelle

La transition vers la grammaire nouvelle est amorcée depuis le début des années 1970. D'ailleurs, ce mouvement ne se produit pas qu'au Québec. Dans plusieurs pays de la francophonie, à mesure que l'on comprend davantage le processus permettant d'apprendre la langue, on sent le besoin de «rénover» la grammaire.

L'approche employée à l'heure actuelle met l'accent sur la grammaire de la phrase, c'est-à-dire la syntaxe, afin de donner une vue d'ensemble de la phrase. Puis, on y ajoute la «grammaire du texte», qui dépasse les limites de la phrase elle-même. En effet, pour communiquer, il faut non seulement bien écrire les mots, mais également être capable de faire progresser l'information, de faire des liens entre les phrases, de donner une structure au texte, etc.

La grammaire a donc évolué grâce aux recherches en psychologie cognitive, en sciences du langage et en sciences de l'éducation. De plus, elle a été adaptée à la classe de français afin de permettre aux élèves à qui on l'enseigne de développer des compétences comme lecteurs et comme scripteurs.

Il est important de souligner que les dictionnaires n'ont pas encore intégré toute la terminologie de la grammaire nouvelle. Par exemple, on y trouve encore les adjectifs possessifs, démonstratifs, etc., au lieu des déterminants possessifs, démonstratifs... Il est possible que cette réalité cause certains problèmes. C'est la raison pour laquelle nous avons évité d'insérer des articles de dictionnaire dans certains chapitres de la *Nouvelle grammaire pratique*.

Toutefois, tout porte à croire que les termes de la grammaire nouvelle feront leur entrée dans les dictionnaires au fur et à mesure que l'enseignement de cette approche se généralisera.

2. Les principales différences entre la grammaire traditionnelle et la grammaire nouvelle

a) Les classes de mots

Ce qu'on nommait traditionnellement la « nature du mot » s'appelle dorénavant une « classe de mots ».

↳ **Page 8**
Manipulations
syntaxiques

GRAMMAIRE NOUVELLE
Les cinq premières classes de mots sont variables et les trois dernières sont invariables.

Grammaire traditionnelle	Grammaire nouvelle
Les mots sont regroupés en neuf catégories selon leur sens : 1. Nom 2. Article 3. Adjectif 4. Pronom 5. Verbe 6. Préposition 7. Adverbe 8. Conjonction 9. Interjection*	Les mots sont regroupés en huit *classes* selon leurs caractéristiques : 1. Nom 2. Déterminant 3. Adjectif 4. Pronom 5. Verbe 6. Préposition 7. Adverbe 8. Conjonction
Des définitions servent à donner une nature à chaque catégorie de mots.	Différents moyens, comme les manipulations syntaxiques, permettent de repérer chaque classe de mots.
L'article et les adjectifs possessifs, démonstratifs, etc., constituent des catégories à part.	La classe des déterminants regroupe tous les mots ayant des caractéristiques communes, notamment celle d'introduire un nom (ex. : **la** *voix,* **cette** *voix,* **sa** *voix*).
On utilise les termes *adjectif possessif, adjectif démonstratif, adjectif interrogatif,* etc.	On utilise les termes *déterminant possessif, déterminant démonstratif, déterminant interrogatif,* etc., étant donné leurs caractéristiques communes.
On emploie le terme *adjectif qualificatif,* ou encore *adjectif épithète* (relié au nom).	On emploie simplement le terme *adjectif*.

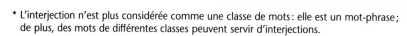

* L'interjection n'est plus considérée comme une classe de mots : elle est un mot-phrase ; de plus, des mots de différentes classes peuvent servir d'interjections.

Ex. : *Tiens, tiens !* (verbe)   *Chapeau !* (nom)   *Génial !* (adjectif)

(*suite*)

Grammaire traditionnelle	Grammaire nouvelle
Le participe passé employé seul (sans auxiliaire), même s'il a la valeur d'un adjectif, est analysé comme un participe passé.	Le participe passé employé seul est analysé comme un adjectif, puisqu'il s'accorde comme un adjectif.
On utilise le terme *verbe d'état* pour des verbes comme *être*, *paraître*, *sembler*, etc., introduisant un attribut du sujet.	On utilise le terme *verbe attributif* pour des verbes comme *être*, *paraître*, *sembler*, etc., introduisant un attribut du sujet.

b) Les fonctions

Certains termes ont changé pour distinguer les fonctions dans l'analyse. La façon de repérer ces fonctions a aussi changé. En voici des exemples.

Grammaire traditionnelle	Grammaire nouvelle
On utilise les termes *épithète*, *apposition* et *complément déterminatif du nom* pour désigner les mots servant à compléter le nom.	On utilise uniquement le terme *complément du nom*. La notion s'en trouve simplifiée.
On utilise les termes *complément d'objet direct* (*COD*) et *complément d'objet indirect* (*COI*).	On utilise les termes *complément direct* et *complément indirect* sans le mot *objet*.
On utilise des *compléments circonstanciels* (de lieu, de temps, de manière, de but, de cause, etc.) analysés selon le sens.	On utilise des *compléments du verbe* ou des *compléments de phrase* analysés selon des caractéristiques syntaxiques (mobile, facultatif, remplaçable, etc.).

Les anciens compléments circonstanciels ne sont pas tous devenus des compléments de phrase. Certains peuvent être des compléments indirects du verbe, essentiels pour que la phrase soit bien construite.

Ex. : *Julie va **à la bibliothèque**.* ⇒ *Julie va* ✕ .
   Ici, le groupe *à la bibliothèque* (ancien complément circonstanciel de lieu) est un complément indirect du verbe : il ne peut pas être effacé.

   *J'ai trouvé un bon livre **à la bibliothèque**.* ⇒ *J'ai trouvé un bon livre* ✕ .
   Ici, ce même groupe est un complément de phrase, mobile et facultatif : il peut être effacé ou déplacé dans la phrase.

...

> GRAMMAIRE NOUVELLE
> Les fonctions, ce sont les relations entre les mots ou les groupes dans la phrase.

(*suite*)

Grammaire traditionnelle	Grammaire nouvelle
Pour repérer la fonction	
Le sujet répond à la question *Qui est-ce qui?* ou *Qu'est-ce qui?*, tandis que le complément répond à la question *Qui? Quoi? À qui? À quoi? De qui? De quoi?*, etc. Souvent, ces questions peuvent entraîner des erreurs si on les utilise au mauvais endroit ou si on utilise la même question, *quoi?* par exemple, pour trouver un complément d'objet direct ou un attribut du sujet.	Des manipulations syntaxiques (effacement, remplacement, etc.) sont utilisées pour repérer les fonctions dans la phrase. Les manipulations sont des moyens plus sûrs que les questions traditionnelles. De plus, plusieurs manipulations peuvent être employées pour un même cas, ce qui permet de vérifier la réponse obtenue.
Sujet – Verbe	
Le verbe peut avoir plusieurs sujets coordonnés, ce que l'on omet souvent de vérifier. Ex.: *Lili et Pablo dorment.*	Le verbe n'a qu'un seul sujet, comme le démontre la manipulation de remplacement par un pronom. Ex.: *Lili et Pablo dorment.* ➡ *Ils dorment.*

⇨ Page 8
Manipulations
syntaxiques

GRAMMAIRE NOUVELLE

En matière de conjugaison, il y a peu de nouveautés à noter.

c) La conjugaison

Grammaire traditionnelle	Grammaire nouvelle
Trois groupes de verbes sont distingués: – les verbes en *-er*; – les verbes en *-ir* qui se conjuguent sur le modèle de *finir*; – les autres verbes, appelés «verbes irréguliers».	Deux grandes catégories de verbes sont distinguées: – les verbes réguliers; – les verbes irréguliers. Les verbes réguliers regroupent les verbes en *-er* ainsi que les verbes en *-ir* comme *finir*, puisque ces quelque 300 verbes présentent une régularité dans leur conjugaison.
Le conditionnel est considéré comme un mode spécifique.	Le conditionnel est considéré comme un temps du mode indicatif, puisqu'il n'exprime pas seulement la condition. Il sert, entre autres, à exprimer un futur dans le passé. Ex.: *José m'a dit qu'il **irait** au Pérou.*

d) La phrase

Grammaire traditionnelle	Grammaire nouvelle
Les phrases, ou les propositions, sont analysées selon ce qu'elles expriment. Ex.: *Tu viens avec nous?* est considérée comme une proposition interrogative, car elle sert à poser une question.	Il y a quatre types de phrases: déclaratif, interrogatif, exclamatif et impératif. Les phrases sont analysées d'après leur type. Ex.: *Tu viens avec nous?* est considérée comme une phrase de type déclaratif servant à poser une question. Alors que *Viens-tu avec nous?* est une phrase de type interrogatif, car elle présente la **structure** d'une phrase interrogative (inversion verbe-sujet).
On dit que la phrase simple est généralement formée d'un sujet, d'un verbe et d'un complément.	On dit que la phrase est formée: – de deux constituants obligatoires, soit le sujet et le prédicat (groupe du verbe) – et d'un constituant facultatif, soit le complément de phrase (P). **Phrase de base** = Sujet + Prédicat + Complément de P

GRAMMAIRE NOUVELLE

Le sujet, le verbe et le complément sont toujours là, mais on en a fait des groupes.

Page 3
Phrase de base

Le sujet, le prédicat et le complément de phrase désignent aussi les fonctions des constituants. Par exemple, si un groupe du nom (GN) forme le constituant sujet, il a alors la fonction de sujet dans la phrase. La fonction de prédicat est toujours remplie par un groupe du verbe (GV).

Dans la phrase de base, le prédicat (surligné en jaune) comprend le ou les compléments du verbe, différents du complément de phrase.

Sujet | Prédicat | Complément de P

Ex.: *Fida* *donne* ***des cours*** *cette semaine*.

complément direct

Le complément de phrase peut être déplacé ou effacé, contrairement au complément du verbe.

Ex.: *Cette semaine*, *Fida* *donne des cours*.

~~   ~~ *Fida* *donne des cours*.

Mais non:

Fida ~~des cours~~ *donne* *cette semaine*.

LES GRANDES ORIENTATIONS DE LA GRAMMAIRE NOUVELLE **XXI**

e) L'analyse de la phrase

Grammaire traditionnelle	Grammaire nouvelle
On analyse chaque mot de la phrase de façon linéaire en précisant sa nature, sa forme et sa fonction. Ex. : *La jeune stagiaire donne un atelier.* *La* : article défini, féminin singulier, détermine le nom *stagiaire*. *jeune* : adjectif qualificatif, féminin singulier, qualifie le nom *stagiaire*. *stagiaire* : nom commun, féminin singulier, sujet du verbe *donne*. *donne* : verbe *donner*, 1er groupe, indicatif présent, 3e personne du singulier. *un* : article indéfini, masculin singulier, détermine le nom *atelier*. *atelier* : nom commun, masculin singulier, complément d'objet direct du verbe *donne*.	L'analyse permet de voir que la phrase est une structure arborescente (représentation en arbre), et non linéaire. Elle montre en même temps les relations entre les mots et les groupes, et la façon dont ils s'agencent pour constituer une phrase. 1° On dégage les constituants obligatoires (sujet et prédicat) et le ou les constituants facultatifs (compléments de phrase), s'il y a lieu. 2° On identifie les groupes qui forment ces constituants, par exemple le groupe du nom (GN) et le groupe du verbe (GV). 3° On décompose chaque groupe pour identifier la classe de chacun des mots qu'il comprend. 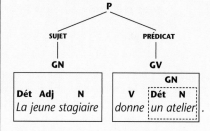 En travaillant ainsi la construction de la phrase, c'est-à-dire la syntaxe, on est à même de mieux comprendre le fonctionnement de la langue.

3. Une approche particulière

GRAMMAIRE NOUVELLE

L'approche donneur-receveur est une notion à la base de toutes les règles d'accord.

a) Le donneur d'accord et le receveur d'accord

L'approche **donneur-receveur** requiert une réflexion sur le système des accords et favorise la compréhension, ce qui évite d'avoir à mémoriser tout un ensemble de règles.

Les donneurs et les receveurs d'accord concernent les classes de mots variables : nom, pronom, déterminant, adjectif, verbe.

- **Les donneurs d'accord**
  Le **nom** et le **pronom** sont les donneurs d'accord. Ils donnent soit le genre et le nombre, soit la personne et le nombre.

↪ Page 14
Nom
↪ Page 48
Pronom

- **Les receveurs d'accord**
  Le **déterminant**, l'**adjectif** et le **verbe** sont des receveurs d'accord :
  – le déterminant et l'adjectif reçoivent le genre et le nombre de leur donneur ;
  – le verbe reçoit la personne et le nombre de son donneur.

↪ Page 28
Déterminant
↪ Page 36
Adjectif
↪ Page 64
Verbe

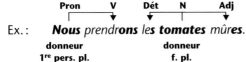

Ex. :   **Nous** prend**ons** le**s tomates** mû**res**.

       donneur   donneur
       1re pers. pl.   f. pl.

b) La phrase de base, les constituants et les groupes

GRAMMAIRE NOUVELLE

Ces notions permettent de schématiser la phrase.

En grammaire nouvelle, la **phrase de base (P),** avec ses constituants, est un modèle pour analyser la plupart des phrases.

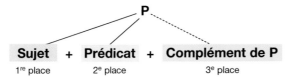

Ce modèle permet également de mieux définir la phrase. En effet, on ne définit plus la phrase strictement selon des critères de sens ou des repères graphiques (majuscule en début de phrase et point final) ; on la définit aussi selon sa structure syntaxique.

↪ Page 120
Phrase et constituants

Les **trois constituants** de la phrase sont nommés par leur fonction : sujet, prédicat et complément de phrase.

Voici un exemple d'analyse de la phrase.

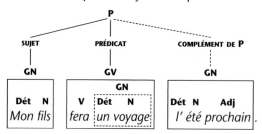

Dans cette phrase, on voit :
– que la fonction de sujet est remplie par un groupe du nom (GN) ; le sujet pourrait aussi être un pronom, par exemple ;
– que la fonction de prédicat est remplie par le groupe du verbe (GV), comme c'est toujours le cas ;
– que la fonction de complément de phrase est remplie par un groupe du nom (GN) ; le complément de phrase pourrait aussi être un autre groupe (par exemple, celui de l'adverbe), ou encore une subordonnée.

Le **groupe** est une unité dont l'élément essentiel est le noyau. La classe du noyau donne son nom au groupe.

Noyaux	Groupes
Nom	Groupe du nom (GN)
Verbe	Groupe du verbe (GV)
Adjectif	Groupe de l'adjectif (GAdj)
Préposition	Groupe de la préposition (GPrép)
Adverbe	Groupe de l'adverbe (GAdv)

Un groupe peut être formé d'un seul mot (le noyau seul) ou de plusieurs mots.

⇨ Page 82
Groupe du nom
⇨ Page 88
Groupe du verbe

Dans la phrase, chaque groupe remplit une fonction syntaxique. Par exemple, dans la phrase analysée précédemment, à un premier niveau :
– le GN *Mon fils* remplit la fonction de sujet ;
– le GV *fera un voyage* remplit la fonction de prédicat ;
– le GN *l'été prochain* remplit la fonction de complément de phrase.

À un deuxième niveau :
– à l'intérieur du GV, le GN *un voyage* remplit la fonction de complément direct du verbe *fera*.

c) Les manipulations syntaxiques

Les manipulations syntaxiques sont des tests qui permettent :
– de repérer la classe d'un mot ;
– de repérer un groupe et sa fonction ;
– de vérifier les accords ;
– de réviser la structure de la phrase.
Les manipulations peuvent aussi être utiles pour construire ou enrichir des phrases.

Voici ces manipulations et quelques exemples de leur utilité.

- L'ajout : ajouter un mot ou des mots pour distinguer des types de compléments.

- Le déplacement : déplacer un groupe pour vérifier, par exemple, s'il est un complément de phrase.

- L'effacement : enlever des mots ou des groupes pour trouver le nom noyau du GN sujet et accorder le verbe, ou encore pour savoir si un groupe est obligatoire ou facultatif.

- L'encadrement : encadrer un mot ou un groupe par *c'est… qui* pour repérer le sujet et accorder le verbe, ou par *ne… pas* pour repérer le verbe conjugué.

- Le remplacement : remplacer des mots par d'autres mots, par exemple pour vérifier la classe d'un mot, ou pour repérer le sujet et accorder le verbe.

- Le dédoublement : reprendre une partie de la phrase par *et ce* pour distinguer un complément de phrase d'un complément du verbe.

Les manipulations syntaxiques sont donc des outils qui permettent de réfléchir sur la structure et le fonctionnement de la langue.

Page 8
Manipulations
syntaxiques

GRAMMAIRE NOUVELLE

Les manipulations syntaxiques sont plus sûres que les questions Qui ? Quoi ? À qui ? À quoi ?, etc., pour trouver une fonction.

d) Les textes

L'un des aspects les plus intéressants de l'approche actuelle en grammaire est l'intégration de notions portant sur le texte.

En effet, c'est dans la mesure où une personne désire communiquer qu'elle s'intéresse au fonctionnement de la langue. Or, ce désir de communiquer passe par le texte, que celui-ci soit destiné à une communication orale ou écrite.

Ainsi, qu'il s'agisse de raconter une histoire, de donner une explication ou d'exprimer une opinion, il est nécessaire d'avoir une compréhension du fonctionnement de la langue.

La **grammaire nouvelle** accorde une grande importance au **texte** : celui-ci est au cœur de l'apprentissage de la langue. Effectivement, le but est d'apprendre à mieux lire et à mieux écrire afin de bien comprendre ce qu'on lit et de bien communiquer ce qu'on veut dire.

Par exemple, si on analyse des phrases, ce n'est pas simplement pour «faire de l'analyse»; c'est avant tout :
– pour comprendre la construction des phrases, leur structure ;
– pour savoir comment construire des phrases et comment faire les bons accords ;
– pour enchaîner correctement les phrases afin que le texte soit cohérent ; cela passe notamment par la place et le choix des mots.

⇨ Page 289
Communication
et texte

C'est pourquoi la *Nouvelle grammaire pratique* réserve une partie complète à la communication et au texte. Cette partie présente, entre autres, les genres et les types de textes, leur organisation, la façon d'enchaîner les phrases et d'autres moyens pour assurer la cohérence du texte.

⇨ Page 241
Lexique

En outre, la *Nouvelle grammaire pratique* attribue une place importante au lexique. Un vocabulaire riche, précis et varié est un atout important dans la communication, que ce soit pour créer, exprimer, informer ou comprendre. Ainsi, la partie sur le lexique présente des notions qui permettent de savoir, par exemple :
– comment sont formés les mots et comment on en crée de nouveaux (néologismes, mots-valises) ;
– comment on peut développer un vocabulaire par les familles de mots et le champ lexical (mots reliés à un thème), ce qui est particulièrement utile pour construire un texte ;
– comment on combine les mots, comment on les emploie dans divers contextes (sens figuré, sens connoté, variétés de langue).

4. Des exemples d'application

a) Soit la phrase à corriger :

*Max a acheté des fromages **assorti**.*

Vous vous interrogez sur l'accord du mot **assorti**. La première question à se poser est : « Quelle est la classe du mot **assorti** ? »

1° Vous pensez qu'il s'agit peut-être d'un adjectif... Remplacez-le par un autre adjectif : *fromage **fin**.*

Voilà ! Un mot peut être remplacé par un autre mot de la même classe.

2° Ensuite, demandez-vous quel est le donneur d'accord et quels sont les receveurs dans le groupe du nom *des fromages **assorti**:* le nom *fromages* est le donneur d'accord, alors que le déterminant *des* et l'adjectif **assorti** sont les receveurs. Par conséquent, **assorti** prend un *s*: *des fromages **assortis**.*

↪ Page 223
Accords dans le
groupe du nom

b) Les manipulations syntaxiques simplifient la détermination des accords. Par exemple :

– **Effacez** un mot ou un groupe dans le GN pour repérer le complément du nom. L'adjectif est un complément du nom, il peut donc être effacé.

Phrase : *Max a acheté des fromages assortis.*

⟹ Max a acheté des fromages ⤫ .

– **Remplacez** le GN sujet par un pronom pour accorder le verbe.

Phrase : *Ces lunettes et ce chapeau (fera, feront) un bon déguisement.*

⟹ ***Ils** feront un bon déguisement.*

Le verbe doit s'accorder à la 3ᵉ personne du pluriel.

– **Encadrez** le sujet par *c'est… qui* ou *ce sont… qui* pour le repérer et accorder le verbe.

Phrase : *Dans le parc ensoleillé (jouait, jouaient) les enfants.*

⟹ **C'est** ~~Dans le parc ensoleillé~~ **qui** *jouait les enfants.*

⟹ **Ce sont** *les enfants* **qui** *jouaient dans le parc ensoleillé.*

Le groupe *les enfants* est bien le sujet, et le verbe doit s'accorder à la 3ᵉ personne du pluriel.

– **Déplacez** ou **effacez** un groupe pour repérer le complément de phrase.

Phrase : *Les jeunes jouent au hockey dans la ruelle.*

⟹ ***Dans la ruelle**, les jeunes jouent au hockey.*

⟹ *Les jeunes jouent au hockey* ⤫ .

Le groupe *dans la ruelle* est bien le complément de phrase.

c) Pensez écologie, pensez « arbres » !

Ne vous contentez pas d'analyser chaque mot d'une phrase. Voyez la construction de la phrase dans son ensemble grâce à la représentation en arbre.

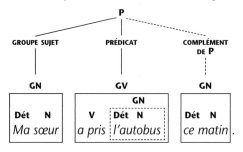

Dans cette phrase, on constate que le **sujet** et le **prédicat** sont les constituants obligatoires : ils ne peuvent pas être effacés.

Phrase : Ma sœur a pris l'autobus ce matin .

⟹ ✕ a pris l'autobus ce matin.

⟹ Ma sœur ✕ ce matin.

Par contre, le **groupe complément de phrase** est un constituant facultatif : il peut être effacé ou déplacé.

Phrase : Ma sœur a pris l'autobus ce matin .

⟹ Ma sœur a pris l'autobus ✕ .

⟹ Ce matin, ma sœur a pris l'autobus.

Le GN *l'autobus* est le complément du verbe *a pris*. Il ne peut pas être effacé, contrairement au complément de phrase.

Phrase : Ma sœur a pris l'autobus ce matin .

⟹ Ma sœur a pris ✕ ce matin.

5. La grammaire nouvelle en un clin d'œil

Le tableau suivant présente les principaux aspects de la grammaire nouvelle.

Aspects de la grammaire nouvelle
Les **mots** sont regroupés en **huit classes**, selon leurs caractéristiques : nom, déterminant, adjectif, pronom, verbe, préposition, adverbe et conjonction. L'interjection n'est plus une classe de mots : elle est formée par un ou des mots appartenant souvent à l'une ou l'autre des huit classes. Quand ce n'est pas le cas, tel *Hé!*, on peut considérer l'interjection comme une forme particulière de phrase non verbale.
L'article et les adjectifs démonstratifs, possessifs, etc., de la grammaire traditionnelle, sont maintenant des **déterminants**. La classe des déterminants regroupe tous les mots ayant des caractéristiques communes, par exemple : introduire un nom dans la phrase.
Le terme *complément du nom* est employé au lieu des termes *épithète*, *apposition* et *complément déterminatif du nom*.
Le **participe passé employé seul** est analysé comme un **adjectif**, puisqu'il s'accorde comme un adjectif.
Les termes *complément de phrase* et *complément du verbe* sont employés au lieu du terme *complément circonstanciel*.
Des **manipulations syntaxiques** (tels l'effacement, le déplacement, etc.) sont utilisées à la place des questions comme *Qui? Quoi? À qui? À quoi?*
Le verbe n'a qu'un seul sujet, comme le montre la manipulation de remplacement par le pronom, par exemple : *Léa et Hugo* parlent. → *Ils* parlent.
Le **conditionnel** est considéré comme une forme faisant partie du **mode indicatif**, puisqu'il n'exprime pas seulement la condition. Par exemple, cette forme sert à exprimer un futur dans le passé : *Léa m'a dit qu'elle ferait ce travail.*
La **phrase** est construite avec **trois constituants** : le sujet, le prédicat et le complément de phrase facultatif (au lieu du modèle traditionnel sujet-verbe-complément). Il est à noter que le terme *prédicat* n'est pas nouveau. On le reprend aujourd'hui pour nommer la fonction du GV.

Les dictionnaires usuels n'ont pas encore intégré toute la terminologie de la grammaire nouvelle. Par exemple, on y trouve encore les mots *article* ou *adjectif possessif*, au lieu du mot *déterminant*. On y trouve aussi des verbes présentés comme intransitifs qui, en fait, peuvent être construits avec un complément indirect (ex. : *je sors d'ici*), ce que démontre l'analyse faite à l'aide des manipulations syntaxiques. Toutefois, quelques dictionnaires récents ont déjà intégré le mot *déterminant*.

La *Nouvelle grammaire pratique* est un ouvrage de référence clair et facile à consulter. La matière, conforme au *Programme de formation de l'école québécoise*, y est organisée et présentée de façon à faciliter le repérage des contenus.

Les outils de recherche

La table des matières détaillée reprend la couleur de chaque partie pour un repérage rapide.

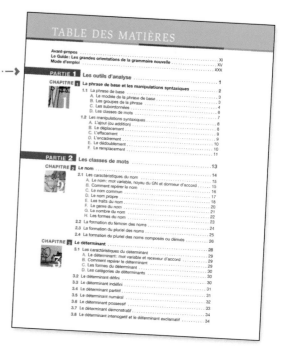

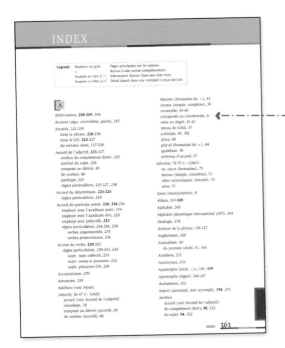

Présenté à la fin de la *Nouvelle grammaire pratique*, l'index regroupe les renvois aux pages des mots clés selon l'ordre alphabétique. Il permet de repérer facilement et rapidement l'information recherchée.

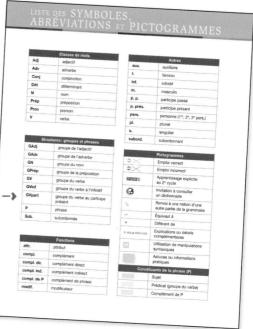

La liste des symboles, abréviations et pictogrammes présente tous les signes employés dans la *Nouvelle grammaire pratique*. Elle se retrouve sur la dernière page de la grammaire.

Les parties

Les contenus de la *Nouvelle grammaire pratique* sont regroupés en 8 parties :

Partie 1 Les outils d'analyse

Partie 2 Les classes de mots

Partie 3 Les groupes

Partie 4 La phrase

Partie 5 La conjugaison

Partie 6 Les accords

Partie 7 Le lexique

Partie 8 La communication et le texte

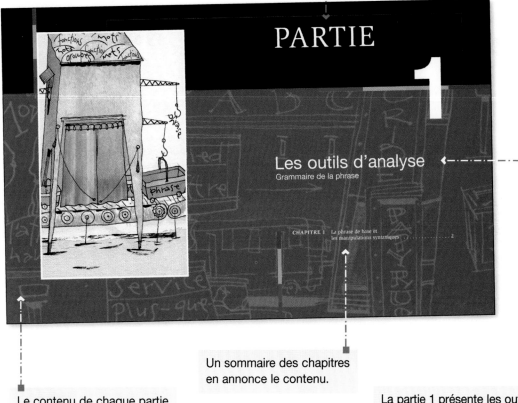

PARTIE

1

Les outils d'analyse

Grammaire de la phrase

CHAPITRE 1 La phrase de base et
les manipulations syntaxiques 2

Un sommaire des chapitres
en annonce le contenu.

Le contenu de chaque partie
peut être facilement
reconnu par sa couleur.

La partie 1 présente les outils d'analyse :
le modèle de la phrase de base et
les manipulations syntaxiques.
Ces outils seront utilisés tout au long
de la grammaire.

Les chapitres

L'onglet de couleur sur chaque page rappelle la partie.

Le chapitre s'ouvre sur un texte d'observation, qui met en évidence et en contexte la notion qui sera vue.

La démarche présentée étape par étape donne les explications et les exemples nécessaires pour mieux comprendre chaque notion.

La flèche annonce un renvoi, qui permet de consulter rapidement une notion.

Les règles grammaticales, présentées dans un tableau jaune, sont facilement repérables. D'un côté, elles donnent l'explication de la règle et, de l'autre, un exemple.

Ce symbole est une invitation à consulter un dictionnaire pour connaître les particularités des mots, telles que leurs constructions, leurs divers sens possibles, etc.

La rubrique « Pour préciser » apporte des explications ou des détails complémentaires à la notion présentée.

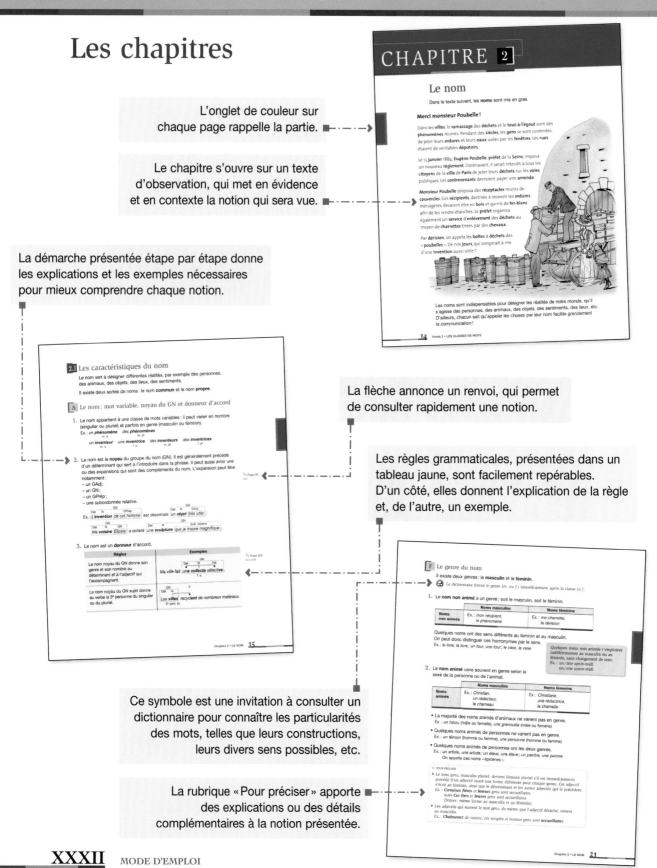

Ce pictogramme signale les contenus à l'étude au 2e cycle du secondaire selon le *Programme de formation de l'école québécoise*.

Dans les chapitres sur les classes de mots et sur les groupes, des tableaux donnent des moyens pour repérer la classe d'un mot ou la fonction d'un groupe.

Ce pictogramme signale l'emploi d'une ou de plusieurs manipulations syntaxiques, comme le déplacement, l'effacement, etc. Ces manipulations sont expliquées dans le chapitre 1.

Dans les exemples d'analyse, les constituants de la phrase sont surlignés.

Les groupes sont présentés par leur symbole correspondant, au-dessus de la phrase.

Les fonctions sont données sous forme d'abréviations, toutes en minuscules, en dessous de la phrase.

Les notes vertes proposent des astuces ou des renseignements pratiques en lien avec les notions. Elles peuvent s'appliquer à l'écriture et à la lecture.

À la fin de chaque chapitre, le tableau « Les faits saillants » résume le contenu du chapitre. Il donne une vue d'ensemble des points essentiels sur la matière.

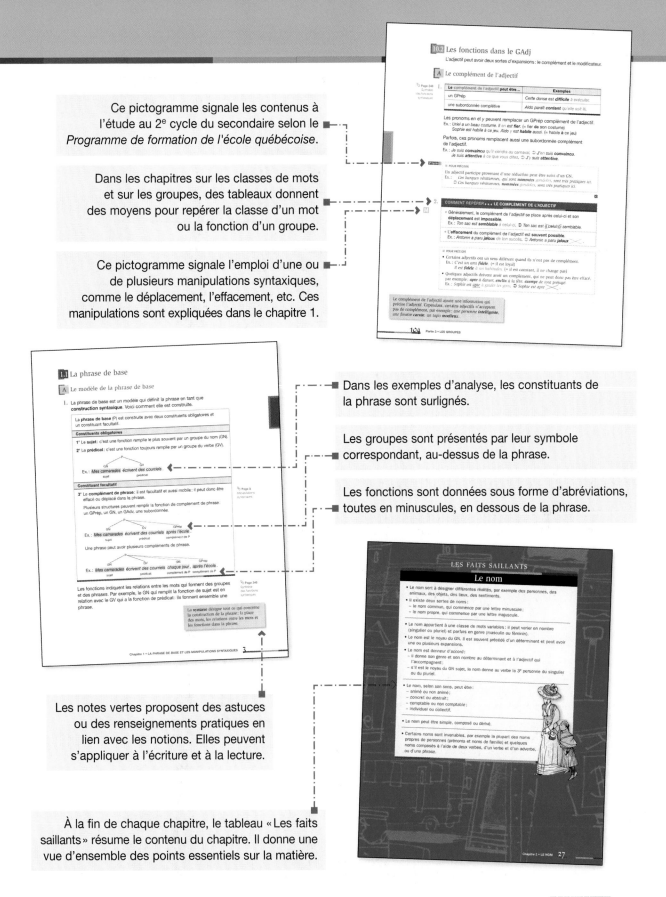

1

Les outils d'analyse
Grammaire de la phrase

La phrase de base et les manipulations syntaxiques

En grammaire, la phrase de base et les manipulations syntaxiques sont des outils très importants :

- Ils permettent d'analyser les phrases.
- Ils permettent de reconnaître les mots, les groupes et leurs fonctions.
- Ils aident à mieux interpréter les phrases qu'on lit et à mieux construire les phrases qu'on écrit.

En résumé, ils sont utiles pour bien comprendre le fonctionnement de la langue.

Le chapitre qui suit décrit ces outils, qu'on retrouve dans la grammaire. Bien sûr, on les utilisera aussi en diverses occasions, par exemple en situation d'écriture, de révision ou de correction d'un texte.

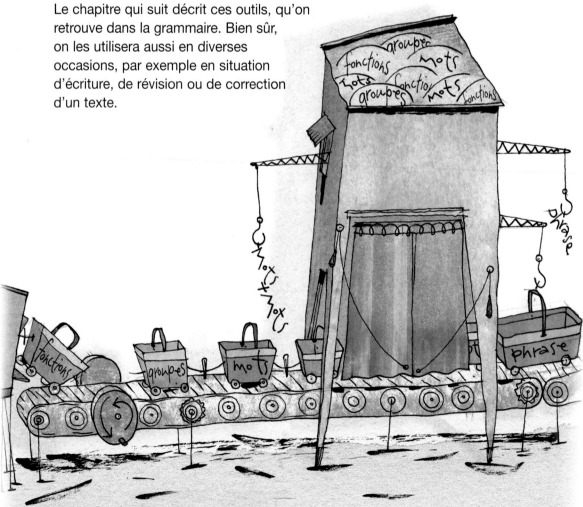

1.1 La phrase de base

A Le modèle de la phrase de base

1. La phrase de base est un modèle qui définit la phrase en tant que **construction syntaxique**. Voici comment elle est construite.

> La **phrase de base** (P) est construite avec deux constituants obligatoires et un constituant facultatif.
>
> **Constituants obligatoires**
>
> **1°** Le **sujet** : c'est une fonction remplie le plus souvent par un groupe du nom (GN).
>
> **2°** Le **prédicat** : c'est une fonction toujours remplie par un groupe du verbe (GV).
>
>
>
> Ex. : *Mes camarades* *écrivent des courriels* .
>   sujet   prédicat
>
> **Constituant facultatif**
>
> **3°** Le **complément de phrase** : il est facultatif et aussi mobile ; il peut donc être effacé ou déplacé dans la phrase.
>
> Plusieurs structures peuvent remplir la fonction de complément de phrase : un GPrép, un GN, un GAdv, une subordonnée.
>
>
>
> Ex. : *Mes camarades* *écrivent des courriels* *après l'école* .
>   sujet   prédicat   complément de P
>
> Une phrase peut avoir plusieurs compléments de phrase.
>
>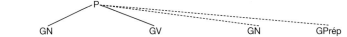
>
> Ex. : *Mes camarades* *écrivent des courriels* *chaque jour* , *après l'école* .
>   sujet   prédicat   complément de P complément de P

↪ Page 8
Manipulations syntaxiques

Les fonctions indiquent les relations entre les mots qui forment des groupes et des phrases. Par exemple, le GN qui remplit la fonction de sujet est en relation avec le GV qui a la fonction de prédicat : ils forment ensemble une phrase.

↪ Page 348
Synthèse des fonctions syntaxiques

> La **syntaxe** désigne tout ce qui concerne la construction de la phrase : la place des mots, les relations entre les mots et les fonctions dans la phrase.

2. La phrase de base est une P déclarative, positive, active et neutre.
Ses constituants sont placés dans l'ordre suivant :

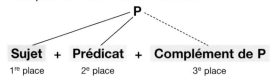

P

Sujet	+	Prédicat	+	Complément de P
1ʳᵉ place		2ᵉ place		3ᵉ place

C'est un modèle auquel on se réfère pour analyser les phrases : on compare les phrases réelles à ce modèle, qui est un point de repère.

Voici des phrases transformées comparées à une phrase de base.

Phrase de base	Phrases transformées
Joël a posté les cartes.	
Déclarative →	Interrogative : *Joël **a-t-il posté** les cartes* **?**
Positive →	Négative : *Joël **n'a pas** posté les cartes.*
Active →	Passive : *Les cartes **ont été postées par** Joël.*
Neutre →	Emphatique : ***C'est** Joël **qui** a posté les cartes.*

⇨ **Page 130**
Types de phrases

⇨ **Page 136**
Formes de phrases

- Il y a quatre types de phrases : déclaratif, interrogatif, exclamatif et impératif.
- Il y a aussi les formes de phrases : positive ou négative, active ou passive, neutre ou emphatique.

B Les groupes de la phrase

1. Il y a **cinq groupes** de la phrase. Chacun est construit avec un **noyau** qui représente une classe de mots et donne son nom au groupe.

Groupes de la phrase	Exemples
GN Groupe du **nom**	GN *Les **voisins** ont reçu un colis hier.*
GV Groupe du **verbe**	GV *Ming **envoie** un long courriel.*
GAdj Groupe de l'**adjectif**	GAdj *Ma **bonne** amie me prête des livres.*
GPrép Groupe de la **préposition**	GPrép *Jézabel parle **à ses grands-parents**.*
GAdv Groupe de l'**adverbe**	GAdv *Elle postera la lettre **demain**.*

Un groupe peut être formé de son seul noyau ou il peut contenir plusieurs mots. Cependant, la **préposition**, noyau du GPrép, ne peut pas être seule dans son groupe : *Je parle **à** Simon.* ⊃ *Je parle **à** ⤬.*

2. Il y a donc cinq classes de mots qui correspondent à cinq groupes : le nom, le verbe, l'adjectif, la préposition et l'adverbe.

Un groupe remplit toujours une **fonction** dans la phrase. Le tableau suivant présente, pour chaque groupe, un exemple de fonction qu'il peut remplir.

⮕ Page 348
Synthèse
des fonctions
syntaxiques

Groupes	Exemples de fonctions	Exemples en phrases
GN	sujet	*Les voisins* ont reçu un colis. sujet
GV	prédicat	*Ming **envoie un long courriel**.* prédicat
GAdj	complément du <u>nom</u>	*Ma **bonne** <u>amie</u> me prête des livres.* compl. du N
GPrép	complément indirect du <u>verbe</u>	*Jézabel <u>parle</u> **à ses grands-parents**.* compl. ind.
GAdv	complément de phrase	*Elle postera la lettre **demain**.* compl. de P

Il existe en tout huit classes de mots. Pour les trois autres classes, soit le pronom, le déterminant et la conjonction, voici ce qui les distingue.

- Le **pronom** remplit la fonction du groupe qu'il remplace.

  Ex. : *Les voisins* ont reçu un colis . ⮞ ***Ils*** ont reçu un colis .
  (GN, sujet → Pron, sujet)

- Le **déterminant** ne forme pas de groupe : il introduit le nom, noyau du GN.

  Ex. : ***les*** *voisins*
  (GN — Dét N)

- La **conjonction** ne forme pas de groupe : elle joint des groupes ou des phrases.

  Ex. : *Catherine a reçu* un courriel ***et*** une carte .
  (GN Conj GN)

3. Le **noyau** d'un groupe peut avoir une ou plusieurs expansions.
Par exemple, dans le GV suivant, le verbe *écrit* a deux expansions :
un GN complément direct et un GPrép complément indirect.

  Ex. : *Léandre **écrit*** une lettre à son amie .
  (Noyau V — Expansion GN, compl. dir. — Expansion GPrép, compl. ind.)

C Les subordonnées

Une subordonnée est une **phrase enchâssée** dans un groupe ou dans une phrase.

⬑ Page 151
Subordination

Sub. compl. de P
Ex.: *Elle ira au centre sportif* **quand le cours sera fini** .

Ici, la subordonnée est enchâssée dans la phrase avec le subordonnant *quand*.

Il y a trois grandes catégories de subordonnées :

- La **subordonnée relative** est enchâssée dans un GN. Elle a la fonction de complément du nom.

GN

N   Sub. relative
Ex.: *Les gens* **qui font du sport** *sont généralement en bonne santé* .

compl. du N

- La **subordonnée complétive** est souvent enchâssée dans un GV. En ce cas, elle a la fonction de complément du verbe (direct ou indirect).

GV

V   Sub. complétive
Ex.: *Je* *pense* **que cet ordinateur coûte trop cher** .

compl. dir. du V

- La **subordonnée complément de phrase** est enchâssée dans la phrase. Elle a la fonction du constituant, c'est-à-dire complément de P.

P

Sub. compl. de P
Ex.: *Elle* *ira au centre sportif* **quand le cours sera fini** .

compl. de P

Comme un groupe, la subordonnée remplit une fonction (ex.: complément). De plus, puisqu'elle est une phrase, la subordonnée a des constituants.

Sub. compl. de P
Ex.: *Elle ira au centre sportif* **quand le cours sera fini** .

sujet   prédicat

> Ainsi, les mots constituent des groupes. À leur tour, ces groupes constituent des phrases, dans lesquelles chacun remplit une fonction.

⬑ Page 81
Groupes

Chaque groupe fait l'objet d'un chapitre dans la partie 3 de la grammaire. On y verra les constructions du groupe et les fonctions qu'il peut remplir.

⬑ Page 119
Phrase

La phrase et les subordonnées sont traitées dans la partie 4.

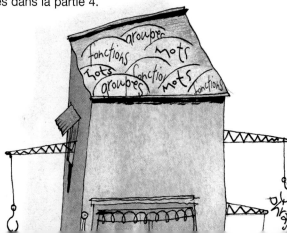

D Les classes de mots

Il y a huit classes de mots : cinq sont variables et trois sont invariables.

Classes de mots variables					Classes de mots invariables		
Nom	Déterminant	Adjectif	Pronom	Verbe	Préposition	Adverbe	Conjonction

Les mots qui appartiennent à une même classe peuvent apparaître dans un même contexte, c'est-à-dire à la même place dans un groupe ou dans une phrase.

Ex. :
              N   Dét   Adj
    *Mon **frère** achète **des** cartes **postales**.*
    ⊃ *Mon **amie** achète **plusieurs** cartes **routières**.*
    ⊃ *Mon **père** achète **beaucoup de** cartes **géographiques**.*

et non :
              Adv   Adj   Dét
    ⊃ *Mon **peu** achète **routières** cartes **plusieurs**.*

Certains mots ont une **forme identique**, mais ils n'appartiennent pas à la même classe. On peut donc déterminer la classe de ces mots par leur remplacement possible à une même place. En voici un exemple.

Nom *ferme* : placé après le déterminant *la*	*Léandre ira à la **ferme**.* ⊃ *Léandre ira à la **plage**.*
Adjectif *ferme* : placé après le nom *poire*	*Léandre a pris une poire **ferme**.* ⊃ *Léandre a pris une poire **mûre**.*
Verbe *ferme* : placé après le nom *Léandre*, qui est le sujet de la phrase	*Léandre **ferme** la fenêtre.* ⊃ *Léandre **ouvre** la fenêtre.*

> ■ POUR PRÉCISER
>
> Certaines classes de mots peuvent occuper une même place.
> Ex. : **Nom**   *Caroline est **vétérinaire**.*
>   **Adjectif** *Caroline est **habile**.*
>
> En ce cas, on peut modifier le contexte pour déterminer la classe d'un mot de façon plus sûre : on change alors la phrase.
> Ex. : *Caroline est **vétérinaire**.* ⊃ ***La vétérinaire** s'appelle Caroline.*
>   ⊃ *~~Habile~~ s'appelle Caroline.*
>
> Ici, le mot *vétérinaire* est sujet, il est aussi précédé d'un déterminant : c'est un nom. Ce changement est impossible avec l'adjectif *habile* : l'adjectif ne peut pas former le sujet et seul le nom peut avoir un déterminant.

Chaque classe de mots est traitée dans un chapitre de la partie 2. On y trouvera les caractéristiques de la classe et les façons de la repérer.

↳ Page 13
Classes de mots

1.2 Les manipulations syntaxiques

Les manipulations syntaxiques sont des **tests** qui permettent notamment :
– de repérer les **mots**, les **groupes** et leurs **fonctions** ;
– de réviser les **phrases** et de vérifier les **accords**.

Quand une manipulation est **possible** ⟳, la phrase obtenue est correcte sur le plan syntaxique, que son sens soit modifié ou non.

Quand une manipulation est **impossible** ⟳, la phrase obtenue est mal construite sur le plan syntaxique. Il peut aussi être difficile de comprendre son sens.

Voici les manipulations et leurs principales utilités.

A L'ajout (ou addition)

L'ajout consiste à ajouter un ou des mots dans la phrase.

Utilités	Éléments à ajouter	Exemples
Distinguer un adjectif classifiant d'un adjectif qualifiant	Un adverbe d'intensité comme *très* ou *peu* – ajout possible : **adjectif qualifiant** – ajout impossible : **adjectif classifiant**	*Rhéa longe le canal **étroit**.* ⟳ *Rhéa longe le canal <u>très</u> **étroit**.* *Rhéa longe le canal **maritime**.* ⟳ *Rhéa longe le canal ~~peu~~ maritime.*
Distinguer un complément du nom détaché d'un complément de P	Le pronom relatif *qui* + verbe *être* ou *avoir* pour former une subordonnée relative – ajout possible : **complément du nom** – ajout impossible : **complément de P**	*Alice, **le regard furieux**, sortit de la salle.* ⟳ *Alice, **qui avait le regard furieux**, sortit de la salle.* *Émile fera du ski **à Noël**.* ⟳ *Émile fera du ski ~~qui aura~~ à Noël.*

B Le déplacement

Le déplacement consiste à déplacer des groupes dans la phrase.

Utilités	Éléments à déplacer	Exemples
Repérer le complément de P, qui est mobile	Le complément de P	*Judith fera du sport **après le cours**.* ⮑ ***Après le cours**, Judith fera du sport.*
Repérer le complément du nom détaché, qui est mobile	Le complément du nom détaché	*Nathan, **fatigué de marcher**, décide de prendre l'autobus.* ⮑ ***Fatigué de marcher**, Nathan décide de prendre l'autobus.*

C L'effacement

L'effacement consiste à enlever des mots ou des groupes de la phrase. Il est particulièrement utile pour repérer les compléments facultatifs. Le sens de la phrase est alors modifié.

Utilités	Éléments à effacer	Exemples
Repérer le complément de P	Le complément de P	*Nous serons à la maison **ce soir**.* ⮑ *Nous serons à la maison ⤫.*
Repérer les compléments du nom	Les compléments du nom	*Ces **grands** ours **qui vivent dans les Rocheuses** sont des grizzlys.* ⮑ *Ces ⤫ ours ⤫ sont des grizzlys.*
Repérer le nom noyau du GN sujet pour vérifier l'accord du verbe	Le ou les compléments du nom	*Les gens **de la région** aiment les fêtes.* ⮑ *Les **gens** ⤫ aiment les fêtes.*
Repérer le complément de l'adjectif	Le complément de l'adjectif	*Ils sont furieux **contre toi**.* ⮑ *Ils sont furieux ⤫.*
Repérer le modificateur du verbe, de l'adjectif ou de l'adverbe	Le GAdv ou le GPrép modificateur	*Julie semble **vraiment** forte.* ⮑ *Julie semble ⤫ forte.*

D L'encadrement

L'encadrement consiste à encadrer des mots ou des groupes de la phrase par *c'est… qui, c'est… que* ou par *ne… pas.*

Utilités	Éléments à encadrer	Exemples
Repérer le sujet et accorder le verbe	Le **sujet** par *c'est… qui* ou *ce sont… qui*	*Les amis te donnent un avis.* ⮑ *Ce sont **les amis** qui te donnent un avis.* *Je lui dirai cela.* ⮑ *C'est **moi** qui lui dirai cela.*
Repérer le verbe (sauf au mode infinitif)	Le **verbe** ou l'auxiliaire par *ne… pas*	*Aldo participe au spectacle.* ⮑ *Aldo ne **participe** pas au spectacle.* ⮑ *Aldo n'**a** pas participé au spectacle.*
Vérifier si un pronom conjoint (ex.: *me, te*) est complément direct ou indirect	Le **pronom** par *c'est… que* – sans préposition: **complément direct** – avec préposition: **complément indirect**	*Milan **m'**a regardée.* (m' = moi) ⮑ *C'est **moi** que Milan a regardée.* *Rémi **te** pose une question.* (te = toi) ⮑ *C'est **à toi** que Rémi pose une question.*

On place *ne pas* devant le verbe au mode infinitif afin de le repérer.
Ex.: *pour entrer*
   ⮑ *pour ne pas entrer*

E Le dédoublement

Le dédoublement consiste à reprendre une partie de la phrase par *et cela* ou *et ce.* Parfois, on emploie les formules *et cela se passe / se produit, et il / elle fait cela…*

Utilité	Éléments à dédoubler	Exemples
Distinguer un complément de P d'un complément du verbe	Ce qui précède le complément par *et cela, et ce…* – dédoublement possible: **complément de P** – dédoublement impossible: **complément du verbe**	*Les prix augmenteront **le mois prochain**.* ⮑ *Les prix augmenteront, et cela, **le mois prochain**.* *Je n'ai pas remarqué **les prix élevés**.* ⮑ *Je n'ai pas remarqué, ~~et cela~~, les prix élevés.*

F Le remplacement

Le remplacement consiste à remplacer des mots de la phrase par d'autres mots. Le sens de la phrase est alors modifié.

Utilités	Éléments à remplacer	Exemples
Vérifier ou déterminer la classe d'un mot	Par exemple, un **déterminant** par un autre déterminant, un **pronom** par un autre pronom, etc.	*Élodie écrit **peu de** lettres.* ⊃ *Élodie écrit **des** lettres.* *Elle **les** voyait déjà.* ⊃ *Elle **me** voyait déjà.*
Reconnaître des groupes qui ont la même fonction	Par exemple, un **complément du nom** par d'autres compléments du nom	*un jeu **électronique*** ⊃ *un jeu **offert par un ami*** ⊃ *un jeu **de plein air*** ⊃ *un jeu **qui amuse tout le monde*** ⊃ *un jeu **dont les règles sont faciles***
Repérer le sujet pour accorder le verbe	Le **sujet** par les pronoms *il / elle, ils / elles, cela, ça, ce*	***Les gens du quartier** organisent une fête pour Noël.* ⊃ ***Ils** organis**ent** une fête pour Noël.* ***Aider les gens** peut être agréable.* ⊃ ***Cela** peut être agréable.*
Vérifier l'accord du verbe quand il y a un pronom écran	Le **pronom** écran par un groupe	*Je **les** vois.* ⊃ *Je voi**s** les étudiants.* *Je **vous** parlerai.* ⊃ *Je parler**ai** à vous deux.*
Vérifier si un verbe est attributif	Le **verbe** par le verbe *être*	*Les gens **ont l'air** contents.* ⊃ *Les gens **sont** contents.*
Vérifier si un verbe en *-er* est à l'infinitif ou au participe passé	Le **verbe** par un verbe à l'infinitif (*-ir*, *-oir*, *-re*) ou au participe passé	*Jézabel aime beaucoup **nager**.* ⊃ *Jézabel aime beaucoup **courir**.* ⊃ *Jézabel aime beaucoup ~~couru~~.*

> Le remplacement de mots par un pronom est aussi appelé «pronominalisation».

2

Les classes de mots
Grammaire de la phrase

CHAPITRE 2

Le nom

Dans le texte suivant, les **noms** sont mis en gras.

Merci monsieur Poubelle !

Dans les **villes**, le **ramassage** des **déchets** et le **tout-à-l'égout** sont des **phénomènes** récents. Pendant des **siècles**, les **gens** se sont contentés de jeter leurs **ordures** et leurs **eaux** usées par les **fenêtres**. Les **rues** étaient de véritables **dépotoirs**.

Le 15 **janvier** 1884, **Eugène Poubelle**, **préfet** de la **Seine**, imposa un nouveau **règlement**. Dorénavant, il serait interdit à tous les **citoyens** de la **ville** de **Paris** de jeter leurs **déchets** sur les **voies** publiques. Les **contrevenants** devraient payer une **amende**.

Monsieur Poubelle proposa des **réceptacles** munis de **couvercles**. Ces **récipients**, destinés à recevoir les **ordures** ménagères, devaient être en **bois** et garnis de **fer-blanc** afin de les rendre étanches. Le **préfet** organisa également un **service** d'**enlèvement** des **déchets** au moyen de **charrettes** tirées par des **chevaux**.

Par **dérision**, on appela les **boîtes** à **déchets** des « **poubelles** ». De nos **jours**, qui songerait à rire d'une **invention** aussi utile ?

Les noms sont indispensables pour désigner les réalités de notre monde, qu'il s'agisse des personnes, des animaux, des objets, des sentiments, des lieux, etc. D'ailleurs, chacun sait qu'appeler les choses par leur nom facilite grandement la communication !

2.1 Les caractéristiques du nom

Le nom sert à désigner différentes réalités, par exemple des personnes, des animaux, des objets, des lieux, des sentiments.

Il existe deux sortes de noms : le nom **commun** et le nom **propre**.

A Le nom : mot variable, noyau du GN et donneur d'accord

1. Le nom appartient à une classe de mots variables : il peut varier en nombre (singulier ou pluriel) et parfois en genre (masculin ou féminin).
   Ex. : *un phénomène*   *des phénomènes*
   m. s.   m. pl.

   un inventeur   *une inventrice*   *des inventeurs*   *des inventrices*
   m. s.   f. s.   m. pl.   f. pl.

2. Le nom est le **noyau** du groupe du nom (GN). Il est généralement précédé d'un déterminant qui sert à l'introduire dans la phrase. Il peut aussi avoir une ou des expansions qui sont des compléments du nom. L'expansion peut être notamment :
   – un GAdj ;
   – un GN ;
   – un GPrép ;
   – une subordonnée relative.

↳ Page 83
GN

   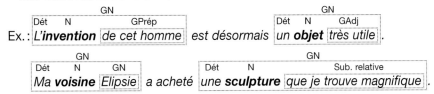

   Ex. : | Dét | N | GPrép | est désormais | Dét | N | GAdj |
   L'invention *de cet homme* est désormais *un objet* *très utile*.

   | Dét | N | GN | a acheté | Dét | N | Sub. relative |
   Ma voisine *Elipsie* a acheté *une sculpture* *que je trouve magnifique*.

3. Le nom est un **donneur** d'accord.

↳ Page 222
Accords

Règles	Exemples
Le nom noyau du GN donne son genre et son nombre au déterminant et à l'adjectif qui l'accompagnent.	GN Dét N Adj *Ma ville fait* *une collecte sélective*. f. s.
Le nom noyau du GN sujet donne au verbe la 3ᵉ personne du singulier ou du pluriel.	GN V Dét N *Les villes* *recyclent de nombreux matériaux.* 3ᵉ pers. pl.

● Le nom propre commence toujours par une lettre majuscule.

                                          N

    Ex.: *J'irai voir les œuvres de* **Chloé**.

● Le nom est souvent précédé d'un déterminant.

⇨ **Page 29**
Déterminant

                     Dét   N   Dét   N

    Ex.: *Pour faire ses* **sculptures**, *Chloé utilise des* **matériaux** *recyclés.*

● Parfois, entre le déterminant et le nom, il y a un ou plusieurs mots, par exemple:

⇨ **Page 37**
Adjectif

– un ou des adjectifs;

          Dét Adj   Adj   N

    Ex.: *les bons vieux* **matériaux**

⇨ **Page 73**
Adverbe

– un adjectif modifié par un adverbe.

          Dét Adv   Adj   N

    Ex.: *un très grand* **inventeur**

● Le nom peut être accompagné d'un ou de plusieurs adjectifs.

          Dét Adj   N   Adj

    Ex.: *la belle* **sculpture** *moderne*

● Pour vérifier si un mot est bien un nom, on **remplace** ce mot par un autre nom.

    Ex.:   *L'**œuvre** est faite à partir d'un* **réceptacle** *en* **fer-blanc**.

          ⮑ *La* **sculpture** *est faite à partir d'un* **récipient** *en* **métal**.

● Certains mots appartiennent à plusieurs classes. Pour vérifier s'ils sont des noms, on peut **ajouter** un déterminant ou un adjectif.

                    N

    Ex.:   *Le* **sourire** *célèbre de* <u>la Joconde</u> *me fascine.*

                         V

    Cette sculpture fait **sourire** *les gens.*

                         V

    ⮑ *Cette sculpture fait* ~~le~~ **sourire** *les gens.*

                         V

    ⮑ *Cette sculpture fait* **sourire** ~~célèbre~~ *les gens.*

C Le nom commun

1. Le nom commun commence par une lettre minuscule.

   Il permet de nommer les réalités de même catégorie, de même espèce : personnes, animaux, objets, lieux, etc.

2. Le nom commun est le plus souvent précédé d'un déterminant.

   Ex. : *Il inventa un **récipient** destiné à recevoir les **ordures** ménagères.*

   *Les trois **lauréats** sont venus chercher leurs **prix**.*

■ POUR PRÉCISER

Précédé d'un déterminant, un mot appartenant à une autre classe devient un **nom**.

Ex. : *Elle a pesé le **pour** et le **contre**.*

*J'aimerais connaître le **pourquoi** et le **comment**.*

Parfois, le nom commun s'emploie sans déterminant. En voici des exemples.

Noms communs sans déterminant	Exemples
Nom après une préposition (dans un GPrép ou un nom composé)	*récipients en **bois*** (GPrép), *raz de **marée*** (nom composé)
Nom dans une locution verbale	*avoir **confiance**, donner **lieu***
Nom dans une expression ou un proverbe	***Chose** promise, **chose** due.*
Nom en apostrophe	*Douce **amie**, quand te reverrai-je ?*
Nom désignant un jour, un mois	***Janvier** a été très froid cette année.*
Nom attribut du sujet	*Cette femme est **journaliste**.*
Nom dans un complément du nom détaché	*Eugène Poubelle, **préfet** de la Seine, est désormais célèbre.*
Nom dans une énumération	*«Adieu **veaux, vaches, cochons, couvée**»* (Jean de La Fontaine, *La laitière et le pot au lait*)
Nom dans une phrase non verbale	***Baignade** à vos risques !*

D Le nom propre

1. Le nom propre commence par une lettre majuscule.

Il permet de nommer une réalité unique. En voici des exemples.

Réalités uniques	Exemples
Personnes, divinités, personnages	*Eugène Poubelle, Néfertiti, Poséidon, Ali Baba*
Populations, habitants	*les Africaines, un Franco-Manitobain, les Gaspésiens*
Animaux	*mon labrador Prince, sa chatte Tigresse*
Lieux (pays, régions, villes, cours d'eau, montagnes, lacs, voies de circulation, etc.)	*le Japon, l'Outaouais, Montréal, la rivière Rouge, les montagnes Rocheuses, le lac des Castors, la rue Laurier*
Points cardinaux	*l'Amérique du Nord, l'Ouest canadien, la Rive-Sud*
Astres, constellations	*Sirius, Mercure, le Soleil, la Voie lactée*
Fêtes	*le Mardi gras, Pâques, Noël*
2ᵉ cycle ▷ Organismes, sociétés, associations	*la Ligue nationale de hockey, la Croix-Rouge*
2ᵉ cycle ▷ Établissements d'enseignement	*l'école Jacques-Cartier, le collège Notre-Dame*
2ᵉ cycle ▷ Bâtiments et lieux publics	*le Biodôme, l'aréna Maurice-Richard, la maison de la culture Marie-Uguay, la statue de la Liberté*
2ᵉ cycle ▷ Évènements historiques, époques	*la Révolution tranquille, la Renaissance*
2ᵉ cycle ▷ Titres d'œuvres (livres, films, etc.)	*Bonheur d'occasion, <u>Les trois mousquetaires</u>*
2ᵉ cycle ▷ Titres de journaux, de périodiques	*le journal <u>La Presse</u>, la revue <u>Science & Vie</u>*

> Les noms de marques déposées prennent la majuscule, sauf certains qui sont devenus des noms communs.
> Ex. : *deux Boeing,* mais *deux aspirines*

■ POUR PRÉCISER

Voici quelques cas particuliers quant à l'emploi de la majuscule ou de la minuscule.

- Personnes, divinités, personnages :
  Quelques noms propres, parfois employés par métaphore, sont devenus des noms communs. Ils ont alors une définition et prennent une minuscule.
  Ex. : *C'est **Hercule**, le fils de Jupiter.   Cet homme est un vrai **hercule**.*
  *Eugène **Poubelle** est un inventeur.   Jette les restes à la **poubelle**.*

- Populations :
  Les noms de langue ou les adjectifs correspondant aux noms de populations prennent une minuscule.
  Ex. : *J'apprends l'**espagnol**. C'est un mets **mexicain**.*

■ ■ ■

- Lieux :
  La partie **générique** d'un nom de lieu, c'est-à-dire le nom commun (*lac, rivière, avenue, rue,* etc.), prend une minuscule.
  Ex. : *la **rivière** Jacques-Cartier ; le **mont** Saint-Hilaire ; la **rue** de l'Église*
  La partie **spécifique** d'un nom de lieu, c'est-à-dire sa désignation propre, prend une majuscule.
  Ex. : *les **Grands Lacs** ; la municipalité de **Mont-Saint-Hilaire***
  Dans la partie spécifique :
  – les noms et les adjectifs prennent une majuscule ;
  – les déterminants et les prépositions prennent une minuscule, sauf s'ils sont en tête du spécifique.
  Ex. : *la ville de **La Prairie** ;* mais *le boulevard de l'**Hôtel-de-Ville***

- Points cardinaux :
  Le point cardinal ne prend pas de majuscule s'il désigne une direction, s'il est suivi d'un GPrép ou s'il est employé comme un adjectif.
  Ex. : *aller vers l'**est**, le **sud** du Québec, le versant **nord** de la montagne*

- Fêtes / Organismes, sociétés, associations / Évènements historiques, époques :
  Le premier nom prend une majuscule de même que l'adjectif qui le précède.
  Ex. : *le Nouvel An, le Grand Conseil des Cris, la Seconde Guerre mondiale*

- Établissements d'enseignement :
  Le mot *école* utilisé pour l'enseignement supérieur et le mot *université* prennent une majuscule quand ils désignent un établissement particulier.
  Ex. : *l'**École** polytechnique, l'**Université** de Sherbrooke*

- Titres de journaux, de périodiques :
  Le premier nom prend une majuscule, de même que le déterminant et l'adjectif qui le précèdent, s'il y a lieu.
  Ex. : *Le Journal de Montréal, Le Nouvel Observateur*

2. Les noms propres suivants s'emploient généralement sans déterminant.

Noms propres sans déterminant	Exemples
Personnes, divinités, personnages	***Samuel** joue **Néron** dans la pièce.*
Animaux	***Félix** n'arrête pas de miauler.*
Villes, villages, îles	*J'aimerais visiter **Paris**.*
Astres	***Neptune** est la huitième planète.*

■ POUR PRÉCISER

- Les noms propres du tableau ci-dessus sont précédés d'un déterminant s'ils sont accompagnés d'un complément.
  Ex. : *La belle **Sophie** rêvait de vivre dans le **Paris** du XIXᵉ siècle.*
- Les noms de personnes au pluriel sont précédés d'un déterminant.
  Ex. : *Les **Tremblay** viennent souper. Les **Myriam** ont bon caractère.*
- Les noms de personnes ou de personnages employés pour désigner une œuvre sont précédés d'un déterminant.
  Ex. : *Son **Chopin** était très bien interprété. J'ai lu quelques **Spirou**.*

E Les traits du nom

Les noms, selon leurs traits sémantiques, se répartissent en plusieurs catégories. Ces traits sémantiques sont des indications sur le **sens des noms**.

Un nom a plusieurs traits sémantiques.
Ex.: *loup* = *animé, concret, comptable, individuel*

1.

Noms animés	Ils nomment les réalités (personnes ou animaux) capables de bouger par elles-mêmes.	Ex.: *un citoyen, le cheval, Juliette*
Noms non animés	Ils nomment les réalités (objets, lieux, actions, etc.) incapables de bouger par elles-mêmes.	Ex.: *cette fleur, Paris, le ramassage*

Pages 60, 62 Pronoms

■ POUR PRÉCISER

Pour remplacer un nom par un pronom (ex.: *qui, lequel*), il est parfois nécessaire de distinguer le trait humain ou non d'une réalité, plutôt que le trait animé ou non animé.

- Les réalités ayant le trait humain sont les personnes et les animaux familiers ou personnifiés.
  Ex.: **Prince**, à **qui** *tu as donné des carottes, est mon meilleur cheval.*
- Les réalités n'ayant pas le trait humain sont les animaux non familiers ou non personnifiés, ainsi que toutes les réalités non animées.
  Ex.: *Les* **chevaux** *avec* **lesquels** *ces fermiers travaillent sont robustes.*

2.

Noms concrets	Ils nomment les réalités perceptibles par les sens.	Ex.: *cet enfant, un arbre, la sculpture*
Noms abstraits	Ils nomment les réalités non perceptibles par les sens.	Ex.: *la persévérance, son bien-être, la rapidité*

3.

Noms comptables	Ils nomment les réalités qu'on peut compter.	Ex.: *un chat, deux fenêtres, trois semaines*
Noms non comptables	Ils nomment les réalités qu'on ne peut pas compter.	Ex.: *de la vanille, l'honnêteté, du courage*

4.

Noms individuels	Ils nomment une seule réalité, par exemple une personne, un animal, un objet.	Ex.: *un inventeur, le loup, ce livre*
Noms collectifs	Ils nomment un ensemble de personnes, d'animaux, d'objets ou d'autres réalités.	Ex.: *une équipe, cette meute, le lot*

20   Partie 2 • LES CLASSES DE MOTS

F Le genre du nom

Il existe deux genres : le **masculin** et le **féminin**.

⬦ Le dictionnaire donne le genre (*m.* ou *f.*) immédiatement après la classe (*n.*).

1. Le **nom non animé** a un genre : soit le masculin, soit le féminin.

	Noms masculins	Noms féminins
Noms non animés	Ex. : *mon récipient, le phénomène*	Ex. : *ma charrette, la dérision*

Quelques noms ont des sens différents au féminin et au masculin.
On peut donc distinguer ces homonymes par le sens.
Ex. : *le livre, la livre ; un tour, une tour ; le vase, la vase*

> Quelques noms non animés s'emploient indifféremment au masculin ou au féminin, sans changement de sens.
> Ex. : *un / une après-midi*
> *un / une avant-midi*

2. Le **nom animé** varie souvent en genre selon le sexe de la personne ou de l'animal.

	Noms masculins	Noms féminins
Noms animés	Ex. : *Christian, un rédacteur, le chameau*	Ex. : *Christiane, une rédactrice, la chamelle*

- La majorité des noms animés d'animaux ne varient pas en genre.
  Ex. : *un hibou* (mâle ou femelle), *une grenouille* (mâle ou femelle)

- Quelques noms animés de personnes ne varient pas en genre.
  Ex. : *un témoin* (homme ou femme), *une personne* (homme ou femme)

- Quelques noms animés de personnes ont les deux genres.
  Ex. : *un artiste, une artiste ; un élève, une élève ; un peintre, une peintre*
  On appelle ces noms « épicènes ».

■ POUR PRÉCISER

- Le nom *gens*, masculin pluriel, devient féminin pluriel s'il est immédiatement précédé d'un adjectif ayant une forme différente pour chaque genre. Cet adjectif s'écrit au féminin, ainsi que le déterminant et les autres adjectifs qui le précèdent.
  Ex. : **Certaines fières** *et* **bonnes** *gens sont accueillants.*
  mais **Ces fiers** *et* **braves** *gens sont accueillants.*
  (*braves* : même forme au masculin et au féminin)

- Les adjectifs qui suivent le mot *gens*, de même que l'adjectif détaché, restent au masculin.
  Ex. : **Chaleureux** *de nature, ces simples et bonnes gens sont* **accueillants**.

G Le nombre du nom

Il existe deux nombres : le **singulier** et le **pluriel**.

1. Le nom est singulier s'il désigne :
   - une seule réalité (personne, animal, objet, lieu, etc.) ;
     Ex. : *un adulte, le canard, son orange*
   - un seul ensemble, dans le cas d'un nom collectif.
     Ex. : *une foule, le peuple, une nuée*

   > ■ POUR PRÉCISER
   >
   > Certains noms s'emploient le plus souvent au singulier.
   > Ex. : *la chimie* (science), *la peinture* (art), *le cuivre* (matière), *la fermeté* (qualité),
   > *le nord de la région* (point cardinal), *la vue* (sens)

2. Le nom est pluriel s'il désigne :
   - des réalités (personnes, animaux, objets, lieux, etc.) ;
     Ex. : *des adultes, les canards, ses oranges*
   - des ensembles, dans le cas d'un nom collectif.
     Ex. : *des foules, les peuples, des nuées*

   > ■ POUR PRÉCISER
   >
   > • Certains noms ne s'emploient qu'au pluriel.
   >   Ex. : *les alentours, des fiançailles, les frais, des honoraires, les ténèbres*
   > • Quelques noms sont au singulier ou au pluriel selon leur sens.
   >   Ex. : *le **ciseau** du sculpteur* (outil à une lame)
   >   *les **ciseaux** de la coiffeuse* (instrument à deux lames croisées)
   >   *un **échec** scolaire* (insuccès)
   >   *un championnat d'**échecs*** (jeu)
   >   *une **lunette** astronomique* (instrument servant à l'observation des astres)
   >   *des **lunettes** de soleil* (paire de verres dans une monture)

3. Les noms propres sont parfois variables, parfois invariables. En voici des exemples.

Noms propres variables	Exemples
Populations, habitants	*un Italien → des Italiens, les Sud-Africains*
Lieux portant le même nom et dont l'emploi au pluriel est usuel	*l'Amérique → les Amériques, les Corées du Nord et du Sud*
Noms propres invariables	**Exemples**
Prénoms et noms de famille	*deux Maxime, trois Nadia, les Dupont*
Titres de livres, de revues, etc.	*des Petit Larousse, deux Science & Vie*

- Certains noms de familles royales ou princières sont variables.
  Ex. : *Les **Tudors** régnèrent sur l'Angleterre de 1485 à 1603.*
- Les noms propres employés par métaphore sont généralement variables.
  Ex. : *Ces jeunes finalistes sont de vrais petits **Mozarts**.*
- Les noms propres de personnes désignant une œuvre par métonymie sont généralement invariables.
  Ex. : *J'ai vu plusieurs **Van Gogh** au musée.*

⇨ Page 268
Figures de style

H Les formes du nom

1. Le **nom simple** est formé d'un seul mot qu'on ne peut pas décomposer.
   Ex. : *récipient, amende, Jacob*

2. Le nom est complexe quand il est composé ou dérivé.
   - Le **nom composé** est formé de plusieurs mots. Il peut s'écrire :
     – à l'aide de traits d'union ;
       Ex. : *tout-à-l'égout, fer-blanc, Anne-Sophie*
     – sans trait d'union ;
       Ex. : *fer à cheval, poids lourd, jaune d'œuf*
     – en un mot.
       Ex. : *autoroute, pourboire, portefeuille*
   - Le **nom dérivé** est formé :
     – par l'ajout d'un préfixe (en début de mot) ;
       Ex. : ***inter**ligne, **para**tonnerre, **sous**-vêtement*
     – par l'ajout d'un suffixe (en fin de mot).
       Ex. : *frais**eraie**, parfum**erie**, cuiller**ée***

> Le nom peut faire partie d'un marqueur de relation ou d'un organisateur textuel.
> Ex. : *de manière à, à condition que, de l'autre côté, en premier lieu*

⇨ Page 256
Composition

⇨ Page 253
Dérivation

À la suite des rectifications orthographiques, certains noms complexes s'écrivent aussi en un seul mot.
Ex. : *pique-nique* → *piquenique*   *micro-organisme* → *microorganisme*

⇨ Page 358
Rectifications orthographiques

> Les noms composés formés de l'adverbe *non* et d'un nom sont joints à l'aide d'un trait d'union.
> Ex. : *non-conformité, non-contradiction, non-sens*
>
> Généralement, les adjectifs composés formés de l'adverbe *non* et d'un adjectif s'écrivent sans trait d'union.
> Ex. : *une quantité non négligeable, une réalité non comptable*

2.2 La formation du féminin des noms

Voici comment former le féminin d'un **nom animé** à partir d'un nom masculin.

> Connaître le féminin d'un nom peut aider à orthographier correctement ce nom au masculin.
> Ex. : *une débutante* → *un débutant*

Règle générale	Exemples		Autres cas
Ajout d'un -*e*	*lauréate*	*candidate*	*chat* → *chatte*
	artisane	*partisane*	*paysan* → *paysanne*
	manchote	*dévote*	*sot* → *sotte*
	châtelaine	*Africaine*	*copain* → *copine*
	apprentie	*ennemie*	
	orpheline	*gamine*	
	Allemande	*tisserande*	

Règles particulières	Exemples		Autres cas
Sans changement si la finale du masculin est -**e**	*adulte*	*biologiste*	*tigre* → *tigresse*
	journaliste	*astronome*	*ogre* → *ogresse*
	antiquaire	*commissaire*	*hôte* → *hôtesse*
Pour certains noms, consonne finale doublée suivie du -*e* :			
-**en** + -*ne*	*bohémienne*	*pharmacienne*	*démon* → *démone*
-**on** + -*ne*	*espionne*	*patronne*	*compagnon* → *compagne*
-**et** + -*te*	*cadette*	*blondinette*	*dindon* → *dinde*
-**el** + -*le*	*colonelle*	*professionnelle*	*préfet* → *préfète*
Changement de la finale :			
-**eau** → -*elle*	*chameau* → *chamelle*		
-**er** → -*ère*	*messager* → *messagère*		
-**c** → -*que*	*laïc* → *laïque*		*Grec* → *Grecque*
-**f** → -*ve*	*fugitif* → *fugitive*		
-**p** → -*ve*	*loup* → *louve*		*vieux* → *vieille*
-**x** → -*se*	*époux* → *épouse*		*roux* → *rousse*
-**eur** → -*euse*	*nageur* → *nageuse*		*vengeur* → *vengeresse*
	coiffeur → *coiffeuse*		*pêcheur* → *pêcheresse*
-*eure*	*ingénieur* → *ingénieure*		
	entrepreneur → *entrepreneure*		
-**teur** → -*trice*	*lecteur* → *lectrice*		*enchanteur* → *enchanteresse*
-*teuse*	*acheteur* → *acheteuse*		
-*teure*	*auteur* → *auteure*		
Ajout d'une **lettre** + -*e*	*favori* → *favorite*		
	Esquimau → *Esquimaude*		
Changement de forme en partie	*dieu* → *déesse*	*empereur* → *impératrice*	*fils* → *fille*
	roi → *reine*	*serviteur* → *servante*	*canard* → *cane*
Changement de forme au complet	*frère* → *sœur*	*homme* → *femme*	*oncle* → *tante*
	coq → *poule*	*cheval* → *jument*	*jars* → *oie*

2.3 La formation du pluriel des noms

Voici comment former le pluriel d'un nom commun à partir d'un nom au singulier.

Règle générale	Exemples			Autres cas
Ajout d'un -s	villes	murs	voisins	
	sous	voyous	kangourous	Pour sept noms en **-ou**, ajout d'un -x : bijoux, cailloux, choux, genoux, hiboux, joujoux, poux
	détails	éventails	chandails	Pour quelques noms en **-ail**, changement de la finale en -aux : baux, coraux, émaux, soupiraux, travaux, vitraux…

> Au pluriel, les noms *bœufs* et *œufs* se prononcent «beu» [bø] et «eu» [ø].

Règles particulières	Exemples			Autres cas
Sans changement si la finale du singulier est **-s**, **-x** ou **-z**	tapis noix gaz	corps prix nez	os croix merguez	

> Au pluriel, le nom *os* se prononce «o» [o].

Ajout d'un -x aux finales : **-au** **-eau** **-eu**	tuyaux râteaux feux	noyaux chapeaux cheveux	joyaux oiseaux jeux	landaus, sarraus bleus, pneus, émeus
Changement de la finale : **-al** → **-aux**	amiral → amiraux bocal → bocaux cristal → cristaux mal → maux métal → métaux			Pour quelques noms en **-al**, ajout d'un -s : bals, cals, carnavals, chacals, chorals, festivals, récitals, régals, rorquals…
Changement de forme en partie ou au complet	œil → yeux madame → mesdames monsieur → messieurs bonhomme → bonshommes			

> Le pluriel de certains noms rappelle qu'ils étaient formés de deux mots à l'origine.
> Ex. : *madame* → *mesdames*
> *bonhomme* → *bonshommes*

▪ POUR PRÉCISER

- Certains noms peuvent former leur pluriel de deux façons.
  Ex. : **étal** → **étals** ou **étaux** ; **idéal** → **idéals** ou **idéaux** ; **val** → **vals** ou **vaux**
- Certains noms forment leur pluriel différemment selon le sens.
  Ex. : **aïeul** → **aïeuls** (grands-pères ou grands-parents) → **aïeux** (ancêtres)
  ciel → **ciels** (en météorologie, en peinture) → **cieux** (sens littéraire ou religieux)
  œil → **yeux** (organe de la vue) → **œils** (ouverture ou ornement rond)

2.4 La formation du pluriel des noms composés ou dérivés

Voici les principales règles de formation du pluriel des noms complexes.

Règles	Formation	Exemples
Le mot forme son pluriel comme un nom simple.	Mots soudés	*une autoroute* → *des autoroutes* *le portemanteau* → *les portemanteaux* **Quelques exceptions :** *mesdames, messieurs, des bonshommes...*
Les deux mots varient.	Nom + nom apposé	*une porte-fenêtre* → *des portes-fenêtres* *la bande-annonce* → *les bandes-annonces*
	Nom + adjectif	*le cerf-volant* → *les cerfs-volants* *un cordon-bleu* → *des cordons-bleus*
	Adjectif + nom	*une belle-sœur* → *des belles-sœurs* *la longue-vue* → *les longues-vues*
Seul le premier nom varie.	Nom + nom complément (avec ou sans préposition)	*un mandat-poste* → *des mandats-poste* (= des mandats de la poste) **Quelques exceptions :** *des pot-au-feu, des tête-à-queue,* *des vol-au-vent...*
Seul le nom varie.	Mot invariable + nom	*un en-tête* → *des en-têtes* *un arrière-goût* → *des arrière-goûts* **Quelques exceptions :** *des après-midi, des avant-midi,* *les sans-abri...*
	Préfixe ou élément + nom	*une demi-douzaine* → *des demi-douzaines* *un Franco-Ontarien* → *des Franco-Ontariens*
Le nom varie ou non selon le sens.	Verbe + nom complément	*un abat-jour* → *des abat-jour* *le taille-haie* → *les taille-haies*
Les mots ne varient pas.	Verbe + verbe	*un laissez-passer* → *des laissez-passer*
	Verbe + adverbe	*un couche-tôt* → *des couche-tôt*
	Expression ou phrase	*le je-ne-sais-quoi* → *les je-ne-sais-quoi*

Page 358
Rectifications orthographiques

■ POUR PRÉCISER

• Pour une raison de sens, certains noms compléments s'écrivent au pluriel dans les noms composés (verbe + nom complément) au singulier.
  Ex. : *un compte-**gouttes**, un sèche-**cheveux**, un presse-**papiers***

• Dans les noms composés féminins, l'adjectif *grand* peut varier en nombre, mais non en genre.
  Ex. : *des **grand(s)**-mères, des **grand(s)**-tantes, des **grand(s)**-voiles*

Le nom

- Le nom sert à désigner différentes réalités, par exemple des personnes, des animaux, des objets, des lieux, des sentiments.

- Il existe deux sortes de noms :
  - le nom commun, qui commence par une lettre minuscule ;
  - le nom propre, qui commence par une lettre majuscule.

- Le nom appartient à une classe de mots variables : il peut varier en nombre (singulier ou pluriel) et parfois en genre (masculin ou féminin).

- Le nom est le noyau du GN. Il est souvent précédé d'un déterminant et peut avoir une ou plusieurs expansions.

- Le nom est donneur d'accord :
  - il donne son genre et son nombre au déterminant et à l'adjectif qui l'accompagnent ;
  - s'il est le noyau du GN sujet, le nom donne au verbe la 3e personne du singulier ou du pluriel.

- Le nom, selon son sens, peut être :
  - animé ou non animé ;
  - concret ou abstrait ;
  - comptable ou non comptable ;
  - individuel ou collectif.

- Le nom peut être simple, composé ou dérivé.

- Certains noms sont invariables, par exemple la plupart des noms propres de personnes (prénoms et noms de famille) et quelques noms composés à l'aide de deux verbes, d'un verbe et d'un adverbe, ou d'une phrase.

Le déterminant

Les mots en gras dans le texte suivant sont des **déterminants**.

Kanata, Kebek...

Parmi **les** plus anciens lieux de **notre** pays, certains portent encore **des** noms autochtones. **Ces** appellations existaient avant l'arrivée **des** Européens sur **le** continent américain. Elles ont été données à **des** lieux bien précis par **les** Premières Nations ou **les** Inuits.

Le nom « Kanata » est d'origine huronne, il signifie « village » ou encore « peuplement ». Jacques Cartier baptisa ainsi **le** site où se trouve actuellement **la** ville de Québec. Bien plus tard, **au** moment de **la** Confédération, **cette** dénomination fut transformée en « Canada » pour nommer **le** nouveau pays.

Quant à « Kebek », il englobait autrefois **la** ville actuelle de Québec et **ses** environs. **Ce** terme algonquin, qui signifie « passage étroit », décrit **le** rétrécissement **du** fleuve **au** cap Diamant.

Ces noms originaux qui datent **des** premiers temps de **notre** histoire constituent **un** précieux héritage.

Quand il y a un déterminant, il y a aussi un nom. C'est pourquoi les déterminants se trouvent en grand nombre dans les textes.

De plus, certains déterminants jouent un rôle textuel. Ils sont utiles pour la cohérence du texte. Par exemple, dans le GN *ces noms originaux*, le déterminant *ces* permet de faire le lien avec des éléments mentionnés dans le texte : *Kanata, Kebek*. Il sert donc à la reprise de l'information.

3.1 Les caractéristiques du déterminant

Le déterminant sert à introduire un nom. Il accompagne toujours un nom dans la phrase.

A Le déterminant : mot variable et receveur d'accord

1. Le déterminant appartient à une classe de mots variables : il peut varier en genre (masculin ou féminin) et en nombre (singulier ou pluriel).

   Ex. : ***un*** *village*   ***une*** *ville*   ***des*** *pays*   ***des*** *provinces*
         m. s.   f. s.   m. pl.   f. pl.

2. Le déterminant est un **receveur** d'accord.

Page 223
Accords

Règle	Exemple
Le déterminant reçoit le genre et le nombre du **nom** qu'il accompagne.	Dét N *On a changé cette dénomination.* f. s.

B COMMENT REPÉRER ▪▪▪ LE DÉTERMINANT

- Le déterminant est placé avant le nom qu'il accompagne. En général, son **effacement** est **impossible**.

                              Dét N   Dét N

  Ex. :   *Jacques Cartier baptisa **le** site où se trouve **la** ville de Québec.*
  ➲ *Jacques Cartier baptisa* ✕ *site où se trouve* ✕ *ville de Québec.*

- Parfois, entre le déterminant et le nom, il y a un ou plusieurs mots, par exemple :

  – un ou des adjectifs ;

          Dét   Adj   N   Dét Adj Adj   N

  Ex. : ***le*** *nouveau pays*   ***un*** *beau grand pays*

  – un adjectif modifié par un adverbe.

          Dét Adv   Adj   N

  Ex. : ***les*** *plus anciens lieux de notre pays*

Page 41
Mise en degré
de l'adjectif

- Pour vérifier si un mot est bien un déterminant, on le **remplace** par un autre déterminant.

  Ex. :   ***Tous ces*** *ancêtres auraient **beaucoup d'**histoires à raconter.*
  ➲ ***Les***   *ancêtres auraient*   ***des***   *histoires à raconter.*

En général, le déterminant est répété dans une coordination ou une juxtaposition.

Ex. : ***les*** *Premières Nations ou **les** Inuits*

Il n'est pas répété si les noms désignent une même réalité ou des réalités proches par le sens et qui forment un ensemble.

Ex. : ***mon*** *frère et compagnon de voyage ; **les** noms, prénoms et surnoms*

Chapitre 3 • LE DÉTERMINANT   **29**

C Les formes du déterminant

Le déterminant a une forme simple ou une forme complexe.

Le **déterminant simple** est formé d'un mot.
Ex. : *le nom, la ville, ce terme, cette histoire, notre pays*

Le **déterminant complexe** est formé de plusieurs mots.
Ex. : *beaucoup de temps, toutes les villes, les deux noms, bien des gens*

D Les catégories de déterminants

Il y a plusieurs catégories de déterminants :
- Déterminant défini
- Déterminant indéfini
- Déterminant partitif
- Déterminant numéral
- Déterminant possessif
- Déterminant démonstratif
- Déterminant interrogatif
- Déterminant exclamatif

> Plusieurs déterminants, en particulier les déterminants définis, possessifs et démonstratifs, sont utilisés pour la reprise de l'information dans le texte. ⬑ Page 328, Reprise

3.2 Le déterminant défini

Le déterminant défini introduit un nom qui désigne une réalité connue ou évidente dans le contexte. Il détermine ce nom de façon individuelle ou comme une catégorie.
Ex. : *le site où se trouve actuellement la ville de Québec*

On emploie le déterminant élidé *l'* devant un nom commençant par une voyelle ou un *h* muet.

Déterminants définis			Exemples
Singulier	Masculin	*le / l'*	*le fleuve, l'estuaire, l'hiver*
	Féminin	*la / l'*	*la ville, l'entrée, l'heure*
Pluriel	Masculin et féminin	*les*	*les fleuves, les contreforts les villes, les montagnes*

Les déterminants contractés sont *du, des, au* et *aux*. Ils sont formés d'une préposition et d'un déterminant défini. Ils introduisent des GPrép.

Déterminants contractés			Exemples
Singulier	Masculin	*du* : de + le *au* : à + le	*le rétrécissement du fleuve au cap Diamant*
Pluriel	Masculin et féminin	*des* : de + les *aux* : à + les	*l'arrivée des explorateurs aux îles de Mingan*

3.3 Le déterminant indéfini

Le déterminant indéfini introduit un nom qui désigne souvent une réalité non connue ou non identifiée dans le contexte.

Ex.: *On aperçoit **une** rivière.*   ***Des** bateaux arrivent du large.*

Le déterminant indéfini indique, au pluriel, une quantité non précisée par un nombre. Il peut aussi indiquer la négation, l'unité ou la totalité.

Déterminants indéfinis courants		Exemples
Négation *aucun / aucune* *nul / nulle* *pas un / pas une* **Unité ou totalité** *un / une* *chaque* *n'importe quel / quelle,* *n'importe quels / quelles* *tel / telle, tels / telles* *tout / toute, tous / toutes* *tout le / toute la,* *tous les / toutes les*	**Quantité non précisée** *des* *peu de* *assez de* *beaucoup de* *bien des* *trop de* *certains / certaines* *différents / différentes* *divers / diverses* *maints / maintes* *plusieurs* *quelque / quelques* *tant de*	***des** nations, **des** pays* ***pas un** nuage* ***nul** doute* ***nulle** faute* ***trop de** choses à faire* ***plus d'une** personne* ***chaque** fois* ***n'importe quelle** heure* *choisir **différents** plats* *à **maintes** reprises* ***tel** père, **tel** fils* ***tant de** choses* ***toute** l'année*

> Les déterminants *aucun* et *nul* prennent la marque du pluriel devant un nom qui s'emploie seulement au pluriel.
>
> Ex.: *sans **aucuns** frais* (*frais*: nom m. pl.)

3.4 Le déterminant partitif

Le déterminant partitif introduit un nom désignant une réalité qui ne se compte pas.

Déterminants partitifs			Exemples
Singulier	Masculin	*du / de l'*	***du** beurre, **du** vent, **du** courage* ***de l'**argent, **de l'**or, **de l'**humour*
	Féminin	*de la / de l'*	***de la** neige, **de la** poudrerie, **de la** force* ***de l'**énergie, **de l'**essence, **de l'**habileté*
Pluriel	Masculin et féminin	*des*	***des** épinards, **des** sucreries*

■ POUR PRÉCISER

- Le **remplacement** du déterminant par un autre comme *un, ce, cette, ses*, etc., permet de vérifier si *de* a la valeur d'un déterminant ou d'une préposition.
  Ex. : *On veut **de l'eau** fraîche.* ➲ *On veut **cette eau** fraîche.*
      (*de l'* = déterminant partitif : le groupe est un GN complément direct)
      *On profite **des** vacances.* ➲ *On profite **de ses** vacances.*
      (*des* = déterminant contracté : le groupe est un GPrép complément indirect)
- Certains déterminants indéfinis ou partitifs peuvent prendre la forme *de* dans les deux cas suivants.
  - Devant un nom, *de* s'emploie pour les déterminants *des, un, une, du, de la* quand ils suivent un verbe dans une phrase négative.
    Ex. : *On a **de l'**énergie.* → *On n'a plus **d'**énergie.*
        *Elle voit **des** falaises.* → *Elle ne voit pas **de** falaises.*
  - Devant un adjectif, *de* s'emploie pour le déterminant *des*.
    Ex. : ***des** pays* → ***de** nouveaux pays*, ***des** formes* → ***d'**étranges formes*

3.5 Le déterminant numéral

Le déterminant numéral indique le nombre de la réalité désignée par le nom.

En général, les déterminants numéraux sont invariables.
Ex. : *quatre hommes, cinq femmes, neuf individus*
    On n'écrit pas, par exemple : ➲ ~~*neufs individus*~~.
    On ne dit pas non plus : ➲ «neuf-z-individus» (mauvaise liaison).

> Les mots *premier, deuxième*, etc., indiquant un rang, sont des adjectifs ordinaux.
> Ex. : *une dixième fois*
>
> Les mots *millier, million* et *milliard* sont des noms.
> Ex. : *un millier,*
>   *deux millions,*
>   *trois milliards*

Déterminants numéraux		Exemples
Simples	*un / une, deux, trois, quatre, cinq...* *dix, onze, douze, treize, quatorze...* *vingt, trente, quarante, cinquante...* *cent, mille*	***six** baleines* ***seize** bateaux* ***trente** personnes* ***cent** unités*
Complexes	*dix-sept, dix-huit, dix-neuf...* *vingt et un, trente et un...* *cent un, cent soixante et onze...* *mille vingt-deux, deux mille un...*	***soixante-quinze** sacs* ***vingt et une** pages* ***cinquante et un** ans* ***quatre mille** kilomètres*

⇨ Page 358
Rectifications
orthographiques

⇨ Page 237
Accords

■ POUR PRÉCISER

- Les déterminants complexes prennent un trait d'union quand ils sont inférieurs à cent et qu'ils n'ont pas la conjonction *et* : *vingt-deux*, mais *soixante et onze*.
- Les déterminants *cent* et *vingt* se mettent au **pluriel** s'ils sont multipliés par un numéral qui les précède et s'ils terminent le nombre.
  Ex. : ***quatre-vingts** livres*, mais ***quatre-vingt-dix** livres* ou ***vingt-trois** livres*
      ***trois cents** pages*, mais ***trois cent une** pages* ou ***cent quatre** pages*

3.6 Le déterminant possessif

Le déterminant possessif indique :

– une relation d'appartenance, de possession ;
  Ex. : *Elle a vendu **son** bateau.*

– ou une relation étroite entre deux réalités.
  Ex. : *Le <u>capitaine</u> est arrivé, **son** <u>mousse</u> sur les talons.*

Le déterminant possessif reçoit le genre et le nombre du nom qu'il introduit.
En plus, il reçoit la personne du nom auquel il renvoie.

Ex. : *Québec et **ses** environs* (*ses environs* = les environs de Québec)
        3ᵉ pers.

Déterminants possessifs				
Personne et nombre	**Singulier**		**Pluriel**	**Exemples**
	Masculin	**Féminin**	**Masculin et féminin**	
1ʳᵉ pers. s. = à moi	*mon*	*ma* *mon*	*mes*	***mon** bateau* ***ma** patrie* ***mes** souvenirs* ***mon** histoire*
2ᵉ pers. s. = à toi	*ton*	*ta* *ton*	*tes*	***ton** bateau* ***ta** patrie* ***tes** cartes* ***ton** amie*
3ᵉ pers. s. = à lui / à elle	*son*	*sa* *son*	*ses*	***son** bateau* ***sa** patrie* ***ses** souvenirs* ***son** habitude*
1ʳᵉ pers. pl. = à nous	*notre*	*notre*	*nos*	***notre** bateau* ***notre** patrie* ***nos** cartes*
2ᵉ pers. pl. = à vous	*votre*	*votre*	*vos*	***votre** bateau* ***votre** patrie* ***vos** souvenirs*
3ᵉ pers. pl. = à eux / à elles	*leur*	*leur*	*leurs*	***leur** bateau* ***leur** patrie* ***leurs** cartes*

On emploie *mon*, *ton* ou *son* devant un nom féminin commençant par une voyelle ou un *h* muet.

■ POUR PRÉCISER
Les déterminants *notre*, *votre*, *nos*, *vos* s'emploient dans des formules de politesse quand ils renvoient à une seule personne.
Ex. : *Avez-vous perdu **vos** bagages, Madame ?*

3.7 Le déterminant démonstratif

Le déterminant démonstratif introduit un nom qui désigne une réalité présente dans le contexte : il rappelle ou montre une réalité dont on parle.

Déterminants démonstratifs			Exemples
Singulier	Masculin	ce cet	**ce** nom, **ce** terme, **ce** peuplement **cet** héritage, **cet** hiver, **cet** automne
	Féminin	cette	**cette** dénomination, **cette** origine
Pluriel	Masculin et féminin	ces	**ces** noms, **ces** lieux, **ces** termes **ces** appellations, **ces** langues

On emploie *cet* devant un nom masculin commençant par une voyelle ou un *h* muet.

◼ POUR PRÉCISER

Les déterminants démonstratifs peuvent être renforcés par les adverbes *ci* et *là*, qui sont alors reliés au nom par un trait d'union.
Ex. : *ce jour-là* (*là* = éloignement), *ces temps-ci* (*ci* = proximité)

3.8 Le déterminant interrogatif et le déterminant exclamatif

Le déterminant interrogatif introduit un nom sur lequel on pose une question.
Le déterminant exclamatif introduit un nom par lequel on exprime une émotion.

Déterminants interrogatifs et exclamatifs			Exemples
Singulier	Masculin	quel	**Quel** nom a-t-on donné à ce lieu ? **Quel** beau paysage nous voyons !
	Féminin	quelle	**Quelle** ville veux-tu visiter ? **Quelle** vue extraordinaire !
Pluriel	Masculin	quels	**Quels** mots avez-vous entendus ? **Quels** noms originaux !
	Féminin	quelles	**Quelles** langues parlez-vous ? **Quelles** personnes intéressantes !
Formes qui ne changent pas		combien de	**Combien de** langues parlez-vous ? **Combien de** fois il l'a dit !
		que de (exclamatif)	**Que de** découvertes elle a faites !

◼ POUR PRÉCISER

Les déterminants *le, la, les, au, aux, du, des* soudés à *quel* forment des **déterminants relatifs** : *lequel/laquelle, lesquels/lesquelles, auquel, duquel*, etc.
Ex. : *Cet individu sera peut-être arrêté, **auquel** cas il sera accusé de vol.*

Ces déterminants sont surtout employés dans la langue de l'administration ou du droit.

Le déterminant

- Le déterminant sert à introduire un nom. Il accompagne toujours un nom.

- Le déterminant appartient à une classe de mots variables : il peut varier en genre et en nombre.

  Comme receveur d'accord, il reçoit le genre et le nombre du nom qu'il accompagne.

- Le déterminant est placé avant le nom qu'il accompagne. Parfois, entre le déterminant et le nom, il y a un ou plusieurs mots, par exemple un adjectif.

- Le déterminant est simple quand il est formé d'un mot. Il est complexe quand il est formé de plusieurs mots.

- Il existe plusieurs catégories de déterminants :

Déterminant défini	*le, la, les, du, au, des, aux*
Déterminant indéfini	*un, une, des, chaque, plusieurs, tout, toute...*
Déterminant partitif	*du, de la, des*
Déterminant numéral	*un / une, deux, trois, dix, vingt, cent, mille...*
Déterminant possessif	*mon, ton, son, ma, ta, sa, notre, votre, leur, mes, tes, ses, nos, vos, leurs*
Déterminant démonstratif	*ce, cet, cette, ces*
Déterminant interrogatif	*quel, quelle, quels, quelles, combien de*
Déterminant exclamatif	*quel, quelle, quels, quelles, combien de, que de*

Certains déterminants et certains pronoms ont une forme identique, comme *le, la, les, leur, certains, plusieurs, quel*. Il faut se rappeler que le déterminant accompagne toujours un nom. Le pronom, lui, peut se trouver devant un verbe.

Ex. : **Les** <u>mots</u> *écrits sur ces pierres sont presque illisibles.*
*La jeune fille **les** <u>écrit</u> sur un bout de papier.*  Page 49, Pronom

CHAPITRE 4

L'adjectif

Dans le texte suivant, les mots mis en gras sont des **adjectifs**.

La demoiselle **oubliée**

Elle s'appelait Marguerite de la Roche. C'était une **jeune** fille d'origine **bretonne**.
En 1542, son cousin, Jean-François de Roberval, la convainquit de l'accompagner dans
une expédition. Elle espérait devenir la **première** institutrice du **Nouveau** Monde.
Elle embarqua donc sur l'**impressionnant** navire, emportant tout ce qu'elle possédait
dans un **grand** coffre en chêne.

On ne sait pas trop ce qui se passa durant la **longue** traversée. Mais lorsque la terre
promise se dessina à l'horizon, le capitaine Roberval ordonna à ses hommes de
débarquer Marguerite dans une **petite** île, **proche** du rivage. Il la condamnait ainsi à
une mort **certaine**.

Contre toute attente, Marguerite
survécut à ce **lâche** abandon. Des
marins **basques** la recueillirent à
bord de leur bateau. C'est ainsi
qu'elle retrouva sa Bretagne **natale**.

De **nombreux** historiens et
historiennes se sont intéressés
à cette histoire **vraie** et
surprenante. Sur la Côte-**Nord**,
près de **Blanc**-Sablon, un chapelet
d'îlots s'appelle les « Îles de la
Demoiselle », en l'honneur de
Marguerite.

Les adjectifs représentent une classe de mots fort intéressante.
Ils permettent, par exemple, de préciser des descriptions et d'enrichir un texte.

De plus, ils peuvent servir à former des noms composés, tels *Nouveau Monde*,
Côte-Nord et *Blanc-Sablon*, dans lesquels ils notent un aspect particulier.

4.1 Les caractéristiques de l'adjectif

L'adjectif exprime une qualité ou une caractéristique concernant une personne, un animal, un objet ou toute autre réalité nommée.

A L'adjectif : mot variable, noyau du GAdj et receveur d'accord

1. L'adjectif appartient à une classe de mots variables : il peut varier en genre (masculin ou féminin) et en nombre (singulier ou pluriel).

   Ex. : *son cousin breton*   *ses cousines bretonnes*
          m. s.   f. pl.

2. L'adjectif est le **noyau** du GAdj. Il peut avoir une expansion, qui est souvent :
   – un adverbe modificateur, placé avant lui ;
   – un GPrép complément, placé après lui.

   Ex. : *La très **jeune** fille a fait une traversée **longue** de mille kilomètres.*

   Page 102
   GAdj

3. L'adjectif est un **receveur** d'accord.

Règles	Exemples
L'adjectif reçoit le genre et le nombre du **nom** auquel il se rattache.	On entend des **histoires** surprenant**es**. f. pl.
L'adjectif reçoit le genre et le nombre du **pronom** auquel il se rattache.	**Elle** était seul**e** sur un îlot. f. s.

Page 222
Accords

B COMMENT REPÉRER ▪▪▪ L'ADJECTIF

- L'adjectif accompagne souvent un nom ; il est alors complément de ce nom et il se place généralement près de lui.

  Ex. : *C'était une **jeune** fille d'origine **bretonne**.*

- L'adjectif se place aussi après un verbe attributif comme *être* ; il est alors attribut du sujet.

  Ex. : *Cette histoire est **vraie**.   Elle paraît **incroyable**.*

- Pour vérifier si un mot est un adjectif, on le **remplace** par un autre adjectif.

  Ex. : *Le navire s'approche d'une île **isolée**. ⊃ une île **déserte**
  C'est un océan **bleu ciel**. ⊃ un océan **glacial***

C · L'adjectif qualifiant et l'adjectif classifiant

1. L'adjectif **qualifiant** exprime une qualité, qu'elle soit positive, négative ou neutre selon le contexte.

   Ex.: *Nous avons fait un voyage **intéressant**.*
   *Nous avons fait un **long** voyage. C'était **pénible**.*
   *Nous avons fait un **seul** voyage pour transporter les bagages.*

2. L'adjectif **classifiant** exprime une caractéristique qui équivaut souvent à une définition. Il précise des noms en les classant dans une catégorie.

   Ex.: Catégorie du nom *île* → *île **flottante*** (qui flotte, n'est pas fixe)
   → *île **corallienne*** (qui est formée de coraux)

   L'adjectif classifiant se place après le nom. Contrairement à l'adjectif qualifiant, il ne peut pas avoir d'expansion : par exemple, il est **impossible** de lui **ajouter** un adverbe (*peu, plus, très,* etc.).

   Ex.: *Il faut prendre la <u>voie</u> **maritime**.* ⊃ *Il faut prendre la voie t̶r̶è̶s̶ maritime.*

■ POUR PRÉCISER

- Certains adjectifs classifiants peuvent aussi être qualifiants, selon leurs sens. Quand il est qualifiant, l'adjectif peut alors avoir une expansion.

  Ex. :

Adjectif classifiant :	Adjectif qualifiant :
*une crise **économique***	*une voiture **économique***
(= relative à l'économie)	(= peu coûteuse)
⊃ *une crise p̶l̶u̶s̶ économique*	⊃ *une voiture plus **économique***

- L'adjectif classifiant ne peut pas être attribut, sauf à la forme négative lors d'une rectification, par exemple : *Cette carte **n'**est **pas géographique**, **mais** routière.*

D · Les formes de l'adjectif

1. L'adjectif a une forme simple ou bien une forme complexe ; dans ce dernier cas, il est composé ou dérivé.

   - **L'adjectif simple** est formé d'un seul mot.
     Ex.: *petit, bon, natal*

⤷ Page 256
Composition

   - **L'adjectif composé** est formé de plusieurs mots.
     Ex.: *sourd-muet, jaune orange, clairvoyant*

⤷ Page 253
Dérivation

   - **L'adjectif dérivé** est formé par l'ajout d'un préfixe ou d'un suffixe.
     Ex.: ***super**sonique* (préfixe), *jaun**âtre*** (suffixe)

L'adjectif peut faire partie d'un nom composé : *la bande **dessinée**, un **court** métrage.*
Placé en tête dans un nom propre, il prend la majuscule : ***Nouveau** Monde, **Blanc**-Sablon.*
Il peut même jouer le rôle du nom propre spécifique : *le pôle **Nord**, l'étoile **Polaire**.*

---

2. Certains adjectifs ont une forme issue d'un verbe au participe présent ou au participe passé. Ils s'accordent en genre et en nombre.

Ex.: *une idée **surprenante*** (*surprenant*, participe présent du verbe *surprendre*)
*des promesses **tenues*** (*tenu*, participe passé du verbe *tenir*)

3. Contrairement à l'adjectif, le verbe au **participe présent** ne s'accorde pas. Voici des manipulations pour les distinguer.

Adjectif (variable)	Verbe au participe présent (invariable)
Ex.: *une pluie **battante***	Ex.: *les vagues **battant** le navire*
• **Remplacement** par un autre adjectif ➲ *une pluie **violente***	• **Encadrement** du verbe par *ne... pas* ➲ *les vagues **ne** battant **pas** le navire*
• **Ajout** d'un adverbe comme *non, très* ou *peu* devant l'adjectif ➲ *une pluie **non** battante*	• **Non-ajout** d'un adverbe devant le verbe ➲ *les vagues ~~peu battant~~ le navire*

L'adjectif peut avoir une orthographe différente du verbe au participe présent. Voici des exemples.

Adjectifs terminés par *-ent, -cant, -gant, -gent*	Verbes au participe présent terminés par *-ant, -quant, -guant, -geant*
*des réponses équival**entes***	*une invitation équival**ant** à un ordre*
*un excell**ent** capitaine*	*un capitaine excell**ant** dans son métier*
*des couloirs communi**cants***	*un marin communi**quant** la nouvelle*
*une parole provo**cante***	*une décision provo**quant** la colère*
*une traversée fati**gante***	*des rayons de soleil fati**guant** les yeux*
*le personnel navi**gant***	*des bateaux navi**guant** dans le golfe*
*des voies conver**gentes***	*des voies conver**geant** vers la ville*
*des voyageurs négli**gents***	*un hôte négli**geant** ses invités*

Voici d'autres cas (adjectif / verbe):
adhér**ent** / adhér**ant**, convain**cant** / convain**quant**, différ**ent** / différ**ant**, précéd**ent** / précéd**ant**, suffo**cant** / suffo**quant**, zigza**gant** / zigza**guant**.

Pour vérifier l'orthographe d'un adjectif, on consulte le dictionnaire.

> Parfois, un adjectif et le participe présent correspondant peuvent être employés l'un pour l'autre dans une phrase, par exemple:
>
> ***Excellente** dans ce rôle, Régine connaît un grand succès.*
> (= elle est excellente dans ce rôle)
>
> ***Excellant** dans ce rôle, Régine connaît un grand succès.*
> (= elle excelle dans ce rôle)

E La place de l'adjectif

Voici les principaux cas concernant la place de l'adjectif qui accompagne un nom.

Adjectifs placés après le nom
• Les adjectifs classifiants : *le continent* **nord-américain**, *des marins* **basques**
• Les adjectifs qualifiants exprimant une propriété physique, concrète (couleur, forme, état, etc.) : *un îlot* **vert**, *une île* **ronde**, *un coffre* **lourd**, *une mer* **calme**
• Les adjectifs issus d'un participe passé et beaucoup d'adjectifs issus d'un participe présent : *un navire* **chargé**, *un séjour* **plaisant**
• L'adjectif suivi de son complément : *une île* **large** <u>de cent mètres</u>

Adjectifs placés avant le nom
• Les adjectifs ordinaux : **premier** *équipage*, **troisième** *traversée*
• Les adjectifs ayant une valeur expressive ou exprimant un jugement, un sentiment : *l'***impressionnant** *navire*, *un* **méchant** *homme*
• Plusieurs adjectifs courts, souvent placés avant le nom, comme *beau, bon, court, dur, grand, gros, haut, joli, jeune, long, petit, vieux* : *une* **grande** *force*, *une* **grosse** *vague*
• L'adjectif détaché et déplacé avant le nom : **Attristée**, *la dame pleurait.*

Selon leur place, certains adjectifs expriment des sens différents.
Voici des exemples.

une athlète **grande** (de grande taille)   *une* **grande** *athlète* (importante)
un garçon **seul** (isolé, solitaire)   *un* **seul** *garçon* (unique)
une fille **brave** (courageuse)   *une* **brave** *fille* (honnête et bonne)
un touriste **curieux** (qui veut savoir)   *un* **curieux** *touriste* (original, étrange)
une date **certaine** (fixée, précisée)   *une* **certaine** *date* (imprécise)

 On peut consulter le dictionnaire pour vérifier le sens d'un adjectif selon sa place.

■ POUR PRÉCISER

- L'adjectif doit se placer près du nom quand celui-ci a un long complément.
  Ex. : *les <u>étoiles</u>* **brillantes** *de la constellation d'Orion*
      ➲ *les <u>étoiles</u> de la constellation d'Orion* ~~brillantes~~
- Si le nom a un complément formé d'un autre nom, l'adjectif s'accorde avec le nom qu'il qualifie ou qu'il caractérise. Il en va de même pour le nom composé.
  Ex. : *un <u>chapelet</u> d'îles* **magnifique** ≠ *un chapelet d'<u>îles</u>* **magnifiques**
      une <u>soupe</u> aux légumes **épicée** ➲ *une <u>soupe</u>* **épicée**
      des <u>fruits</u> de mer **crus** ➲ *des fruits de mer* ~~crue~~ (nom composé)
- Pour éviter une ambiguïté, on peut remplacer certains compléments par un adjectif.
  Ex. : *une cité de la France inconnue* ➲ *une cité française inconnue*

F Les adjectifs juxtaposés ou coordonnés

Les adjectifs peuvent être juxtaposés ou coordonnés dans une énumération.
Ex.: Juxtaposition: *une eau **pure, fraîche, limpide***
    Coordination: *une histoire **surprenante et intéressante***

Un adjectif qualifiant ne peut pas être coordonné à un adjectif classifiant.
Ex.: ➲ *On a repéré une île flottante ~~et belle~~.*

> ■ POUR PRÉCISER
>
> • Un ou plusieurs adjectifs peuvent être ajoutés à un ensemble «nom + adjectif», à condition que le sens demeure clair.
> Ex.: *un* ⸤*marin **basque**⸥ ➲ *un* ⸤*marin basque*⸥ ***expérimenté***
>   ➲ *un **vieux*** ⸤*marin basque expérimenté*⸥
>
> • En principe, on répète le nom devant chaque adjectif quand ce nom désigne des réalités distinctes. On peut aussi employer une fois le nom au pluriel.
> Ex.: *l'histoire **ancienne** et l'histoire **contemporaine***
>   *les histoires **ancienne** et **contemporaine***

G La mise en degré de l'adjectif

1. L'adjectif qualifiant peut être mis en degré par un adverbe modificateur.

Degrés d'intensité (+ exemples d'adverbes)	Exemples
• **Faible** (*moins, peu, à peine*) ou incomplet (*presque*)	*La mer est **peu** agitée.* *La rive est **faiblement** éclairée.*
• **Moyen** (*assez, plutôt, pas mal*)	*Le bateau est **assez** solide.*
• **Élevé** (*très, beaucoup, fort, bien*) ou excessif (*trop*) ou complet (*tout, totalement*)	*Elles sont **extrêmement** rapides.* *Les vagues sont **trop** fortes.* *Cette vigie est **tout à fait** fiable.*
Degrés de comparaison	**Exemples**
moins / aussi / plus… que • **Comparatif d'infériorité** • **Comparatif d'égalité** • **Comparatif de supériorité**	*Ce marin est **moins** fiable **que** son adjoint.* *Le phare est **aussi** visible **que** les balises.* *Ce pont est **plus** large **que** long.*
déterminant *le / la / les* ou possessif *mon / ma / mes…* + *moins / plus* • **Superlatif d'infériorité** • **Superlatif de supériorité**	*Cette voie est **la moins** risquée de toutes.* *C'est l'ami **le plus** loyal qui soit.* *C'est **sa plus** belle expérience.*

2. Quelques adjectifs prennent une forme particulière dans la mise en degré.

Adjectifs	Comparatifs / Superlatifs de supériorité	Exemples
bon	*meilleur (que)*	*Il est **le meilleur**.* (et non : ⊃ ~~le plus bon~~)
mauvais	*pire (que),* *plus mauvais (que)*	*Cette idée est **pire que** l'autre.* *C'est **la plus mauvaise** blague entendue.*
petit	*moindre (que)* avec un <u>nom abstrait</u> *plus petit (que)* avec un <u>nom concret</u>	*C'est un produit de **moindre** qualité.* *C'est **son moindre** défaut.* *Ce <u>bateau</u> est **plus petit que** l'autre.*

- Quand un nom désigne déjà un mal, c'est l'adjectif *pire* qui doit être employé avec ce nom (ex. : *difficulté, douleur, ennui, erreur, faute, misère*). Ex. : *Vos difficultés sont **pires** que les nôtres.*

- Les adverbes *plus* et *moins* ne doivent pas être employés avec *meilleur* et *pire*. Ex. : ⊃ *C'est la ~~plus pire~~ traversée de sa vie. C'est ~~moins pire~~ ou ~~plus meilleur~~.*

3. Plusieurs adjectifs ne peuvent pas être mis en degré avec des adverbes, car leur sens est incompatible avec ces adverbes. Voici les principaux cas.

Adjectifs...	Exemples
• exprimant déjà un haut degré d'intensité (incompatibles avec *très*)	*énorme, extraordinaire, extrême, impossible, parfait...* ⊃ *une réussite **totale** ⊃ une réussite ~~très~~ totale*
• exprimant une qualité fixe, qui ne change pas	*rectangle, circulaire, enceinte, extérieur, unique...* ⊃ *voir **double** ⊃ voir ~~plus~~ double*
• exprimant une évaluation, un rang	*aîné, cadet, majeur, principal, premier, dixième...* ⊃ *le frère **aîné** ⊃ le frère ~~moins~~ aîné* (*aîné* = le plus âgé des enfants)

- Certains de ces adjectifs, selon leur sens et le contexte, peuvent être mis en degré. Ex. : *Je n'ai jamais vu un modèle **aussi** <u>parfait</u>. C'est le **tout** <u>dernier</u> modèle.*

- La mise en degré de l'adjectif peut également se réaliser : – par des préfixes comme *archi-, extra-, sous-, super-* : ***super**fin* ; – par le suffixe *-issime* : *rich**issime***.

⤵ Page 116
Mise en degré
de l'adverbe

- La mise en degré s'applique aussi à des adverbes.

4.2 La formation du féminin des adjectifs

Voici comment former le féminin d'un adjectif à partir d'un adjectif au masculin.

Règle générale	Exemples			Autres cas
Ajout d'un *-e*	*claire*	*forte*	*natale*	Tréma sur le *-e* :
	polie	*bleue*	*normale*	*aiguë* *ambiguë*
	idiote	*rase*	*promise*	*exiguë* *contiguë*

⎘ Page 358 — Rectifications orthographiques

Règles particulières	Exemples			Autres cas
Sans changement si la finale du masculin est *-e*	*aimable* *moderne*	*bête* *jaune*	*comique* *proche*	
Pour certains adjectifs, consonne finale doublée suivie du *-e* : **-et, -ot** + *-te* **-en, -on** + *-ne* **-as, -is, -os** + *-se* **-el** + *-le* et quatre cas en **-il, -eil, -ul**	*muette* *moyenne* *basse* *lasse* *cruelle* *gentille* *nulle*	*pâlotte* *mignonne* *grasse* *métisse* *actuelle* *pareille*	*sotte* *bonne* *grosse* *épaisse* *vermeille*	Pour quelques adjectifs : **-et** → **-ète** *complet* → *complète* *concret* → *concrète* *désuet* → *désuète* *discret* → *discrète* *inquiet* → *inquiète* *secret* → *secrète*
Changement de la finale : **-c** → **-que** **-eau** → **-elle** **-f** → **-ve** **-x** → **-se** **-er** → **-ère**	*public* → *publique* *turc* → *turque* *jumeau* → *jumelle* *nouveau* → *nouvelle* *nocif* → *nocive* *neuf* → *neuve* *joyeux* → *joyeuse* *jaloux* → *jalouse* *léger* → *légère* *particulier* → *particulière*			*grec* → *grecque* *sec* → *sèche* *blanc* → *blanche* *franc* → *franche* *bref* → *brève* *doux* → *douce* *faux* → *fausse* *roux* → *rousse* *vieux* → *vieille*
-eur → **-euse** **-eure**	*moqueur* → *moqueuse* *intérieur* → *intérieure*			
-teur → **-trice** **-teuse**	*émetteur* → *émettrice* *menteur* → *menteuse*			
Ajout d'une **lettre** + *-e*	*long* → *longue* *oblong* → *oblongue*	*favori* → *favorite* *rigolo* → *rigolote*		
Changements de forme divers	*bénin* → *bénigne* *malin* → *maligne*	*fou* → *folle* *mou* → *molle*	*frais* → *fraîche* *tiers* → *tierce*	

Devant un nom masculin commençant par une voyelle ou un *h* muet, les adjectifs *fou, mou, beau, nouveau* et *vieux* font *fol, mol, bel, nouvel* et *vieil*.
Ex. : *un **bel** esprit*   *le **Nouvel** An*   *un **vieil** habit*

Chapitre 4 • L'ADJECTIF   **43**

4.3 La formation du pluriel des adjectifs

Voici comment former le pluriel d'un adjectif à partir d'un adjectif au singulier.

Règle générale	Exemples					
Ajout d'un -*s*	*anciens* *publics*	*petits* *grands*	*utiles* *naïves*	*bleus* *actuels*	*rondes* *natifs*	*brisées* *jolies*

Règles particulières	Exemples	Autres cas
Sans changement si la finale du singulier est -*s* ou -*x*	*frais* *confus* *promis* *curieux* *heureux* *sérieux*	
Ajout d'un -*x* à la finale en -*eau*	*beaux* *jumeaux* *nouveaux*	*esquimau* → *esquimaux* *hébreu* → *hébreux*
Changement de la finale : -*al* → -*aux*	*génial* → *géniaux* *spécial* → *spéciaux* *tropical* → *tropicaux*	Pour quelques adjectifs en -*al*, ajout d'un -*s* : *banals, bancals, fatals, natals, navals*

- Certains adjectifs en -*al* s'écrivent avec la finale -*als* ou -*aux* au pluriel.
  Ex. : *idéal* → *idéals* ou *idéaux, final* → *finals* ou *finaux, glacial* → *glacials* ou *glaciaux*
- Il en est de même pour *causal, pascal, austral, boréal.*

L'adjectif *banal* qui se rapporte au domaine féodal s'écrit *banaux* au pluriel : *des fours et des moulins banaux.*

4.4 Les adjectifs invariables

Plusieurs adjectifs sont employés comme adverbes.
Ex. : *bas, bon, cher, clair, double, dur, fort, faux, froid, gras, juste, léger, sec...*

Les adjectifs employés comme **adverbes** ne s'accordent pas.
Ex. : *des jeux qui coûtent **cher***   *des coffres qui pèsent **lourd***
    *des gens **haut** placés*   *des yogourts **demi**-écrémés*

- Ces adjectifs ont la valeur d'un adverbe, par exemple :
  haut placés = à un haut degré, hautement ; **nouveau**-né = nouvellement né ;
  peser **lourd** = peser beaucoup ; **demi**-écrémé = à moitié (ou partiellement).
- Ils forment souvent une expression avec un verbe, qu'ils modifient alors comme un adverbe, ainsi : *boire chaud, voir grand, marcher droit, travailler dur...*

▪ POUR PRÉCISER

- Les adjectifs *seul, frais, grand* et *large* employés comme adverbes sont variables.
  Ex. : ***Seuls*** *les étudiants sont admis.*   *Les fenêtres sont **larges** ouvertes.*
- Les adverbes employés comme adjectifs sont invariables.
  Ex. : *les portières **avant***   *les feux **arrière***   *des gens **bien***

Le dictionnaire indique si un adjectif est variable ou non. Voici quelques cas.

- Certains adjectifs ne varient ni en genre ni en nombre, par exemple :
  - les points cardinaux employés comme adjectifs : *la banlieue **sud*** ;
  - les adjectifs venant d'un mot abrégé ou d'un élément tel un préfixe : *des formations **pop**, des jeux **vidéo**, des produits **extra**.*
- Quelques adjectifs varient en nombre, mais non en genre (ex. : *adverse, chic, snob, angora, standard…*).
  Ex. : *des lapins / des étoffes **angoras**, les modèles / les mesures **standards***
- D'autres adjectifs ne varient pas en genre, ils sont marqués par un seul genre.
  Ex. : *un nez **aquilin*** (m.), *des yeux **pers*** (m.), *bouche **bée*** (f.), *un marais **salant*** (m.), *une femme **enceinte*** (f.)
- Les adjectifs servant à former des expressions (ou locutions) ne varient pas.
  Ex. : *parler à une personne **seul** à **seul**, d'**égal** à **égal*** *se faire **fort** de, avoir **beau** faire / dire, juger **bon***

4.5 L'accord des adjectifs composés ou dérivés

Voici les principales règles d'accord des adjectifs complexes.

Règles	Formation	Exemples
Accord comme un adjectif simple	adjectifs soudés ou mot + adjectif soudés	*clairsemé* → des forêts **clairsemées** *malhabile* → des gens **malhabiles**
Accord des deux adjectifs	adjectif + adjectif	*aigre-doux* → des cerises **aigres-douces** *ivre mort* → des personnes **ivres mortes**
Accord de l'adjectif seulement	adverbe + adjectif	*avant-dernier* → les **avant-derniers** jours
	adjectif à valeur d'adverbe + adjectif : *court, nouveau, mort, haut, demi*	*nouveau-né* → des filles **nouveau-nées** *mort-né* → des projets **mort-nés** *demi-plein* → des coffres **demi-pleins** *court-vêtu* → des enfants **court-vêtus**
	préfixe ou élément + adjectif	*mi-long* → les coupes **mi-longues** *gréco-romain* → les arts **gréco-romains**
Aucun accord	mots de diverses classes	*bon marché* → des produits **bon marché** *soi-disant* → des **soi-disant** marins *terre-à-terre* → des idées **terre à terre**
	adjectif *nu* + nom	être **nu**-pieds, **nu**-tête, **nu**-jambes
Accord ou non, selon le sens singulier ou pluriel du nom	adjectif terminé par un nom (invariable en genre)	*antibruit* → murs **antibruit** (contre le bruit) *tout-terrain* → vélos **tout-terrains** *avant-coureur* → signes **avant-coureurs**

4.6 L'accord des adjectifs de couleur

Voici les règles d'accord des adjectifs de couleur.

Règles	Exemples
1. L'adjectif de couleur simple est variable: *beige, blanc, bleu, blond, brun, châtain, cuivré, doré, gris, jaune, noir, orangé, rougeâtre, roux, violet...*	*des bouées **rouges*** *des îles **vertes*** *des eaux **blanchâtres***
• Les **noms** employés comme adjectifs de couleur sont généralement **invariables**: *argent, avocat, brique, bronze, café, caramel, citron, chocolat, crème, kaki, lilas, marron, noisette...*	*des chemises **orange*** *une dentelle **or*** *des flots **turquoise*** *des sacs **moutarde***
• Quelques adjectifs proviennent d'un nom, mais ils s'accordent.	*écarlates, mauves, pourpres, roses*
2. L'adjectif de couleur composé est invariable: *blanc cassé, bleu foncé, bleu marine, café au lait, jaune citron, rouge vif, vert olive, vert pâle...*	*une étoile **bleu clair*** *une eau **bleu-vert*** *des bateaux **gris acier***
• Quand il est formé de deux adjectifs de couleur simples, l'adjectif composé prend un trait d'union.	*brun-roux* *gris-vert*

2ᵉ cycle ▶ Quand plusieurs adjectifs de couleur sont **coordonnés**, ils sont invariables s'ils désignent un même ensemble.

Ex.: *des voitures rouge et blanc*
Chaque voiture a du rouge et du blanc.

S'ils ne désignent pas un même ensemble, les adjectifs s'accordent.

Ex.: *des voitures rouges et blanches*
Il y a des voitures rouges et des voitures blanches.

◀

L'adjectif

- L'adjectif fait partie d'une classe de mots variables. Il est un receveur d'accord : il reçoit le genre et le nombre du nom ou du pronom auquel il se rattache.

- L'adjectif est le noyau du GAdj. L'adjectif qualifiant peut avoir une expansion.

- L'adjectif complément d'un nom est généralement placé près de ce nom.
- L'adjectif attribut du sujet se place après un verbe attributif comme *être*.

- L'adjectif qualifiant exprime une qualité positive, négative ou neutre. Il peut être mis en degré d'intensité ou de comparaison par un adverbe modificateur.
- L'adjectif classifiant exprime une caractéristique. Il précise des noms en les classant dans une catégorie. Il est placé après le nom. Il ne peut pas avoir d'expansion.

- L'adjectif peut être simple, composé ou dérivé.

- Plusieurs adjectifs sont invariables, par exemple les adjectifs employés comme adverbes, certains adjectifs composés et les adjectifs de couleur composés.

Le pronom

Dans le récit suivant, les mots en gras sont des **pronoms**.

Hochelaga

Maître Cartier a ordonné de jeter l'ancre à l'entrée d'un immense lac. **Il** fallait continuer le voyage dans deux barques pour atteindre Hochelaga. Puisque l'équipage comptait une centaine de marins, **tous** ne pouvaient pas **y** aller.

J'ai eu l'honneur de faire partie de l'expédition. **Nous** étions **trente**. **Les autres** sont restés à bord.

Après avoir marché plusieurs kilomètres, **nous** sommes arrivés devant la ville d'Hochelaga **où** une foule d'environ mille personnes **nous** attendait.

Sur une grande place, le chef de la ville **nous** a souhaité la bienvenue dans une langue inconnue. **Il nous** parlait, mais **que** disait-**il**? Mystère! Maître Cartier **lui** a répondu en français. Puis, un échange de cadeaux a eu lieu. **Personne** n'a été oublié. **Chacun** d'entre **nous** a reçu un présent. **Le mien** est un coquillage blanc.

Martin Noël – 3 octobre 1535, marin à bord de la *Grande Hermine*

Le narrateur, Martin Noël, marque sa présence dans le contexte par le pronom *je* (*j'*). Il emploie aussi divers pronoms, par exemple: *nous* pour désigner les membres de l'expédition et lui-même; *il* pour désigner le chef de la ville; *le mien* pour désigner le présent qu'il a reçu.

Les pronoms constituent une ressource importante. Ils permettent, entre autres, de reprendre des éléments du texte. Ils sont donc très utiles dans la reprise de l'information.

5.1 Les caractéristiques du pronom

Le pronom remplace souvent des mots dans un texte. Il peut aussi représenter des personnes qui communiquent.

A Le pronom : mot variable et donneur d'accord

1. Le pronom appartient à une classe de mots variables, c'est-à-dire que sa forme peut changer selon la personne, le genre et le nombre.

   Ex. : Personne (1re, 2e, 3e) : *je, tu, il*

   Genre (masculin ou féminin) : *il, elle*

   Nombre (singulier ou pluriel) : *ils, elles*

2. Le pronom est un **donneur** d'accord.

Règles	Exemples
Le pronom sujet donne sa personne et son nombre au verbe.	Pron ──→ V *Ils échangent des cadeaux.* 3e pers. pl.
Le pronom donne son genre et son nombre à l'adjectif qui s'y rattache.	Pron ──→ Adj *Elle est inquiète pour son amoureux.* f. s.
Il fait de même, quand il est sujet, pour le participe passé conjugué avec l'auxiliaire *être*.	Pron aux. p. p. *Elle est allée au marché.* f. s.

⇨ Page 228
Accords

3. Les pronoms de la **3e** personne, comme *il, elle, ils, elles*, sont généralement des **pronoms de reprise** : ils permettent de reprendre des éléments du texte sans les répéter. L'élément repris par le pronom est appelé « antécédent ». Cet **antécédent** permet de savoir ce que désigne le pronom.

   antécédent   antécédent
   Ex. : Le **chef** *de la ville* a souhaité la bienvenue aux **visiteurs** .

   Il leur a donné des présents.

   Les pronoms de reprise font partie des mots substituts, utilisés pour la reprise de l'information.
   ⇨ Page 328, Reprise

   Quand il reprend un GN, le pronom a aussi le **même genre** et le **même nombre** que son **antécédent**, qui est alors le nom noyau du GN.

4. Les pronoms de la **1re** et de la **2e** personne sont les pronoms de la **communication** : *je, me, moi, tu, te, toi, nous, vous…* Ils ont le **genre** et le **nombre** des êtres qu'ils représentent dans la communication.

   Ex. : *Léa dit : « **Je** suis sortie. »* (Je = Léa)

5. Le pronom remplit la fonction du groupe qu'il remplace.

Ex. : <u>Les membres de l'équipage</u> débarquent. ➲ **Ils** débarquent.

GN / sujet → Pron / sujet

> Le pronom tient souvent la place d'un GN, mais il peut aussi remplacer :
> – un GPrép : *Margot parle <u>au chef</u>.* ➲ *Margot **lui** parle.*
> – un GAdj : *L'équipage était <u>prêt</u>.* ➲ *L'équipage **l'**était.*
> – un GVinf : *On espère <u>jeter l'ancre bientôt</u>.* ➲ *On **l'**espère.*
> – une subordonnée : *Le chef saura <u>si nous revenons</u>.* ➲ *Le chef **le** saura.*
> – une phrase : *<u>La marée est très forte</u>, et **cela** m'inquiète.*
>
> Le pronom n'est donc pas toujours le noyau d'un GN.

B   COMMENT REPÉRER ▪ ▪ ▪ **LE PRONOM**

- Le pronom reprend souvent un élément du texte : c'est alors un pronom de reprise. On peut donc le repérer en vérifiant ce qu'il reprend (son antécédent).

GN ⟶ Pron

Ex. : *La cité est entourée d'*⌐*une **palissade** en bois*⌐. ***Celle-ci*** *est très haute.*

f. s.   f. s.

M

> Quand *leur* est pronom, il ne prend jamais de *-s*.
> Ex. : *je **leur** ai dit*
> ➲ *je ~~leurs~~ ai dit*

- Des mots comme *le, la, les, leur, certains, plusieurs, quel* peuvent être pronoms ou déterminants. Pour les distinguer, on les remplace par le déterminant *un / une* ou *des*. Si le **remplacement** est **impossible**, il s'agit alors d'un pronom.
  Ex. : *Le chef **leur** donne des présents.* ➲ *Le chef ~~une~~ donne des présents.*
  *Elles reçoivent **leurs** présents.* ➲ *Elles reçoivent **des** présents.*

- Le pronom accompagne souvent un verbe ; le déterminant, lui, accompagne toujours un nom.

- Certains pronoms n'ont pas d'antécédent dans le texte. Leur sens ne dépend pas d'un autre élément du texte. Ils sont appelés «**pronoms nominaux**» ou «nominaux», car ils équivalent à un nom. En voici des exemples.

  – Des pronoms personnels comme *je, tu, nous, vous, on, soi*
    Ex. : ***J'**ai eu l'honneur de faire partie de l'expédition.*

  – Des pronoms indéfinis comme *quelque chose, quelqu'un, quiconque, rien*
    Ex. : ***Quelqu'un** est entré dans la cité cette nuit.*

- Le pronom nominal s'emploie aussi dans la communication orale pour désigner ou montrer un être, un objet ou toute autre réalité sans la nommer : seul le pronom représente cette réalité. C'est le cas, par exemple, dans les dialogues.
  Ex. : — *As-tu vu **cela** ?*
  — *Oui, je crois que **c'**est à **lui**.*

  — *De **qui** parles-tu ?*
  — *De **celui-là**.*

C Le complément du pronom

1. Le pronom peut avoir une expansion qui remplit alors la fonction de complément du pronom. Le tableau suivant en donne des exemples.

Le complément du pronom peut être...	Exemples
un GPrép	***Qui*** *parmi ces femmes* *ne serait pas brave ?* ***Chacun*** *d'entre nous* **a reçu un présent.** ***Quatre*** *d'entre eux* *n'ont pas survécu.*
une subordonnée relative	*Je m'adresse à* ***toi**, qui es mon amie.* ***Celles*** *qui reçoivent des présents* **sont émues.**
un GN détaché	***Lui**, un homme pauvre, accueille des étrangers.*
un GAdj détaché	*Prêt à débarquer,* ***il*** *pense à l'expédition.*
un GVpart détaché	*Étant surprise,* ***elle*** *n'ose pas parler.*

Certains pronoms peuvent avoir une expansion qui les renforce (*autres*, *seul*, *tous / toutes*, *deux*, *trois*, etc.).
Ex. : *nous autres, toi seul, vous toutes, nous deux.*
Le pronom *quoi* peut avoir comme expansion un adjectif lié à lui par *de*, ainsi :
Quoi de neuf, docteur ?

✎ **Page 348**
Synthèse
des fonctions
syntaxiques

2. Souvent, l'**effacement** du complément du pronom est **possible**. Ⓜ
Ex. : ***Lequel*** *de ces matelots restera à bord ?* ➲ ***Lequel*** ✕ *restera à bord ?*

3. Pour certains pronoms, le **déplacement** du complément est **possible** : Ⓜ
en particulier avec les prépositions *parmi, de, sur* ou dans des phrases interrogatives.
Ex. : ***Qui*** *parmi les invités demeurera ici ?* ➲ *Parmi les invités,* ***qui*** *demeurera ici ?*

Avec d'autres pronoms, le déplacement est impossible.
Ex. : *On apporte* ***quelque chose*** *à manger.* ➲ *À̶ ̶m̶a̶n̶g̶e̶r̶ on apporte quelque chose.*

▨ POUR PRÉCISER

- Le complément des pronoms *celui, celle, ceux, celles* ne peut pas être effacé. Il en est de même pour les pronoms *un* et *ce* quand ils doivent avoir un complément.
  Ex. : ***Ceux*** *de l'autre équipage sont nerveux.* ➲ ***Ceux*** ✕ *sont nerveux.*
  C'est ***un*** *des marins les plus courageux.* ➲ *C'est* ***un*** ✕.
  Je ne sais pas ***ce*** *qu'il fait.* ➲ *Je ne sais pas* ***ce*** ✕. Ⓜ

- Quand le pronom a un complément détaché ou déplacé, en général il est sujet de phrase et son complément est placé en tête de phrase. Ce complément peut aussi se placer en fin de phrase s'il ne produit pas un sens incorrect.
  Ex. : *Prête à partir,* ***elle*** *prend sa valise.* ➲ *Elle prend sa valise, p̶r̶ê̶t̶e̶ ̶à̶ ̶p̶a̶r̶t̶i̶r̶.*
  Valise à la main, ***elle*** *s'en va.* ➲ ***Elle*** *s'en va, valise à la main.*

◀

D Les formes du pronom

Le pronom a une forme simple ou une forme complexe.

Le **pronom simple** est formé d'un mot, par exemple : *je, vous, qui, où*.
Le **pronom complexe** est composé de plusieurs mots soudés ou non,
par exemple : *celui-ci, celles-là, quelqu'un, la tienne, les uns, les autres, lequel*.

E Les catégories de pronoms

Il y a plusieurs catégories de pronoms :
- Pronom personnel
- Pronom démonstratif
- Pronom possessif
- Pronom indéfini
- Pronom numéral
- Pronom interrogatif
- Pronom relatif

5.2 Le pronom personnel

1. Le pronom personnel change de forme selon la personne et le nombre.
   Le pronom de la 3e personne peut changer aussi selon le genre (ex. : *il / elle*).
   Quant aux autres pronoms, ils portent les genres masculin ou féminin.

   La forme du pronom peut dépendre également de sa fonction.
   Le tableau suivant présente les pronoms personnels avec quatre fonctions
   courantes dans la phrase.

Fonctions	Pronoms personnels					
	Singulier			Pluriel		
	1re pers.	2e pers.	3e pers.	1re pers.	2e pers.	3e pers.
Sujet	*je*	*tu*	*il / elle, on*	*nous*	*vous*	*ils / elles*
Complément direct	*me, moi*	*te, toi*	*le / la, se, en*	*nous*	*vous*	*les, se*
Complément indirect	*me*	*te*	*lui, en, y*	*nous*	*vous*	*leur, en, y*
– avec préposition (à, de, sur…)	*moi*	*toi*	*lui, elle, soi*	*nous*	*vous*	*eux, elles*
Attribut du sujet			*le, en*			

Ex. : Sujet : ***Elle** vit dans la cité.*
   Complément direct : *Simon **me** voit. Aide-**moi**.*
   Complément indirect : *Martin **te** parle. Elle s'adresse à **eux**.*
   Attribut du sujet : *Jeanne **l'**est.* (= *Jeanne est aimable.*)

> Les pronoms *je, me, te, se, le, la* sont élidés devant un nom commençant par une voyelle ou un *h* muet.
> Ex. : ***j'**ai réussi, il **s'**est levé*

2. Les pronoms personnels se divisent en deux groupes.

- Les **pronoms conjoints** : *je, me, tu, te, se...*
  Ils se placent avant le verbe dans une phrase de base.
  Ex. : ***Elle te*** *salue.* ***Je lui*** *donnerai ce présent.*

- Les **pronoms disjoints** : *moi, toi, lui, elle, soi, nous, vous, eux, elles*
  Ils se placent avant ou après le verbe. Seuls ces pronoms peuvent être :
  - employés avec une préposition (ex. : *à, de, pour, sur*) ;
    Ex. : *Elle a laissé une valise* <u>pour</u> ***toi.*** *Ce message s'adresse* <u>à</u> ***toi.***
  - encadrés par *c'est... qui / ce sont... qui* ou par *c'est... que / ce sont... que.*
    Ex. : *C'est* ***moi*** <u>qui</u> *suis invité. C'est* ***lui*** <u>que</u> *l'équipe a choisi.*

Page 140
Phrase emphatique

Page 140
Phrase emphatique

■ POUR PRÉCISER

- Le **pronom conjoint** *lui* peut aussi être du féminin.
  Ex. : <u>Jeanne</u> *est arrivée. Le capitaine* ***lui*** *fera une place.*

- Le **pronom disjoint** peut être suivi de *même,* qui le renforce. Ces mots sont alors reliés par un trait d'union : *moi-même, toi-même, soi-même, nous-mêmes...*

- Les pronoms *moi, toi, lui, eux* peuvent être sujets.
  Ex. : *Ce sont* ***eux*** *qui mènent.* ***Toi et moi*** *sommes exclus de l'équipage.*
  Lui *qui est si bon doit rester ici.* ***Toi*** *seul es admis.*

- Les pronoms disjoints peuvent aussi être attributs du sujet.
  Ex. : *Si j'étais* ***toi****, je n'irais pas. On reste* ***soi****-même.*

---

3. Les pronoms personnels sujets sont aussi les pronoms employés dans la conjugaison des verbes. Ils représentent les trois personnes grammaticales.

1re pers. singulier pluriel	***Je*** : l'être qui parle ***Nous*** : les êtres qui parlent (moi + un autre ou d'autres)
2e pers. singulier pluriel	***Tu*** : l'être à qui on parle ***Vous*** : les êtres à qui on parle (toi + un autre ou d'autres)
3e pers. singulier pluriel	***Il / elle*** : l'être ou la chose dont on parle ***Ils / elles*** : les êtres ou les choses dont on parle

- Le pronom *il* s'emploie comme forme neutre avec des verbes impersonnels. En ce cas, il ne représente rien, il est toujours de la 3e personne du singulier.
  Ex. : ***Il*** *fallait continuer le voyage.* (verbe impersonnel *falloir*)

Page 143
Phrase impersonnelle

- Les pronoms ***nous*** et ***vous*** s'emploient aussi pour désigner une seule personne dans les formules de politesse ou de modestie.
  Ex. : ***Vous*** *ai-je déjà vue, Madame ?* (*vous* de politesse : vouvoiement)
  Nous *vous présentons cet ouvrage.* (*nous* de modestie, au lieu de *je*)

Par politesse, la personne qui parle se désigne à la fin, après une suite de personnes qu'elle nomme.
Ex. : *Ma sœur, toi et* ***moi*** *sommes invités.*

Chapitre 5 • LE PRONOM **53**

• Le pronom **on** peut être personnel ou indéfini.

↳ Page 232
Accords

– *On* est un pronom personnel quand il représente une ou des personnes en particulier. Il s'emploie surtout dans la langue familière ou à l'oral.

Ex. : *Alors, Émilie,* **on** *n'est pas contente ?* (*on* remplace *tu* pour *Émilie*)
Milan et moi, **on** *est allés chez Éva.* (*on* remplace *nous* pour *Milan et moi*)

↳ Page 57
Pronom indéfini

– *On* est un pronom indéfini quand il représente une ou des personnes inconnues ou non identifiées : quelqu'un, un groupe ou les gens en général.

Ex. : *Si vous le dites,* **on** *vous croira.* **On** *sera ému par cette histoire.*

2ᵉ cycle 4. La place et l'ordre des pronoms conjoints dépendent de leur fonction dans la phrase. Voici les principaux cas pour toute phrase de base.

Fonctions et ordre des pronoms conjoints	Exemples
Sujet → complément	*Je vous ai vu.*
Sujet → complément indirect → complément direct	*Elle te le confirme.*
Sujet → complément direct → *lui* ou *leur*	*Tu le lui donnes.*
Sujet → complément → *en* ou *y*	*Elle nous y invite.*

Les pronoms *me, te, se, nous, vous* ne s'emploient pas ensemble, ni avec *lui* et *leur*.
Ex. : *Je parle de vous à Lan.* ➲ *Je* **lui** *parle de vous.* ➲ *Je lui ~~vous~~ parle.*

Dans les phrases transformées, la place des pronoms peut changer.
Ex. : ***Lui en** as-tu parlé ?* ↳ **Page 131**, Phrase interrogative
*Donnez-**le**-moi.* ↳ **Page 134**, Phrase impérative
Les pronoms *moi* et *toi* s'emploient avec le verbe à l'impératif : *Aide-**moi**.*

■ POUR PRÉCISER

• Certains pronoms personnels conjoints peuvent aussi être :
  – compléments du nom : *en* ;
    Ex. : *Cette cité est magnifique, mais je n'**en** connais pas l'histoire.*
      (*en* : complément du nom *histoire* = l'histoire de cette cité)
  – compléments de l'adjectif : *en, y, me, te, lui, nous, vous, leur*.
    Ex. : *Son aide **m**'est précieuse.*
      (*m'* : complément de l'adjectif *précieuse* = précieuse pour moi)

Ⓜ

• Les pronoms **en** et **y** sont appelés «pronoms adverbiaux» quand ils expriment le lieu : ils peuvent alors être **remplacés** par un adverbe de lieu comme *là* ou *ici*.
  Ex. : *Il reste à Hochelaga.* ➲ *Il **y** reste.* ➲ *Il reste **là**.*

• Le pronom **en** équivaut à un complément introduit par **de** ; le pronom **y**, à un complément introduit par **à** (parfois *dans, sur*…). Ces pronoms remplacent souvent une réalité non animée.

◀

5.3 Le pronom démonstratif

1. Le pronom démonstratif présente des formes qui changent selon le genre et le nombre. Il a aussi des formes neutres, qui sont toujours du masculin singulier, par exemple : **Ceci** *est correct.*

Pronoms démonstratifs						
	Singulier			**Pluriel**		
Neutre	*ce / c'*	*ceci*	*cela*	*ça*		
Masculin	*celui*	*celui-ci*	*celui-là*	*ceux*	*ceux-ci*	*ceux-là*
Féminin	*celle*	*celle-ci*	*celle-là*	*celles*	*celles-ci*	*celles-là*

2. Le pronom démonstratif est souvent un pronom de reprise.

Ex. : *Les **marins** arrivaient au port. **Ceux** qui devaient rester à bord étaient très déçus.*
   3ᵉ pers. m. pl.

Parfois, il est nominal et il représente alors une réalité non exprimée dans le contexte ou dans la situation de communication. Dans l'exemple suivant, les deux pronoms représentent une personne inconnue, non identifiée.

Ex. : *Avez-vous vu **celui** ou **celle** qui a pris mon sac ?*

■ POUR PRÉCISER

- Les pronoms formés avec *ci* renvoient à un élément qui précède et qui est le plus près dans le contexte. Ils sont utiles, en particulier, quand il peut y avoir confusion entre deux antécédents possibles.

   Ex. : *Les familles vivaient dans d'immenses **maisons**. **Celles**-ci étaient nombreuses.*
      ➥ *Elles étaient nombreuses.*

      Ici, le pronom *elles* est incorrect, car il pourrait aussi reprendre *les familles*.

- Les pronoms formés avec *ci* et *là* servent à indiquer la proximité et l'éloignement dans une opposition : *ci* renvoie à l'élément le plus près ou à l'élément énoncé en dernier dans la phrase ; *là* renvoie à l'élément le plus loin ou à l'élément énoncé en premier dans la phrase.

   Ex. : *J'ai navigué à bord d'un voilier et d'un paquebot.*
      ***Celui-ci** (paquebot) était plus imposant, mais **celui-là** (voilier) était plus beau.*

5.4 Le pronom possessif

1. Le pronom possessif a toujours une forme complexe : *le mien, la tienne*, etc.
   Il est formé :
   – d'un déterminant défini, soit *le, la* ou *les* ;
   – de la base du pronom, qui indique le possesseur (*mien, tien*, etc.).

   > Ex. : *Chacun a reçu un **présent**. **Le mien** est un coquillage blanc.*
   >
   > *Le mien* est de la 1re personne du singulier : il signifie « mon présent ».

Le déterminant du pronom possessif peut aussi être contracté : *du, des, au, aux.*
Ex. : *il est **des** nôtres*
(= de + les)
↳ **Page 29**, Déterminant

Pronoms possessifs				
Personne et nombre (possesseur)	**Singulier**		**Pluriel**	
	Masculin	**Féminin**	**Masculin**	**Féminin**
1re pers. s. 2e pers. s. 3e pers. s.	*le mien* *le tien* *le sien*	*la mienne* *la tienne* *la sienne*	*les miens* *les tiens* *les siens*	*les miennes* *les tiennes* *les siennes*
1re pers. pl. 2e pers. pl. 3e pers. pl.	*le nôtre* *le vôtre* *le leur*	*la nôtre* *la vôtre* *la leur*	*les nôtres* *les vôtres* *les leurs*	*les nôtres* *les vôtres* *les leurs*

2. En général, le pronom possessif est un pronom de reprise : il reprend un GN.
   – Il prend alors le genre du nom noyau du GN.
   – Il prend aussi sa personne, c'est-à-dire la 3e personne.
   Quant au nombre, il dépend de la réalité désignée par le possesseur.
   Dans l'exemple suivant, le possesseur désigne une réalité au pluriel (*les vôtres* = vos idées).

   > Ex. : *Son **idée** est bonne, mais **les vôtres** sont meilleures.*
   > 3e pers. f. s.   3e pers. f. pl.

   Ici, *les vôtres* signifie « vos idées ». Avec le pronom possessif, on constate aussi que la réalité désignée par le possesseur n'est pas celle de l'antécédent. Par exemple, *son idée* et *les vôtres* ne désignent pas les mêmes idées.

5.5 Le pronom indéfini

1. Le pronom indéfini présente plusieurs formes, qui sont du singulier ou du pluriel ; certaines varient aussi en genre.

Pronoms indéfinis courants au singulier			
Masculin	**Féminin**	**Masculin seulement**	
aucun	aucune	on	quelqu'un
chacun	chacune	personne	quelque chose
le même	la même	rien	autre chose
l'un	l'une	autrui	grand-chose
un autre	une autre	l'autre	n'importe qui / quoi
nul	nulle	quiconque	je ne sais qui / quoi
n'importe lequel	n'importe laquelle	un peu	peu de chose
pas un / plus un	pas une / plus une	tout	on ne sait qui / quoi
plus d'un	plus d'une	tel	tout le monde
un tel	une telle		

Pronoms indéfinis courants au pluriel			
Masculin	**Féminin**	**Masculin et féminin**	
certains	certaines	les autres	beaucoup
les uns	les unes	d'autres	bon nombre
quelques-uns	quelques-unes	les mêmes	la plupart
n'importe lesquels	n'importe lesquelles	peu	plusieurs
tous	toutes		

2. Le pronom indéfini représente souvent une réalité non connue ou non identifiée dans le contexte. Il est alors nominal.
   Ex. : *Il s'est passé **quelque chose**.*

   Parfois, le pronom indéfini a un antécédent dans le texte. Il est alors un pronom de reprise.
   Ex. : *Les **marins** étaient impatients. **Quelques-uns** ont débarqué sur la rive.*

   De plus, certains pronoms indéfinis indiquent une quantité non précisée par un nombre, comme *quelques-uns*. D'autres expriment la négation, comme *aucun*, *nul*, ou l'identité, comme *le même*.

   Le tableau suivant donne quelques exemples d'emploi de ces pronoms.

Exemples d'emploi des pronoms indéfinis			
Réalité non identifiée	Singulier	Masculin	*Je voudrais **autre chose** d'aussi bon.* *Il faut penser à **autrui**.* (= à son prochain)
		Féminin	***Une autre** s'était présentée.*
Quantité	Singulier	Masculin	***Tout le monde** était content.*
		Féminin	***Plus d'une** était heureuse de les revoir.*
	Pluriel	Masculin et féminin	***Beaucoup** sont courageux / courageuses.* ***Peu** sont restés / restées.* ***La plupart** étaient silencieux / silencieuses.*
Négation	Singulier	Masculin	***Personne** n'a été oublié.* *L'équipage ne voulait **rien** manquer.* *Il ne voit pas **grand-chose**.*

⇨ Page 136
Phrase négative

- *Aucun, nul, personne, pas un, plus un, rien* s'emploient avec *ne* dans une phrase négative.
  Les pronoms *personne* et *rien* s'emploient parfois à la forme positive.
  Ex.: *Il connaît cet endroit mieux que **personne**.* (= quiconque)
        *Nous restions là sans **rien** dire.* (= quelque chose)
- *Grand-chose* s'emploie comme complément à la forme négative.

5.6 Le pronom numéral

1. Le pronom numéral indique le nombre de la réalité qu'il représente.
Ex.: *Nous étions **trente**. Elles étaient **vingt-cinq**.*

⇨ Page 32
Déterminant numéral

Ses formes sont les mêmes que celles du déterminant numéral.
Ex.: *un / une, deux, dix, dix-huit, vingt, trente et un, cent, deux cents, mille…*

À la différence du déterminant, le pronom n'accompagne pas un nom.
Ex.: *Ils ont joué à **deux** contre **un**.* (pronoms)
      *Elles ont gagné **deux** <u>parties</u>.* (déterminant + nom)

2. Le pronom numéral est souvent un pronom de reprise.
Ex.: *Plusieurs <u>**bateaux**</u> ont accosté ici. **Trois** étaient en mauvais état.*

1. Le pronom interrogatif s'emploie dans une phrase interrogative.
Certaines de ses formes sont variables, alors que d'autres ne changent pas.

Pronoms interrogatifs				
Formes qui ne changent pas				
	qui	*qui est-ce qui*		
	que (qu')	*qui est-ce que*		
	quoi	*qu'est-ce qui*		
	combien	*qu'est-ce que*		
Formes variables				
Singulier	Masculin	*quel*	*lequel*	*duquel*	*auquel*
	Féminin	*quelle*	*laquelle*	*(de laquelle)*	*(à laquelle)*
Pluriel	Masculin	*quels*	*lesquels*	*desquels*	*auxquels*
	Féminin	*quelles*	*lesquelles*	*desquelles*	*auxquelles*

- Les pronoms suivants sont des formes contractées avec la préposition *à* ou *de* :
  auquel   (à + lequel)
  duquel   (de + lequel)
  auxquels   (à + lesquels)
  desquels   (de + lesquels)
  auxquelles   (à + lesquelles)
  desquelles   (de + lesquelles)

2. Le pronom variable prend le genre et le nombre de la réalité qu'il représente.
Ex. : *Parmi ces filles,* **laquelle** *est partie ?* (*laquelle* = une fille)

- Les pronoms *que* et *quoi* sont des formes neutres, soit du masculin singulier.
Ex. : **Qu'**ont-ils cherché ? **Quoi** de plus fort ? (*qu'* et *quoi* = quelque chose)

- Le pronom *qui* est souvent neutre aussi. Mais, parfois, il représente une réalité qui n'est pas de la marque neutre et que l'on connaît par le contexte.
Ex. : **Qui** *sont sorties parmi* <u>ces filles</u> ? (*qui* sujet = des filles)

⬄ **Page 229**
Accords

- Le pronom *combien*, sujet de phrase, représente une réalité au pluriel.
Ex. : *Il y avait* <u>plusieurs **filles**</u>. **Combien** *sont parties ?*

⇗ Page 20
Traits du nom

3. On choisit un pronom interrogatif selon sa fonction et selon le trait humain ou non de la réalité qu'il représente, par exemple :
– trait humain pour les personnes et les animaux familiers (personnification) ;
– trait non humain pour les choses, les objets et les animaux non familiers.

Le tableau suivant présente les principaux emplois des **pronoms interrogatifs**.

Pronoms → Trait	Fonctions	Exemples
Qui, **qui est-ce qui** (sujet), **qui est-ce que** (complément) → Humain	sujet compl. dir. attr. du sujet	**Qui** *se promène seul* ? **Qui est-ce qui** *a dit cela* ? **Qui** *choisissez-vous* ? **Qui est-ce que** *tu* *comprends* ? **Qui** *sont* *ces gens* ?
Qu'est-ce qui (sujet), **qu'est-ce que** (complément) → Non humain	sujet compl. dir.	**Qu'est-ce qui** *flotte là-bas* ? **Qu'est-ce que** *tu* *sais* ?
Que, quoi → Non humain	compl. dir. attr. du sujet	**Que** *disait-il* ? **Quoi** *faire* ? **Que** *serons-nous* *dans un an* ?
Lequel / laquelle, **lesquels / lesquelles** → Humain ou non	sujet compl. dir. attr. du sujet	**Lequel** *montera la garde* ? **Lequel** *prends-tu* ? **Laquelle** *est* *votre sœur* ?
Combien → Humain ou non	sujet compl. dir. attr. du sujet	**Combien** *sont sortis* ? **Combien** *avez-vous* *perdu* ? **Combien** *êtes-vous* ?

Préposition (*à, de, sur…*)
+ qui → Humain
+ quoi → Non humain
+ combien,
    lequel / laquelle
    (*duquel, auquel…*)
→ Humain ou non
	compl. du N
	compl. de l'Adj
	compl. ind.
		Duquel / de qui *est-il le* *fils* ?
		De quoi *sont-elles* *fières* ?
		À qui *parle-t-il* ?
		Avec quoi *ont-ils* *voyagé* ?
		Sur combien *compte-t-il* ?
		Auquel / à laquelle *penses-tu* ?

Quel / quelle, quels / quelles (attribut) → Humain ou non	attr. du sujet (placé devant le verbe *être*)	**Quel** *est* *votre nom* ? **Quelles** *sont* *ses forces* ? **Quelle** *est* *cette belle fille* ?

2ᵉ cycle ▶ Le pronom interrogatif s'emploie aussi dans une phrase où l'interrogation est indirecte : celle-ci est exprimée au moyen d'une subordonnée.

⇗ Page 168
Subordonnée
complétive

Ex. : *Il se demande* **combien** *resteront dans la cité.*

Que et *quoi* sont employés parfois avec des verbes à l'infinitif.
Ex. : *que dire, que faire, que répondre, quoi penser, quoi faire.* ◀

5.8 Le pronom relatif

1. Le pronom relatif est un pronom de reprise : son antécédent est un nom, noyau d'un GN. Dans ce GN, le pronom introduit une phrase, qui est une subordonnée relative.

↳ Page 160
Subordonnée relative

Ex. : *Ils ont passé la nuit dans*

GN		
	N	Sub. relative
deux <u>barques</u>	**qui**	*prenaient l'eau*

.

Si on analyse cette phrase, on obtient les deux phrases suivantes :
Phrase 1 *Ils ont passé la nuit dans <u>deux</u> **barques**.*
Phrase 2 *<u>Ces</u> **barques** prenaient l'eau.*
Le nom *barques* est repris par *qui* dans la subordonnée relative.

2. Les principaux pronoms relatifs ont une forme qui ne change pas. Les autres ont des formes variables.

Pronoms relatifs			
Formes qui ne changent pas (principaux pronoms)			
qui que (qu') quoi dont où			
Formes variables			
Singulier	Masculin	*lequel* *duquel*	*auquel*
	Féminin	*laquelle* *(de laquelle)*	*(à laquelle)*
Pluriel	Masculin	*lesquels* *desquels*	*auxquels*
	Féminin	*lesquelles* *desquelles*	*auxquelles*

- Les pronoms suivants sont des formes contractées avec la préposition *à* ou *de* :
  auquel   (à + lequel)
  duquel   (de + lequel)
  auxquels   (à + lesquels)
  desquels   (de + lesquels)
  auxquelles   (à + lesquelles)
  desquelles   (de + lesquelles)

- Le pronom relatif variable indique les marques de genre et de nombre du nom qu'il reprend.
  Ex. : *Martin a revu quelques <u>compagnons</u> avec **lesquels** il avait fait le voyage.*

☞ Page 20
Traits du nom

3. On choisit un pronom relatif selon plusieurs critères :
– la fonction que le pronom remplit dans la phrase ;
– le groupe qu'il remplace (ex. : GPrép) ;
– le trait humain ou non de son <u>antécédent</u> (ex. : personne, chose ou objet).

Le tableau suivant présente les principaux emplois des **pronoms relatifs**.

Pronoms → Trait	Fonctions	Exemples
Qui, ***lequel/laquelle,*** ***lesquels/lesquelles*** → Humain ou non	sujet	*Une <u>mer</u> **qui** est agitée fait peur.* *Il pensait à son <u>épouse</u>, **laquelle** était restée en France.*
Que → Humain ou non	compl. dir. attr. du sujet	*J'aime les <u>cadeaux</u> **que** tu as reçus.* *Il n'est plus le <u>marin</u> **qu'**il était.*
Dont → Humain ou non Remplace un **GPrép** en ***de*** (ou *du = de + le,* *des = de + les*)	compl. ind. compl. du N compl. de l'Adj	*Les <u>mousses</u> **dont** on a parlé ont bien travaillé.* (on a parlé **de** ces mousses) *On prend le <u>bateau</u> **dont** la proue est noire.* (la proue **du** bateau) *Ce <u>succès</u> **dont** elle est ravie réjouit tout le monde.* (ravie **de** ce succès)
Où → Non humain Indique le lieu ou le temps	compl. ind. compl. de P	*L'<u>endroit</u> **où** elle va est inconnu.* (elle va à un endroit) *Le fleuve était calme le <u>matin</u> **où** ils sont arrivés à Hochelaga.* (le matin, ils sont arrivés à Hochelaga)
Préposition (*à, de, sur, pour…*) ***+ qui*** → Humain ***+ quoi*** → Non humain ***+ lequel/laquelle*** (*duquel, auquel…*) → Humain ou non	compl. de P compl. de l'Adj compl. ind.	*L'été **durant lequel** on a voyagé était pluvieux.* (durant l'été, on a voyagé) *Sa <u>parole</u>, **à laquelle** il est toujours fidèle, me rassure.* (fidèle **à** sa parole) *La <u>femme</u> **à qui** je parlais vit ici.* *Le <u>mont</u> **vers lequel** ils se dirigent s'appellera le mont Royal.* *Le <u>monde</u> **auquel** je songe est idéal.* (je songe **à** ce monde) *C'est l'<u>homme</u> **duquel** je me méfie.* (je me méfie **de** cet homme) *Il y a toujours <u>quelque chose</u> **sur quoi** on peut compter.* L'antécédent est souvent une réalité indéfinie (ex. : *rien, quelque chose, ce*).

Précédé d'une préposition, *qui* reprend un nom qui a le trait humain. L'antécédent de *qui* peut aussi être une réalité personnifiée comme un animal familier.
Ex. : *Mon <u>chat</u> **avec qui** je joue est très actif.*
L'antécédent de *qui* ne peut pas être une réalité non humaine ou impossible à personnifier.
Ex. : ➲ *La balle <s>avec qui</s> je joue…*

Le pronom

- Le pronom remplace souvent des mots dans un texte. Il peut aussi représenter des personnes qui communiquent.

- Le pronom appartient à une classe de mots variables, c'est-à-dire que sa forme peut changer selon la personne, le genre et le nombre.

- Le pronom est un donneur d'accord.
  - Quand il est sujet, il donne sa personne et son nombre au verbe.
  - Il donne aussi son genre et son nombre à l'adjectif qui s'y rattache. Il fait de même, quand il est sujet, pour le participe passé conjugué avec l'auxiliaire *être*.

- Les pronoms de la 3e personne, comme *il, elle, ils, elles*, sont généralement des pronoms de reprise. L'élément qu'ils reprennent est l'antécédent. Celui-ci permet de savoir ce que désigne le pronom.

- Les pronoms de la 1re et de la 2e personne, comme *je, tu, nous, vous*, sont des pronoms de la communication. Ils ont le genre et le nombre des êtres qu'ils représentent.

- Le pronom remplit la fonction du groupe qu'il remplace. Par exemple, s'il remplace un GN sujet, il a donc la fonction de sujet.

- Certains pronoms n'ont pas d'antécédent dans le texte : ils ne reprennent pas un élément du texte. Ce sont des pronoms nominaux, car ils équivalent à un nom.

2e cycle ▶ • Le pronom peut avoir un complément : un GPrép, une subordonnée relative, un GN détaché, un GAdj détaché, un GVpart détaché.

En général, il est possible d'effacer le complément, sauf avec *celui, celle, ceux, celles*. Dans certains cas, le complément peut être déplacé. ◀

- Le pronom peut avoir une forme simple ou une forme complexe.
- Il existe plusieurs catégories de pronoms :

Pronom personnel	*je, tu, il / elle, on, nous, vous, ils / elles, me, te, se, leur…*
Pronom démonstratif	*ce, ceci, cela, celui / celle, celui-ci / celle-ci, ceux…*
Pronom possessif	*le mien / la mienne, le tien / la tienne, les siens…*
Pronom indéfini	*aucun / aucune, personne, plusieurs, quelque chose…*
Pronom numéral	*un / une, deux, trois, dix, vingt, cent, mille…*
Pronom interrogatif	*qui, que, quoi, combien, qu'est-ce que, quel / quelle…*
Pronom relatif	*qui, que, quoi, dont, où, lequel / laquelle, auquel…*

CHAPITRE 6

Le verbe

Dans le récit suivant, les mots mis en gras sont des **verbes**.

L'incendie du faubourg Saint-Roch

Au dix-neuvième siècle, Québec **est** la ville d'Amérique du Nord où il **se produit** les plus épouvantables incendies. En raison de ces catastrophes successives, les maisons en bois **sont** interdites à l'intérieur des fortifications de la Vieille Ville.

Les ouvriers et artisans pauvres qui **travaillent** autour des chantiers du port n'**ont** pas les moyens de **se construire** des demeures en pierre ou en brique. Ils **fondent** alors plusieurs faubourgs dans la Basse-Ville, hors des murs de la cité, et y **bâtissent** des maisons mal isolées.

Le 28 mai 1845, les cloches des églises **alertent** la population de la ville. Le faubourg Saint-Roch **flambe** !

Équipés de seaux en cuir et de pompes manuelles, les pompiers **sont** impuissants à **combattre** un sinistre d'une telle ampleur. En quelques heures, plus de mille habitations **sont** réduites en cendres et autant de familles **se retrouvent** sur le pavé.

Cette histoire est racontée au présent, comme si on était à cette époque, comme si on vivait aussi ces évènements passés : c'est le présent de narration, réalisé grâce aux verbes.

Les verbes permettent notamment de situer des évènements dans un temps. Ils permettent aussi de savoir, par exemple, ce que font des gens, comment ils vivent, ce qu'ils vivent, quel est leur environnement. Bref, les verbes sont indispensables.

6.1 Les caractéristiques du verbe

Le verbe exprime des actions, des états, des changements, tout en les situant dans un temps : passé, présent ou futur.

A Le verbe : mot variable, noyau du GV et receveur d'accord

1. Le verbe appartient à une classe de mots variables. Par rapport aux autres classes, le verbe a la particularité de se conjuguer. Il peut ainsi varier :
   – selon la personne : 1re, 2e, 3e ;
   – selon le nombre : singulier, pluriel ;
   – selon le temps : passé, présent, futur ;
   – selon le mode : indicatif, subjonctif, impératif, infinitif, participe.

Page 192
Conjugaison

   Ex. : *Les ouvriers travaillent.* — personne et nombre : 3e personne du pluriel
   — temps et mode : présent de l'indicatif

2. Le verbe est le **noyau** du GV. Il peut avoir une ou plusieurs expansions. L'expansion peut être notamment :
   – un GN ou un GPrép compléments du verbe ;
   – un GAdj attribut du sujet ;
   – un pronom conjoint complément du verbe (*me, te, le / les, lui / leur,* etc.) ;
   – un GAdv modificateur du verbe.

Page 89
GV

   Ex. :
	GV		
V	GAdv	GN	GN

   Les pompiers **avaient** *seulement* | *des seaux* | *et* | *des pompes manuelles* .

   | | GV | | | GV | |
   | Pron | V | GPrép | | V | GAdj |

   Un secouriste *leur* **parle** *de l'évacuation du quartier* . *Il* **est** *nerveux* .

3. Le verbe est un **receveur** d'accord.

Page 228
Accords

Règles	Exemples
Le verbe reçoit la 3e personne et le nombre du nom noyau du GN sujet.	N V *Les* **ouvriers** *fondent plusieurs faubourgs.* 3e pers. pl.
Le verbe reçoit la personne et le nombre du pronom sujet.	Pron V **Vous** *connaissez l'histoire.* 2e pers. pl.

- Dans une phrase de base, le verbe se place après le sujet.

  V

  Ex. : *Les pompiers de la ville* **combattent** *l'incendie.*

- Parfois, il y a un pronom complément entre le sujet et le verbe.

  Pron   V

  Ex. : *Les pompiers lui* **donnent** *des instructions pour évacuer les blessés.*

- Conjugué à un temps simple, le verbe peut être **encadré** par *ne... pas.*
  Ex. : *On construit une maison en bois de pin.*
  ➲ *On* **ne** *construit* **pas** *une maison en bois de pin.*

- Si le verbe est conjugué à un temps composé, c'est l'auxiliaire qu'on encadre.
  Ex. : *On a construit une maison en bois de pin.*
  ➲ *On* **n'a** **pas** *construit une maison en bois de pin.*

- Pour vérifier si un mot est bien un verbe, on le conjugue à un autre temps.
  Ex. : *La cloche* **alerte** *les gens.* (présent)
  ➲ *La cloche* **alertait** *les gens.* (imparfait)

> Au mode infinitif, le verbe peut être précédé de *ne pas.*
> Ex. : ***Ne pas*** *alerter les gens.*

C Le sens du verbe

1. Le verbe, en général, exprime une idée d'action, d'état ou de changement. Il peut exprimer, en particulier, un mouvement, un sentiment, etc., selon son sens. Voici des sortes de verbes avec le sens ou l'idée qu'ils expriment.

Sortes de verbes	Exemples
Verbes d'action (en général)	*bâtir, construire, éteindre, jeter, jouer, manger*
Verbes d'état ou d'existence, d'apparence, de continuité	*être, exister, naître, vivre, se situer, se trouver, paraître, sembler, demeurer, rester*
Verbes de changement : évolution, transformation	*améliorer, blêmir, devenir, embellir, grandir, pâlir, réduire, s'engourdir, se réveiller*
Verbes de mouvement	*aller, courir, nager, parcourir, partir, venir*
Verbes de perception, de sensation	*apercevoir, écouter, entendre, flairer, goûter, percevoir, regarder, sentir, toucher, voir*
Verbes de sentiment	*adorer, aimer, détester, souhaiter, s'indigner*
Verbes de parole, de déclaration	*appeler, déclarer, dire, répliquer, s'exclamer*
Verbes d'opinion	*considérer, critiquer, croire, juger, penser*
Verbes de météorologie	*bruiner, grêler, neiger, pleuvoir, tonner, venter*

Les idées exprimées par les verbes sont en rapport avec diverses constructions, par exemple :

– les phrases impersonnelles pour les verbes de météorologie ;
  Ex. : *Il neige, il vente.*

– le discours rapporté pour les verbes de parole ;
  Ex. : *Ils ont crié : « Au feu ! »*

– le verbe de mouvement suivi d'un verbe à l'infinitif.
  Ex. : *aller prévenir, courir chercher, envoyer faire, venir prendre*

2. Beaucoup de verbes ont plusieurs sens.

   Ainsi, selon le contexte, un verbe est employé dans l'un ou l'autre de ses sens particuliers. En voici des exemples avec le verbe *comprendre*.

   Je **comprends** le message.   (= saisir, décoder, déchiffrer)
   On **a compris** qu'il était trop tard. (= se rendre compte, s'apercevoir)
   Je **comprends** qu'ils soient fâchés.   (= trouver naturel)
   Le quartier **comprend** douze rues.   (= comporter, se composer de)
   Ces gens **se comprennent**.   (= s'accorder, s'entendre)

    Le dictionnaire donne les divers sens d'un verbe, accompagnés souvent de plusieurs exemples en contexte.

D Les formes du verbe

1. La forme de base du verbe est l'infinitif.
   Dans cette forme, le verbe est simple quand il s'écrit en un seul mot, comme *aimer, finir, prendre*.

   Le verbe peut aussi être composé de plusieurs mots. Il s'agit alors d'une **locution verbale** : elle est souvent construite avec un nom, parfois avec un adjectif.
   Ex. : *avoir beau, avoir besoin, avoir l'air, faire défaut, faire rage, tenir tête*

2. Le verbe est formé d'un **radical** et d'une terminaison.

   Le radical représente le sens du verbe.

   La terminaison représente le mode, le temps, la personne et le nombre.
   Ex. : verbe *brûler* → *Le bois **brûlait** rapidement.*

⌦ **Page 193**
Conjugaison

   mode et temps : ←——┴——→ personne et nombre :
   indicatif imparfait   3e personne du singulier

   • Le verbe à un mode impersonnel (infinitif ou participe) ne varie pas selon la personne.

6.2 Les catégories de verbes

1. Les verbes sont classés en catégories selon les constructions qu'ils commandent.

Catégories de verbes	Constructions	Exemples
Verbes transitifs : – transitif direct – transitif indirect	Avec complément du verbe : – complément direct – complément indirect : joint au verbe par une préposition (ex. : *à, de*)	*Ils **bâtissent** des maisons.* *On **parlait** de cet incendie à des amis du quartier.*
Verbes intransitifs	Sans complément du verbe	*Le faubourg **flambe** !*
Verbes pronominaux accompagnés du pronom *se* à l'infinitif	Toujours accompagnés d'un **pronom** de la même personne que le sujet dans la conjugaison	Verbe pronominal *se taire* *je **me tais*** *tu **te tais*** *il / elle **se tait***
Verbes impersonnels	Toujours conjugués à la **3ᵉ personne** du **singulier** avec le pronom impersonnel *il*, sujet qui ne représente rien	*Il **faut** beaucoup d'eau.* *Il **pleut** ce soir.* *Il **est** tard.*
Verbes attributifs reliant l'attribut au sujet	Verbe *être* et verbes semblables : *devenir, rester, paraître, avoir l'air*, etc., avec un attribut du sujet Verbes tels que *juger, trouver, présumer, couronner, élire* dans une phrase passive	*Le feu **devenait** intense.* ⮊ *Le feu **était** intense.* *Elle **se trouve** forte.* ⮊ *Elle **est** forte.* *Son aide **est jugée** nécessaire.* *Ce pompier **a été nommé** chef d'équipe.*
Verbes auxiliaires de conjugaison : *avoir* et *être*	Dans les temps composés avec un participe passé – Auxiliaire ***avoir*** pour la plupart des verbes – Auxiliaire ***être*** pour certains verbes de mouvement, de changement – Auxiliaire ***être*** pour les verbes **pronominaux**	*L'incendie **a** réduit en cendres mille habitations.* *Les gens **sont** sortis rapidement de leur maison.* *Il **est** parvenu à se libérer.* *Il **s'est** épuisé.*

⮑ **Page 91**
Compléments direct et indirect

⮑ **Page 94**
Attribut du sujet

⮑ **Page 138**
Phrase passive

Les verbes intransitifs peuvent avoir un modificateur.
Ex. : *Les gens <u>couraient</u> **vite**.*

Ces verbes peuvent aussi être suivis d'un complément de phrase, qui est mobile, contrairement aux compléments du verbe.
Ex. :   *Les gens <u>couraient</u> **dans le faubourg**.*
   ⮊ ***Dans le faubourg**, les gens <u>couraient</u>.*

2. Certains verbes peuvent être transitifs ou intransitifs, selon le contexte.
Un verbe peut avoir, en plus, d'autres emplois, comme un emploi pronominal
ou attributif. Voici trois cas.

Commander :	intransitif	*Ici, c'est moi qui **commande**.*
	transitif	*Le chef d'équipe **commande** les opérations.*
Nuire :	transitif	*L'épaisse fumée **nuisait** au travail des pompiers.*
	pronominal	*Ils **se nuisaient** en travaillant.*
Partir :	intransitif	*Il **part**.*
	attributif	*Il **part** seul.* ➲ *Il **est** seul.*

 Les dictionnaires indiquent si un verbe est transitif, intransitif, pronominal ou
impersonnel. Le verbe attributif est souvent mentionné par le mot « attribut »,
dans l'article même. L'auxiliaire à employer est aussi indiqué dans l'article.
Ces indications permettent de repérer les constructions du verbe.
Ex. :

> **ALLUMER** v. tr., pronom. ◄
>
> VERBE TRANSITIF
> 1. Enflammer. *Allumer un feu de camp.* […]
> VERBE PRONOMINAL
> 1. Prendre feu. *L'incendie s'alluma instantanément.* […]
>
> Marie-Éva de Villers, *Multidictionnaire de la langue française 4ᵉ éd.*,
> Éditions Québec Amérique, 2003.

> Parfois, les catégories du verbe
> sont indiquées par une abréviation
> (ex. : *v. tr.* pour *verbe transitif*).

■ POUR PRÉCISER

- Un verbe peut être employé seul même s'il est transitif. C'est ce qu'on appelle
un « emploi absolu ». Cet emploi peut être fait seulement si le contexte est
suffisamment clair, car le complément du verbe est sous-entendu.
Ex. : *J'abandonne.* (= *j'abandonne* le combat / la tâche, etc., selon le contexte)

  Les dictionnaires indiquent cet emploi souvent par l'abréviation *absol.*

- Par ailleurs, certains verbes donnés comme intransitifs par les dictionnaires ont
un emploi transitif.
Ex. : *Elles **vont** à l'usine.* (*aller* + complément indirect)

---

3. Le verbe *être* et d'autres verbes semblables, comme *demeurer* et *rester*,
ne sont pas toujours attributifs. Par exemple, ils peuvent avoir un complément
au lieu d'un attribut.
Ex. : *Elle **est** à Québec.* (*être* + complément indirect)

4. Il y a plusieurs verbes impersonnels, comme *falloir* et des verbes de
météorologie (ex. : *venter*, *pleuvoir*). Cependant, d'autres verbes peuvent avoir
un emploi impersonnel.
Ex. : *Un problème **survient**.* ➲ *Il **survient** un problème.*
*Des incendies terribles **se produisent**.* ➲ *Il **se produit** des incendies terribles.*

➩ Page 143
Phrase
impersonnelle

2ᵉ cycle ▶ **5.** Les verbes pronominaux se distinguent selon les propriétés suivantes.

- Les verbes **essentiellement pronominaux**

  Ces verbes, dont le pronom n'a pas de fonction, existent :
  - seulement à la forme pronominale ;

    Ex. : *s'évader, s'enfuir* (et non ⊃ *évader, enfuir*).
  - ou à une forme non pronominale, mais ayant un sens différent.

    Ex. : *se douter ≠ douter, s'attendre à ≠ attendre*

- Les verbes **pronominaux réfléchis** ou **réciproques**

  Dans ces verbes, le pronom a la fonction de complément direct ou indirect.
  - Quand l'action porte sur le sujet même, le verbe pronominal est réfléchi.

    Ex. : *Fred **se relève**.* (*se* = lui-même)
  - Quand l'action de l'un porte sur l'autre ou que l'action des uns porte sur les autres, le verbe pronominal est réciproque.

    Ex. : *Émile et Kori se parlent.* (l'un à l'autre)

> Cette distinction des verbes pronominaux est utile pour l'accord du participe passé.
> ↳ **Page 236**, Accords

2ᵉ cycle ▶ **6.** En plus des auxiliaires de conjugaison, il existe des auxiliaires d'aspect et de modalité, appelés aussi « semi-auxiliaires ». En voici des exemples.

Auxiliaires d'aspect	Emploi	Exemples
Ils précisent le moment de l'action ou du fait :	Avec un verbe à l'infinitif :	
– avant	*aller, être sur le point de*	*Ils **vont** arriver.*
– au début	*se mettre à, commencer à*	*Elle **se met à** courir.*
– en cours	*être en train de, continuer à / de, aller* (+ participe présent)	*Elle **continue à** courir.* *Le feu **va** en progressant.*
– à la fin	*finir de, achever de*	*On **finit d'**évacuer la tour.*
– après	*sortir de, venir de…*	*Il **vient d'**être sauvé.*
Auxiliaires de modalité	**Emploi**	**Exemples**
Ils indiquent un point de vue :	Avec un verbe à l'infinitif :	
– la probabilité	*paraître, sembler, pouvoir*	*Le feu **semble** s'éteindre.*
– l'obligation	*devoir, avoir à*	*Elles **doivent** s'en aller.*
– la possibilité	*pouvoir, être à même de*	*On **peut** aider les sinistrés.*
– la non-réalisation	*faillir, manquer de*	*Il **faillit** se brûler les mains.*

Les verbes *faire* et *laisser* suivis d'un infinitif peuvent être considérés comme des auxiliaires de cause : ils indiquent que le sujet cause l'action, sans la faire lui-même.

Ex. : *La famille **a fait bâtir** une maison. On **a laissé partir** les ouvriers du chantier.*

Le verbe

- Le verbe exprime des actions, des états, des changements, tout en les situant dans un temps : passé, présent ou futur.

- Le verbe appartient à une classe de mots variables. Il a la particularité de se conjuguer. Il peut ainsi varier :
  – selon la personne : 1re, 2e, 3e ;
  – selon le nombre : singulier, pluriel ;
  – selon le temps : passé, présent, futur ;
  – selon le mode : indicatif, subjonctif, impératif, infinitif, participe.
- Le verbe est le noyau du GV. Il peut avoir une ou plusieurs expansions.
- Le verbe est un receveur d'accord : il reçoit la personne et le nombre du sujet.

- Dans une phrase de base, le verbe se place après le sujet.
- Le verbe peut être encadré par *ne... pas.*
- Le verbe est le seul mot qui peut se conjuguer.

- Beaucoup de verbes expriment différents sens.
- La forme de base du verbe est l'infinitif.
- Le verbe peut être simple ou être composé de plusieurs mots, qu'on appelle alors « locution verbale ».
- Le verbe est formé :
  – d'un radical, qui représente le sens du verbe ;
  – et d'une terminaison, qui représente le mode, le temps, la personne et le nombre.
- Le verbe à un mode impersonnel (infinitif ou participe) ne varie pas selon la personne.

- Les verbes sont classés en catégories selon les constructions qu'ils commandent :
  – verbes transitifs   – verbes impersonnels
  – verbes intransitifs   – verbes attributifs
  – verbes pronominaux   – verbes auxiliaires
- Certains verbes peuvent être transitifs ou intransitifs, selon le contexte. Un verbe peut avoir, en plus, d'autres emplois, comme un emploi pronominal ou attributif.

CHAPITRE 7

L'adverbe, la préposition et la conjonction

Les classes de mots invariables

Dans le récit suivant, quelques mots invariables sont marqués en couleurs :
en bleu, des **prépositions** ; en orange, des conjonctions ; en vert, des **adverbes**.

Noël en Nouvelle-France

Parce que c'était un des évènements **les plus** importants **de** l'année, tous les adultes de la paroisse assistaient **à** la messe de minuit. Le soir de Noël, les hommes sortaient **pour** atteler le cheval à la carriole tandis que les femmes finissaient de se préparer. Les plus jeunes restaient **à** la maison **sous** la surveillance **d'**une parente.

Parents et enfants s'entassaient **dans** la carriole au milieu des rires. Comme il faisait grand froid, on posait les pieds **sur** des briques chaudes, les genoux **douillettement** recouverts d'une fourrure ou d'une couverture.

L'église était **magnifiquement** décorée de branches de sapin et illuminée de mille chandelles. Chaque famille prenait place **dans** un banc qui lui était attitré. Toute la paroisse assistait **à** trois messes successives et chantait de nombreux cantiques.

À la fin de la célébration, on échangeait des vœux **sur** le parvis **de** l'église. Ensuite, on se hâtait de retourner **chez** soi **pour** faire honneur au planureux réveillon.

L'**adverbe**, la **préposition** et la **conjonction** représentent les trois classes de mots invariables. Ceux-ci ne changent pas de forme : ni en genre, ni en nombre, ni en personne.

7.1 Les caractéristiques de l'adverbe

1. L'adverbe permet de préciser l'information donnée dans un texte.
   Par exemple, selon son sens, il peut servir :
   – à exprimer de quelle manière une action se produit (*facilement, bien*) ;
   – à situer les faits racontés dans le temps ou dans un lieu (*hier, ici, là*) ;
   – à marquer une intensité ou une quantité (*très, peu, beaucoup*) ;
   – à émettre un jugement, une appréciation (*vraiment, évidemment, bien sûr*).

2. L'adverbe **simple** est formé d'un seul mot, comme *ainsi, ensemble, peu, tôt*.
   L'adverbe **complexe**, appelé aussi « **locution adverbiale** », est formé de plusieurs mots, comme *d'abord, par-dessus, en effet, tout à coup, vice versa*.

3. Le tableau suivant présente divers sens exprimés par des adverbes.

Sens	Adverbes	Exemples
Affirmation	*oui, certainement, évidemment, sûrement, volontiers, vraiment*	*J'irai **sûrement** au réveillon.* *Il fait **vraiment** froid.*
Conséquence	*ainsi, donc, par conséquent*	*Il est en retard, **alors** on attend.*
Doute, probabilité	*apparemment, peut-être, probablement, sans doute*	*Une couverture sera **peut-être** nécessaire dans la carriole.*
Lieu	*ailleurs, dehors, dessus, ici, là, là-bas, loin, parmi, partout, près, autour*	*La famille s'amusait **dehors**.* *Il n'y avait pas d'arbres **autour**.*
Manière, façon	*agilement, bien, ensemble, lentement, proprement, vite, aussi, ainsi, de même*	*Jeanne a toujours agi **ainsi**.* *Le cheval avance **rapidement**.* *Antoine est **aussi** de mon avis.*
Négation	*non, ne... pas / jamais / guère / nullement / pas du tout*	*Il **n**'est **aucunement** question que tu partes ce soir.*
Quantité, intensité	*assez, aussi, beaucoup, environ, extrêmement, le moins, le plus, peu, presque, suffisamment, très, trop, combien, tout à fait*	*Il y avait **environ** cent personnes.* *C'était un des évènements **les plus** importants.* *As-tu déjà vu un lac **aussi** beau ?*
Temps	*autrefois, bientôt, demain, hier, maintenant, parfois, souvent, tantôt, toujours, déjà, alors*	*Simone part **aujourd'hui**.* *C'est **déjà** le temps des fêtes.* *La ville était **alors** un champ.*

Comme on peut le remarquer dans le tableau, certains adverbes ont plusieurs sens, par exemple *aussi*, *ainsi* et *alors*.

⮩ Page 113
GAdv

4. L'adverbe est le **noyau** du GAdv. Il remplit souvent la fonction de modificateur ou de complément.

Ex. : *Les gens réveillonnaient* $\overset{\text{GAdv}}{\boxed{\textbf{\textit{tard}}}}$. (modificateur du verbe)

On se promenait en carriole $\overset{\text{GAdv}}{\boxed{\textbf{\textit{autrefois}}}}$. (complément de phrase)

5. De plus, selon son sens, l'adverbe peut jouer :
– des rôles textuels pour l'organisation du texte ;
– des rôles syntaxiques pour la construction des phrases.

Rôles textuels	Exemples
Marqueur de relation pour faire des liens entre les phrases ou dans la phrase	*Nous irons saluer les voisins,* **puis** *les gens du village. Nous irons voir* **aussi** *nos amis au magasin général.*
Organisateur textuel pour faire des liens entre les parties du texte	**D'abord**, *nous prendrons le train pour nous rendre à Québec. Nous y resterons deux jours.* **Ensuite**, *nous visiterons la région de Charlevoix.*
Marqueur de modalité pour émettre un jugement, une évaluation, une appréciation	*Je ne la comprends pas,* **vraiment**. *Elle participera* **peut-être** *à la fête.* **Heureusement**, *il a apporté du pain.*

⮩ Page 323
Marqueurs de relation

⮩ Page 322
Organisateurs textuels

2ᵉ cycle ▶
⮩ Page 294
Modalisation

Rôles syntaxiques	Exemples
Coordonnant pour coordonner des groupes ou des phrases (*alors, donc, ensuite, pourtant,* etc.)	*Il a fait un long voyage,* **cependant** *il n'est pas fatigué.*
Marqueur interrogatif (*où, quand, comment, pourquoi*)	**Pourquoi** *est-elle triste ?*
Marqueur exclamatif (*comme, combien, que*)	**Comme** *ce cheval est gracieux !*
Marqueur de négation (*ne… pas, ne… jamais,* etc.)	*Elle* **ne** *viendra* **pas** *au réveillon.*

Par son sens, le coordonnant est un marqueur de relation.

■ POUR PRÉCISER

Certains adverbes sont répétés ou encore employés avec d'autres mots pour lier des groupes ou des phrases. Ce sont des **adverbes corrélatifs**.
Ex. : **Tantôt** *le cheval trotte,* **tantôt** *il galope. Il est* **parfois** *rétif,* **parfois** *docile. Il a* **non seulement** *un pas parfait,* **mais aussi** *une allure racée.*

6. Beaucoup d'adverbes sont formés d'un adjectif et du suffixe **-ment**.
Voici les règles de formation de ces adverbes.

Formation des adverbes en *-ment*	
Règle générale	**Exemples**
Adjectif au féminin ou terminé par **-e** : **-e** → **-e**ment	*facile* → *facile**ment*** *correcte* → *correcte**ment*** *discrète* → *discrète**ment***
Règles particulières	**Exemples**
Certains adjectifs au féminin ou terminés par **-e** : **-e** → **-é**ment	*uniforme* → *uniform**ément*** *précise* → *précis**ément***
Adjectif au masculin terminé par **-é**, **-i** ou **-u** : **-é** → **-é**ment **-i** → **-i**ment **-u** → **-u**ment	*assuré* → *assur**ément*** *vrai* → *vrai**ment*** *résolu* → *résol**ument*** *dû* → *dû**ment***
Adjectif au masculin terminé par **-ant** ou **-ent** : **-ant** → **-a**mment **-ent** → **-e**mment (sauf *lent*, *présent*)	*abondant* → *abond**amment*** *différent* → *différ**emment***

Cas exceptionnels :
bref → *brièvement, gentil* → *gentiment, grave* → *grièvement* ou *gravement,*
impuni → *impunément, traître* → *traîtreusement*

Certains adverbes terminés par **-ument** prennent un accent circonflexe.
Ex. : *cru* → *crûment, assidu* → *assidûment*

⤷ **Page 358**
Rectifications
orthographiques

7. Certains mots peuvent être des adverbes ou des adjectifs, selon le contexte.
Pour vérifier leur classe, on les **remplace** par des mots de la même classe.
Seul l'adjectif est variable. Il peut donc s'accorder, contrairement à l'adverbe.

Adj ⠀⠀⠀⠀⠀⠀⠀⠀⠀⠀⠀⠀⠀⠀⠀⠀⠀⠀⠀⠀⠀⠀ Adj
Ex. : *Ces chevaux sont **forts**.* ➲ *Ces chevaux sont **rapides** / **blancs** / **nerveux**.*
Adv ⠀⠀⠀⠀⠀⠀⠀⠀⠀⠀⠀⠀⠀⠀⠀⠀⠀⠀⠀⠀⠀⠀ Adv
*Ces chevaux sont **fort** gracieux.* ➲ *Ces chevaux sont **peu** / **très** gracieux.*

7.2 Les caractéristiques de la préposition

↳ Page 108
GPrép

1. La préposition sert à former un complément : elle n'est jamais employée seule, elle a toujours une expansion. Elle est le **noyau** du GPrép.

Ex.: *Les plus jeunes restaient* GPrép *à la maison* GPrép *sous la surveillance* GPrép *d'une parente*.

2. La préposition **simple** est formée d'un seul mot, comme *à, hors, parmi*.
La préposition **complexe**, appelée aussi «**locution prépositive**», est formée de plusieurs mots, comme *à cause de, au lieu de, grâce à, près de, quant à*.

3. La préposition exprime souvent un sens. En voici des exemples.

Sens	Prépositions	Exemples
Appartenance	à, de	*Il a pris la couverture **de** ma sœur.*
But, destination	afin de, pour, dans le but de	*Il déneige l'entrée **afin de** passer.* *Elle prend l'autobus **pour** Gaspé.*
Cause, origine	à cause de, de, par, grâce à	*L'accident est arrivé **par** sa faute.* ***Grâce à** Rose, le repas est prêt.*
Dépendance, conformité	avec, sous, selon, suivant, d'après	*Voici la chorale de la paroisse, **sous** la direction du chef Adrien.*
Lieu, direction	à, chez, dans, en, loin de, sous, sur, vers	*On se hâtait de retourner **chez** soi.* *Ils se dirigeaient **vers** le nord.*
Manière	avec, de, par, selon	*Elle accepte l'invitation **avec** plaisir.*
Matière	de, en	*Elle porte un collier **en** argent.*
Moyen	à, de, avec, en, par, au moyen de	*La parenté a voyagé **par** le train.* *On se déplace **avec** le traîneau.*
Opposition	contre, malgré, au lieu de, loin de	***Malgré** la tempête, ils sont partis.* *Chante **au lieu de** crier!*
Exclusion, restriction	excepté, sans, sauf	*Laurette est sortie **sans** chapeau.* *Tous sont arrivés, **sauf** Angèle.*
Temps	à, avant, après, dès, en, depuis, il y a, jusqu'à, pendant, voici / voilà	*On s'amuse **pendant** les fêtes.* ***À** Noël, on chantait des cantiques.* *Ils sont partis **voilà** trois jours.*

Comme on peut le remarquer dans le tableau, des prépositions ont plusieurs sens, par exemple *à, de, avec*.

Les prépositions *à* et *de* avec les déterminants *le* et *les* forment les déterminants contractés *au, aux, du, des*. Ils introduisent des GPrép.
Ex.: *aller au lac (au = à + le)* ↳ **Page 30**, Déterminant défini

4. La préposition est choisie selon le sens à exprimer dans un contexte, comme on peut le voir dans le tableau précédent.

Ce choix peut aussi dépendre d'un mot, qui commande alors la préposition, par exemple :
– l'adjectif ou le verbe qui précède : **content** *de partir,* **parler** *à quelqu'un* ;
– le nom qui suit : *avec* **plaisir**, *de* **concert**, *en* **or**, *à* **pied**, *en /à* **skis**.

 En cas de doute sur la préposition à employer, on consulte le dictionnaire à la préposition ou au mot qui peut la commander.

5. Certaines prépositions servent à former des organisateurs textuels pour faire des liens dans le texte.
   Ex. : **Vers** *midi, il faisait chaud. Nous sommes allés jouer dehors.*
   À *cinq heures, nous sommes rentrés, car le temps était devenu très froid.*

Organisateurs
textuels

D'autres prépositions, par leur sens, sont des marqueurs de relation. Elles expriment une relation établie dans la phrase, par exemple une relation de cause, de but ou de temps.
   Ex. : **À cause de** *la tempête, personne ne pouvait circuler.*

⤷ **Page 323**
Marqueurs
de relation

6. Certaines prépositions ressemblent à des adverbes ; parfois même, un mot peut être une préposition ou un adverbe.

Ⓜ

Afin de les distinguer, il est **possible** de **remplacer** chacun par un mot de la même classe. Seule la préposition a une expansion.
   Ex. : *Il a voulu rester* **en arrière**. ⟳ *Il a voulu rester* **derrière**.

      Adv   Adv

Prép   Expansion   Prép   Expansion
   Elle est **en arrière de** *la carriole*. ⟳ *Elle est* **derrière** *la carriole*.

7.3 Les caractéristiques de la conjonction

1. La conjonction joint des groupes ou des phrases. Il y a deux sortes de conjonctions :
   - Les conjonctions de coordination comme *mais, ou, et, car, ni, or*
     Ces mots font partie des **coordonnants** : ils servent à coordonner des groupes, des subordonnées ou des phrases.
   - Les conjonctions de subordination comme *que, parce que, puisque, si*
     Ces mots font partie des **subordonnants** : ils servent à introduire une subordonnée dans la phrase.

⤷ **Page 154**
Coordonnants

⤷ **Page 152**
Subordonnants

↪ Page 323
Marqueurs
de relation

2. La conjonction est **simple** quand elle est formée d'un mot, comme *mais*, *car*. Quand elle est formée de plusieurs mots, elle est appelée «**locution conjonctive**», par exemple *c'est-à-dire*, *parce que*.

3. La conjonction a généralement un sens: elle est alors un **marqueur de relation**. Elle exprime une relation établie dans la phrase ou entre des phrases. En voici des exemples.

Sens	Conjonctions	Exemples
Addition	*et, ainsi que*	*Ils dansaient **et** ils chantaient.*
Choix, restriction	*ou, excepté que, sauf que, sinon, soit… soit*	*Les genoux étaient recouverts d'une fourrure **ou** d'une couverture.*
Cause	*car, parce que, puisque*	*On ne sort pas, **car** il fait trop froid.*
Comparaison	*comme, de même que*	*Louise chante **comme** une diva.*
Condition	*si, à condition que*	*Nous partons **si** tu veux.*
Explication	*c'est-à-dire, à savoir, soit*	*Il y avait cent personnes, **soit** tous les habitants du village.*
Opposition	*mais, alors que, tandis que*	*Il dort, **alors que** nous travaillons.*
Temps	*avant que, alors que, dès, dès que, quand, tandis que*	*Zénon va chercher les chevaux **tandis que** Roy prépare la carriole.*

Certaines conjonctions peuvent exprimer plusieurs relations. Par exemple, *alors que* et *tandis que* expriment une relation de temps ou d'opposition.

■ POUR PRÉCISER

- Deux conjonctions de coordination ne peuvent pas être combinées.
  Ex.: ➲ *Elle était en retard et ~~car~~ on s'inquiétait.*
- L'adverbe coordonnant, lui, peut souvent être combiné avec la conjonction *et*.
  Ex.: *Elle était en retard, **donc** on s'inquiétait.*
  ➲ *Elle était en retard, **et donc** on s'inquiétait.*
- De plus, certains adverbes coordonnants peuvent être déplacés, alors que la conjonction est toujours placée entre les unités qu'elle joint.
  Ex.: *Elle chantait, **cependant** sa voix commençait à être enrouée.*
  ➲ *Elle chantait, sa voix **cependant** commençait à être enrouée.*

  *Elle souriait **et** chantait de bon cœur.*
  ➲ *Elle souriait chantait ~~et~~ de bon cœur.*

L'adverbe, la préposition et la conjonction

- Il y a trois classes de mots invariables : l'adverbe, la préposition et la conjonction. Leur forme ne change pas : ni en genre, ni en nombre, ni en personne.

- L'adverbe :
  - permet, selon son sens, de préciser l'information de différentes façons ;
  - exprime divers sens ;
  - est le noyau du GAdv ;
  - peut jouer notamment les rôles suivants :
    - organisateur textuel et marqueur de relation dans l'organisation du texte,
    - coordonnant dans la construction de la phrase.
- Beaucoup d'adverbes sont formés d'un adjectif et du suffixe *-ment*.

- La préposition :
  - sert à former un complément et a toujours une expansion ;
  - est le noyau du GPrép ;
  - exprime souvent un sens ;
  - est choisie selon le sens à exprimer ou selon le mot qui la commande (ex. : verbe, adjectif, nom) ;
  - peut former des organisateurs textuels (ex. : *à minuit*) ou être marqueur de relation (ex. : *grâce à*).

- La conjonction :
  - sert à joindre des groupes, des subordonnées ou des phrases ;
  - fait partie des coordonnants ou des subordonnants ;
  - a généralement un sens et est alors un marqueur de relation.

3

Les groupes
Grammaire de la phrase

CHAPITRE 8

Le groupe du nom (GN)

Le GN est un **groupe** construit avec un nom.
Dans le texte suivant, les groupes marqués en gras sont des **GN**.

La Scandinavie

La Scandinavie est **une vaste région nordique**. Située dans **le nord de l'Europe**, elle regroupe **plusieurs pays**. Ce sont **la Norvège**, **la Suède**, **la Finlande**, **le Danemark** et **l'Islande**. **Ces pays** ont **une longue histoire** en commun.

Les Vikings sont **les anciens habitants de la Scandinavie**. Ils étaient **des navigateurs extraordinaires**. **Leurs bateaux**, nommés **drakkars**, utilisaient **la voile** et **les rames**. **Les drakkars** se déplaçaient sur **les mers** comme sur **les fleuves**. **Les Vikings** les portaient parfois sur **leur dos** pour avancer à **l'intérieur des terres**. Ils étaient **des explorateurs**, **des commerçants** et souvent aussi **des pillards redoutables**. Ils ne craignaient pas de partir en **haute mer** pour se rendre en **France**, en **Angleterre** et en **Russie**.

Comme on peut le constater dans ce texte, les GN sont essentiels.
On les trouve généralement en grand nombre dans les textes. Ils peuvent être construits de différentes façons, mais ils ont un point en commun : chacun contient au moins un nom.

8.1 Les caractéristiques du GN

⤷ Page 15
Nom

A Le noyau et les constructions du GN

1. Le noyau du GN est un **nom**, commun ou propre.

Ex. : *En* | **Scandinavie** | *, on apprécie* | *le **sport*** |*.*

(GN / N) ... (GN / Dét N)

2. Le noyau du GN est souvent accompagné d'un déterminant, mais il peut être seul aussi. De plus, le noyau peut avoir une expansion qui le complète.
Le GN présente donc des constructions variées. En voici quelques exemples.

Constructions du GN	Exemples de GN
Déterminant + nom ou nom seul	[Dét N] **L'avion** *pourra décoller* [N] **mardi**.
Déterminant + nom + GAdj	*Nous verrons* [Dét N] **un pays** [GAdj] *peu connu*.
Déterminant + nom + GN	[Dét N] **Le mont** [GN] *Everest* *est le toit du monde.*
Déterminant + nom + GPrép	*Saphir a pris* [Dét N] **un train** [GPrép] *à grande vitesse*.
Déterminant + nom + subordonnée relative	[Dét N] **Le chemin** [Sub. relative] *qui mène à la gare* *est désert.*

L'expansion qui complète le nom noyau est un complément du nom.

⤷ Page 85
Fonction de complément du nom

▦ POUR PRÉCISER

• Quand le pronom remplace un GN, on peut le considérer comme le noyau d'un GN.

Ex. : | **Ils** | *étaient des navigateurs extraordinaires.*

(Pron)

(les Vikings)

Le pronom peut aussi avoir une expansion.

Ex. : | *Située dans le nord de l'Europe* | *,* | **elle** | *regroupe plusieurs pays.*

(GAdj) (Pron)

(la Scandinavie)

⤷ Page 49
Pronom

• Le pronom ne tient pas toujours la place d'un GN : il peut remplacer un autre groupe, par exemple un GAdj, un GPrép, un GVinf.

Ex. : *Ce pays est* | *très froid* |. ➲ *Ce pays l'est.*

(GAdj) (Pron)

3. Dans le GN, le nom **noyau** peut avoir plusieurs expansions.

GN

| Dét | GAdj | N | GPrép | Sub. relative |

Ex.: Ce *grand* **bateau** *avec un dragon à la proue* et *dont la voile est carrée* représente bien les drakkars des Vikings.

4. L'**effacement** du nom noyau du GN est **impossible**: il rend la phrase incorrecte.

GN

N

Ex.: *Il aime les **régions** volcaniques.* ➲ *Il aime les ⤫ volcaniques.*

■ POUR PRÉCISER

- Certains mots s'emploient comme des noms ou des adjectifs selon le contexte.

  Adj   N   N

  Ex.: *Les **jeunes** voyageurs partiront bientôt.* → *Les **jeunes** partiront bientôt.*
- Certains noms qui font partie d'une expansion peuvent prendre la place du nom noyau, par exemple: *le mont Everest* → *l'Everest.*

⇨ Page 223
Accords

5. Voici la règle générale concernant les accords dans le GN.

Règle d'accord dans le GN	Exemple
Le nom noyau du GN donne son genre et son nombre au déterminant et à l'adjectif qui l'accompagnent.	J'ai choisi les **cartes** posta**les**. f. pl.

GN

Dét   N   Adj

B Les fonctions du GN

⇨ Page 348
Synthèse
des fonctions
syntaxiques

Le GN peut remplir plusieurs fonctions. Le tableau suivant les présente.

Fonctions du GN	Exemples
Sujet	**Un train rapide** vient de partir.
Complément de phrase	Je prends l'avion **ce soir**.
Attribut du sujet	La Suède est **un pays scandinave**.
Complément direct du verbe	Nous visiterons **la ville de Paris**.
Complément du nom	Le mont **Everest** culmine à 8846 mètres.
2ᵉ cycle ▶ Complément du pronom	C'est lui, **cet homme**, qui nous a guidés.
2ᵉ cycle ▶ Attribut du complément direct	On appelle Paris **la Ville lumière**.
2ᵉ cycle ▶ Complément du présentatif	Il y a **des cartes détaillées**.
2ᵉ cycle ▶ Complément du verbe impersonnel	Il nous faut **ce guide de voyage**.

8.2 La fonction de complément du nom

Le complément du nom est une fonction remplie par une expansion du nom.

1.

Le complément du nom peut être...	Exemples
un GAdj	GAdj La **tour** illuminée guide les avions.
un GN	GN La **tour** Eiffel attire des touristes à Paris.
un GPrép	GPrép La **tour** de Londres se situe près de la Tamise.
un GVpart	GVpart La **tour** guidant les avions tourne sans cesse.
une subordonnée relative	Sub. relative La **tour** qui guide les avions est illuminée.
une subordonnée complétive	Sub. complétive Le **fait** que la tour de Pise penche attire l'attention.
un GVinf	GVinf Mon **souhait**, voir cette tour, se réalisera.

> Les compléments du nom enrichissent le texte, car ils apportent de l'information qui précise le nom.

Les pronoms *en* et *dont* peuvent remplacer un GPrép complément du nom.
Ex. : *La tour est tout près. On en voit* **le sommet**. (= le sommet *de la tour*)
La tour dont on voit **le sommet** *est tout près.* (= le sommet *de la tour*)

2.

COMMENT REPÉRER ▪▪▪ LE COMPLÉMENT DU NOM

- En général, l'**effacement** des compléments du nom est **possible**. Cet effacement permet aussi de **repérer le nom noyau** du GN.
  Ex. : *On a trouvé un* gros *bateau* à voile carrée qui ressemble à un drakkar.
  ⮩ *On a trouvé un* ✕ **bateau** ──────.

  En effaçant les compléments du nom, on perd de l'information. Parfois, un complément du nom peut même être indispensable au sens de la phrase.
  Ex. : *Les Vikings venaient des* **pays** scandinaves.
  ⮩ *Les Vikings venaient des pays* ✕.

- Beaucoup de compléments du nom se placent après le nom. Le **déplacement** de ces compléments est **souvent impossible**.
  Ex. : *On ne peut franchir les* **murs** de ce château.
  ⮩ *On ne peut franchir de ce château les murs.*

  Quelques GAdj se placent avant le nom, par exemple : *un* gros **voilier**.

🖐 Page 102
GAdj

⇪ Page 339
Virgule

M

• Dans le cas d'un GN sujet, l'**effacement** du complément du nom permet de vérifier l'accord du verbe avec le nom noyau du GN.

GN

Ex.: *Les murs de ce château fort tombent en ruine.*

N   V

*Les **murs**   tomb**ent** en ruine.*

3e pers. pl.

3. Certains compléments du nom sont **détachés** par la virgule.

Ex.: *J'ai vu **Christophe**, l'ami de ma sœur.*

M

Le complément du nom détaché peut être **déplacé** dans la phrase. Il complète alors le noyau du GN sujet. Il est souvent placé avant le nom en début de phrase; parfois à la fin de la phrase si le sens le permet. En voici des exemples.

• Le **GAdj** détaché

GAdj

***Léa**, étourdie par le voyage, avait peine à marcher.*
➲ *Étourdie par le voyage, **Léa** avait peine à marcher.*
➲ ***Léa** avait peine à marcher, étourdie par le voyage.*

• Le **GVpart** détaché

GVpart

*Mon **amie**, ayant marché toute la journée, était très fatiguée.*
➲ *Ayant marché toute la journée, mon **amie** était très fatiguée.*
➲ *Mon **amie** était très fatiguée, ayant marché toute la journée.*

• Le **GN** détaché

GN

*Ce **drakkar**, vestige de l'époque des Vikings, est restauré par un expert.*
➲ *Vestige de l'époque des Vikings, ce **drakkar** est restauré par un expert.*
Le GN détaché en début de phrase n'a pas de déterminant.

Dans l'exemple suivant, le déplacement du complément en fin de phrase est impossible, car il produit un sens incorrect (un *expert* n'est pas un *vestige*):
➲ *Ce drakkar est restauré par un ~~expert, vestige de l'époque des Vikings~~.*

M

Le **remplacement** du complément détaché par une subordonnée relative permet de le distinguer du complément de phrase (qui est également mobile).

GN   Sub. relative

Ex.: *Régine, le bras levé, hèle un taxi.* ➲ *Régine, qui a le bras levé, hèle un taxi.*

      compl. du N   compl. du N

*Il prend, **ce soir**, le train de Paris.* ➲ *Il prend, ~~qui est ce soir~~, le train de Paris.*

      compl. de P

Le groupe du nom (GN)

- Le nom, commun ou propre, est le noyau du GN.

- Le GN présente des constructions variées, par exemple :
  - déterminant + nom
  - nom seul
  - déterminant + nom + GAdj
  - déterminant + nom + GN
  - déterminant + nom + GPrép
  - déterminant + nom + subordonnée relative

- Le nom noyau du GN :
  - peut avoir plusieurs expansions, qui sont des compléments du nom ;
  - ne peut pas être effacé ;
  - donne son genre et son nombre au déterminant et à l'adjectif dans le GN.

- Le GN remplit plusieurs fonctions, par exemple :
  - sujet
  - complément de phrase
  - attribut du sujet
  - complément direct
  - complément du nom

- La fonction de complément du nom est remplie par un groupe ou une subordonnée, par exemple :
  - un GAdj, un GN, un GPrép, un GVpart ;
  - une subordonnée relative, une subordonnée complétive.
- Le complément du nom peut généralement être effacé.
- Beaucoup de compléments du nom se placent après le nom et, souvent, ils ne peuvent pas être déplacés.
- Certains compléments du nom sont détachés par la virgule. Ces compléments du nom détachés peuvent être déplacés dans la phrase.

CHAPITRE 9

Le groupe du verbe (GV)

Le GV est un **groupe** construit avec un verbe.
Dans le texte suivant, les groupes marqués en gras sont des **GV**.

Le Groenland ou « terre verte »

Le Groenland **est une île géante**. Son nom **signifie « terre verte »**. Pourtant, le Groenland **est situé au bord de l'océan Arctique** et il **est toujours recouvert d'une immense calotte glaciaire**. Ainsi, il **ressemble plutôt à une terre blanche**.

Rattaché au Danemark, le Groenland **n'est pas un État indépendant**, mais il **bénéficie d'une autonomie politique**. Au cours d'un vote, ses citoyens et citoyennes **ont choisi de ne plus appartenir à la Communauté européenne**.

La population du Groenland **se concentre au sud et sur le littoral**. Ces régions **sont parfois déglacées**. Nuuk, la capitale (ou Godthåb en danois), **compte environ 13 000 habitants**. L'île **est très peu peuplée**. Toutefois, après l'Australie, c'**est la plus grande île de la planète**.

Dans ce texte, chaque phrase contient un GV, parce que chaque phrase a un verbe. Le GV est donc un groupe indispensable.

9.1 Les caractéristiques du GV

A Le noyau et les constructions du GV

1. Le noyau du GV est un **verbe**. Il peut être seul ou accompagné de mots qui forment ses expansions dans le GV.

↳ Page 65
Verbe

Voici quelques exemples de constructions du GV.

Constructions du GV	Exemples de GV
Verbe seul	Une première équipe **arrive**. [V : arrive]
Verbe + GN	Nous **ferons** un beau voyage. [V : ferons] [GN : un beau voyage]
Verbe + GPrép	Étienne **sort** de l'avion. [V : sort] [GPrép : de l'avion]
Verbe + GAdj	Cet endroit **est** spacieux. [V : est] [GAdj : spacieux]
Verbe + GAdv	Les passagers **parlaient** beaucoup. [V : parlaient] [GAdv : beaucoup]
Verbe + subordonnée complétive	Je **pense** que cette valise est la mienne. [V : pense] [Sub. complétive : que cette valise est la mienne]
Pronom + verbe	Le Groenland me **fascine**. [Pron : me] [V : fascine]

L'expansion du verbe peut remplir diverses fonctions dans le GV : complément, attribut ou modificateur.

↳ Page 91
Fonctions dans
le GV

> ■ POUR PRÉCISER
>
> Dans le GV, certains pronoms font partie d'un verbe pronominal.
>
> Ex. : La population **se concentre** au sud. (verbe pronominal *se concentrer*) [GV : Pron se, V concentre]

↳ Page 68
Verbes
pronominaux

> Le verbe noyau du GV est conjugué à un mode personnel. Il varie donc en personne. Si le verbe est à un mode impersonnel, soit :
> – à l'infinitif, il est le noyau du GVinf ;
>   ↳ **Page 97**, GVinf
> – au participe présent, il est le noyau du GVpart.
>   ↳ **Page 98**, GVpart

2. Dans le GV, le **verbe** peut avoir plusieurs expansions.

Ex. :

Ex. : *Édouard* **donne** *la carte routière* *à son ami*.

Mathilde *lui* **donne** *la carte*.

■ POUR PRÉCISER

- Parfois, un verbe est construit avec une «expansion double», qui ne se sépare pas, comme le GPrép double dans la phrase suivante :

  On **transporte** *les visiteurs* *de l'aéroport à l'hôtel*.

- Voici d'autres exemples de GPrép doubles :
  Cet autobus va **de** *Montréal* **à** *Québec.*
  Kassandre a voyagé **du** *15* **au** *30 juillet.*
  Les équipes comprennent **de** *six* **à** *dix joueurs.*

↳ **Page 68**
Catégories de
verbes

 Certains verbes peuvent avoir plusieurs sens exprimés par différentes constructions. Par exemple, le verbe *sortir* signifie, entre autres :
– «quitter un lieu» : *Elle* **sort***. Je* **sors** *d'ici.*
– «mener dehors» : *Il* **sort** *son cheval de l'écurie.*

Les dictionnaires donnent, pour chaque verbe, les constructions appropriées selon le sens. Ils indiquent ces constructions par des mentions, notamment :
– la mention *transitif* si le verbe se construit avec un ou des compléments ;
– la mention *intransitif* si le verbe se construit sans complément.

Ils indiquent aussi la préposition ou le subordonnant que le verbe commande, s'il y a lieu.

B La fonction du GV

Le GV remplit la fonction de prédicat.

↳ **Page 122**
Constituants
de la phrase

Le **prédicat** représente la **fonction du GV**, constituant obligatoire de la phrase, tout comme le sujet représente la fonction de l'autre constituant obligatoire. L'**effacement** du GV est donc **impossible**.

Ⓜ

Ex. : *L'équipe* **organise une expédition***.* ⊃ *L'équipe* ✕.
prédicat

Généralement,
les verbes ont
une ou plusieurs
expansions,
selon leurs sens.
Ex. : **Donner**
quelque chose
à quelqu'un

9.2 Les fonctions dans le GV

Le verbe peut avoir trois sortes d'expansions : le complément, l'attribut et le modificateur.

A Le complément direct du verbe

1.

Le complément direct peut être...	Exemples
un GN	*Florence **choisit** un souvenir.*
un pronom	*Maxim me **regarde**.*
un GVinf	*Je **souhaite** continuer cette expédition.*
une subordonnée complétive	*On **souhaite** que ces gens partent demain.*

↳ Page 348
Synthèse
des fonctions
syntaxiques

2.

COMMENT REPÉRER ▪ ▪ ▪ LE COMPLÉMENT DIRECT DU VERBE

- Le complément direct est placé après le verbe dans une phrase de base. En général, il est joint au verbe sans préposition et son **déplacement** hors du GV est **impossible**.
  Ex. : *Nous **cherchons** une boutique.* ➲ ~~*Une boutique, nous cherchons.*~~
- Les pronoms conjoints compléments directs sont placés avant le verbe.
  Ex. : *Florence nous **appelle**.*

↳ Page 53
Pronoms conjoints

- Le **remplacement** du complément direct est **possible** par les pronoms suivants.

Pronoms	Exemples
Avant le verbe : *le / la / l', les, en*	*Mathilde **choisit** la destination.* ➲ *Mathilde la **choisit**.* *On **souhaite** que ces gens partent.* ➲ *On le **souhaite**.* *Mathieu **achète** des souvenirs.* ➲ *Mathieu en **achète**.*
Après le verbe : *cela, ça*	*Il **aime** voyager en groupe.* ➲ *Il **aime** cela.*

- Pour certains déterminants exprimant une quantité, comme *un / une, deux, plusieurs*, on emploie le pronom *en* et le pronom équivalent au déterminant.
  Ex. : *Florence choisit un souvenir.* ➲ *Florence en choisit un.*
  Nous avons quelques sacs. ➲ *Nous en avons quelques-uns.*
- Avec certains verbes, le GVinf complément direct est introduit par *à* ou *de*. On peut alors le **remplacer** par le pronom *cela*.
  Ex. : *Il a décidé de rester ici.* ➲ *Il a décidé cela.*
  Elle apprend à voyager. ➲ *Elle apprend cela.*

> Le complément direct peut déterminer l'accord du participe passé avec *avoir*.
> ↳ **Page 234**, Accords

⇨ **Page 138**
Phrase passive

■ POUR PRÉCISER

- Le complément direct devient le sujet du verbe dans la phrase de forme passive.
  Ex. : *Maxim* **achète** *ce livre.* ⮑ *Ce livre* **est acheté** *par Maxim.*

- Cette transformation, appelée «passivation», fonctionne dans la majorité des cas.
  Lorsqu'elle est possible, il est certain qu'on a repéré un complément direct.
  Dans quelques cas, elle n'est pas possible, par exemple :
  – avec *avoir* et d'autres verbes semblables comme *posséder, comporter* ;
  – avec le GVinf complément direct : *Florence veut* **partir** ;
  – avec les verbes qui servent à exprimer un lieu, une valeur, une mesure, comme
  habiter, durer, coûter, peser, valoir : *Ce billet a coûté* **mille dollars**.

B Le complément indirect du verbe

⇨ **Page 348**
Synthèse
des fonctions
syntaxiques

1.

Le complément indirect **peut être...**	Exemples
un GPrép	*Elle* **revient** *d'un long voyage.*
un pronom	*Mathilde te* **parle**. (= **à** toi)
un GAdv	*Victor* **habite** *ici*. (= **à** cet endroit)
une subordonnée complétive	*On* **s'attend** *à ce que Paul arrive tôt.*

2.

COMMENT REPÉRER ▪ ▪ ▪ LE COMPLÉMENT INDIRECT DU VERBE

Ⓜ

- Le complément indirect est placé après le verbe dans une phrase de base.
  En général, il est joint au verbe par une **préposition** (ex. : *à, de*) et son
  déplacement hors du GV est **impossible**.
  Ex. : *Florence* **sort** *de la boutique.* ⮑ ~~De la boutique~~ *Florence sort.*

⇨ **Page 53**
Pronoms conjoints

- Les pronoms conjoints compléments indirects sont placés avant le verbe.
  Ex. : *Mathilde vous* **parle**.

- Le **remplacement** du complément indirect est **possible** par les pronoms
  suivants, placés avant le verbe.

Pronoms	Exemples
lui, leur *en* *y*	*Mathilde* **parle** *à Édouard.* ⮑ *Mathilde lui* **parle**. *Victor* **profite** *de cette chance.* ⮑ *Victor en* **profite**. *Micha* **est** *au Groenland.* ⮑ *Micha y* **est**. *On* **s'attend** *à ce que Maxim arrive.* ⮑ *On s'y* **attend**.

Après le verbe, les pronoms suivants sont précédés d'une préposition.

Pronoms	Exemples
lui/elle, eux/elles *cela, ça*	*Mathilde* **pense** *à Maxim.* ⮑ *Mathilde* **pense** *à lui.* *On* **doute** *qu'elle arrive demain.* ⮑ *On* **doute** *de cela.*

Dans ces phrases
transformées,
le complément en
de n'est pas un
complément indirect :
– *Il est aimé* **de tous**.
⇨ **Page 139**, Complément
du verbe passif
– *Elle n'a pas* **de sac**.
⇨ **Page 136**, Phrase négative

▪ ▪ ▪

- Quelques pronoms, comme *me, te, nous, vous,* peuvent être compléments directs ou indirects. Des manipulations permettent de les distinguer ; celles-ci font alors apparaître la **préposition** dans le cas du complément indirect.

  – On vérifie quel nom le pronom représente et on le **remplace** par ce nom.
    Ex.: *Léa **t'**a rappelée.* (te = Florence) ➲ *Léa a rappelé **Florence**.* (compl. dir.)
    *Léa **t'**a téléphoné.* (te = Kim) ➲ *Léa a téléphoné **à Kim**.* (compl. ind.)

  – On **encadre** le pronom par **c'est... que** (me = moi, te = toi).
    Ex.: *Tristan **t'**a remercié.* ➲ *C'est **toi** que Tristan a remercié.* (compl. dir.)
    *Tristan **t'**a répondu.* ➲ *C'est **à toi** que Tristan a répondu.* (compl. ind.)

■ POUR PRÉCISER

- Le pronom *y* et certains groupes exprimant le lieu peuvent aussi avoir la fonction de complément de phrase.

✎ Page 124
Complément de P

- Certains verbes peuvent avoir deux compléments indirects.
  Ex.: *Elle **parle** à Victor de ce voyage .* ➲ *Elle lui **parle** de ce voyage.*
  ➲ *Elle en **parle** à Victor.*

D'autres verbes ont un GN complément direct et un GPrép complément indirect. Généralement, on place le complément direct en premier.
Ex.: *Maxim **explique** les activités du parc à des touristes .*
             compl. dir.   compl. ind.

Cependant, un complément court se place de préférence avant un complément très long.
Ex.: *Il **a demandé** au guide des renseignements sur les sources thermales .*
             compl. ind.   compl. dir.

> Les compléments direct et indirect sont souvent essentiels au verbe dans la construction du GV. Ils sont également importants pour le sens de la phrase : en complétant le verbe, ils précisent l'information donnée par ce verbe.

C L'attribut du sujet

Page 348
Synthèse
des fonctions
syntaxiques

L'attribut du sujet est essentiel au verbe attributif. De plus, il sert à exprimer une caractéristique du sujet, par exemple comment est le sujet ou ce qu'il est.

1.

L'attribut du sujet **peut être...**	Exemples
un GAdj	*Florence **semblait** heureuse.*
un GN	*Victor **passe pour** un explorateur.*
un GPrép	*Une équipe **demeurait** sans secours.*
un pronom	*Cette valise **est** la mienne.*
un GVinf	*Dire n'**est** pas faire.*

- Parfois, l'attribut peut aussi être un GAdv : *Elle **est** mal en point.*

L'attribut du sujet est construit avec des verbes attributifs, comme *être*.
Ex. : *sembler, demeurer, rester, devenir, redevenir, paraître, apparaître, avoir l'air, passer pour, se montrer, s'avérer, se trouver*

2.

Ⓜ

COMMENT REPÉRER ▪▪▪ L'ATTRIBUT DU SUJET

- Dans une phrase de base, l'attribut du sujet est placé après le **verbe attributif**. Pour vérifier si un verbe est attributif, on peut le **remplacer** par le verbe *être*.
  Ex. : *Il **reste** seul.* ➲ *Il **est** seul.* *Elle **se trouve** bonne.* ➲ *Elle **est** bonne.*

- Le **déplacement** de l'attribut hors du GV est **impossible**.
  Ex. : *Victor **deviendra** un explorateur.* ➲ ~~Un explorateur Victor deviendra.~~
- Les pronoms conjoints attributs sont placés avant le verbe.
  Ex. : *Victor le **deviendra**.*

Page 53
Pronoms conjoints

- L'**effacement** de l'attribut du sujet est généralement **impossible**.
  Ex. : *Le camp **a l'air** abandonné.* ➲ *Le camp a l'air* ~~ ~~ .
- Avec certains verbes qui ne sont pas toujours attributifs, l'effacement de l'attribut est possible, mais il donne un autre sens à la phrase.
  Ex. : *Je **rentre** seul.* ≠ *Je rentre.* *Ils **tombent** malades.* ≠ *Ils tombent.*

- Le **remplacement** de l'attribut est **souvent possible** par les pronoms suivants.

Pronoms	Exemples
le / l'	*Alexis **devient** inquiet.* ➲ *Alexis le **devient**.*
en	*Ce liquide **est** de l'eau.* ➲ *Ce liquide en **est**.*
en... un / une	*Victor **sera** un explorateur.* ➲ *Victor en **sera** un.*

- On peut également remplacer le verbe par *être* avec un pronom.
  Ex. : *Léa **semble** fière.* ➲ *Léa **est** fière.* ➲ *Léa l'**est**.*

- Pour vérifier si une expansion est un attribut, on peut la **remplacer** par un GAdj.
  Ex. : *Ce liquide est de l'eau.* ➲ *Ce liquide est pur.*

Le sujet peut déterminer l'accord de l'attribut.
Page 228, Accords

D L'attribut du complément direct

1.

L'attribut du complément direct peut être...	Exemples
un GAdj	*Mathilde trouve **ce guide** intéressant.*
un GN	*Pietro surnomme **sa sœur** Mimi.*
un GPrép	*Elle prend **Micha** pour une scientifique.*

Synthèse
des fonctions
syntaxiques

L'attribut du complément direct est construit avec des verbes exprimant différentes valeurs : perception, opinion, déclaration, transformation.

Ex. : *voir, percevoir, sentir, considérer comme, croire, juger, estimer, penser, imaginer, supposer, présumer, traiter de, traiter en, tenir pour, qualifier de, aimer, avoir, appeler, nommer, désigner, déclarer, avoir pour, rendre,* etc.

2.

Ⓜ

COMMENT REPÉRER ▪▪▪ L'ATTRIBUT DU COMPLÉMENT DIRECT

- L'attribut du complément direct suit généralement un GN complément direct. Le **déplacement** de l'attribut hors du GV est **impossible**.
  Ex. : *Elle trouve **cette idée** intéressante.* ➲ ~~Intéressante~~ *elle trouve cette idée.*

- L'attribut peut se placer avant le complément direct, si celui-ci est plus long.
  Ex. : *Il croit impossible **la réalisation du projet**.*

- L'attribut du complément direct ne peut pas être remplacé par un pronom. On **remplace** alors le **complément direct par un pronom** pour vérifier quel groupe est l'attribut.
  Ex. : *Léa considère **le guide** comme un ami.*
  ➲ *Léa **le** considère comme un ami.*

> L'attribut du complément direct est en relation avec le complément direct du verbe. Il permet d'ajouter une caractéristique à ce complément.

- L'**effacement** de l'attribut du complément direct est généralement **impossible** : il change complètement le sens de la phrase ou la rend incorrecte.
  Ex. : *Il croit **Micha** responsable.* ≠ *Il croit Micha.*
  *Il présume **ces hommes** coupables.* ➲ *Il présume ces hommes* ✕ .

- On peut relier l'attribut au complément direct par une phrase avec le verbe *être*.
  Ex. : *Je sens **Mimi** très nerveuse.* ➲ ***Mimi** est très nerveuse.*
  *Pietro traite **Léa** en amie.* ➲ ***Léa** est son amie.*

> Le complément direct peut déterminer l'accord de l'attribut. ↳ **Page 235**, Accords

◀

E Le modificateur du verbe

1.

Le modificateur du verbe peut être...	Exemples
un GAdv	*Ces chercheurs **travaillent** beaucoup.*
un GPrép	*L'avion **est arrivé** en avance.*

2.

M

COMMENT REPÉRER ▪▪▪ LE MODIFICATEUR DU VERBE

- Le modificateur du verbe est généralement placé après le verbe et son **déplacement** hors du GV est **impossible**.
  Ex.:   *Mathilde **voyage** peu.*
       ⊃ *P̶e̶u̶ Mathilde voyage.*

  Dans les temps composés, il peut se placer entre l'auxiliaire et le participe passé.
  Ex.: *Mathilde **a** peu **voyagé**.*

- L'**effacement** du modificateur du verbe est toujours **possible**.
  Ex.:   *Ces chercheurs **travaillent** beaucoup.*
       ⊃ *Ces chercheurs **travaillent** ✕.*

Le modificateur du verbe apporte une modification ou une nuance au sens du verbe.

▪ POUR PRÉCISER

Le GPrép modificateur peut être remplacé par un GAdv modificateur.
Ex.: *Il mène l'opération avec brio.* ⊃ *Il mène l'opération magistralement.*

9.3 Le groupe du verbe à l'infinitif (GVinf)

1. Le verbe à l'infinitif est le **noyau** du GVinf.

   GVinf
   Ex.: *Les explorateurs ont choisi de* **partir**.

   L'infinitif a aussi une forme composée exprimant le **passé**; c'est l'infinitif passé.
   Ex.: *Après **avoir pris** son billet, il est parti.*

2. Le verbe à l'infinitif peut avoir des expansions dans le GVinf, tout comme le verbe dans le GV: complément direct ou indirect, attribut, modificateur.

   GVinf
   Ex.: **Marcher** *sur ce glacier* *peut être dangereux.*
   compl. ind.
   sujet

3. Le GVinf peut être **remplacé** par *le, ce, cela* ou *faire cela / avoir fait cela.*
   Ex.: *Elle veut **aller au Groenland**.* ➲ *Elle veut **faire cela**.*

4. Le GVinf peut avoir la valeur d'un GN: il a alors plusieurs fonctions du GN.

Fonctions du GVinf (= GN)	Exemples
Sujet	***Explorer le Grand Nord** est tout un exploit.*
Complément direct du <u>verbe</u>	*Elle <u>espère</u> **trouver des fossiles**.*
Complément du <u>nom</u>	*Il n'a qu'un seul <u>regret</u>: **avoir quitté l'équipe**.*
Attribut du <u>sujet</u>	*<u>Tricher</u> n'est pas **jouer**.*

5. [2ᵉ cycle] Le GVinf peut aussi avoir la valeur d'un GV: il a alors la fonction de **prédicat**.

Fonction du GVinf (= GV)	Exemples
Prédicat: – avec sujet exprimé	*Je vois les équipiers **arriver**.*
– sans sujet exprimé	*On se demande **où aller**.*

   Le verbe à l'infinitif peut accompagner un auxiliaire comme *aller* pour former le noyau d'un GV, par exemple: *Le train <u>va</u> **partir** dans une heure.* ◄

6. [2ᵉ cycle] Le GVinf peut remplacer une subordonnée ou former une phrase infinitive.
   Ex.: *Je vois le train **qui part**.* ➲ *Je vois le train **partir**.* ↳ Page 165, Subordonnée relative
   ***Fermer** la porte.* ↳ Page 147, Phrase infinitive ◄

↳ Page 216
Mode infinitif

L'infinitif est un mode impersonnel. Le verbe à l'infinitif ne varie donc pas en personne. C'est ce qui le distingue du noyau du GV.

M

↳ Page 147
Subordonnée infinitive

↳ Page 70
Auxiliaires d'aspect

9.4 Le groupe du verbe au participe présent (GVpart)

↳ Page 217
Participe présent

1. Le verbe au participe présent est le **noyau** du GVpart.

> GVpart
> p. prés.
> Ex. : *Le climat* **aidant**, *nous pourrons rester ici plus longtemps.*

Le participe présent a une forme simple (ex. : *aidant, profitant*).
Il a aussi une forme composée (ex. : *ayant aidé, ayant profité*).
Ex. : **Ayant profité** *du temps doux, elle est revenue au camp.*

> Le participe présent est un mode impersonnel. Le verbe à ce mode ne varie donc pas en personne. C'est ce qui le distingue du noyau du GV.

2. Le participe présent peut avoir des expansions dans le GVpart, tout comme le verbe dans le GV : complément direct ou indirect, attribut, modificateur.

> GVpart
> Ex. : *Le glacier* **recouvrant** *cette terre* *est immense.*
> compl. dir.
> compl. du N

3. Le GVpart peut avoir la valeur d'un GAdj : il a alors la fonction de complément du nom.

Fonction du GVpart (= GAdj)	Exemples
Complément du <u>nom</u> ou complément du <u>nom</u> détaché	*Elle a des* <u>fossiles</u> **datant de 60 000 ans.** **Ayant une boussole,** <u>Pietro</u> *ne se perdra pas.*

- Le GVpart peut aussi être complément d'un pronom.
  Ex. : **Ayant une boussole,** <u>il</u> *ne se perdra pas.*

2ᵉ cycle ▶ **4.** Le GVpart peut avoir la valeur d'un GV : il a alors la fonction de **prédicat** et il a un **sujet** exprimé.

Fonction du GVpart (= GV)	Exemple
Prédicat avec sujet exprimé	*Le soleil* **plombant**, *la glace fond rapidement.*

- Cette construction du GVpart avec un sujet est une subordonnée participiale. ◀

2ᵉ cycle ▶ **5.** Le GVpart peut remplacer une subordonnée relative ou une subordonnée complément de phrase.

↳ Page 165
Subordonnée
relative

↳ Page 186
Subordonnée
complément de P

> Sub. relative   GVpart
> Ex. : *C'est un glacier* **qui fond à vue d'œil**. ➲ *C'est un glacier* **fondant à vue d'œil**.
> Sub. compl. de P   GVpart
> **Parce qu'ils sont prudents**, *ils restent ici.* ➲ **Étant prudents**, *ils restent ici.* ◀

6. Le participe présent précédé de la préposition **en** forme le **gérondif**, qui est un GPrép. Il remplit souvent la fonction de complément de phrase.

Ex.:
GPrép
En observant les gens , Mathilde comprenait leur humeur.
compl. de P

Le gérondif indique un rapport de simultanéité. De plus, il exprime le temps, la cause, l'hypothèse ou la manière.

Il peut souvent remplacer une subordonnée complément de phrase.

Ex.:
GPrép
En regardant la plaine , Ricardo pensait à ses proches.
Sub. compl. de P
⮑ Pendant qu'il regardait la plaine , Ricardo pensait à ses proches.

■ POUR PRÉCISER

- Le gérondif peut être modificateur du verbe.
  Ex.: Il a fui **en courant**.

- Le gérondif est parfois précédé de *tout*.
  Ex.: Tout **en perçant** la glace, elle criait.

- Le participe présent ou le gérondif peut accompagner l'auxiliaire *aller* pour former le noyau d'un GV.
  Ex.: Le volume va **en augmentant**.

↳ Page 70
Auxiliaires d'aspect

Règle	Exemple
Le GVpart détaché et le gérondif ont un sujet non exprimé qui correspond, en règle générale, au sujet de la phrase. Cette règle est appliquée pour éviter le risque d'une mauvaise interprétation de la phrase.	GVpart **Ayant le matériel** , les alpinistes peuvent escalader la paroi glacée. ⮑ Ayant le matériel, l'escalade de la paroi peut commencer. Ce n'est pas l'escalade qui a le matériel.

◀

Le groupe du verbe (GV)

- Le noyau du GV est un verbe.

- Le GV présente des constructions variées, par exemple :
  - verbe seul
  - verbe + GN
  - verbe + GPrép
  - verbe + GAdj
  - verbe + GAdv
  - verbe + subordonnée complétive
  - pronom + verbe

- Le GV remplit la fonction de prédicat. Il ne peut pas être effacé.

- Dans le GV, les expansions du verbe noyau remplissent l'une des fonctions suivantes.

Fonctions dans le GV	Caractéristiques et manipulations syntaxiques (dans une phrase de base)	Expansions du verbe
Le complément direct :	– est placé après le verbe ; – ne se déplace pas hors du GV ; – se remplace par un pronom (*le / la, les, en, cela*).	GN, pronom, GVinf, subordonnée complétive
Le complément indirect :	– est placé après le verbe et joint à celui-ci par une préposition ; – ne se déplace pas hors du GV ; – se remplace par un pronom (*lui, leur, en, y*).	GPrép, pronom, GAdv, subordonnée complétive
L'attribut du sujet :	– est placé après un verbe attributif ; – ne se déplace pas hors du GV ; – ne s'efface pas, en général ; – se remplace par un pronom (*le, en*).	GAdj, GN, GPrép, pronom, GVinf
L'attribut du complément direct :	– dépend du complément direct du verbe ; – ne se déplace pas hors du GV ; – ne se remplace pas par un pronom.	GAdj, GN, GPrép
Le modificateur du verbe :	– est placé après le verbe ou l'auxiliaire ; – ne se déplace pas hors du GV ; – peut être effacé.	GAdv, GPrép

2e cycle ▷

- Le GVinf est un groupe qui a pour noyau un verbe à l'infinitif. Il peut avoir des expansions, tout comme le verbe dans le GV.

- Le GVpart est un groupe qui a pour noyau un verbe au participe présent. Il peut avoir des expansions, tout comme le verbe dans le GV.

CHAPITRE 10

Le groupe de l'adjectif (GAdj)

Le GAdj est un **groupe** construit avec un adjectif.
Dans le texte suivant, les groupes marqués en gras sont des **GAdj**.

Étonnante Venise

Située en Italie, la **belle** ville de Venise (*Venezia* en italien) tient son nom de Vénus, la déesse **romaine** de la beauté et de l'amour. **Construite sur une lagune**, cette cité **historique** repose sur des pilotis. De **nombreux** canaux parcourent la ville, qui s'étend sur une centaine d'îles. Les canaux servent de routes sur lesquelles circulent des bateaux **grands** et **petits**.

La ville, dont le centre est **entièrement piétonnier**, présente de **splendides** monuments. De plus, ses musées sont **remplis de tableaux de grands maîtres**.

Fascinante en été comme en hiver, Venise attire les touristes du monde **entier**. Au début du printemps, les Vénitiens et Vénitiennes revêtent d'**incroyables** déguisements et fêtent un carnaval **somptueux**.

Les GAdj permettent d'enrichir et de préciser le texte par différentes constructions, telles que *située en Italie, romaine, nombreux, entièrement piétonnier, grands,* etc.

Certains GAdj donnent aussi une couleur particulière au texte. Par exemple, les GAdj suivants expriment des aspects positifs : *étonnante, belle, splendides, fascinante en été comme en hiver.* Ils rendent le texte plus expressif.

10.1 Les caractéristiques du GAdj

A Le noyau et les constructions du GAdj

⬑ Page 37
Adjectif

1. L'**adjectif** est le noyau du GAdj. Il peut être seul ou accompagné d'une expansion dans le groupe.

Voici quelques exemples de constructions du GAdj.

Constructions du GAdj	Exemples de GAdj
Adjectif seul	Yasmina a visité la **belle** [Adj] ville de Venise.
GAdv + adjectif	Le centre est *entièrement* [GAdv] **piétonnier** [Adj].
Adjectif + GPrép	Ce musée **rempli** [Adj] *de tableaux* [GPrép] attire les touristes.
Adjectif + subordonnée complétive	Uriel est **certain** [Adj] *que ce lieu disparaîtra* [Sub. complétive].

⬑ Page 104
Fonctions dans
le GAdj

⬑ Page 218
Participe passé

- L'expansion de l'adjectif remplit la fonction de complément ou de modificateur.
- L'adjectif participe, issu du verbe au participe passé, est aussi le noyau du GAdj.

  Ex. : *On a rempli le musée d'œuvres.* ➲ *Le musée **rempli** d'œuvres attire les gens.*
  Venise se situe en Italie. ➲ ***Située** en Italie, Venise est une cité particulière.*

2. Le noyau du GAdj peut avoir plusieurs expansions.

   Ex. : *Au musée, il y a une galerie **pleine** [Adj] de bijoux [GPrép] et de verreries [GPrép].* [GAdj]

   *Éva semble très [GAdv] **heureuse** [Adj] que tu l'accompagnes au carnaval [Sub. complétive].* [GAdj]

> Certaines expressions sont formées d'un adjectif avec une expansion.
> Ex. : *fou à lier, rapide comme l'éclair, trempé jusqu'aux os*

⬑ Page 38
Adjectif classifiant

3. L'adjectif classifiant n'a pas d'expansion ; il est donc seul dans son groupe.

   Ex. : *les canaux **vénitiens** [GAdj]* (= de Venise) ➲ *les canaux t̶r̶è̶s̶ vénitiens*

B Les fonctions du GAdj et sa place

1. Le GAdj peut remplir les trois fonctions que voici.

Page 348
Synthèse
des fonctions
syntaxiques

Fonctions du GAdj	Exemples
Complément du <u>nom</u>	*Elle a passé par le <u>canal</u> **principal**.*
Attribut du <u>sujet</u>	*Cette <u>ville</u> est **fantastique**.*
2ᵉ cycle ▶ Attribut du <u>complément direct</u>	*Je trouve ce <u>carnaval</u> **somptueux**.*

2. Dans le GN, le GAdj se place souvent après le nom. Parfois, il se place avant.
Ex.: *On a eu un <u>été</u> **chaud**.*   *Elle a fait un **très beau** <u>voyage</u>.*

Voici quelques particularités sur la **place du GAdj** complément du nom.

> Le GAdj complément du nom fait partie d'un GN.

- Le GAdj est placé après le nom quand:
  - l'adjectif est classifiant: *un canal **maritime**;*
  - l'adjectif est qualifiant et qu'il a un complément: *une galerie **pleine** de bijoux*.

- Le GAdj se place avant le nom quand l'adjectif est ordinal:
  ***premier** plan, **deuxième** fois, **dixième** rang...*

- Le GAdj peut être placé avant le nom quand:
  - l'adjectif a une valeur expressive: *une **étonnante** ville;*
  - l'adjectif est court, comme *beau, bon, grand, joli,* etc.: *un **grand** canal.*
    Il est parfois précédé de *si, tout, très, trop* (modificateurs): *un **très beau** lac.*

- Le GAdj détaché peut se placer avant ou après le nom:
  *Uriel, **content d'aller au carnaval**, se costume en gondolier.*
  ➲ ***Content d'aller au carnaval**, Uriel se costume en gondolier.*

Page 37
Adjectif

3. Le GAdj attribut du sujet est généralement placé après le verbe.
Ex.: *Ces lagunes sont **profondes**.*

2ᵉ cycle ▶ Le GAdj attribut du complément direct est souvent placé après le GN complément direct.
Ex.: *Je trouve <u>ces lagunes</u> **profondes**.*

> Le GAdj attribut fait partie d'un GV.

⬖ Page 348
Synthèse
des fonctions
syntaxiques

10.2 Les fonctions dans le GAdj

L'adjectif peut avoir deux sortes d'expansions : le complément et le modificateur.

A Le complément de l'adjectif

1.

Le **complément de l'adjectif** peut être...	Exemples
un GPrép	*Cette danse est **difficile** à exécuter.*
une subordonnée complétive	*Aldo paraît **content** qu'elle soit là.*

Les pronoms *en* et *y* peuvent remplacer un GPrép complément de l'adjectif.
Ex.: *Uriel a un beau costume. Il en est **fier**.* (= fier **de** son costume)
*Sophie est habile à ce jeu. Aldo y est **habile** aussi.* (= habile **à** ce jeu)

Parfois, ces pronoms remplacent aussi une subordonnée complément de l'adjectif.
Ex.: *Je suis **convaincu** qu'il viendra au carnaval.* ➲ *J'en suis **convaincu**.*
*Je suis **attentive** à ce que vous dites.* ➲ *J'y suis **attentive**.*

2ᵉ cycle ▶

■ POUR PRÉCISER

Un adjectif participe provenant d'une réduction peut être suivi d'un GN.
Ex.: *Ces barques vénitiennes, qui sont **nommées** gondoles, sont très pratiques ici.*
➲ *Ces barques vénitiennes, **nommées** gondoles, sont très pratiques ici.*

◀

2.

M

COMMENT REPÉRER ▪▪▪ LE COMPLÉMENT DE L'ADJECTIF

• Généralement, le complément de l'adjectif se place après celui-ci et son **déplacement** est **impossible**.
Ex.: *Ton sac est **semblable** à celui-ci.* ➲ *Ton sac est à celui-ci semblable.*

• L'**effacement** du complément de l'adjectif est **souvent possible**.
Ex.: *Antonin a paru **jaloux** de ton succès.* ➲ *Antonin a paru **jaloux**.*

■ POUR PRÉCISER

• Certains adjectifs ont un sens différent quand ils n'ont pas de complément.
Ex.: *C'est un ami **fidèle**.* (= il est loyal)
*Il est **fidèle** à ses habitudes.* (= il est constant, il ne change pas)

• Quelques adjectifs doivent avoir un complément, qui ne peut donc pas être effacé, par exemple : ***apte** à danser*, ***enclin** à la fête*, ***exempt** de tout préjugé*.
Ex.: *Sophie est apte à guider les gens.* ➲ *Sophie est apte.*

Le complément de l'adjectif ajoute une information qui précise l'adjectif. Cependant, certains adjectifs n'acceptent pas de complément, par exemple : *une personne **intelligente**, une fenêtre **carrée**, un tapis **moelleux**.*

B Le modificateur de l'adjectif

COMMENT REPÉRER ▪ ▪ ▪ LE MODIFICATEUR DE L'ADJECTIF

- L'adjectif peut avoir un modificateur sous la forme d'un GAdv. Celui-ci est placé avant l'adjectif qu'il modifie. Son **déplacement** est **impossible**.

  Ex. : *Sophie paraît* GAdv *très* **heureuse**. ⮌ *Sophie paraît heureuse très*.

- Le modificateur peut être placé après l'adjectif participe (issu d'un verbe au participe passé).

  Ex. : *un voilier* **équipé** *convenablement*

  À cette place, il peut aussi être remplacé par un GPrép.

  Ex. : *un voilier* **équipé** *de façon convenable*

- L'**effacement** du modificateur de l'adjectif est **possible**.

  Ex. : *Aldo a une gondole plutôt* **originale**. ⮌ *Aldo a une gondole* ✕ **originale**.

> Le modificateur de l'adjectif apporte une modification ou une nuance au sens de l'adjectif.

Le groupe de l'adjectif (GAdj)

- L'adjectif est le noyau du GAdj.

- Le GAdj peut être construit de différentes façons, par exemple :
  - adjectif seul
  - GAdv + adjectif
  - adjectif + GPrép
  - adjectif + subordonnée complétive

- Le noyau du GAdj peut avoir plusieurs expansions. Cependant, l'adjectif classifiant n'a pas d'expansion.

- Le GAdj :
  - peut avoir les fonctions de complément du nom ou d'attribut ;
  - se place souvent après le nom ;
  - se place après le verbe quand il est attribut du sujet.

- L'adjectif a deux sortes d'expansions : le complément et le modificateur.

- Le complément de l'adjectif :
  - est un GPrép ou une subordonnée complétive ;
  - se place après l'adjectif et ne se déplace pas ;
  - peut souvent être effacé.

- Le modificateur de l'adjectif est un GAdv. Ce groupe se place avant l'adjectif. Il ne peut pas être déplacé, mais il peut être effacé.

CHAPITRE 11

Le groupe de la préposition (GPrép)

Le GPrép est un **groupe** construit avec une préposition.
Dans le texte suivant, les groupes marqués en gras sont des **GPrép**.

Le Grand Canyon

Le Grand Canyon a été le décor **de la plupart des westerns du cinéma américain**. Cet endroit célèbre est situé **dans l'État de l'Arizona**.

Sur des centaines de kilomètres, le fleuve Colorado, qui traverse le Grand Canyon, a creusé des sillons **de 2000 à 3000 mètres de profondeur**. C'est cet ensemble spectaculaire, formé **avec le temps**, que des touristes **du monde entier** viennent voir. **Afin de le protéger**, on a créé le parc national **du Grand Canyon**.

Le Grand Canyon attire des amateurs **de randonnée**. Cependant, la randonnée peut y être risquée. **À cause des nombreux accidents**, on a dû poser des panneaux **pour informer les touristes des dangers**. **Malgré ces avertissements**, des accidents surviennent parfois encore.

Le GPrép est un groupe qui commence par une préposition, qu'elle soit simple comme *à, de, sur, dans, pour, malgré* ou complexe comme *afin de, à cause de*. La préposition complexe est aussi appelée «locution prépositive».
La préposition n'est jamais seule : elle est toujours suivie d'une expansion.

11.1 Les caractéristiques du GPrép

A Le noyau et les constructions du GPrép

⇘ **Page 76**
Préposition

1. La **préposition** est le noyau du GPrép. Elle a toujours une expansion qui la suit, comme le montrent les exemples du tableau suivant.

Constructions du GPrép	Exemples de GPrép
Préposition + GN	**Sous** [un soleil aveuglant], *il part* **sans** [lunettes].
Préposition + pronom	*Elle s'en va* **chez** elle.
Préposition + GVinf	*Lili n'a pas peur* **de** [parcourir le canyon].
Préposition + GAdv	*Il s'est rendu* **jusqu'**[ici].
Préposition + GPrép	*Elle vient* **de** [chez Olivier].

 Le nom commun qui suit la préposition se met au singulier ou au pluriel selon le sens. En cas de doute, on consulte un dictionnaire au nom ou à la préposition.

Ex. : Noms au singulier Noms au pluriel
  sortir **sans chapeau** gilet **sans manches**
  salade **de thon** confiture **de fraises**
  voyager **en groupe** diviser **en groupes**
  verre **à eau** boîte **à outils**
  pommier **en fleur** (ou **en fleurs**) dentition **sans caries** (ou **sans carie**)

2. L'expansion de la préposition ne peut **pas** être **effacée** ; elle est essentielle.
Ex. : **Malgré** ces avertissements, des accidents surviennent.
  ⊃ **Malgré** ~~　　　　　~~, des accidents surviennent.

Le GPrép est un groupe particulier. La préposition, qui en est le noyau, ne peut pas être seule : elle a toujours une expansion.

Certains mots comme *avant, après, contre* peuvent être des prépositions ou des adverbes. Quand ils n'ont pas d'expansion, ce sont des adverbes.
Ex. : **Depuis son départ**, il est triste. (GPrép)　　**Depuis**, il est triste. (GAdv)

3. Le tableau suivant présente les principaux cas d'emploi de la préposition dans l'**énumération de GPrép** (coordonnés ou juxtaposés).

⬑ Page 153
Coordination

⬑ Page 153
Juxtaposition

Emploi et répétition de la préposition	Exemples
• Généralement, les prépositions *à, de, en* sont répétées.	aller **à** Chicago et **à** Miami
• Quand les prépositions sont différentes, toutes doivent être mentionnées.	aller **en** Arizona, **au** Texas, **en** Californie et **à** Hawaï
• Les prépositions sont répétées quand les expansions expriment un choix ou une opposition.	transporter **par** train ou **par** avion répondre **par** oui ou **par** non
• Dans les prépositions complexes se terminant par *à* ou *de*, généralement on répète seulement le *à* ou le *de*.	**avant de** sauter et **avant de** courir ➲ **avant de** sauter et **de** courir
• La préposition *sans* est répétée, sauf avec *ni.*	partir **sans** eau et **sans** nourriture sortir **sans** lunettes **ni** chapeau
• La préposition n'est pas répétée dans les expansions formant un tout ou indiquant une approximation : un seul GPrép est alors formé avec plusieurs expansions.	des photos **pour** toi et les amis **en** un ou deux jours **parmi** les fleurs, les herbes et les fougères
• La préposition n'est pas répétée dans les formules et les expressions toutes faites.	la possibilité **d'aller et venir** une école **d'arts et métiers**
• La préposition *entre* ne se répète pas.	choisir **entre** le sentier et la route

2ᵉ cycle ▶ 4. Deux prépositions qui ont la même expansion peuvent être coordonnées, mais elles doivent aussi admettre la même construction.

Ex. : *rire **avant** le voyage et **pendant** le voyage* ➲ *rire **avant** et **pendant** le voyage*
*être **au bord du** canyon ou **dans** le canyon* ➲ *être ~~au bord ou dans~~ le canyon*
➲ *être **au bord du** canyon ou **dedans***

Deux groupes coordonnés peuvent avoir le même GPrép complément si ce GPrép admet la même construction pour les groupes.

Ex. : *heureux **de le voir** et soulagé **de le voir*** ➲ *heureux **et** soulagé **de le voir***
*aller **dans** le ravin et ressortir **du** ravin* ➲ *~~aller et ressortir~~ du ravin*
➲ *aller **dans** le ravin et **en** ressortir* ◀

> La préposition **de** ne doit pas être ajoutée devant l'expression *d'autres*.
> Ex. : *On parle **d'autres** choses.*
> ➲ *On parle ~~de~~ d'autres choses.*

B Les fonctions et les rôles du GPrép

⤷ Page 348
Synthèse
des fonctions
syntaxiques

1. Les fonctions du GPrép sont présentées dans le tableau suivant.

Fonctions du GPrép	Exemples
Complément indirect du <u>verbe</u>	Nous <u>sommes sortis</u> **de ce parc**.
Complément de phrase	**À midi**, je cherchais une place à l'ombre.
Complément du <u>nom</u>	Le parc attire des <u>amateurs</u> **de randonnée**.
Complément de l'<u>adjectif</u>	Les panneaux sont <u>utiles</u> **aux touristes**.
Attribut du <u>sujet</u>	<u>Ce parc</u> est **à l'abandon**.
Modificateur du <u>verbe</u>	Il <u>règle</u> **avec soin** sa nouvelle caméra.
`2ᵉ cycle ▶` Complément du <u>pronom</u>	L'entrée du canyon est <u>celle</u> **du parc** aussi.
`2ᵉ cycle ▶` Attribut du <u>complément direct</u>	On tient <u>ce droit</u> **pour acquis**.
`2ᵉ cycle ▶` Complément de l'<u>adverbe</u>	<u>Heureusement</u> **pour moi**, je n'ai rien oublié.
`2ᵉ cycle ▶` Complément du <u>verbe impersonnel</u>	Il <u>s'agit</u> **de ne pas se perdre**.
`2ᵉ cycle ▶` Complément du <u>verbe passif</u>	Le groupe <u>a été guidé</u> **par Julien et Lili**.

⤷ Page 322
Organisateurs textuels

2. Le GPrép peut exercer le rôle d'organisateur textuel.

Ex.: *à cette époque, en ce moment, dans un proche avenir…*

⤷ Page 323
Marqueurs de relation

De plus, la préposition même peut exercer le rôle de marqueur de relation.

Ex.: *à cause de, en raison de, afin de…*

`2ᵉ cycle ▶` Le GPrép peut aussi avoir le rôle de marqueur de modalité.

⤷ Page 294
Modalisation

Ex.: *sans doute, à mon avis, selon lui…*

Ces GPrép sont des groupes incidents, c'est-à-dire qu'ils servent à exprimer un commentaire.

◀

> Par ses rôles, le GPrép contribue à la construction du texte.
> Il sert souvent à faire des liens dans le texte.

Le groupe de la préposition (GPrép)

- La préposition est le noyau du GPrép. Elle est toujours suivie d'une expansion.

- Le GPrép peut être construit de différentes façons, par exemple :
  - préposition + GN
  - préposition + pronom
  - préposition + GVinf
  - préposition + GAdv
  - préposition + GPrép

- L'expansion de la préposition ne peut pas être effacée, elle est essentielle.

- Dans une énumération de GPrép, la préposition est généralement répétée.

- Le GPrép peut remplir plusieurs fonctions : complément, attribut, modificateur.
- Il peut exercer le rôle d'organisateur textuel. De plus, la préposition même peut exercer le rôle de marqueur de relation.
- **2ᵉ cycle ▶** Le GPrép peut aussi avoir le rôle de marqueur de modalité. ◀

CHAPITRE 12

Le groupe de l'adverbe (GAdv)

Le GAdv est un **groupe** construit avec un adverbe.
Dans le texte suivant, les groupes marqués en gras sont des **GAdv**.

Une faune **plus ou moins** amicale

La Camargue se situe **géographiquement** dans le sud de la France, entre le delta du Rhône et la mer Méditerranée. Elle est caractérisée par ses chevaux **très** résistants et ses taureaux que l'on retrouve dans les fêtes.

D'ailleurs, toute la région possède une faune **exceptionnellement** riche avec, entre autres, des canards, des sangliers, des hérons, des libellules, des grenouilles, des busards, des sternes, sans oublier les flamants roses et les moustiques... **Environ** quarante espèces de moustiques vivent en Camargue, dont dix piquent les humains ! Les rizières, les salins et les marais favorisent l'éclosion des larves, qui sont aquatiques. Mais **fort heureusement**, parmi les insectes, il y a **aussi** la **très** célèbre cigale chantante...

La plupart des GAdv contiennent un seul adverbe ; c'est le cas, par exemple, de *très, aussi, environ*. Parfois, un GAdv est composé de deux adverbes, comme *fort heureusement*.

De plus, certains adverbes ont une forme complexe, appelée aussi « locution adverbiale », tels que *d'ailleurs, plus ou moins*.

Le GAdv peut remplir plusieurs fonctions dans la phrase et plusieurs rôles dans le texte. Il sert souvent, par exemple, à modifier le sens d'un mot ou à marquer un lien entre des phrases.

12.1 Les caractéristiques du GAdv

A Le noyau et les constructions du GAdv

L'**adverbe** est le noyau du GAdv. Il est souvent seul dans son groupe.

↳ Page 73
Adverbe

Ex.: [**Demain**]$_{\text{GAdv / Adv}}$, *je ferai une recherche sur la Camargue.*

Parfois, certains adverbes ont une expansion qui est aussi un adverbe. Cet adverbe ajouté remplit la fonction de modificateur.

↳ Page 115
Modificateur
de l'adverbe

Ex.: *Nous mangions* [**peu**]$_{\text{GAdv}}$. ➲ *Nous mangions* [*très* **peu**]$_{\text{GAdv}}$.

B Les fonctions et les rôles du GAdv

1. Voici les principales fonctions du GAdv.

Fonctions du GAdv	Exemples
Modificateur du verbe	*Flavio lit* **attentivement** *les affiches.*
Modificateur de l'adjectif	*Rébecca a cueilli du thym* **très** *parfumé.*
Modificateur de l'adverbe	*Il était* **trop** *tard.*
Complément de phrase	**Aujourd'hui**, *ils verront la Camargue.*
Complément indirect du verbe	*Nous allons* **là-bas**. (= à cet endroit)

↳ Page 348
Synthèse
des fonctions
syntaxiques

> Le GAdv complément indirect exprime le lieu.

- Dans quelques cas, le GAdv peut être attribut: *Elle est* **ainsi**.
- Le GAdv est aussi modificateur du verbe à l'infinitif ou au participe.
  Ex.: *Je veux* **bien** *voir ces chevaux galopant* **très vite**.

2ᵉ cycle ▶ Le GAdv peut également modifier:
- un déterminant: **Environ** *quarante espèces de moustiques vivent en Camargue.*
- un pronom: *Il n'y a* **presque** *personne.*
- un GPrép: *Rébecca est partie* **juste** *avant nous.*
- une subordonnée: *Flavio aime marcher* **même** *quand il pleut.*   ◀

> Le GAdv est un élément important dans la construction du texte. Il sert notamment à faire des liens dans le texte.

2. Le GAdv peut exercer les rôles suivants:
- marqueur de relation: *puis, alors, aussi, tantôt...* ↳ **Page 323**, Marqueurs de relation
- organisateur textuel: *d'abord, ensuite, enfin...* ↳ **Page 322**, Organisateurs textuels
- **2ᵉ cycle ▶** – marqueur de modalité: *heureusement, peut-être, vraiment...* ↳ **Page 294**, Modalisation   ◀

↬ **Page 329**
Reprise par
un adverbe

3. Certains GAdv ont également un rôle de **substitut**, c'est-à-dire qu'ils reprennent un groupe de mots dans le texte.

Ex.: _La Provence est un coin de pays magnifique. De grands artistes ont vécu **ici**._

4. Le GAdv peut être un **mot phrase**, c'est-à-dire un mot équivalant à une phrase dans le cas d'une réponse, par exemple: _oui, non, peut-être, vraiment, sans doute, certainement, évidemment, naturellement, sûrement,_ etc.

Ex.: — _Veux-tu te rapprocher du taureau que je te prenne en photo? —_ **Non!**
— _Être plus près du taureau n'est pas risqué. —_ **Vraiment?**

5. Dans la phrase, la place du GAdv dépend de sa fonction.

Place du GAdv selon sa fonction	Exemples
Modificateur du verbe: mobile dans le GV, après le verbe	_Flavio <u>lit</u> **attentivement** les affiches._ _Flavio <u>lit</u> les affiches **attentivement**._
Modificateur de l'adjectif ou d'un adverbe: placé avant ceux-ci Modificateur de l'adjectif participe: placé avant ou après cet adjectif	_C'est une course **complètement** <u>folle</u>._ _Elle se lève **vraiment** <u>tôt</u>._ _Voici des fleurs **soigneusement** <u>cueillies</u>._ _Voici des fleurs <u>cueillies</u> **soigneusement**._
Complément de phrase: mobile dans la phrase	_**Demain**, nous irons à la ferme._ _Nous irons à la ferme **demain**._
Complément indirect: placé après le verbe	_La marchande de fleurs <u>habite</u> **ici**._

Quand il indique un degré d'intensité, l'adverbe se place avant l'adverbe ou l'adjectif qu'il modifie.
Ex.: **assez** <u>bien</u>   **très** <u>doux</u>   ↬ **Page 41**, Adjectif
L'adverbe _très_ ne modifie qu'un adjectif ou un autre adverbe.

2ᵉ cycle ▶ S'il modifie un déterminant, un pronom, un GPrép ou une subordonnée, le GAdv se place avant ces mots.

Ex.: _Elle nous écrit **presque** <u>tous les</u> jours._ (modificateur du déterminant)

Quelques adverbes qui expriment une approximation sont déplaçables.
Ex.: _Il y a **environ** une heure et demie._ ⊃ _Il y a une heure et demie **environ**._ ◀

2ᵉ cycle ▶ 6. Quelques adverbes peuvent avoir un sens différent selon leur rôle ou leur fonction dans la phrase.

Ex.: **Naturellement**, _on ne m'a pas prévenu._ (= évidemment, marqueur de modalité)
Il <u>danse</u> **naturellement** le flamenco. (= aisément, modificateur du verbe) ◀

12.2 Les fonctions dans le GAdv

A · Le modificateur de l'adverbe

COMMENT REPÉRER ▪ ▪ ▪ LE MODIFICATEUR DE L'ADVERBE

- L'adverbe peut avoir lui-même un modificateur sous forme d'adverbe. Celui-ci est placé avant l'adverbe qu'il modifie. Son **déplacement** est **impossible**.

  Ex.: *Rébecca a* $\underbrace{\overset{\text{Adv}}{beaucoup}\ \overset{\text{Adv}}{\textbf{trop}}}_{\text{GAdv}}$ *mangé.* ➲ *Rébecca a t̶r̶o̶p̶ beaucoup mangé.*

- L'**effacement** du modificateur de l'adverbe est **possible**.
  Ex.: *Il dresse vraiment **bien** les chevaux.* ➲ *Il dresse ✕ **bien** les chevaux.*

2ᵉ cycle ▷ B · Le complément de l'adverbe

Quelques expressions sont formées d'un adverbe suivi d'un GPrép ou d'une subordonnée. Dans ces expressions, on peut considérer que le GPrép ou la subordonnée est un complément de l'adverbe.

Ex.: ***Heureusement*/*Malheureusement*/*Tant mieux*/*Tant pis** pour toi, il part.*
***Heureusement** que/**Peut-être** que/**Sûrement** que nous pourrons y aller.*

▪ POUR PRÉCISER

- Les locutions telles que *contrairement à, relativement à* sont considérées comme des prépositions, car on peut les remplacer par une préposition.
  Ex.: ***contrairement à** la majorité* ➲ ***contre** la majorité* (préposition)

- Un adverbe de quantité suivi de la préposition *de* est un déterminant.
  Ex.: ***beaucoup de** chevaux* ➲ ***des** chevaux* (déterminant indéfini)

◀

> Certains adverbes comme *beaucoup, peu* sont aussi des pronoms.
> ↳ **Page 57**, Pronom indéfini

C La mise en degré de l'adverbe

1. L'adverbe peut être mis en degré par un autre adverbe modificateur.

Degrés d'intensité (+ exemples d'adverbes)	Exemples
• **Faible** (*moins, peu, ne… guère*) ou incomplet (*presque*)	*La blessure fait **moins** <u>mal</u>.*
• **Moyen** (*assez, plutôt, pas mal*)	*Elle s'exprime **assez** <u>bien</u>.*
• **Élevé** (*très, beaucoup, fort, bien*) ou excessif (*trop*) ou complet (*tout*)	*Il a couru **très** <u>rapidement</u>.*

Degrés de comparaison	Exemples
• **Comparatif d'infériorité** • **Comparatif d'égalité** • **Comparatif de supériorité**	*Cette piqûre fait **moins** <u>mal</u> **que** l'autre.* *Ce cheval galope **aussi** <u>vite</u> **que** les autres.* *Il court **plus** <u>vite</u> **que** toi.*
• **Superlatif d'infériorité** • **Superlatif de supériorité**	*C'est elle qui mangeait **le moins** <u>rapidement</u>.* *C'est ce cheval qui galope **le plus** <u>rapidement</u>.*

> L'adverbe accompagné de *que* sert aussi à introduire une subordonnée corrélative.
> ↳ **Page 188**, Subordonnée corrélative

2. Voici des adverbes qui admettent la mise en degré :
   – *loin, près, longtemps, souvent, tôt, tard, volontiers, beaucoup, bien, mal, peu* ;
   – les adjectifs employés comme adverbes : *coûter aussi **cher**, parler plus **fort*** ;
   – la plupart des adverbes en *-ment* : *correctement, efficacement, gentiment*.

   L'adverbe *beaucoup* s'emploie devant *mieux, moins, plus, trop*.
   Dans l'exemple suivant, *plus* modifie *rapidement* et *beaucoup* modifie *plus* :

   GAdv
   Elle a marché **plus** <u>rapidement</u>.

   GAdv
   Elle a marché **beaucoup** <u>plus rapidement</u>.

> Le GAdv comportant une mise en degré est placé après le verbe qu'il modifie.

3. Quelques adverbes prennent une forme particulière dans la mise en degré :
   – *bien* devient *mieux* ou *le mieux* ;
      Ex. : *il est **bien** placé* → *il est **le mieux** placé* (et non ➲ ~~le plus bien~~)
   – *mal* devient *pis* dans les expressions *tant pis, aller de mal en pis, au pis aller* ;
   – *peu* devient *moins* ou *le moins* ;
      Ex. : *aimer **peu*** → *aimer **moins*** (et non ➲ ~~moins peu~~)
   – *beaucoup* devient *plus* ou *le plus*.
      Ex. : *aimer **beaucoup*** → *aimer **plus*** (et non ➲ ~~plus beaucoup~~)

Le groupe de l'adverbe (GAdv)

- L'adverbe est le noyau du GAdv. Il est souvent seul dans son groupe, mais il peut avoir une expansion.

- Le GAdv remplit plusieurs fonctions, par exemple : modificateur, complément de phrase, complément indirect du verbe.
- Le GAdv peut exercer divers rôles :
  - marqueur de relation ;
  - organisateur textuel ;

  - marqueur de modalité.
- Le GAdv peut aussi être un substitut ou un mot phrase.

- Dans son groupe, l'adverbe peut avoir une expansion qui est un autre adverbe :
  - celui-ci remplit la fonction de modificateur ;
  - il est placé avant l'adverbe qu'il modifie ;
  - il ne peut pas être déplacé.
- Dans certaines expressions, l'adverbe a un complément : un GPrép ou une subordonnée.

- L'adverbe peut être mis en degré par un autre adverbe modificateur.

4

La phrase
Grammaire de la phrase

CHAPITRE 13

La phrase et ses constituants

Dans le texte suivant, les **constituants** de quelques phrases sont surlignés :
– en bleu, le sujet ;
– en jaune, le prédicat (groupe du verbe) ;
– en rose, le complément de phrase.

Graffitis

On les voit partout. Sur les murs des grandes villes, sur les immeubles, sur les ponts et dans le métro, ils essaient de nous dire quelque chose. Ils sont insolents ou comiques, agressifs ou amicaux, religieux ou profanes. Quelquefois, ils sont magnifiques. La plupart du temps, ils sont plutôt tristes.

Certains graffitis sont autorisés. Ils ornent les façades des boutiques ou de quelques murs municipaux. Ils s'apparentent à des peintures murales.

Pour certains, les graffitis sont un symbole de vie. Ils sont l'expression populaire d'une culture urbaine. Ils traduisent le mal de vivre de ceux qui n'ont que les murs pour parler. Les graffiteurs et les graffiteuses expriment ainsi leur peine ou leur révolte.

Pour d'autres, ces messages de la rue sont choquants. Les « œuvres » en question sont considérées comme du pur vandalisme parce qu'elles sont réalisées sans permission, sur des propriétés privées ou publiques.

Même si les phrases ne se ressemblent pas toutes, elles ont la caractéristique commune d'avoir des constituants. On peut donc comprendre la construction d'une phrase en l'analysant par ses constituants.
De plus, par l'analyse, on en vient à mieux construire ses propres phrases.

1. La phrase est composée d'une suite de mots organisés en groupes.
Les groupes forment les constituants de la phrase, qui sont le **sujet**,
le **prédicat** et le **complément de phrase**.

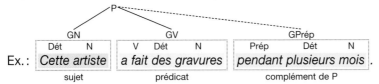

Ex.: *Cette artiste* | *a fait des gravures* | *pendant plusieurs mois* .

> La phrase de base est le modèle auquel on se réfère pour analyser les phrases.
> ⤷ **Page 3**, Phrase de base

Cette phrase correspond au modèle de la **phrase de base**.
Elle est construite avec:
   – le sujet et le prédicat, qui sont les constituants obligatoires;
   – et le complément de P, qui est le constituant facultatif.

De plus, les constituants sont placés dans l'ordre, selon le modèle de
la phrase de base, qui est une P déclarative, positive, active et neutre.

P = SUJET + PRÉDICAT + COMPLÉMENT DE P

La phrase peut contenir une phrase **subordonnée** qui fonctionne comme
un **groupe**.

Subordonnée

Ex.: *Camélia* *créait des modèles* **pendant que son ami imaginait des personnages** .
sujet   prédicat   complément de P

2. Dans la phrase, les groupes occupent une place précise selon leur fonction.
La place des groupes et des mots détermine aussi le sens de la phrase.
Ex.: *Hugo a choisi un architecte.* ≠ *Un architecte a choisi Hugo.*

3. En général, la phrase commence par une majuscule et finit par un point.
La phrase délimitée par la majuscule et le point s'appelle «phrase graphique».
Ex.: *Camélia crée des modèles.*

Elle peut contenir une ou plusieurs phrases subordonnées.
Ex.: *Camélia, qui est ingénieuse, m'a dit qu'elle créerait une nouvelle collection.*

Elle peut aussi comprendre des phrases coordonnées ou juxtaposées.
Ex.: **P coordonnées:** *Camélia travaille fort **et** elle accomplit de belles choses.*
     P juxtaposées: *Elle prépare un vernissage, son ami s'occupe des invitations.*

13.2 Les constituants de la phrase

A Le sujet

1.

Le sujet peut être...	Exemples
un GN	**Certains graffitis** ornent les façades .
un pronom	**On** les voit partout .
un GVinf	**Faire des caricatures** est difficile pour moi .
2ᵉ cycle ▶ une subordonnée sujet	**Que ce projet plaise à tous** n'est pas étonnant .

Le sujet indique de qui ou de quoi on parle.
Ex. : **Ces dessins** suscitent des réactions. De quoi parle-t-on ? On parle de ces dessins.

2.

M

COMMENT REPÉRER ▪ ▪ ▪ LE SUJET

- Dans la phrase de base, le sujet est placé avant le prédicat (GV) et son **déplacement** est **impossible**.
  Ex. : **Certains graffitis** ornent les façades .
  ➲ Ornent les façades ~~certains graffitis~~.
  Dans les phrases transformées, la place du sujet peut changer.
  ↪ Page suivante, fin du tableau

- L'**effacement** du sujet est **impossible**, car c'est un constituant obligatoire de la phrase.
  Ex. : **On** les voit partout . ➲ ✕ les voit partout.
  Dans la phrase transformée de type impératif, le sujet n'est pas exprimé.
  Ex. : **Achète** une bande dessinée, s'il te plaît.

  ↪ Page 134
  Phrase impérative

- L'**encadrement** du sujet est **possible** par c'est... qui ou ce sont... qui.
  Ex. : **Faire des caricatures** est difficile.
  ➲ **C'est faire des caricatures** qui est difficile.
  Les pronoms je, tu, il, ils deviennent moi, toi, lui, eux quand ils sont encadrés.
  Ex. : **J'**irai à la galerie d'art. ➲ **C'est moi** qui irai à la galerie d'art.

- Quand le sujet est un groupe ou une subordonnée, son **remplacement** est **possible** par l'un des pronoms suivants : il / elle, ils / elles, cela, ce.
  Ex. : **Camélia et Mégane** lisaient des graffitis. ➲ **Elles** lisaient des graffitis.
  Que ce projet plaise à tous n'est pas étonnant. ➲ **Cela** n'est pas étonnant.

- On peut **remplacer** le sujet :
  - par *qui est-ce qui* (pour des êtres) ;
    Ex. : **Camélia** *trace un plan.*
    ⮑ **Qui est-ce qui** *trace un plan ?* Réponse : c'est *Camélia.*
  - par *qu'est-ce qui* (pour des choses).
    Ex. : **Des graffitis** *ont inspiré ce cinéaste.*
    ⮑ **Qu'est-ce qui** *a inspiré ce cinéaste ?* Réponse : ce sont *des graffitis.*

Dans certaines phrases transformées, le sujet est déplacé. En voici des exemples.

- **Des phrases interrogatives**
  - Le pronom sujet suit le verbe ; ils sont liés par un trait d'union.
    Ex. : *Est-elle à la galerie ?*
  - Le complément direct et le verbe sont placés avant le sujet.
    Ex. : *Que dit Vincent ?*

⮑ Page 131
Phrase
interrogative

- **Des phrases de forme emphatique**
  - L'ordre des constituants est inversé ainsi : complément de P + prédicat + sujet.
    Ex. : *L'an dernier avait lieu le premier vernissage de cet artiste .*
  - L'attribut du sujet et le verbe sont placés avant le sujet.
    Ex. : *La plus belle pièce de cette collection est le totem en cèdre blanc .*

    Dans ce dernier cas, l'encadrement par *c'est… qui* montre bien le sujet.
    ⮑ **C'est** *le totem en cèdre blanc* **qui** *est la plus belle pièce de cette collection.*

⮑ Page 140
Phrase
emphatique

Quand une phrase est transformée, par exemple par un déplacement, on revient à la phrase de base pour l'analyser.
Ex. : P interrogative → *Est-elle à la galerie ?*
P de base → *Elle est à la galerie.*

▨ POUR PRÉCISER

Le **sujet** est souvent inversé par rapport au verbe dans des phrases commençant par certains adverbes, tels que :

- *peut-être, sans doute*, exprimant la probabilité ;
  Ex. : *Peut-être est-**il** allé au cinéma.*

- *à peine*, qui signifie « presque pas » ou « tout juste » ;
  Ex. : *Les salles étaient bondées, à peine pouvait-on y circuler.*
    *À peine avait-**on** mis le pied dehors, c'était le déluge.*

- *encore*, exprimant la restriction ;
  Ex. : *L'atelier ne semble pas très loin d'ici, encore faut-**il** s'y rendre.*

- *aussi*, exprimant la conséquence.
  Ex. : *On manque d'espace dans l'atelier. Aussi doit-**on** trouver un autre local.*

B Le prédicat

⬑ Page 89
GV

1. Le **prédicat** est la fonction remplie par le **GV**.

Ex.: *Millie et ses amis* **marchaient rapidement** *dans la ruelle* .

Vincent **a remarqué des graffitis étranges** .

Le prédicat indique ce qu'on dit à propos du sujet.

Ex.: *Millie* **n'aimait pas les graffitis** .

Que dit-on à propos de *Millie* ? On dit qu'elle *n'aimait pas les graffitis.*

2.

M

COMMENT REPÉRER ▪ ▪ ▪ LE PRÉDICAT
• Dans la phrase de base, le prédicat (GV) est placé après le sujet et son **déplacement** est **impossible**.   Ex.: *Vincent* **observait les graffitis** . ➲ ~~*Observait les graffitis* Vincent.~~
• L'**effacement** du prédicat est **impossible**, car c'est un constituant obligatoire de la phrase.   Ex.: *Ils* **marchaient rapidement** *dans la ruelle* . ➲ *Ils* ✕ *dans la ruelle.*

C Le complément de phrase

1.

Le complément de phrase peut être...	Exemples
un GPrép	*On* *a vu des graffitis* **dans le métro** .
un GN	*L'architecte* *finit la maquette* **ce matin** .
un GAdv	*Hugo* *présente sa bande dessinée* **aujourd'hui** .
une subordonnée complément de P	*Nous* *irons à l'atelier d'art contemporain* **dès que le travail sera terminé** .

Le complément de phrase apporte une précision de lieu, de temps, de but, de cause, etc. De plus, une phrase peut avoir plusieurs compléments de phrase.

Ex.: *Hugo présente sa bande dessinée* **aujourd'hui** , **dans l'atelier de Vincent** .

Ici, les deux compléments de phrase expriment respectivement le temps et le lieu.

2ᵉ cycle ▶ Le complément de phrase peut aussi être :

⬑ Page 98
GVpart

– un GPrép sous forme de gérondif (*en* + participe présent = GVpart) ;

Ex.: *En voyant les graffitis* , *Millie* *s'étonna* .

– une subordonnée participiale.

Ex.: *Le travail étant terminé* , *nous* *irons à l'atelier* .

◀

M

● L'**effacement** du complément de phrase est **possible**, car c'est un constituant facultatif de la phrase.

Ex. : *L'architecte finit la maquette **ce matin**.* ➲ *L'architecte finit la maquette* ✕*.*

● Dans la phrase de base, le complément de phrase est placé après le prédicat. Son **déplacement** est généralement **possible**, car c'est un constituant mobile.

Ex. : *Hilal a vu des graffitis **dans le métro**.*

➲ ***Dans le métro**, Hilal a vu des graffitis.*

➲ *Hilal, **dans le métro**, a vu des graffitis.*

➲ *Hilal a vu, **dans le métro**, des graffitis.*

🖐 Page 338
Virgule

Le complément de phrase déplacé peut se trouver en tête de phrase, entre le sujet et le prédicat, ou encore entre le verbe et son complément.

2ᵉ cycle ▶ Quelques subordonnées compléments de phrase ne sont pas mobiles. C'est le cas, en particulier, des subordonnées à valeur de conséquence.

Ex. : *Les couleurs étaient fades, **à tel point qu'on devait tout réimprimer**.*

➲ ~~*À tel point qu'on devait tout réimprimer*~~ *les couleurs étaient fades.* ◀

🖐 Page 182
Subordonnée valeur
de conséquence

● Le **dédoublement** par *et ce, et cela se passe*, etc., est **possible** devant le complément.

Ex. : *Nous irons à l'atelier d'art contemporain, **et ce**, **dès que le travail sera terminé**.*

● Le **remplacement** du complément de phrase par un pronom est **impossible**. Cependant, si le complément exprime un lieu, son remplacement par le pronom ***y*** est **possible**.

Ex. : *Nous verrons les croquis **cet après-midi**, **dans l'atelier de Vincent**.*

➲ *Nous **y** verrons les croquis **cet après-midi**.*

● Certains compléments exprimant un lieu peuvent être compléments de phrase ou compléments indirects, selon le contexte. C'est le cas, par exemple, du pronom *y*.

Ex. : *Un chat **y** miaule. (y* complément de phrase = sur le toit)

*Un chat s'**y** trouve. (y* complément indirect = sur le toit)

🖐 Page 92
Complément
indirect

Pour vérifier la fonction du complément, on peut utiliser ces manipulations qui servent à repérer le complément de phrase : effacement, déplacement, dédoublement. Si ces manipulations sont toutes possibles, il s'agit alors d'un complément de phrase.

Ex. :

Complément de phrase	Complément indirect
*Un chat miaule **sur le toit**.*	*Un chat se trouve **sur le toit**.*
➲ *Un chat miaule* ✕ *.*	➲ *Un chat se trouve* ✕ *.*
➲ ***Sur le toit**, un chat miaule.*	➲ ~~*Sur le toit un chat se trouve.*~~
➲ *Un chat miaule, et cela se passe **sur le toit**.*	➲ ~~*Un chat se trouve, et cela se passe sur le toit.*~~

13.3 L'analyse de la phrase : schémas de P

A L'analyse de phrases selon la structure

La phrase est une structure à plusieurs niveaux.

Le premier niveau est celui des constituants de la phrase. Dans l'analyse, on part de ce niveau. On poursuit aux niveaux suivants en décomposant les groupes pour en arriver aux classes de mots. Voici des exemples.

Phrase 1

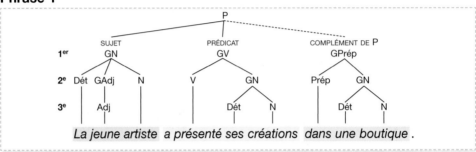

Phrase 2

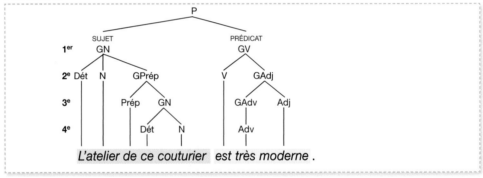

2ᵉ cycle ▷ L'analyse d'une phrase contenant une phrase subordonnée (Sub.)

Phrase 3

📖 Page 151
Subordination

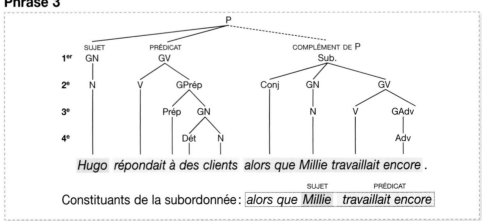

B · L'analyse de phrases selon les fonctions syntaxiques

Phrase 1

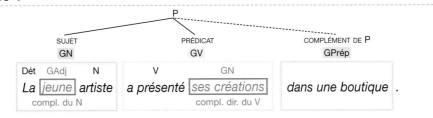

Dans la phrase, c'est le GPrép en entier qui remplit une fonction. Ici, le GPrép est complément de phrase : ce n'est pas l'expansion de la préposition, soit le GN *une boutique*, qui remplit une fonction, mais bien tout le GPrép.

Phrase 2

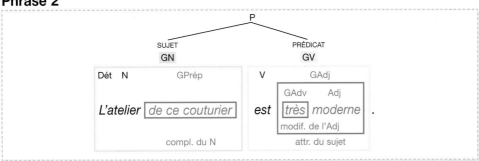

2ᵉ cycle ▶ Phrase 3

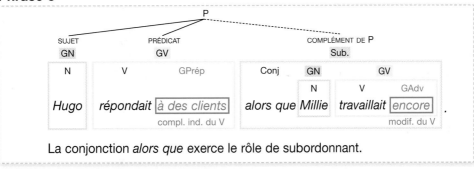

La conjonction *alors que* exerce le rôle de subordonnant.

🖎 **Page 151**
Subordination

La phrase et ses constituants

- La phrase est composée d'une suite de mots organisés en groupes qui forment les constituants de la phrase : le sujet, le prédicat et le complément de phrase.

- La phrase peut contenir une phrase subordonnée qui fonctionne comme un groupe.

- En général, la phrase commence par une majuscule et finit par un point.
  La phrase délimitée par la majuscule et le point s'appelle « phrase graphique » :
  – elle peut contenir une ou plusieurs subordonnées ;
  – elle peut aussi comprendre des phrases coordonnées ou juxtaposées.

- Le sujet peut être un GN, un pronom, un GVinf ou une subordonnée sujet.
  Il indique de qui ou de quoi on parle.

- Le sujet :
  – se place avant le prédicat dans la phrase de base et ne se déplace pas ;
  – ne s'efface pas, car il est un constituant obligatoire de la phrase ;
  – est le seul constituant qui peut être encadré par *c'est... qui* ou *ce sont... qui* ;
  – se remplace par un pronom (*il / elle, ils / elles, cela, ce*) quand il est un groupe ou une subordonnée.

- Le prédicat est la fonction remplie par le GV. Il indique ce qu'on dit à propos du sujet.

- Le prédicat :
  – se place après le sujet dans la phrase de base et ne se déplace pas ;
  – ne s'efface pas, car il est un constituant obligatoire de la phrase.

- Le complément de phrase peut être un GPrép, un GN, un GAdv, une subordonnée complément de P. Il apporte une précision de lieu, de temps, de but, de cause, etc. De plus, une phrase peut avoir plusieurs compléments de phrase.

- Le complément de phrase :
  – se place après le prédicat dans la phrase de base ;
  – peut s'effacer, car il est un constituant facultatif de la phrase ;
  – peut se déplacer, car il est un constituant mobile ;
  – peut être précédé d'une marque de dédoublement comme *et ce, et cela se passe,* etc. ;
  – ne peut pas se remplacer par un pronom, sauf le pronom *y* s'il exprime un lieu.

- La phrase est une structure à plusieurs niveaux. On peut ainsi l'analyser en partant de ses constituants, puis on décompose les groupes pour en arriver aux classes de mots.

CHAPITRE 14

Les phrases : types, formes et constructions particulières

Il existe des phrases transformées de différents types, par exemple interrogatif ou exclamatif, et de différentes formes, par exemple négative ou passive.
Il existe également des constructions particulières qui sont des phrases qu'on ne peut pas comparer au modèle de la phrase de base.

Dans le texte suivant, quelques **phrases transformées** et à **construction particulière** sont en couleurs.

Mata Hari : danseuse ou espionne ?

Quel personnage fascinant était cette Mata Hari ! De son vrai nom Margarita Zelle, elle naquit en Hollande en 1876. Elle vécut plusieurs années en Indonésie. À son retour en Europe, elle devint danseuse mondaine et exotique. **Était-elle belle ? Sans aucun doute !** Elle eut de nombreux admirateurs et apprécia fort les officiers qui lui firent la cour, quelle que fût leur nationalité.

Cette jolie dame ne fut pas très prudente. Au début de la guerre de 1914, elle accepta de devenir espionne pour le compte des Allemands. Mais en 1917, à court d'argent, elle devint agent double pour les Français. Bien vite, on l'accusa de vendre des renseignements secrets à ses anciens employeurs allemands. Elle se défendit. On ne la crut pas.

Condamnée à mort, on la fusilla le 15 octobre 1917. Était-elle coupable ? **Il semble bien que non.** À ce jour, personne n'a encore pu prouver sa trahison.

Les différents types et formes de phrases, de même que les phrases à construction particulière, sont autant de moyens qui servent la communication.

14.1 Les types de phrases

Il existe quatre types de phrases : **déclaratif**, **interrogatif**, **exclamatif** et **impératif**. Une phrase est toujours d'un seul type à la fois.

A La phrase déclarative

1. La phrase déclarative sert simplement à communiquer un fait, une information ou une opinion. C'est le type de phrase qu'on utilise le plus souvent.

   Elle se termine généralement par un point (**.**).
   Ex. : *Mata Hari devient agent double.*

   Parfois, une phrase déclarative se termine par un point d'interrogation pour poser une question ou par un point d'exclamation pour exprimer quelque chose avec émotion. Cela n'en fait ni une phrase interrogative ni une phrase exclamative.

   En effet, on reconnaît toujours le type de phrase par la structure de la phrase et non par la ponctuation.
   Ex. : *Tu connais son histoire ?* (phrase déclarative)
   Son récit est passionnant ! (phrase déclarative)

2. La phrase déclarative est conforme à la phrase de base :
   – quand elle est de formes positive, active et neutre ;
   – quand elle est construite avec les deux constituants obligatoires et le constituant facultatif placés dans cet ordre :

🖑 Page 121
Construction
de la phrase

   Ex. : Les Français ont accusé Mata Hari de trahison en 1917 .
         sujet   +   prédicat   +   compl. de P

   La phrase déclarative n'est pas conforme à la phrase de base quand elle est de formes négative, passive ou emphatique.
   Ex. : *Les Français **n'**ont **pas** accusé Mata Hari de trahison en 1917.* (phrase déclarative négative)

B La phrase interrogative

Une phrase déclarative se terminant par un point d'interrogation pour poser une question appartient à la variété de langue familière.
Ex.: *Tu connais Mata Hari ?*
🖙 **Page 285**, Variétés de langue

1. La phrase interrogative sert à poser une question. C'est une **phrase transformée** à l'aide d'une marque interrogative comme le déplacement du pronom sujet ou l'ajout d'un marqueur interrogatif.

   Elle se termine par un point d'interrogation (**?**).
   Ex.: **Est-ce que** Mata Hari était coupable **?**

2. La phrase interrogative se construit différemment selon que l'interrogation est totale ou partielle.
   - L'**interrogation totale** concerne la phrase complète. On peut y répondre par *oui* ou par *non* (ou encore par *peut-être, bien sûr, absolument pas,* etc.).
   - L'**interrogation partielle** concerne un élément de la phrase. On ne peut pas y répondre par *oui* ou par *non*.

   Voici des exemples de phrases de base transformées en phrases interrogatives.

<table>
<tr><td colspan="2" align="center">Transformations</td></tr>
<tr><td align="center">Interrogation totale</td><td align="center">Exemples</td></tr>
<tr><td>• Déplacement du pronom sujet après le verbe (sujet inversé)</td><td>*Tu connais Mata Hari.*
➲ *Connais-**tu** Mata Hari ?*</td></tr>
<tr><td>• Ajout d'un pronom (*il / elle, ils / elles*) qui reprend le GN sujet, après le verbe</td><td>*Mata Hari était une espionne.*
➲ *Mata Hari était-**elle** une espionne ?*</td></tr>
<tr><td>• Ajout de l'expression *est-ce que*</td><td>➲ **Est-ce que** *Mata Hari était une espionne ?*</td></tr>
<tr><td align="center">Interrogation partielle</td><td align="center">Exemples</td></tr>
<tr><td>• Remplacement du <u>sujet</u> par les marqueurs interrogatifs *qui, qui est-ce qui, qu'est-ce qui*</td><td>*Mata Hari apprend la danse orientale.*
➲ **Qui** *apprend la danse orientale ?*
Le spectacle de danse est apprécié.
➲ **Qu'est-ce qui** *est apprécié ?*</td></tr>
<tr><td>1° Remplacement du <u>complément du verbe</u> ou de l'<u>attribut du sujet</u> par un marqueur interrogatif (avec ou sans préposition)

2° Déplacement du sujet après le verbe
ou
Ajout d'un pronom (*il / elle, ils / elles*) qui reprend le GN sujet, après le verbe</td><td>*Ces femmes cherchent <u>des preuves</u>.*
➲ **Que** *cherchent ces femmes ?*
Mata Hari se sent <u>désemparée</u>.
➲ **Comment** *se sent Mata Hari ?*

Ces papiers appartiennent <u>à Mata Hari</u>.
➲ **À qui** *appartiennent ces papiers ?*

➲ **À qui** *ces papiers appartiennent-**ils** ?*</td></tr>
</table>

On déplace le pronom sujet *je* seulement avec quelques verbes.
Ex.: *ai-je, dois-je, puis-je, suis-je, vais-je*

■ ■ ■

1° Remplacement d'un <u>complément de phrase</u> par un marqueur interrogatif (avec ou sans préposition)	*Elle épouse le capitaine Mac Leod <u>en 1894</u>.* ⮑ **Quand** épouse-t-**elle** le capitaine Mac Leod **?**
2° Déplacement du sujet après le verbe ou Ajout d'un pronom (*il/elle*, *ils/elles*) qui reprend le GN sujet, après le verbe	*Elle est une espionne <u>depuis 1914</u>.* ⮑ **Depuis quand** est-**elle** une espionne **?** *Mata Hari apprend la danse <u>en Indonésie</u>.* ⮑ **Où** Mata Hari apprend-**elle** la danse **?**
• Remplacement d'un <u>déterminant</u> ou d'un <u>complément du nom</u> par un marqueur interrogatif (avec ou sans préposition)	*<u>Trois</u> hommes sont des agents secrets.* ⮑ **Combien d'**hommes sont des agents secrets **?** *L'officier <u>allemand</u> se méfie de l'espionne.* ⮑ **Quel** officier se méfie de l'espionne **?**

■ POUR PRÉCISER

- L'expression *est-ce que* peut suivre le marqueur interrogatif (sauf les pronoms *quel/quelle*, *quels/quelles*). Dans ce cas, il n'y a pas de déplacement du sujet ni de reprise du sujet après le verbe.
  Ex. : *Cet agent est arrivé <u>lundi</u>.* ⮑ *Quand* **est-ce que** *cet agent est arrivé?*
- Quand l'interrogation partielle porte sur un GV complet, on utilise le pronom interrogatif *que* + le verbe *faire*. On déplace alors le sujet après le verbe.
  Ex. : *Mata Hari <u>apprend la danse orientale</u>.* ⮑ **Que fait** *Mata Hari?*
- Dans certains cas, la phrase interrogative ne requiert pas de réponse. Elle sert alors à communiquer avec émotion un fait, un ordre, ou à suggérer une opinion. Elle peut se terminer soit par un point d'interrogation, soit par un point d'exclamation.
  Ex. : *As-tu fini de t'inquiéter pour rien!* (ordre) *N'est-ce pas inutile?* (opinion)

3. Voici une liste de **marqueurs interrogatifs** à utiliser dans les interrogations partielles.

Déterminants	*quel/quelle*, *quels/quelles*, *combien de*
Pronoms	*quel/quelle*, *quels/quelles* *qui*, *que (qu')*, *quoi*, *combien* *qui est-ce qui*, *qui est-ce que*, *qu'est-ce qui*, *qu'est-ce que* *lequel/laquelle*, *lesquels/lesquelles*
Adverbes	*où*, *quand*, *comment*, *pourquoi*

- Les marqueurs interrogatifs peuvent être précédés d'une préposition (*à*, *de*, *avec*, etc.) selon le GPrép qu'ils remplacent.

4. Voici la règle d'emploi du **trait d'union** dans la phrase interrogative.

Règle	Exemples
Quand il y a déplacement du pronom sujet ou ajout d'un pronom reprenant le GN sujet, on met: – un trait d'union entre le verbe et le pronom; – un *t* euphonique entre deux traits d'union si le verbe se termine par *e*, *a* ou *c*, et s'il est suivi du pronom *il* / *elle* ou *on*.	*Fait-elle de la danse orientale?* *Mata Hari convainc-**t**-elle le jury?*

C La phrase exclamative

1. La phrase exclamative sert à exprimer une émotion, un sentiment ou un jugement. C'est une **phrase transformée** à l'aide d'un marqueur exclamatif.

   Elle se termine par un point d'exclamation (!).
   Ex.: ***Comme*** *le personnage de Mata Hari est fascinant!*

2. Voici des exemples de phrases de base transformées en phrases exclamatives.

Transformations	Exemples
• Ajout d'un marqueur exclamatif en début de phrase; effacement de l'<u>adverbe</u> d'intensité, s'il y a lieu	*Cette femme est téméraire.* ⇨ ***Comme*** *cette femme est téméraire!* *Cette femme est <u>bien</u> téméraire.* ⇨ ***Que*** *cette femme est téméraire!*
• Remplacement d'un déterminant par un déterminant exclamatif	***Les*** *malheurs s'abattaient sur elle.* ⇨ ***Que de*** *malheurs s'abattaient sur elle!*
1° Remplacement d'un déterminant par un déterminant exclamatif 2° Déplacement du GN en début de phrase	GN *Elle a **un** <u>esprit aventureux</u>.* GN ⇨ ***Quel*** <u>*esprit aventureux*</u> *elle a!*

3. Voici une liste de **marqueurs exclamatifs**.

Déterminants	*quel* / *quelle*, *quels* / *quelles*, *que de*, *combien de*
Adverbes	*combien*, *comme*, *que*

> Certains marqueurs exclamatifs, comme *ce que, qu'est-ce que,* sont employés dans la variété de langue familière.
> Ex.: – Langue standard: *Combien il est facile de juger les autres!*
> – Langue familière: *Ce qu'il est facile de juger les autres!* ↳ **Page 284**, Variétés de langue

D La phrase impérative

1. La phrase impérative sert à donner un ordre, un conseil ou à formuler une demande. C'est une **phrase transformée**.

↳ Page 215
Mode impératif

Elle est construite avec un verbe au mode impératif, donc sans sujet exprimé.

Ex.: *Regarde*. (2ᵉ personne du singulier)
Regardons. (1ʳᵉ personne du pluriel)
Regardez. (2ᵉ personne du pluriel)

Elle se termine le plus souvent par un point (**.**) ou un point d'exclamation (**!**).

Ex.: **Faisons** *des propositions de paix*. **Vivons** *en paix* **!**

2. Voici des exemples de phrases de base transformées en phrases impératives.

Transformations	Exemples
1° Effacement du pronom sujet 2° Remplacement du verbe par un verbe à l'impératif	*Tu découvres ce personnage troublant.* ⊃ **Découvre** *ce personnage troublant.* *Nous étudions cette tranche de l'Histoire.* ⊃ **Étudions** *cette tranche de l'Histoire.* *Vous avez l'information importante.* ⊃ **Ayez** *l'information importante.*
1° Effacement du pronom sujet 2° Remplacement du verbe par un verbe à l'impératif 3° Déplacement du pronom complément après le verbe	*Tu le découvres.* ⊃ **Découvre**-*le.*

- Les verbes terminés par -*e* à la 2ᵉ personne du singulier de l'impératif présent prennent un *s* quand ils sont suivis des pronoms compléments **en** ou **y**. Il en est de même pour le verbe *aller*.

Ex.: *Trouve de l'information.* ⊃ *Trouve**s-en**.*
Va au cinéma. ⊃ *Va**s-y**.*

▦ POUR PRÉCISER

- La phrase impérative peut être construite avec un verbe à l'impératif passé.
Ex.: *Nous avons fait le nécessaire avant de partir.*
⊃ **Ayons fait** *le nécessaire avant de partir.*

- Dans la phrase impérative, l'apostrophe, qui désigne à qui on s'adresse, doit être détachée à l'aide d'une virgule.
Ex.: *Philippe, attends quelques minutes.* (phrase impérative)

Sans virgule, il s'agit du sujet (3ᵉ pers. s.) d'une phrase déclarative.
Ex.: *Philippe attend quelques minutes.* (phrase déclarative)

---

3. Dans la phrase **impérative positive**, les pronoms personnels compléments sont déplacés après le verbe et sont joints par un trait d'union.

Ex.: *Vous **me le** dites.* ➲ *Dites-**le-moi**.* (phrase de forme positive)

Dans la phrase **impérative négative**, les pronoms ne sont pas déplacés après le verbe, contrairement à ceux de la phrase impérative positive.

Ex.: *Vous ne **me le** dites pas.* ➲ *Ne **me le** dites pas.* (phrase de forme négative)

4. Voici quelques exemples de l'emploi des pronoms personnels compléments du verbe dans la **phrase impérative positive**.

Phrases de base	Phrases impératives positives
*Tu **te** lèves.* compl. dir.	*Lève-**toi**.* compl. dir.
*Tu **me** crois.* compl. dir.	*Crois-**moi**.* compl. dir.
*Nous **lui** parlons.* compl. ind.	*Parlons-**lui**.* compl. ind.
*Vous **en** doutez.* compl. ind.	*Doutez-**en**.* compl. ind.
*Tu **y** vas.* compl. ind.	*Vas-**y**.* compl. ind.
*Nous **la lui** rendons.* compl. dir. + compl. ind.	*Rendons-**la-lui**.* compl. dir. + compl. ind.
*Vous **nous y** conduisez.* compl. dir. + compl. ind.	*Conduisez-**nous-y**.* compl. dir. + compl. ind.
*Vous **me le** donnez.* compl. ind. + compl. dir.	*Donnez-**le-moi**.* compl. dir. + compl. ind.
*Tu **lui en** prêtes.* compl. ind. + compl. dir.	*Prête-**lui-en**.* compl. ind. + compl. dir.
*Vous **m'en** gardez.* compl. ind. + compl. dir.	*Gardez-**m'en**.* compl. ind. + compl. dir.

- Le complément direct, sauf quand il s'agit du pronom *en*, précède généralement le complément indirect dans la variété de langue standard.

  Ex.: *Tu me lances le ballon.* ➲ *Lance-le-moi.*

- Les pronoms *me* et *te* sont remplacés par *moi* et *toi*, sauf s'ils sont suivis de *en* ou de *y* (moins utilisé).

  Ex.: *Tu me prêtes de l'argent.* ➲ *Prête-moi de l'argent.*
  Tu m'en prêtes. ➲ *Prête-m'en.* (et non ➲ *Prête-moi-z-en.*)

■ POUR PRÉCISER

Dans la phrase impérative positive, les pronoms compléments d'un verbe à l'infinitif ne sont pas joints au verbe par un trait d'union.

Ex.: *Viens **me** rejoindre à 16 heures.* (*me* = compl. dir. du verbe *rejoindre*)

14.2 Les formes de phrases

Une phrase a toujours trois formes. La forme de la phrase peut être :
– **positive** ou **négative** ;
– **active** ou **passive** ;
– **neutre** ou **emphatique**.

A La phrase négative

1. La phrase de forme négative sert à nier, à refuser ou à interdire quelque chose. Elle veut généralement dire le contraire de la phrase de forme positive.

C'est une **phrase transformée** à l'aide d'un marqueur négatif formé de deux mots :

L'adverbe négatif *ne* +
— un adverbe négatif (*pas, plus,* etc.)
— un déterminant négatif (*aucun, nul,* etc.)
— un pronom négatif (*aucun, nul,* etc.)

Ex. : *Nous **ne** connaissons **pas** le fond de l'histoire.*

2. Voici des exemples de phrases de base transformées en phrases négatives.

Transformations	Exemples
1° Ajout de l'adverbe négatif *ne* devant le verbe	*Mata Hari était belle.*
2° Ajout d'un adverbe négatif après le verbe ou l'auxiliaire	➲ *Mata Hari **n'**était **pas** belle.* *Ils lui ont tendu un piège.* ➲ *Ils **ne** lui ont **pas** tendu un piège.*
1° Ajout de l'adverbe négatif *ne* devant le verbe	*Un document mentionne cette erreur.* ➲ ***Nul** document **ne** mentionne cette erreur.*
2° Remplacement d'un déterminant par un déterminant négatif	*Elle a commis une erreur.* ➲ *Elle **n'**a commis **aucune** erreur.*
1° Ajout de l'adverbe négatif *ne* devant le verbe	*Je reconnais ces individus.* ➲ *Je **ne** reconnais **personne**.*
2° Remplacement d'un GN ou d'un pronom par un pronom négatif	*Quelqu'un a pris sa défense.* ➲ ***Nul n'**a pris sa défense.*

• L'adverbe négatif *ne* se place devant le verbe ou, s'il y a lieu, devant les pronoms personnels compléments ou attributs, par exemple : *Je ne **la** connais pas.*

L'omission de l'adverbe négatif *ne* appartient à la variété de langue familière.
Ex. : *Je connais pas cette histoire.*
Fais pas le malin. ↳ **Page 285**, Variétés de langue

3. Voici une liste de **marqueurs négatifs** formés de l'adverbe négatif *ne* avec des adverbes, des déterminants ou des pronoms.

Mots de négation		Exemples
Adverbes	*pas, plus, point, jamais, guère, aucunement...*	*Elle **ne** se méfiait **pas** de ce militaire.* *Elle **ne** se méfiait **aucunement** de lui.*
Déterminants	*aucun, nul, pas un...*	***Pas un** militaire **ne** lui fait confiance.* *Ils **n'**ont **aucune** preuve.*
Pronoms	*aucun, nul, pas un, personne, rien...*	*Elle **n'**a trahi **personne**.* ***Nul ne** l'a crue.* *Elle **ne** s'attend à **rien**.*

POUR PRÉCISER

- La phrase négative peut être construite avec l'adverbe négatif *ne* seulement. C'est le cas avec certains verbes comme *cesser, oser, pouvoir* suivis d'un verbe à l'infinitif.
  Ex. : *Elle **n'**ose dire ce qu'elle sait.*

- L'adverbe négatif *pas* ne doit pas être employé avec un autre mot de négation comme *personne, rien, jamais, aucun*.
  Ex. : ➲ *Mata Hari **n'**a ~~pas~~ fait **aucune** fausse déclaration.*
  ➲ *Mata Hari **n'**a **pas** fait de fausse déclaration.*
  ➲ *Mata Hari **n'**a fait **aucune** fausse déclaration.*

- Dans une phrase négative, le déterminant *de* (*d'*) remplace les déterminants indéfinis *un, une, des* et les déterminants partitifs *du, de la, des* qui introduisent le nom noyau du GN complément direct.
  Ex. : *Il a fait une déclaration.* ➲ *Il n'a pas fait de déclaration.*
  Il a de la patience. ➲ *Il n'a pas de patience.*

  ⇨ **Page 29**
  Déterminant

- Dans une phrase négative, on coordonne le plus souvent les éléments par *ni*.
  Ex. : *Elle **n'**avait **pas** de regrets **ni** de remords.*
  ou *Elle **n'**avait **ni** regrets **ni** remords.*

  ⇨ **Page 155**
  Conjonction *ni*

- L'expression *ne... que* n'exprime pas une négation, mais une restriction. Elle est l'équivalent de *seulement*.
  Ex. : *Elle **n'**a eu **que** deux enfants.* = Elle a eu seulement deux enfants.

  Une phrase exprimant une restriction peut être mise à la forme négative.
  Ex. : *Elle **n'**a **pas** eu **que** deux enfants.* = Elle n'a pas eu seulement deux enfants.

Dans la phrase impérative négative, l'inversion des pronoms compléments appartient à la variété de langue familière.
Ex. : – Langue standard : *Ne le regarde pas.*
  – Langue familière : *Regarde-le pas.*
  ⇨ **Page 285**, Variétés de langue

B La phrase passive

1. La phrase de forme passive sert à mettre l'accent sur le résultat de l'action. Elle permet de présenter l'information différemment de la phrase de forme active.

C'est une **phrase transformée** dans laquelle le noyau du GV est appelé « verbe passif ».

Ex. : P active : *Justine a écrit ce scénario.*
     P passive : *Ce scénario a été écrit par Justine.*

2. Le **verbe passif** est formé :
   – de l'auxiliaire *être* conjugué au temps du verbe de la phrase active ;
   – et du participe passé du verbe de la phrase active.

Il peut donc être formé de deux ou trois mots.

Ex. :
$\quad$ présent
Mon acteur préféré **interprète** *le personnage principal.*

$\quad$ présent + p. p.
➲ *Le personnage principal* **est interprété** *par mon acteur préféré.*

$\quad$ passé composé
Cet acteur **a interprété** *le personnage principal.*

$\quad$ passé composé + p. p.
➲ *Le personnage principal* **a été interprété** *par cet acteur.*

Cette forme est aussi appelée « forme surcomposée », car l'auxiliaire *être* est déjà composé.

3. Voici des exemples de phrases de base transformées en phrases passives.

Transformations	
	1° Déplacement du GN sujet
	2° Déplacement du GN complément direct du verbe
	3° Remplacement du verbe par un verbe passif
	4° Ajout, s'il y a lieu, de la préposition *par* (ou plus rarement *de*) introduisant le complément du verbe passif
	5° Accord du verbe passif avec le sujet
Exemples	**Ian Fleming** *a créé* **James Bond** . sujet $\qquad$ compl. dir. ➲ **James Bond** *a été créé* **par Ian Fleming** . sujet $\qquad$ compl. du V passif **Tous** *connaissent* **James Bond** . sujet $\qquad$ compl. dir. ➲ **James Bond** *est connu* **de tous** . sujet $\qquad$ compl. du V passif

Le participe passé conjugué avec l'auxiliaire *être* s'accorde avec le sujet.
↪ **Page 228**, Accords

4. Les verbes qui peuvent être mis au passif sont ceux qui, dans la phrase active, se construisent avec un complément direct (verbes transitifs directs).

Ex. :   V
          *L'histoire de Mata Hari **intrigue** plusieurs personnes.*
                                                compl. dir.

          V passif
     ➲ *Plusieurs personnes **sont intriguées** par l'histoire de Mata Hari.*
                                                      compl. du V passif

✎ Page 68
Catégories
de verbes

✎ Page 91
Complément direct

▪ POUR PRÉCISER

- Dans quelques cas, des verbes transitifs directs ne peuvent être mis au passif ou sont rarement mis au passif.
  Ex. : *Il a un beau rôle.* ➲ ~~*Un beau rôle est eu par lui.*~~

- Les verbes *obéir*, *désobéir* et *pardonner*, construits avec un complément indirect dans la phrase active, peuvent être mis au passif.
  Ex. : *Je **te** pardonne.* ➲ *Tu es pardonné.* (sous-entendu : *par moi*)
      compl. ind.

- Il ne faut pas confondre le verbe mis au passif avec certains verbes de changement ou de mouvement comme *aller, arriver, devenir, mourir, naître, partir, venir* qui, dans la phrase active, conjuguent leurs temps composés avec l'auxiliaire *être*.

---

5. Le complément du verbe passif n'est pas toujours exprimé. Il s'agit alors d'une construction passive incomplète, mais correcte.

Ex. :   *Cette mission **a été confiée** à Mata Hari par un officier.*
                                        compl. ind.   compl. du V passif

     ➲ *Cette mission **a été confiée** à Mata Hari* ✗.
          (*par un officier*, complément du V passif non exprimé)

✎ Page 351
Synthèse
des fonctions
syntaxiques

- Le complément du verbe passif n'est pas exprimé quand il est :
  - une information inconnue ou qu'on ne veut pas faire connaître ;
    Ex. :   *Un des tableaux du musée a été volé.*
         ➲ ***Quelqu'un** a volé un des tableaux du musée.*

  - une information qu'il n'est pas important ou nécessaire de faire connaître.
    Ex. :   *Le voleur a été arrêté.*
         ➲ ***La police** a arrêté le voleur.*

▪ POUR PRÉCISER

- Pour transformer une construction passive incomplète à la forme active, il faut ajouter un pronom indéfini comme *on* ou un pronom démonstratif comme *cela*.
  Ex. : *Le voleur a été arrêté.* ➲ ***On** a arrêté le voleur.*
      Les gens sont intrigués. ➲ ***Cela** intrigue les gens.*

C La phrase emphatique

1. La phrase de forme emphatique sert à mettre en relief un groupe de la phrase de forme neutre.

C'est une **phrase transformée** à l'aide d'une marque d'emphase comme le déplacement d'un groupe de la phrase ou le détachement à l'aide d'un marqueur d'emphase.

Ex.: *L'Histoire t'intéresse.* ➲ ***C'est** l'Histoire **qui** t'intéresse.*
         sujet   sujet

- Certaines subordonnées peuvent être mises en relief.
  Ex.: ***C'est** parce qu'il a aimé ce film **qu'**il l'a revu trois fois.*

2. Voici des exemples de phrases de base transformées en phrases emphatiques.

- **Déplacement** d'un ou de plusieurs groupes dans la phrase

Fonctions des groupes	Exemples
Complément de P Sujet Complément de P + sujet	*Les retardataires suivaient sans se hâter.* ➲ ***Sans se hâter**, les retardataires suivaient.* ➲ *Suivaient sans se hâter **les retardataires**.* ➲ ***Sans se hâter** suivaient **les retardataires**.*
Attribut	*Ma surprise fut **grande** ce jour-là.* ➲ ***Grande** fut ma surprise ce jour-là.*
Complément indirect	*J'ai proposé un film d'espionnage **aux plus jeunes**.* ➲ ***Aux plus jeunes** j'ai proposé un film d'espionnage.*

- **Détachement** d'un groupe en début de phrase par *c'est... qui* ou *c'est... que*

Fonctions des groupes	Exemples
Sujet Complément direct Complément indirect Complément de P	*Nadia nous a apporté ce colis hier.* ➲ ***C'est** <u>Nadia</u> **qui** nous a apporté ce colis hier.* ➲ ***C'est** <u>ce colis</u> **que** Nadia nous a apporté hier.* ➲ ***C'est** <u>à nous</u> **que** Nadia a apporté ce colis hier.* ➲ ***C'est** <u>hier</u> **que** Nadia a apporté ce colis.*

- Le groupe mis en relief par *c'est... que* peut exercer diverses fonctions: complément ou modificateur du verbe, complément de P, attribut, complément du nom détaché.
- Dans le détachement par *c'est... qui* ou *c'est... que*, les pronoms *je, tu, il, ils* sont remplacés par les pronoms *moi, toi, lui, eux*.
  Ex.: ***Je** t'apporterai le colis.* ➲ *C'est **moi** qui t'apporterai le colis.*
- On peut détacher deux groupes de même fonction, coordonnés ou juxtaposés.
  Ex.: ***C'est** <u>inquiète et troublée</u> **que** Nadia a récupéré le colis.* (compléments du nom)
  ***C'est** <u>hier, en matinée</u> **que** Nadia a apporté le colis.* (compléments de P)

Dans les cas suivants, le détachement est marqué par la virgule.

- **Détachement** d'un groupe par *ce qui / ce que / ce dont / ce à quoi…, c'est*

Fonctions des groupes	Exemples
Sujet	*Le colis est intrigant.* ⮑ ***Ce qui** est intrigant,* ***c'est*** <u>*le colis*</u>*.*
Complément direct / attribut du sujet	*Félix a ouvert l'énorme colis.* ⮑ ***Ce qu'**a ouvert Félix,* ***c'est*** <u>*l'énorme colis*</u>*.*
Complément indirect <small>(introduit par *de*)</small>	*Félix raffole des intrigues.* ⮑ ***Ce dont** raffole Félix,* ***c'est*** <u>*des intrigues*</u>*.*
Complément indirect <small>(introduit par *à, sur, dans…*)</small>	*Ce colis ressemble à un cadeau.* ⮑ ***Ce à quoi** ressemble ce colis,* ***c'est*** <u>*à un cadeau*</u>*.*

- Le groupe de mots mis en relief se place en fin de phrase, après *c'est*.
- *Ce* est remplacé par *celui / celle* quand le groupe à détacher a le trait humain.
  Ex. : *Félix a ouvert le colis.* ⮑ ***Celui qui** a ouvert le colis,* ***c'est*** *Félix.*

- **Détachement** d'un groupe en début de phrase avec reprise par un pronom

Fonctions des groupes	Exemples
Sujet	*Cette carte accompagnait le colis.* ⮑ <u>*Cette carte*</u>*,* ***elle*** *accompagnait le colis.*
Complément du verbe (direct ou indirect)	*Félix a lu la carte attentivement.* ⮑ <u>*La carte*</u>*, Félix **l'**a lue attentivement.* (compl. dir.)
Attribut du sujet	*Félix devient sage en vieillissant.* ⮑ <u>*Sage*</u>*, Félix **le** devient en vieillissant.*

- **Détachement** d'un groupe en fin de phrase avec annonce par un pronom

Fonctions des groupes	Exemples
Sujet	*Cette carte accompagnait le colis.* ⮑ ***Elle*** *accompagnait le colis,* <u>*cette carte*</u>*.*
Complément du verbe (direct ou indirect)	*Je me suis déjà attaché à ce cadeau.* ⮑ *Je m'**y** suis déjà attaché,* <u>*à ce cadeau*</u>*.* (compl. ind.)
Attribut du sujet	*Il est souvent sage.* ⮑ *Il **l'**est souvent,* <u>*sage*</u>*.*

- Le pronom qui sert à **reprendre** ou à **annoncer** le groupe détaché peut être un pronom personnel ou un pronom démonstratif.
  Ex. : *Une surprise,* ***ça*** *me fait toujours plaisir.*
- Le simple détachement du complément de P en fin de phrase le met aussi en relief.
  Ex. : *Nadia nous a donné ce cadeau,* ***dès notre arrivée***.

14.3 Les combinaisons de formes avec les différents types de phrases

1. Les différents types et formes de phrases ont maintes utilités. Ils peuvent servir à révéler le point de vue adopté, à susciter et à maintenir l'intérêt du destinataire, à créer un effet en particulier ainsi qu'à faire progresser l'information.

   - La phrase est toujours d'un seul type à la fois. Les types de phrases ne peuvent donc pas être combinés entre eux.
   - La phrase a toujours trois formes. Les formes sont donc combinées.
     Ex. : *J'aime les récits historiques.*
       (phrase de type déclaratif ; de formes positive, active, neutre)

   Soit les deux exemples suivants.
   - (A) *J'ai vu le film sur Mata Hari. Jean-Louis Richard a réalisé ce film.*
       (phrases déclaratives positives, actives, neutres)
   - (B) *J'ai vu le film sur Mata Hari. Ce film a été réalisé par Jean-Louis Richard.*
       (phrase déclarative, positive, **passive**, neutre)

   ↪ Page 325
   Reprise et progression
   de l'information

   Dans l'exemple (A), la seconde phrase, qui apporte une information nouvelle, semble plus ou moins liée à la première phrase.

   Dans l'exemple (B), la transformation de **forme passive** de la seconde phrase permet de mieux lier les phrases entre elles. La seconde phrase reprend l'information connue de la première phrase en position de sujet, soit *ce film*, alors que l'information nouvelle est placée après le sujet.

2. Voici des exemples de combinaisons de formes avec les différents types de phrases.

   - *Il n'a pas vu le film sur Mata Hari.*
     (type déclaratif, formes négative, active et neutre)

   - *Ce personnage a-t-il déjà été dessiné ?*
     (type interrogatif, formes positive, passive et neutre)

   - *Ce colis, combien il t'intrigue !*
     (type exclamatif, formes positive, active et emphatique)

   - *Ne regarde pas ces images.*
     (type impératif, formes négative, active et neutre)

   ■ POUR PRÉCISER

   Voici des exemples de phrases déclaratives combinant plusieurs transformations de formes :
   La carte, Félix ne l'a pas lue attentivement. (négative, active et emphatique)
   Ce cadeau, il a été apprécié de tous. (positive, passive et emphatique)
   Ce message n'a pas été intercepté par les Alliés. (négative, passive et neutre)

14.4 Les phrases à construction particulière

Les phrases à construction particulière ne sont pas conformes au modèle de la phrase de base.

A La phrase impersonnelle

1. La phrase impersonnelle est construite avec :
   – le sujet *il* impersonnel (3e personne du singulier) ;
   – un verbe impersonnel.

   La phrase impersonnelle n'est pas une phrase transformée. Elle est construite avec un **verbe toujours impersonnel**, c'est-à-dire un verbe se conjuguant avec le sujet *il* impersonnel. En voici des exemples.
   • Verbes de météorologie : Il **pleut**. Il **neigera**. Il **tonnait**.
   • Verbes *falloir* et *s'agir* : Il **faut** de l'imagination. Il **s'agit** d'un film fantastique.

   Le sujet *il* impersonnel ne désigne aucune réalité : il ne peut pas être remplacé par un autre sujet ni être encadré par *c'est… qui*.
   Ex. : **Il** faut de la créativité. ➲ ~~Elle~~ faut de la créativité.
   ➲ ~~C'est il qui~~ faut de la créativité.

   Ⓜ

2. Le GV de la phrase impersonnelle peut avoir différentes constructions.

Constructions du GV de la phrase impersonnelle	Exemples
Verbe seul	Il *bruine*.
Verbe + GN	Il *faut* **un parapluie**.
Verbe + GPrép	Il *s'agit* **de vos intérêts**.
Verbe + GAdv	Il *a neigé* **abondamment**.
Verbe + GVinf	Il *faudrait* **sortir**.
Verbe + subordonnée complétive	Il *faut* **que tu arrives à l'heure**.
Verbe + pronom ou pronom + verbe	Il *faudra* **cela**. Il **le** *faudra*.

L'**expansion** du verbe impersonnel remplit la fonction de modificateur ou de complément.

 Page 354
Synthèse
des fonctions
syntaxiques

Ex. : **Modificateur du verbe impersonnel :** Il *vente* **beaucoup**.
                       sujet   V impers.   modif. du V impers.

         Complément du verbe impersonnel : Il *s'agit* **de tes amis**.
                       sujet   V impers.   compl. du V impers.

POUR PRÉCISER

- Certains verbes de météorologie, dans un sens figuré, peuvent être employés :
  - avec un complément du verbe ;
    Ex. : *Il pleut* ***des clous***.
  - avec un sujet dans une phrase de base.
    Ex. : ***Les coups*** *pleuvent de toutes parts.*
- La phrase impersonnelle peut être construite avec une locution ou une expression impersonnelle.
  Ex. : *Il est question de partir.* *Il fait chaud.*
  Il en est de même pour/de ton amie. *Il se fait tard.*
  Il en va de même pour/de ses affaires. *Il y va de sa réputation.*

3. La phrase impersonnelle peut contenir, par exemple :
   - une marque interrogative : *Est-ce qu'il pleut ?*
   - une marque exclamative : *Comme il pleut !*
   - une marque négative : *Il ne pleut pas.*
   - une marque emphatique : *C'est ce matin qu'il a plu.*

4. De plus, il existe une **phrase transformée impersonnelle** construite avec un verbe qui est **occasionnellement impersonnel**. Ce verbe peut avoir un sujet autre que le *il* impersonnel dans une phrase qui a une construction différente.

   Cette phrase, comme son nom l'indique, est donc une phrase transformée.

   Voici un exemple de phrase de base transformée en phrase impersonnelle.

Transformations	Exemple
1° Déplacement du sujet dans le GV 2° Ajout du sujet *il* impersonnel 3° Accord du verbe avec le sujet *il*	*De nombreux films d'espionnage* ***existent.*** ➲ *Il* ***existe*** *de nombreux films d'espionnage.*

Des phrases de différents types et de différentes formes peuvent être impersonnelles.

Ex. : *Il me vient à l'esprit une bonne idée de scénario.* (déclarative)
Manque-t-il un film à sa collection ? (interrogative)
Il ne convient pas d'employer ce trucage. (négative)
Il a été compris bien des choses depuis ce temps. (passive)
C'est pendant ce tournage qu'il est arrivé un accident. (emphatique)

B La phrase non verbale

1. La phrase non verbale est construite, sans verbe, à l'aide d'un ou de plusieurs groupes. Ces groupes sont des GN, des GPrép, des GAdj ou des GAdv.

   En comparant la phrase non verbale avec la phrase de base, on peut constater qu'il ne s'agit pas d'une transformation.
   Ex. : Phrase non verbale : *En français ou en anglais ?*
        Phrase de base : *Nous pouvons voir le film en français ou en anglais.*

   > La phrase non verbale n'a pas de point final quand il s'agit d'un titre.

   - Elle peut être constituée d'**une unité** formée d'un ou de plusieurs groupes coordonnés ou juxtaposés.

             GN   GPrép   GAdj   GAdv coordonnés
     Ex. : *Sortie* . *Sans aucun doute* ! *Spectaculaire* ! *Oui et non* …

   - Elle peut être constituée de **deux unités**. Chaque unité peut être formée d'un ou de plusieurs groupes coordonnés ou juxtaposés. Les unités sont généralement séparées par une ponctuation.

                 GN   GN
     Ex. : *Un grand acteur* , *cet homme* .

         GAdj   GN
     Géniale , *cette idée* .

          GN   GN coordonnés
     Mata Hari : *danseuse ou espionne* ?

        GPrép   GN
     À l'extérieur , *les jeux de ballon* .

     Exemples de phrases verbales : *Mata Hari était-elle danseuse ou espionne ?*
                                 Les jeux de ballon se font à l'extérieur.

   - Certains mots, insérés ou non dans une phrase, sont considérés eux-mêmes comme des phrases non verbales. Il s'agit, par exemple :
     – de l'apostrophe, qui désigne la personne à qui l'on parle : **Marco**, *tais-toi.*
     – de l'interjection, qui exprime généralement un sentiment vif : **Aïe**! *j'ai mal !*
     – de l'onomatopée, qui imite un bruit, naturel ou non : **Brrr**! *Il fait froid.*

2. La phrase non verbale peut contenir, par exemple :
   – une marque interrogative : *De qui, cette idée ?*
   – une marque exclamative : *Quelle idée géniale !*
   – une marque négative : *Pas géniale, cette idée.*

   > La phrase non verbale peut avoir un verbe conjugué si elle contient une phrase **subordonnée**.
   > Ex. : *Génial pour les élèves **qui s'intéressent à cette tranche de l'Histoire**.*

C La phrase à présentatif

⬎ **Page 355**
Synthèse
des fonctions
syntaxiques

1. La phrase à présentatif est construite à l'aide du présentatif *c'est, il y a, voici* ou *voilà*. Elle peut avoir différentes constructions. L'expansion du présentatif a la fonction de complément du présentatif.

   • Le présentatif *c'est* est formé avec le verbe *être* qui peut varier en nombre, en temps et en mode : *c'était, ce sera, ce serait, ce fut, que ce soit,* etc.

Présentatif	Expansions	Exemples
C'est +	GN	*C'est **un bon film d'espionnage**.*
	Pron	*Ce sont **elles**.*
	GPrép	*Ce sera **à Claudia d'organiser la sortie**.*
	GAdv	*Ce serait **ici**.*
	Sub. complétive	*C'est **qu'il a travaillé très fort**.*

Dans la variété de langue standard, on peut utiliser *ce sont* ou *c'est* quand l'expansion est un GN ou un pronom au pluriel.
Ex. : *C'est nos amis.*
    Ce sont nos amis.
⬎ **Page 284**, Variétés de langue

   • Le présentatif *il y a* est formé avec le verbe *avoir* qui peut varier en temps et en mode : *il y avait, il y aura, il y aurait, il y eut, il y a eu, qu'il y ait,* etc.

Présentatif	Expansions	Exemples
Il y a +	GN	*Il y avait **un vieux film sur Mata Hari**.*
	Pron	*Il y aurait **quelqu'un**.*
	Sub. complétive	*Il y a **qu'ils ont adoré le film**.*

   • Les présentatifs *voici* et *voilà* ne peuvent pas changer de forme.

Présentatifs	Expansions	Exemples
Voici + *Voilà* +	— (sans expansion)	*Voici. Voilà.*
	GN	*Voilà **un bon film**.*
	Pron (devant le présentatif)	***Me** voici.*
	GPrép (+ pronom complément)	*Nous voilà **à la gare**.*
	Sub. complétive	*Voilà **que le film se termine**.*
	Sub. relative	*Voilà **de quoi nous avons discuté**.*

Sans expansion, *voici* et *voilà* servent à répondre, introduire ou conclure.

2. Selon le présentatif employé, les phrases peuvent contenir, par exemple :
   – une marque interrogative : *Y a-t-il plusieurs personnages d'espions ?*
   – une marque exclamative : *Que te voilà une grande fille !*
   – une marque négative : *Ce n'est pas moi.*
   – une marque emphatique : *C'est une grande actrice que voici.*

D La phrase infinitive

1. La phrase infinitive est construite à l'aide d'un verbe à l'infinitif, qui est le noyau du GVinf. Celui-ci est le prédicat de la phrase infinitive.

   La phrase infinitive peut être construite avec un GVinf seul.

🖑 **Page 97**
GVinf

   GVinf
   Ex. : *Visionner attentivement cette séquence du film.*

   Elle peut avoir un ou plusieurs compléments de phrase.

   GVinf   GPrép
   Ex. : *Visionner attentivement cette séquence du film **au montage**.*
                                                   compl. de P

2. La phrase infinitive n'a généralement pas de sujet exprimé : ce sujet, cependant, est sous-entendu.

   Ex. : *Ralentir dans la courbe !*
       Le sujet sous-entendu serait les conducteurs empruntant cette courbe.

3. La phrase infinitive peut contenir, par exemple :
   – une marque interrogative : *Pourquoi donner ses commentaires ?*
   – une marque négative : *Ne pas donner ses commentaires.*
   – une marque emphatique : *Ses critiques, les garder pour soi !*

4. La phrase infinitive peut aussi être une **subordonnée**.
   En voici des exemples.

> La subordonnée infinitive est souvent la réduction d'une subordonnée relative ou complétive.
> 🖑 **Page 165**, Subordonnée relative
> 🖑 **Page 174**, Subordonnée complétive

Constructions de la subordonnée infinitive	Exemples
Sans subordonnant Le sujet, différent de celui de la phrase enchâssante, est : – exprimé ; – sous-entendu.	Sub. infinitive *J' ai entendu **des gens parler du film**.* Sub. infinitive *J' ai entendu **parler du film**.* (sujet sous-entendu : *quelqu'un, des gens*)
Cette subordonnée infinitive est généralement complément direct d'un verbe de perception, comme *apercevoir, écouter, regarder, sentir.*	
Avec subordonnant Le sujet, le plus souvent le même que celui de la phrase enchâssante, n'est pas exprimé.	Sub. infinitive *Je sais comment **terminer cette histoire**.* Sub. infinitive *Il a trouvé un endroit où **cacher son trésor**.*

Les phrases : types, formes et constructions particulières

Les types de phrases

- La phrase déclarative sert simplement à communiquer un fait, une information ou une opinion. Elle se termine généralement par un point (.).

- La phrase déclarative est conforme à la phrase de base :
  - quand elle est de formes positive, active et neutre ;
  - quand elle est construite avec les deux constituants obligatoires et le constituant facultatif, placés dans l'ordre.

- La phrase interrogative sert à poser une question. Cette phrase est transformée à l'aide d'une marque interrogative (ex. : *qui, quel*).

  Elle se termine par un point d'interrogation (**?**).

- La phrase exclamative sert à exprimer une émotion, un sentiment ou un jugement. Cette phrase est transformée à l'aide d'une marque exclamative (ex. : *quel, combien*).

  Elle se termine par un point d'exclamation (**!**).

- La phrase impérative sert à donner un ordre, un conseil ou à formuler une demande. Cette phrase transformée est construite avec un verbe à l'impératif, donc sans sujet exprimé.

  Elle se termine le plus souvent par un point (**.**) ou un point d'exclamation (**!**).

Les formes de phrases

- La phrase de forme négative sert à nier, à refuser ou à interdire quelque chose. Elle veut généralement dire le contraire de la phrase de forme positive.

- Cette phrase est transformée à l'aide d'un marqueur de négation formé de l'adverbe négatif *ne* combiné à un autre mot négatif (*pas, aucun, personne*, etc.).

- La phrase de forme passive sert à mettre l'accent sur le résultat de l'action, contrairement à la phrase de forme active. Son GV est un verbe passif (auxiliaire *être* au temps du verbe de la phrase active et participe passé du verbe de la phrase active).

- Le complément du verbe passif est souvent introduit par la préposition *par*.

- La phrase de forme emphatique sert à mettre en relief un groupe de la phrase de forme neutre, à l'aide d'une marque d'emphase comme :
  - le déplacement d'un groupe de la phrase ;
  - le détachement à l'aide d'un marqueur emphatique (*c'est... qui, c'est... que, ce qui... c'est*, etc.) ;
  - le détachement d'un groupe avec reprise ou annonce par un pronom.

Les combinaisons de formes avec les différents types de phrases

- Les différents types et formes peuvent servir à révéler le point de vue adopté, à susciter et à maintenir l'intérêt du destinataire, à créer un effet en particulier ainsi qu'à faire progresser l'information.
- La phrase est toujours d'un seul type à la fois. Les types de phrases ne peuvent donc pas être combinés.
- La phrase a toujours trois formes. Les formes sont donc combinées.

Les phrases à construction particulière

- La phrase impersonnelle est construite avec :
  - le sujet *il* impersonnel ne désignant aucune réalité ;
  - un verbe toujours impersonnel (ex. : *falloir, s'agir* ou un verbe de météorologie).
- Le GV de la phrase impersonnelle peut avoir différentes constructions. L'expansion du verbe a la fonction de modificateur ou de complément du verbe impersonnel.
- La phrase transformée impersonnelle est construite avec un verbe occasionnellement impersonnel, c'est-à-dire un verbe qui peut avoir un sujet autre que le *il* impersonnel dans une phrase de construction différente.

- La phrase non verbale est construite, sans verbe, à l'aide d'un ou de plusieurs groupes. Ces groupes sont des GN, des GPrép, des GAdj ou des GAdv.

2e cycle ▶
- La phrase à présentatif est construite à l'aide du présentatif *c'est, il y a, voici* ou *voilà*.
- L'expansion du présentatif est un complément du présentatif. ◀

2e cycle ▶
- La phrase infinitive est construite à l'aide d'un verbe à l'infinitif, qui est le noyau du groupe du verbe à l'infinitif (GVinf).
- La subordonnée infinitive peut être construite :
  - sans subordonnant avec son sujet propre, exprimé ou sous-entendu ;
  - avec subordonnant sans sujet exprimé. ◀

CHAPITRE 15

Les liens dans les phrases et entre les phrases

Dans le texte suivant, des liens entre des groupes ou des phrases ont été faits par subordination, coordination ou juxtaposition. Certains éléments servant à établir ces liens sont surlignés.

Le jardin de Claude Monet

Claude Monet fut un des chefs de file des impressionnistes. En 1883, il s'installa dans le village de Giverny, situé à une cinquantaine de kilomètres de Paris. Il avait ainsi toute la sérénité dont il avait besoin pour peindre.

Fervent de botanique, Monet mit beaucoup de passion à organiser le jardin qui entourait sa maison. Il aménagea plusieurs plates-bandes, entourées de haies. Dans ces espaces délimités, il planta des quantités de fleurs choisies en fonction de leurs couleurs, de leurs formes ou du passage des saisons.

Dix ans après son arrivée à Giverny, Monet acheta un second terrain et y installa son «jardin d'eau». Il creusa un bassin et cultiva des plantes aquatiques : nénuphars, roseaux, iris, etc. Il compléta son œuvre par un pont japonais qu'il immortalisa dans plusieurs de ses tableaux.

Ce magnifique jardin est célèbre dans le monde entier, on peut le visiter de mars à novembre.

On peut vouloir lier des unités syntaxiques, comme des groupes ou des phrases, pour plusieurs raisons. On peut le faire, par exemple, pour éviter de se répéter, par souci de clarté, par nécessité d'ajouter une précision ou de mettre des éléments en relation.

15.1 La subordination

La subordination permet d'enchâsser une phrase appelée «phrase subordonnée».

A La phrase subordonnée

1. La subordonnée est une phrase enchâssée qui ne peut exister seule.
   Elle est enchâssée à l'aide d'un subordonnant.
   Elle exerce une fonction, par exemple complément de phrase, complément direct du verbe, complément du nom.

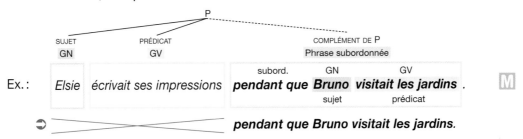

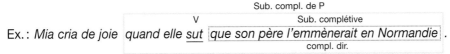

Ex.:

➜ ⟨̶̶̶̶̶̶̶̶̶̶̶̶̶̶̶̶̶̶̶̶̶̶⟩ *pendant que Bruno visitait les jardins.*

- Une subordonnée peut être enchâssée dans une autre subordonnée. Il peut donc y avoir plus d'un niveau d'enchâssement.

Ex.: *Mia cria de joie* quand elle sut *que son père l'emmènerait en Normandie* .

2. Il y a trois grandes catégories de phrases subordonnées:
   - la subordonnée **relative**, qui est enchâssée dans un GN;

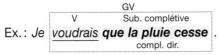

Ex.: *Monet,* **qui se passionne pour la botanique** *, achète des fleurs rares.*

   - la subordonnée **complétive**, qui est le plus souvent enchâssée dans un GV;

Ex.: *Je* voudrais **que la pluie cesse** .

   - la subordonnée **complément de phrase**, qui est enchâssée dans la phrase.

Ex.: *Sarah prend quelques photos* **tandis que je fais un croquis du pont japonais** .

Pages 165, 174, 186
Réduction

2ᵉ cycle De plus, les phrases subordonnées peuvent avoir une construction infinitive ou participiale, qui est souvent la réduction d'une subordonnée relative, complétive ou complément de phrase.

- La subordonnée **infinitive**, construite à partir d'un verbe à l'infinitif, peut avoir un subordonnant ou non.

  Sub. relative

  Ex. : *Tommy a trouvé un endroit* ⌐*où il peut installer son chevalet*⌐.

  Sub. infinitive

  ⤷ *Tommy a trouvé un endroit* ⌐**où** *installer son chevalet*⌐. (avec subordonnant)

  Sub. complétive

  Je vois ⌐*qu'Ingrid peint le jardin fleuri*⌐.

  Sub. infinitive

  ⤷ *Je vois* ⌐*Ingrid peindre le jardin fleuri*⌐. (sans subordonnant)

- La subordonnée **participiale**, construite à partir d'un participe présent, n'a pas de subordonnant.

  Sub. compl. de P

  Ex. : ⌐*Quand la nuit tombera*⌐, *Noah éclairera le jardin pour les visiteurs.*

  Sub. participiale

  ⤷ ⌐*La nuit tombant*⌐, *Noah éclairera le jardin pour les visiteurs.* ◀

B Le subordonnant

Le subordonnant est placé au début de la subordonnée. Son rôle syntaxique est d'enchâsser la subordonnée.

Les subordonnants sont des pronoms, des conjonctions, des adverbes ou des déterminants.

Pronoms	*qui, que, quoi, dont, où, lequel...*
Conjonctions	*que, si, quand, parce que, pour que, comme...*
Adverbes	*où, quand, comment, pourquoi*
Déterminants	*quel / quelle, quels / quelles, combien de...*

Page 323
Marqueurs
de relation

Quand le subordonnant établit une relation de sens entre la subordonnée et la phrase enchâssante, il est un marqueur de relation (ex. : *quand, pour que, parce que*).

15.2 La coordination et la juxtaposition

La coordination et la juxtaposition permettent de lier des éléments, tels des groupes ou des phrases.

- La **coordination** sert à lier des éléments à l'aide d'un coordonnant comme *et, ou*.
  Ex. : *Claude Monet peignait* **et** *dessinait.*

- La **juxtaposition** est une forme de coordination. Elle sert à lier des éléments à l'aide d'un signe de ponctuation, employé à la place d'un coordonnant.
  Ex. : *Monet peignait beaucoup en plein air*, *la nature l'inspirait.*

  La virgule est le signe de ponctuation le plus employé dans la juxtaposition. Elle indique généralement un rapport d'addition, de succession entre des groupes ou des phrases.

🖑 **Page 340**
Ponctuation

2ᵉ cycle ▶ Le point-virgule et le deux-points servent aussi à juxtaposer des phrases.
Ex. : *Les tulipes sortent tôt* **;** *les dahlias fleurissent tard.*
    Ici, le point-virgule juxtapose deux phrases très liées par le sens.
    Monet souffre d'un début de cataracte **:** *sa peinture s'en trouve transformée.*
    Ici, le deux-points indique un rapport de cause / conséquence.　◀

L'énumération est un bon exemple d'éléments liés à la fois par juxtaposition et par coordination. Souvent, les premiers éléments sont juxtaposés par la virgule et le dernier élément est coordonné par *et*.
Ex. : *Monet choisit ses fleurs selon **leurs couleurs**, **leurs formes** **et** **leur floraison**.*

A Les éléments liés : coordonnés ou juxtaposés

1. Dans une phrase, les éléments liés doivent exercer la **même fonction**. Ces éléments sont souvent des groupes semblables.

                        V   GN   GN   GN
Ex. : *Jeune, Monet faisait* | *des caricatures* |, | *des dessins* | **et** | *des peintures* |.
                            compl. dir.   compl. dir.   compl. dir.

S'ils ont la même fonction, on peut aussi lier :
- des groupes différents ;
                    N   GAdj   GPrép
  Ex. : *Ce peintre est un homme* | *passionnant* | **et** | *de bonne réputation* |.
                              compl. du N   compl. du N

- des phrases subordonnées ;
               V   Sub.   Sub.   Sub.
  Ex. : *Je pense* | *qu'il restera chez lui* |, | *qu'il jardinera* | **et** | *qu'il peindra tout l'été* |.
                    compl. dir.   compl. dir.   compl. dir.

- des groupes et des phrases subordonnées.
               N   GAdj   Sub. relative
  Ex. : *Il plante des espèces* | *variées* | **et** | *qui fleurissent à différents moments de l'année* |.
                            compl. du N   compl. du N

2. Les phrases liées ne doivent pas dépendre l'une de l'autre sur le plan de la syntaxe. De plus, elles doivent être cohérentes sur le plan du sens.

Ⓜ

Ex.:   *Il acheta un second terrain* **et** *il y installa son «jardin d'eau».*

   ⮑ *Il acheta un second terrain*   .

   ⮑   *Il y installa son «jardin d'eau».*

   ⮑ *Elle achète un terrain boisé* ~~et~~ *elle aime le chocolat.*
Ici, aucune des deux phrases ne dépend de l'autre sur le plan de la syntaxe, mais la coordination de ces deux phrases n'est pas cohérente sur le plan du sens.

- Une phrase coordonnée peut contenir une subordonnée.

Ex.: *Il acheta le terrain* ⌐*qui était adjacent*⌐ **et** *il y installa son «jardin d'eau».*

B Le coordonnant

⮫ Page 323
Marqueurs
de relation

1. Le coordonnant joue un rôle syntaxique qui est de lier des éléments. Il est aussi un marqueur de relation, car il établit une relation de sens entre les éléments coordonnés.

Les coordonnants sont des conjonctions ou des adverbes.

Conjonctions	*mais, ou, et, car, ni, or, c'est-à-dire, soit, à savoir…*
Adverbes	*ainsi, alors, aussi, cependant, donc, enfin, ensuite, néanmoins…*

- Certains coordonnants sont employés ensemble ; ils sont corrélatifs.
  Ex.: *soit… soit… ; soit… ou… ; tantôt… tantôt… ; parfois… parfois… ;* etc.

2. La conjonction se place généralement entre les deux éléments à lier.
Ex.: *Les jardins de Monet étaient très beaux***, car** *il y travaillait beaucoup.*

L'adverbe se place entre les deux phrases à lier ou, parfois, à l'intérieur de la seconde phrase.
Ex.: *Monet fait abattre les pins,* **cependant** *il garde les deux ifs près de la maison.*
     Monet fait abattre les pins, il garde **cependant** *les deux ifs près de la maison.*

⮫ Page 337
Virgule

- Certains coordonnants sont souvent accompagnés de la virgule.

- Certaines conjonctions peuvent se placer devant chaque élément pour insister sur la coordination de chacun d'eux.
  Ex.: *En avril,* **et** *les cerisiers* **et** *les pommiers sont en fleurs.*

- On met une virgule entre les éléments coordonnés s'il y en a plus de deux avec *et, ou, ni.*
  Ex.: **Ni** *ta sœur,* **ni** *ton frère,* **ni** *ton cousin n'ont reconnu cette toile de Monet.*

- Dans la phrase négative, la conjonction *ni* se place généralement devant chaque élément coordonné.
  Ex.: *Ce jardin n'est* **ni** *trop grand* **ni** *trop petit.*

  Si les éléments à coordonner sont des GV, la conjonction *ni* se place devant chaque GV coordonné, sauf le premier.
  Ex.: *Monet ne doit,* **ni** *ne veut,* **ni** *ne peut abandonner son jardin.*

- Les coordonnants corrélatifs se placent au début de chaque élément à coordonner.
  Ex.: *Le jardin, au gré de sa fantaisie, est* **tantôt** *unicolore,* **tantôt** *multicolore.*

C Les éléments à effacer ou à remplacer dans la coordination

1. Pour éviter la répétition dans la coordination, on efface un élément commun, par exemple un GN ou un verbe.
   Ex.: ➲ *L'idée d'un jardin d'eau réjouit Monet, mais ~~(l'idée d'un jardin d'eau)~~ inquiète les voisins paysans.*
   ➲ *Monet entretient ~~(ses jardins)~~ et ~~(Monet)~~ peint ses jardins.*

2. Pour éviter la répétition dans la coordination, on peut remplacer un élément commun par un pronom ou par un adverbe.
   Ex.: *La photo du Clos Normand est réussie, mais* **celle** *du jardin d'eau est floue.*
   Julie apprend la photographie et Maude **aussi***.*
   L'adverbe *aussi* remplace le GV *apprend la photographie.*

   2ᵉ cycle ▸ • On peut aussi remplacer par *que* les subordonnants *lorsque, puisque, comme, quand* et *si* quand on coordonne deux subordonnées compléments de phrase.
   Ex.: *Quand il jardine ou* **qu'***il peint, il est heureux.* ◀

   2ᵉ cycle ▸ 3. Quand on efface un verbe, qui est l'élément commun, on met généralement une virgule pour marquer l'ellipse.
   Ex.: ➲ *Marie préfère le jardin d'eau; Elsie ~~(préfère)~~, le Clos Normand.* ◀

> L'**ellipse**, c'est l'effacement d'un ou de plusieurs mots.

4. Généralement, les éléments suivants ne peuvent pas être effacés :

– les prépositions *à, de* et *en* et les déterminants, sauf si les éléments coordonnés forment un tout ou désignent une seule réalité ;

> Ex. : *Monet songe **à** acheter et **à** cultiver un jardin avec **des** lys, **des** lilas et **des** iris.*
> Mais : *Monet a écrit **à son** maître et ami Eugène Boudin.*

– les pronoms personnels compléments ;

> Ex. : *Je **lui** ai parlé du jardin de Monet et **lui** ai dit combien j'ai adoré l'endroit.*

– les subordonnants.

> Ex. : *Regarde ces blés **que** le soleil éclabousse et **que** le vent couche.*
> *Je me demande **si** son jardin est en fleurs et **si** on peut le visiter.*

• On peut cependant effacer les subordonnants avec les sujets identiques.

> Ex. : *Tu vois bien qu'il peint et (qu'il) ne veut pas être dérangé.*

• On peut effacer une partie du marqueur répété pour garder seulement la préposition ou la conjonction *que* : *afin de… et (afin) de…, parce que… et (parce) que…,* etc.

> Ex. : ➲ *Je dois rentrer parce qu'il se fait tard et (parce) **que** la nuit tombe.* ◀

5. Des noms, des adjectifs ou des verbes coordonnés peuvent avoir un même complément, à condition qu'ils commandent la même construction.
Voici deux exemples.

> Ex. : ➲ *Monet aime et profite de son jardin d'eau.*
> ➲ *Monet aime **son jardin d'eau** et **en** profite.*
>   compl. dir.   compl. ind. (Pron *en* = de son jardin d'eau)

Ici, les verbes *aimer* et *profiter* ne commandent pas la même construction : *aimer* commande un complément direct, alors que *profiter* commande un complément indirect.

On a donc ajouté à *aime* le complément direct *son jardin d'eau* ; le pronom *en*, complément indirect de *profite*, remplace *de son jardin d'eau* pour éviter la répétition.

> Ex. : ➲ *Tu veux et tu penses qu'il aura fini sa toile.*
> ➲ *Tu veux qu'il <u>ait fini</u> sa toile et tu penses qu'il <u>l'aura finie</u>.*

Ici, les verbes *vouloir* et *penser* ne commandent pas le même mode dans la subordonnée : *vouloir* commande le subjonctif, alors que *penser* commande l'indicatif.

On a donc ajouté à *tu veux* la subordonnée avec le verbe au mode subjonctif. De plus, afin de ne pas répéter le complément du verbe *sa toile*, on l'a remplacé par le pronom *l'* (*la*) dans la deuxième subordonnée. ◀

15.3 L'insertion

L'insertion permet d'insérer une phrase, incise ou incidente, dans une autre phrase. L'incise ou l'incidente est insérée sans coordonnant ni subordonnant, simplement à l'aide de la ponctuation.

A La phrase incise

La phrase incise (ou l'incise) indique de qui sont les paroles rapportées dans le discours rapporté direct.

Page 295
Discours
rapporté direct

Elle est construite à l'aide d'un verbe qui précise de quelle façon les paroles sont rapportées (ton, opinion, sentiment). Son sujet est placé après le verbe.

Ex. : *dire, déclarer, crier, hurler, affirmer, ajouter, assurer, prétendre, avouer, confier, répéter, répliquer, objecter, protester, penser, promettre, conclure*

- L'incise placée à l'intérieur de la phrase est encadrée par des virgules.
  Ex. : *« J'aimerais**, dit-elle,** avoir le temps de tout photographier. »*

- L'incise placée à la fin de la phrase est détachée par la virgule.
  Ex. : *« Les jardins de Monet sont magnifiques »**, affirma Amélie**.*

  Cependant, on ne met pas de virgule si la phrase rapportée se termine par un point d'exclamation, un point d'interrogation ou des points de suspension.
  Ex. : *« Les jardins de Monet sont magnifiques **!** » **s'exclama Amélie**.*

2ᵉ cycle ▸ B La phrase incidente

La phrase incidente (ou l'incidente) permet d'exprimer un point de vue ou un commentaire. Elle interrompt le cours de la phrase dans laquelle elle est insérée.

Ex. : *Monet a réussi, **je crois,** le plus beau des jardins.*
*Ce jardin — **vous l'avez certainement remarqué** — est à l'abandon.*
*La visite du jardin de Monet **(je m'en souviens très bien)** m'avait beaucoup émue.*

- L'incidente peut être détachée à l'aide de virgules, de tirets ou de parenthèses.

- L'incidente peut prendre la forme d'un groupe, par exemple un GPrép.
  Ex. : *Le jardin de Monet est**, selon Elsie,** le plus romantique des jardins.* ◧

Les liens dans les phrases et entre les phrases

La subordination

- La subordination permet d'enchâsser une phrase appelée « phrase subordonnée » dans un groupe enchâssant ou dans une phrase enchâssante.

- La subordonnée est une phrase qui ne peut exister seule : elle dépend d'un groupe enchâssant ou d'une phrase enchâssante. Elle exerce une fonction dans la phrase.

- Il existe trois grandes catégories de subordonnées : relative, complétive et complément de phrase.

- Le subordonnant enchâsse la subordonnée et établit souvent une relation de sens entre la subordonnée et la phrase enchâssante (ex. : *quand, comme, si*).

La coordination et la juxtaposition

- La coordination et la juxtaposition permettent de lier des éléments, tels des groupes ou des phrases.
  - La coordination sert à lier des éléments à l'aide d'un coordonnant comme *et*, *ou*.
  - La juxtaposition est une forme de coordination. Elle sert à lier des éléments à l'aide d'un signe de ponctuation, employé à la place d'un coordonnant.
    La virgule est le signe de ponctuation le plus employé dans la juxtaposition.

- Dans une phrase, les éléments liés doivent exercer la même fonction.

- Les phrases liées ne doivent pas dépendre l'une de l'autre sur le plan de la syntaxe. De plus, elles doivent être cohérentes sur le plan du sens.

- Le coordonnant lie des groupes ou des phrases, et établit une relation de sens entre les éléments coordonnés (ex. : *ou, et, car, ainsi, donc*).

- Pour éviter la répétition dans la coordination, on peut effacer ou remplacer un élément commun.

L'insertion

- L'insertion permet d'insérer une phrase, incise ou incidente, dans une autre phrase. L'incise ou l'incidente est insérée sans coordonnant ni subordonnant, simplement à l'aide de la ponctuation.

- La phrase incise indique de qui sont les paroles rapportées dans le discours rapporté direct.

- La phrase incidente permet d'exprimer un point de vue ou un commentaire.

2ᵉ cycle ▷

CHAPITRE 16

La subordonnée relative

Le texte descriptif suivant contient plusieurs **subordonnées relatives**. Chacune est marquée en gras.

Une diva pas comme les autres

Grâce à son originalité, Natalie Choquette a su se tailler une place tout à fait unique dans le monde de la musique classique.

Cette artiste, **dont la voix de soprano est magnifique**, chante de grands airs d'opéra. Avec un humour tendre et grinçant, elle incarne des personnages illustres **qu'elle caricature avec beaucoup de talent**.

Elle donne vie, entre autres, à la Fettucini, une diva italienne **qui se prend pour la plus grande chanteuse du globe**. Ce monstre de snobisme, **qui débarque sur scène affublé de costumes extravagants**, réjouit le public par sa façon prétentieuse de chanter.

Depuis 1991, année **où son premier album a été enregistré**, Natalie Choquette n'a cessé de connaître le succès. La grande artiste québécoise, **qui mélange adroitement l'opéra, le comique et l'émotion**, souhaitait présenter des airs classiques dans un contexte nouveau. Elle a gagné son pari. Où qu'elle aille maintenant, cette diva pas comme les autres attire les foules.

Très pratique, la subordonnée relative, appelée aussi «relative», permet d'exprimer en une phrase ce qu'on exprimerait souvent en plusieurs phrases. Cette subordonnée offre aussi la possibilité d'ajouter une précision ou une explication au nom qu'elle complète.

16.1 Les caractéristiques de la subordonnée relative

A La construction de la subordonnée relative

👆 Page 61
Pronom relatif

1. La relative est une phrase subordonnée introduite par un **pronom relatif** : *qui, que, quoi, dont, où, lequel, laquelle,* etc.

   La relative est enchâssée dans un **GN**. Elle est en relation avec le nom noyau de ce GN, c'est pourquoi elle est un complément du nom.

   Ex. : *Fettucini est* | une **diva** italienne | **qui** se prend pour la plus grande chanteuse |.

   GN : N (*une **diva** italienne*) — Sub. relative (*qui se prend pour la plus grande chanteuse*) — compl. du N

   La subordonnée relative, introduite par *qui*, est complément du nom *diva*.

2. Puisqu'elle est une phrase, la relative est construite avec des constituants (sujet, prédicat et complément de P facultatif). Dans cet exemple, le pronom *qui* est le sujet de la subordonnée et le GV en est le prédicat :

   GN : N (*une **diva** italienne*) — Sub. relative (*qui se prend pour la plus grande chanteuse*)

   Dans la construction de la relative, le pronom relatif est un élément clé :
   - Il exerce le rôle de subordonnant, car il introduit la relative dans un GN.
   - Il remplit une fonction dans la relative (ex. : *qui* a la fonction de sujet).
   - Il reprend, dans la relative, le nom noyau du GN. Ce nom est son antécédent (ex. : *diva*).

3. La phrase qui a une subordonnée relative est formée à partir de deux phrases ayant un élément en commun :
   – l'une contient le GN pour enchâsser la relative ;
   – l'autre contient un **groupe** qui désigne la même réalité que ce GN.
   Ex. : Phrase 1   *Lili a trouvé la robe rose.*
          Phrase 2   *La diva rêvait **de cette robe rose**.*
        →   *Lili a trouvé la robe rose **dont** la diva rêvait*.

   - Les groupes *la robe rose* et *de cette robe rose* désignent la même robe.
   - La phrase 1 contient le GN *la robe rose*, dans lequel on enchâsse la phrase 2.
   - La phrase 2 devient la relative : le pronom relatif *dont* remplace le GPrép *de cette robe rose*, qui est complément indirect du verbe *rêvait*.

👆 Page 163
Emploi du
pronom relatif
dans la relative

   Le pronom *dont* remplace un GPrép en *de*, alors que le pronom *qui* remplace un GN sujet.

> Avec les pronoms *dont* et *que*, le sujet de la relative peut aussi être placé après le verbe : cette place est possible avec un GN ou un pronom, sauf *ce* et les pronoms de conjugaison (*je, tu, il / elle,* etc.).
> Ex. : *Lili a trouvé la robe rose dont rêvait **la diva**.*

B La fonction de la subordonnée relative

La relative remplit la fonction de complément du nom. Elle est placée après le **nom** qu'elle complète et elle peut généralement être **effacée**.

Ex.: *Cette **artiste**, qui a une voix magnifique, chante des airs d'opéra.*
➔ *Cette artiste* ~~qui a une voix magnifique,~~ *chante des airs d'opéra.*

↳ Page 85
Complément du nom

Parfois, la relative est indispensable. Son effacement est alors impossible.

Ex.: *L'**année** où son album a été enregistré, la chanteuse a connu le succès.*
➔ *L'année* ~~où son album a été enregistré~~ *, la chanteuse a connu le succès.*

- La relative peut être complément d'un pronom qui fonctionne comme le nom.

Ex.: *Je m'adresse à **vous** qui êtes le meilleur professeur de chant.*

■ POUR PRÉCISER

- La relative peut être séparée du **nom** par un GAdj ou un GPrép.
  Ex.: *C'est un **personnage** ⸢illustre⸣ qu'elle caricature.*

  Dans le cas d'un GPrép, il peut y avoir une ambiguïté (deux sens possibles).
  Ex.: *On regardait le costume ⸢de la diva⸣ qu'on trouvait comique.*

  Que trouvait-on comique? Le costume ou la diva? Si c'est le costume, il vaut mieux reformuler la phrase, par exemple:
  On regardait le costume de la diva, on le trouvait comique.

- Certaines relatives sont placées après le GV ou le verbe, même si elles complètent le noyau du GN sujet ou un pronom conjoint.
  Ex.: ***Natalie** est là, qui fait des vocalises. Je **la** vois qui fait des vocalises.*

2ᵉ cycle ▶ ## C Le sens de la subordonnée relative

1. La relative peut être **déterminative** ou **explicative**.

Caractéristiques	Exemples
La relative déterminative précise ou délimite la réalité désignée par le nom antécédent. Elle équivaut à une restriction du type «celui/celle qui», «ceux/celles qui». Elle **n'est pas détachée** par la **virgule**.	*Mon frère **qui est flûtiste** joue dans l'orchestre symphonique.* La relative veut dire que le locuteur a plusieurs frères: il parle ici de **celui qui** est flûtiste, parmi ses frères.
La relative explicative donne une information complémentaire, une explication. Elle n'apporte pas une restriction à la réalité désignée. Elle est **détachée** par la **virgule**.	*Mon frère**, qui est flûtiste,** joue dans l'orchestre symphonique.* La relative ici veut dire que le locuteur a un seul frère, lequel est flûtiste.

- De plus, la relative explicative peut être **effacée** sans changer le sens général de la phrase.

  Ex. : *Mon frère, **qui est flûtiste,** joue dans l'orchestre symphonique.*
  ⮑ *Mon frère ~~qui est flûtiste~~ joue dans l'orchestre symphonique.*
  On parle toujours ici de mon frère, qui est le seul frère.

- Par contre, si on enlève la relative déterminative, on change le sens de la phrase.

  Ex. : *Je prends l'avion **qui décolle à midi**.* (celui qui décolle à midi)

  ≠ *Je prends l'avion.* (l'avion, en général, comme moyen de transport)

■ POUR PRÉCISER

La relative explicative est souvent introduite par *qui*; ce pronom peut généralement être remplacé par *lequel / laquelle, lesquels / lesquelles*, qui n'introduisent pas de relative déterminative.

Ex. : *Cette diva, qui a de grands caprices, exaspère son entourage.*
  ⮑ *Cette diva, laquelle a de grands caprices, exaspère son entourage.*

---

2. Le verbe de la relative est souvent au mode indicatif.

   Ex. : *La chorale qui **fait** ce spectacle a une excellente réputation.*

   Le verbe de la relative est parfois au mode subjonctif. C'est le cas :

   – lorsque le fait exprimé dans la relative est mis en doute;

   Ex. : *Il essaie de trouver une chanteuse qui **soit** capable de remplacer la diva.*
   *Il veut des musiciens qui **puissent** accompagner parfaitement la diva.*
   *Y a-t-il quelque chose qui **soit** si urgent ? Il n'y a rien qui **soit** si urgent.*

   L'incertitude peut être marquée par un but qu'on voudrait atteindre, une interrogation ou une négation.

⮑ Page 41
La mise en degré
de l'adjectif

   – en général, lorsque la relative est précédée d'une expression d'intensité, comme *le seul, l'unique, le premier*, ou d'un superlatif comme *le plus, la plus*.

   Ex. : *Elle est la seule qui **ait** cette voix. C'est le chef le plus compétent qui **soit**.*

3. La relative peut aussi indiquer diverses relations de sens. En voici des exemples.

La cause	*La chanteuse **qui est malade** ne sera pas du spectacle ce soir.*
Le lieu	*Elle a visité la Maison de l'Opéra, **où** elle a pris un bon dîner.*
Le temps	*Le maestro, **qui a terminé la répétition**, félicite les musiciens et les musiciennes.*
La concession	*Cet artiste, **qui travaille fort**, vend peu d'albums.*
La conséquence	*La diva, **que son entourage a abandonnée**, piquait des colères.*
La condition	*Le ténor **qui interpréterait cette chanson** deviendrait une idole.*

16.2 L'emploi du pronom relatif dans la subordonnée relative

Le pronom relatif remplit une fonction dans la relative. Son emploi est déterminé par cette fonction, par la forme du groupe qu'il remplace (ex.: GPrép) et par le trait, humain ou non, de son antécédent. Le tableau suivant présente les principaux cas.

👆 Page 20
Traits du nom

Fonctions Trait	Pronoms relatifs Formes variées	Exemples de constructions et d'emploi des pronoms relatifs
Sujet Humain ou non	**qui** (= GN) *lequel, laquelle, lesquels, lesquelles*	P1 : *Le ténor est parti.* P2 : **Ce ténor** *doit chanter ce soir.* → *Le* ténor **qui** *doit chanter ce soir est parti.*
Complément direct Humain ou non	**que** (= GN)	P1 : *La diva porte une robe.* P2 : *Lili a créé* **cette robe.** → *La diva porte la* robe **que** *Lili a créée.*
Complément indirect	Préposition + pronom, pronom *où*, pronom *dont* remplaçant un GPrép en *de*	
Humain dans le cas de *qui* Humain ou non dans les autres cas	**à qui, de qui** (= GPrép) *auquel, à laquelle, pour / vers / avec qui, pour / vers lequel…*	P1 : *Le chorégraphe est un grand expert.* P2 : *J'ai dansé* **avec ce chorégraphe.** → *Le* chorégraphe **avec qui** *j'ai dansé est un grand expert.*
Humain ou non	**dont** (= GPrép en *de*) *duquel, de laquelle, desquels, desquelles*	P1 : *Nous verrons la pianiste.* P2 : *Il parlait* **de cette pianiste** *hier.* → *Nous verrons la* pianiste **dont** *il parlait hier.*
Non humain	**où** (= GPrép) *à / sur quoi, sur lequel, auquel, à laquelle…*	P1 : *Le théâtre a été rénové.* P2 : *Vous allez* **à ce théâtre.** → *Le* théâtre **où** *vous allez a été rénové.*
Complément de P exprimant le lieu ou le temps Non humain	**où** (= GPrép ou GN) *près duquel, dans / sur laquelle, avant / après / durant / pendant lequel…*	P1 : *Elle est arrivée ce lundi.* P2 : *On changeait le décor de la scène * **ce lundi.** → *Elle est arrivée ce* lundi, **où** *on changeait le décor de la scène.* (*où* : au cours duquel)
Complément du <u>nom</u> Humain ou non	**dont** (= GPrép en *de*)	P1 : *La salle a été évacuée.* P2 : *La* <u>porte</u> **de cette salle** *est fermée.* → *La* salle **dont** *la porte est fermée a été évacuée.*

Les pronoms *dont* et *que* peuvent aussi avoir les fonctions suivantes.

Complément de l'adjectif Humain ou non	*dont* (= GPrép en *de*)	P1 : *Il apporte son nouveau saxophone.* P2 : *Il est très <u>satisfait</u> **de ce nouveau saxophone**.* → *Il apporte son nouveau saxophone, **dont** il est très satisfait.*
Attribut du <u>sujet</u> Humain ou non	*que* (= GN)	P1 : *Lili découvre la grande créatrice.* P2 : *<u>Elle</u> est **cette grande créatrice**.* → *Lili découvre la grande créatrice **qu'**elle est.*

2ᵉ cycle ▶

■ POUR PRÉCISER

- Certaines relatives sont introduites par un pronom sans antécédent, appelé aussi «pronom relatif nominal». On peut alors considérer que l'antécédent du pronom est effacé. En voici des exemples.
  - *Qui* ayant le sens de «celui qui / celui que»
    Ex. : **Qui** *ne risque rien* *n'a rien.*   *Le chef invite* **qui** *il veut* .
  - *Quiconque* ayant le sens de «toute personne qui»
    Ex. : *Ne dis rien* **à quiconque** *te poserait des questions* .
        Quiconque *n'ira pas à la répétition* *sera exclu du spectacle.*
  - *Où* ayant le sens de «là où / l'endroit où»
    Ex. : *Tu chanteras* **où** *tu voudras* .   *Elle passe* **par où** *tu es passé* .

- Le pronom relatif nominal peut être formé avec *ce*, par exemple : *ce qui, ce que, ce dont, ce à quoi*. Dans ces formes, le pronom *ce* représente un antécédent qu'on peut supposer par le contexte.
  Ex. : *Le chant est* **ce** **qui** *m'intéresse le plus* . (*ce* = l'art, le domaine…)
      J'aime **ce** **que** *tu joues au piano* . (*ce* = la pièce, le morceau…)
      Ce **dont** *elle a parlé* *est très important.* (*ce* = la chose, le fait…)
      Ce **à quoi** *elle pensait* *était terrible.* (*ce* = la chose, l'histoire…)

  Ces pronoms composés peuvent aussi servir à coordonner deux phrases. En même temps, ils reprennent la première phrase dans la deuxième.
  Ex. : *Il a joué sans partition,* ***ce qui*** *est habituel dans son cas.* (*ce qui* = cela, ce fait)
      Ici, *ce qui* reprend la première phrase et il est sujet de la deuxième phrase.

🖰 **Page 170**
Subordonnée
complétive
interrogative

- Les pronoms *ce qui* et *ce que* sont employés pour introduire la subordonnée complétive interrogative.
  Ex. : *Le chef se demande* ***ce qui*** *se passe.*

🖰 **Page 184**
Subordonnée
valeur de
concession

- Les pronoms *qui, quoi, où, quel* servent à former des subordonnants avec *que* : ils introduisent alors une subordonnée complément de phrase.
  Ex. : **Où** **qu'***elle aille* , *elle attire les foules.* (*où que* exprime la concession)

◀

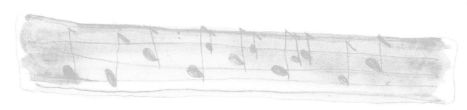

16.3 La réduction de la subordonnée relative

Il est souvent possible de réduire la relative quand son **sujet** désigne une réalité exprimée dans la phrase enchâssante : en général, c'est le <u>sujet</u> de la phrase ; parfois, c'est un <u>complément du verbe</u> de la phrase. En voici des exemples.

Procédés de réduction	Exemples
Effacement du pronom *qui* et du verbe *être* ou *avoir* pour former un GAdj ou un GN (*Effacement possible aussi du déterminant introduisant le noyau du GN)	*Les gens **qui sont présents à la première** semblent ravis.* ➲ *Les gens* ✕ *présents à la première* **semblent** *ravis.* *Ce critique, **qui est un amateur d'opéra**, aime la diva.* ➲ *Ce critique,* ✕ *un amateur d'opéra, aime la diva.* * *Le maestro, **qui a sa baguette à la main**, est fin prêt.* ➲ *Le maestro,* ✕ *baguette à la main, est fin prêt.*
Effacement du pronom *qui* et remplacement du GV par un GVpart	*La diva, **qui chantait à merveille**, a conquis le public.* ➲ *La diva,* ✕ *chantant à merveille,* **a** *conquis le public.*
Effacement du sujet de la relative et remplacement du GV par un GVinf : on forme ainsi une subordonnée infinitive sans sujet exprimé	Pronom *où* : *Je cherche une place **où je serai plus à l'aise**.* ➲ *Je cherche une place **où*** ✕ *être plus à l'aise.* Préposition + pronom (*à qui, de qui, par où*, etc.) : *Lili nous tend un carnet **sur lequel nous écrirons**.* ➲ *Lili nous tend un carnet **sur lequel*** ✕ *écrire.*
Remplacement de la relative par un GVinf : on forme ainsi une subordonnée infinitive avec <u>sujet exprimé</u> (sans subordonnant)	Après des verbes de perception, comme *voir, entendre, sentir*, suivis de leur complément direct : *Je vois le train **qui part**.* ➲ *Je vois le train partir.* Le sujet du GVinf est *le train* (c'est *le train* qui part).

⬑ **Page 147**
 Subordonnée infinitive

▪ POUR PRÉCISER

- Pour certaines subordonnées infinitives, on peut considérer que c'est le pronom *on* qui est sous-entendu (souvent suivi du verbe *pouvoir*).
  Ex. : *C'est l'endroit idéal **où se reposer**. = où on peut se reposer*
  *Il y a plusieurs sujets **sur quoi s'interroger**. = sur quoi on peut s'interroger*

  L'antécédent de *quoi* est souvent une réalité indéfinie ou générale (ex. : *rien, quelque chose, fait, chose, cela, ce*). De plus, le pronom est fréquemment suivi d'un GVinf.
  Ex. : *Il y a de quoi manger. = quelque chose à manger*

- Le pronom *dont* est employé au sens de « parmi lesquels » dans des constructions telles que : *Tous les chanteurs sont arrivés, **dont** la diva.*

- Une subordonnée complétive peut être enchâssée dans une subordonnée relative.
  Ex. : *La chanteuse [**dont** on dit qu'elle est excellente] sera ici ce soir.*
  *= on dit **de** cette chanteuse qu'elle est excellente*

⬑ **Page 168**
 Subordonnée complétive complément du verbe

La subordonnée relative

- La subordonnée relative :
  - est une phrase subordonnée introduite par un pronom relatif (*qui, que, dont, où*, etc.) ;
  - est enchâssée dans un GN ;
  - est construite avec des constituants (sujet, prédicat, complément de P).

- La phrase qui a une subordonnée relative est formée à partir de deux phrases :
  - l'une contient le GN pour enchâsser la relative ;
  - l'autre contient un groupe qui désigne la même réalité que ce GN.

- La subordonnée relative remplit la fonction de complément du nom.

`2ᵉ cycle ▶`
- La subordonnée relative peut être déterminative ou explicative.
  - La relative déterminative :
    - précise ou délimite la réalité désignée par le nom ;
    - équivaut à une restriction du type « celui / celle qui » ;
    - n'est pas détachée par la virgule ;
    - ne peut pas être effacée sans changer le sens de la phrase.
  - La relative explicative :
    - donne une information complémentaire, une explication ;
    - est détachée par la virgule ;
    - peut être effacée sans changer le sens général de la phrase. ◀

`2ᵉ cycle ▶`
- Souvent, le verbe de la relative est au mode indicatif.
  Parfois, il est au mode subjonctif ; c'est le cas :
  - quand le fait exprimé dans la relative est mis en doute (incertitude) ;
  - en général, quand la relative est précédée d'une expression d'intensité ou d'un superlatif. ◀

`2ᵉ cycle ▶`
- La subordonnée relative peut indiquer diverses relations de sens : la cause, le lieu, le temps, etc. ◀

- Le pronom relatif remplit une fonction dans la relative. Son emploi est déterminé notamment par cette fonction ; par exemple, on emploie :
  - le pronom *qui*, remplaçant un GN, pour la fonction de sujet dans la relative ;
  - le pronom *dont*, remplaçant un GPrép en *de*, pour la fonction de complément indirect.

`2ᵉ cycle ▶`
- La subordonnée relative peut souvent être réduite selon quelques procédés, ainsi :
  - l'effacement du pronom *qui* et du verbe *être* ou *avoir* pour former un GAdj ou un GN ;
  - l'effacement du pronom *qui* et le remplacement du GV par un GVpart ;
  - l'effacement du sujet de la relative et le remplacement du GV par un GVinf ;
  - le remplacement de la relative par un GVinf. ◀

CHAPITRE 17

La subordonnée complétive

Dans la lettre suivante, les subordonnées marquées en gras sont des **subordonnées complétives**.

Invitation

Monsieur,

Nous organisons un festival des arts à notre école. L'évènement aura lieu le mois prochain, du 15 au 18 mai. Pour l'occasion, nous pensons **qu'il est important de rencontrer des artistes venant de tous les horizons**.

Puisque vous êtes notre conteur préféré, nous aimerions **que vous participiez à notre festival**. Nous avons lu tous vos livres et nous adorons votre humour. Ce serait donc un grand honneur pour nous de vous entendre conter quelques histoires.

Nous savons **que votre emploi du temps est chargé**. Cependant, s'il vous est possible de vous libérer quelques heures, nous serons ravis de vous recevoir à notre école au moment qui vous conviendra. De plus, soyez certain **que nous mettrons à votre disposition tout équipement ou accessoire dont vous auriez besoin**.

Nous souhaitons vivement **que vous acceptiez cette invitation**.

Espérant recevoir une réponse sous peu, nous vous prions de croire, Monsieur, à notre sincère admiration.

Sabrina Duffault et David Hardy,
au nom des élèves de l'école Rémi-des-Hauteurs
Comité organisateur du festival des arts

La subordonnée complétive, appelée aussi « complétive », est une structure souvent essentielle pour compléter des verbes tels que *penser, aimer, savoir, souhaiter*. Elle peut aussi compléter d'autres mots, par exemple un adjectif comme *certain*. De fait, elle a plusieurs fonctions.

17.1 Les caractéristiques de la subordonnée complétive

A La construction de la subordonnée complétive

1. La complétive est une phrase subordonnée introduite par une **conjonction**, le plus souvent *que*.

   La complétive est souvent enchâssée dans un GV, parfois dans un GAdj ou un GN.
   Elle peut donc être complément d'un verbe, d'un adjectif ou d'un nom.

   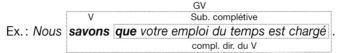

   Ex. : *Nous* **savons** *que votre emploi du temps est chargé*.

   La complétive, introduite par *que*, est complément direct du verbe *savons*.
   La conjonction *que* n'a pas de sens propre dans la complétive, mais elle a le rôle syntaxique de **subordonnant**. Elle sert à enchâsser la subordonnée.

2. Puisqu'elle est une phrase, la subordonnée complétive est construite avec des constituants (sujet, prédicat et complément de P facultatif).

   Ex. : *Samuel espère* que *vous répondrez à sa lettre demain*.

B Les fonctions de la subordonnée complétive

La subordonnée complétive est classée selon ses fonctions :
– complétive complément du verbe ;
– complétive complément de l'adjectif ;
– complétive complément du nom.

17.2 La subordonnée complétive complément du verbe

La complétive complément du verbe est enchâssée dans le GV de la phrase enchâssante. Elle est placée après le verbe noyau du GV.

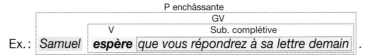

Ex. : *Samuel* **espère** *que vous répondrez à sa lettre demain*.

La complétive peut être complément direct ou indirect du verbe ; elle peut aussi être interrogative ou exclamative.

A Les subordonnées complétives compléments direct ou indirect

1. La **complétive complément direct**, comme son nom l'indique, complète un verbe qui commande un complément direct. Elle peut être remplacée par le pronom *cela*.

   Ex. : *Je <u>crois</u> **qu'il acceptera l'invitation**.* ➲ *Je crois **cela**.*

👆 Page 91
Complément direct

2. La **complétive complément indirect** complète un verbe qui se construit avec une préposition et qui commande donc un complément indirect.

   Elle peut être remplacée par le pronom *cela*, précédé de la préposition demandée par le verbe : généralement *à cela, de cela*.

   Ex. : *Mona <u>se plaint</u> **qu'on l'ait oubliée**.* ➲ *Mona se plaint **de cela**.*

   • Avec certains verbes, la complétive complément indirect est introduite par une préposition suivie de *ce que* : généralement *à ce que* ou *de ce que*, selon le verbe.
   Ex. : *Nous <u>verrons</u> **à ce qu**'il soit présent*. ➲ *Nous verrons **à cela**.*

   • Mais, pour plusieurs verbes, on peut employer seulement *que*, qui est moins lourd.
   Ex. : *<u>se réjouir</u> **de ce qu**'il fasse beau / <u>se réjouir</u> **qu**'il fasse beau*

👆 Page 92
Complément indirect

3. La subordonnée complétive est le complément d'un verbe indiquant, en général, une activité de la pensée, un sentiment, une perception. En voici des exemples.
   • La connaissance : *savoir, apprendre, se souvenir, se rappeler, oublier, prouver*.
   • La déclaration : *dire, affirmer, écrire, déclarer, constater, avouer*.
   • L'opinion : *croire, penser, trouver, juger, estimer, admettre*.
   • La volonté, l'ordre : *vouloir, s'attendre à, exiger, ordonner, permettre*.
   • Le sentiment : *souhaiter, désirer, se réjouir, s'étonner, craindre, se plaindre*.
   • La perception : *voir, sentir, remarquer, imaginer, s'imaginer, s'apercevoir*.
   • Le doute : *douter, supposer, nier, contester*.

4. Le verbe de la subordonnée peut être au mode indicatif ou subjonctif. Le mode est commandé par le verbe de la phrase enchâssante : il dépend du sens de ce verbe et aussi du fait exprimé dans la subordonnée. En voici des exemples.

Mode indicatif dans la subordonnée	Exemples
On considère le fait exprimé du point de vue de la réalité. On tient ce fait pour certain ou probable. Il suit souvent des verbes d'opinion, de perception, de connaissance ou de déclaration.	*On <u>croit</u> qu'elle **participera** au festival.* *J'<u>espère</u> qu'il **est arrivé** ce matin.* *Il <u>a vu</u> que les élèves **étaient** fiers.* *Elle <u>savait</u> que vous **viendriez** ici.* *David <u>dit</u> qu'il **peut** se libérer.*

Mode subjonctif dans la subordonnée	Exemples
On considère le fait exprimé du point de vue de la pensée. Ce fait peut être réel, possible ou incertain. Il suit souvent des verbes de volonté, d'ordre, de sentiment, de doute. Il peut suivre aussi des verbes exprimés dans une négation ou une interrogation.	*Sabrina veut que tu sois présent.* *Elle regrette qu'il n'ait pas vu la lettre.* *Je comprends que vous soyez nerveux.* *Les gens doutent qu'il fasse le spectacle.* *On n'espère pas qu'elle vienne ici.* *Est-ce que tu souhaites qu'il vienne ici ?*

Page 356
Emploi des temps
dans la phrase

En plus du mode, on tient compte aussi de l'emploi des temps dans la phrase pour les verbes. Dans cet exemple, les verbes de la phrase sont au passé.

Ex.: *Gigi **a constaté** que ses camarades **étaient** enthousiastes.*
passé composé   imparfait

 En cas de doute sur le mode à employer dans une complétive, on peut consulter un dictionnaire au verbe qui se construit avec la complétive. On y verra, par les exemples, le mode utilisé dans la complétive.

■ POUR PRÉCISER

La complétive peut avoir la valeur d'une phrase impérative. Elle est alors construite à la 3e personne, et la phrase enchâssante est sous-entendue. Le verbe est au mode subjonctif.
Ex.: *Qu'elle parte.* (= je veux / j'exige qu'elle parte)

2e cycle ▶ **B** La subordonnée complétive interrogative

1. La **complétive interrogative**, appelée aussi « interrogative indirecte », est une subordonnée complément d'un verbe. Elle peut avoir le sens d'une interrogation, d'une demande ou même d'une constatation.

Ex.: *On se demande **si le décor sera prêt**. Tu me diras **quand tu seras libre**.*
*Dis-moi **laquelle tu préfères**. Elle sait **de quoi elle parle**.*

Caractéristiques	Exemples
Elle complète un verbe exprimant généralement la connaissance : ce qu'on sait, ce qu'on veut savoir ou ce qu'on ignore.	*savoir, dire, se souvenir, expliquer, apprendre, oublier, se demander, s'informer, ignorer*
Elle est enchâssée par *si*, *ce qui*, *ce que* ou par un marqueur interrogatif (sans ou avec préposition : *à*, *de*, etc.).	*pourquoi, quand, comment, combien, quel, lequel, qui, où, quoi, si, ce qui, ce que*
Son verbe est au mode indicatif.	*Je m'informe s'il est arrivé.*
La phrase entière se termine par un point.	*Je sais pourquoi elle a fait cela.*

Page 132
Marqueurs
interrogatifs

2. La complétive interrogative n'est pas construite comme la phrase de type interrogatif. En voici des exemples.

Phrases interrogatives	Complétives interrogatives
Qui appelle ?	Je ne sais pas **qui** appelle.
Comment procède-t-on ?	J'explique **comment** on procède.
Quel artiste a-t-il vu ?	J'ignore **quel** artiste il a vu.
Est-ce que tu veux partir ?	Je te demande **si** tu veux partir.
Où est-ce que tu vas ?	Tu me dis **où** tu vas.
Qu'est-ce que tu dis ?	Je ne sais pas **ce que** tu dis.
Que fait-elle ?	Je me demande **ce qu'**elle fait.
Qu'est-ce qui te préoccupe ?	Dis-moi **ce qui** te préoccupe.
Qui est-ce qui a téléphoné ?	Je sais **qui** a téléphoné.

> On évitera d'employer les marqueurs *que* et *est-ce que / est-ce qui* dans la complétive interrogative, par exemple :
> ➲ *J'explique comment ~~qu'~~on procède.*
> ➲ *Tu me dis où ~~est-ce que~~ tu vas.*
> ➲ *Je ne sais pas ~~qu'est-ce que~~ tu dis.*
> ➲ *Je sais qui ~~est-ce qui~~ a téléphoné.*

Dans la complétive, **si** remplace *est-ce que* ; **ce que** remplace *que* et *qu'est-ce que* ; **ce qui** remplace *qu'est-ce qui*.

■ POUR PRÉCISER

- Une complétive interrogative peut être une infinitive avec un marqueur interrogatif.
  Ex. : *Je me demande **comment procéder**. Il faut savoir **où passer**.*

  Elle dépend souvent du verbe *savoir* à la forme négative, suivi de *que* (sans *pas*) ou de *quoi*, par exemple :
  – sans *pas* : *Je ne sais que dire / que faire / que répondre / quoi penser / quoi faire* ;
  – avec *pas* ou *plus* : *Je ne sais pas quoi penser. Je ne sais plus quoi faire / quoi dire.*

◀

 C La subordonnée complétive exclamative

La **complétive exclamative** est une subordonnée complément d'un verbe. Elle sert à exprimer un fait avec intensité.
Ex. : *Vous <u>imaginez</u> **comme ce conteur est intéressant**.*

Caractéristiques	Exemples
Elle complète un verbe dont le sens permet d'exprimer une intensité.	*voir, imaginer, s'apercevoir, savoir, se rappeler, penser*
Elle est enchâssée par *si* ou par *comme* ; parfois par un autre marqueur exclamatif.	*si, comme, combien, quel*
Son verbe est au mode indicatif.	*Tu vois ⟨combien il **a changé**⟩ !*
La phrase entière se termine par un point ou un point d'exclamation.	*Regarde ⟨comme il est bon⟩.* *Tu penses ⟨si j'étais contente⟩ !*

🖦 Page 133
Marqueurs
exclamatifs

◀

17.3 La subordonnée complétive complément de l'adjectif

Page 104
Complément
de l'adjectif

La **complétive complément de l'adjectif** est enchâssée dans un GAdj.
Elle est complément de l'adjectif noyau de ce GAdj. Elle est placée après l'adjectif.

Ex. : *Nous sommes* | *heureux* **que vous acceptiez l'invitation** .

- GAdj
- Adj / Sub. complétive
- compl. de l'Adj

Caractéristiques	Exemples
Elle complète souvent un adjectif d'opinion ou de sentiment.	*certain, sûr, convaincu, fier, content, heureux, ravi, irrité*
Elle est enchâssée par *que*, parfois par *à ce que* ou *de ce que*.	*Il est habitué **à ce qu'**on l'appelle.* *Il est fâché **que** / **de ce que** les gens aient attendu longtemps.*
Son verbe est généralement au mode : – subjonctif pour un adjectif de sentiment ; – indicatif pour un adjectif d'opinion.	*Je suis fière que tu **sois** là .* *Nous sommes certains qu'il **viendra** nous voir .*

Ⓜ La complétive peut généralement être **remplacée** par le GPrép *à cela* ou *de cela* (selon la préposition demandée par l'adjectif).
Ex. : *Il est habitué **à ce qu'on l'appelle**.* ➲ *Il est habitué **à cela**.*

17.4 La subordonnée complétive complément du nom

Page 85
Complément
du nom

La **complétive complément du nom** est enchâssée dans un GN.
Elle est complément du nom noyau de ce GN. Elle est placée après le nom et elle en précise le sens.

Ex. : *Le fait **qu'elle participe au festival** réjouit tout le monde.*

- GN
- N / Sub. complétive
- compl. du N

Le fait = qu'elle participe au festival

172 Partie 4 • LA PHRASE

Caractéristiques	Exemples
Elle complète généralement un nom abstrait, dont le déterminant est défini ou démonstratif (ex. : *le / la*, *ce / cette*).	*fait, idée, pensée, signe, certitude, principe, impression, chance, espoir, désir, sentiment, crainte, peur, regret*
Elle est enchâssée par *que* (parfois par *de ce que*).	*La <u>peur</u> **qu'**il se fâche me retenait.* *L'<u>idée</u> **de ce qu'**il ferait me hantait.*
Son verbe est au mode indicatif ou subjonctif, selon les mêmes valeurs que les verbes introduisant une complétive. Souvent, le nom est apparenté à l'un de ces verbes. ⤷ **Page 169**, numéros 3 et 4	*On a la <u>preuve</u> `qu'elle **dit** la vérité`.* (fait certain / connaissance) *Il a encore cette <u>crainte</u> `qu'elle **parte**`.* (fait possible / sentiment)

⤷ **Page 20**
Traits du nom

La complétive complément du nom est enchâssée à la place d'un GPrép en *de*.

Ex. : *le fait **qu'elle participe*** comparé à *le fait **de participer***
    *la preuve **qu'il est parti*** comparé à *la preuve **de son départ***

La complétive peut souvent être **remplacée** par le GPrép *de cela*.

Ex. : *la preuve **qu'il est parti*** ⟳ *la preuve **de cela***

■ POUR PRÉCISER

Il ne faut pas confondre la conjonction *que* avec le pronom relatif *que*. Celui-ci a un antécédent et une fonction syntaxique, contrairement à la conjonction.
Soit les deux exemples suivants.

(A) *L'<u>idée</u> `que tu proposes` est excellente.* (= tu proposes une idée, l'idée est excellente)

(B) *L'<u>idée</u> `que tu partes` m'attriste.* (= l'idée de cela, et non ⟳ tu partes une idée…)

Dans l'exemple (A), *que* est un **pronom relatif** qui introduit une subordonnée relative. Il reprend le nom *idée*. Il a la fonction de complément direct du verbe *proposes*.

Dans l'exemple (B), *que* est une **conjonction**. Elle introduit une subordonnée complétive complément du nom *idée*. De plus, elle ne reprend rien et n'a pas de fonction dans la subordonnée.

 17.5 La subordonnée sujet (complétive sujet)

Il existe une subordonnée sujet appelée aussi « complétive sujet ». Elle est enchâssée à la place d'un groupe sujet et remplit donc la fonction de sujet. Elle est introduite par *que* et son verbe est généralement au mode subjonctif.

Ex. : ***Qu'elle soit absente à la répétition*** *n'est pas normal.*

⤷ **Page 122**
Sujet

La complétive sujet peut être **remplacée** par *cela*.

Ex. : ***Que nous partions tôt*** *me conviendrait.* ⟳ ***Cela*** *me conviendrait.*

La complétive sujet est souvent détachée et reprise par *cela, ce / c'* ou par un GN comme *ce fait, la chose*. La phrase est alors de forme emphatique.

Ex. : `Qu'elle soit absente à la répétition`**, ce** *n'est pas normal.*

⤷ **Page 140**
Phrase emphatique

La complétive peut être réduite dans certains cas. En voici des exemples.

Procédés de réduction	Exemples
Remplacement de la complétive par un GN	*Je constate **qu'elle est silencieuse**.* ⮩ *Je constate son silence.*
Remplacement de la complétive par un GVinf ou un GPrép quand elle a un élément en commun avec la P enchâssante : en général, le <u>sujet</u>	*Tu crois **que tu feras mieux**.* ⮩ *Tu crois faire mieux.* *Elle est certaine **qu'elle aura le rôle**.* ⮩ *Elle est certaine d'avoir le rôle.*
Effacement de *que* et remplacement du GV par un GVinf : on forme ainsi une subordonnée infinitive avec <u>sujet exprimé</u> (sans subordonnant)	Après un verbe de perception comme *voir, sentir* : *Je vois **que Fiona prépare le décor**.* ⮩ *Je vois ✕ Fiona préparer le décor.* *Il sent **que le sac lui glisse des mains**.* ⮩ *Il sent ✕ le sac lui glisser des mains.*
Effacement de *que* et du verbe *être* pour former un GN (= complément direct avec attribut)	*Karim trouve **que la pièce est bonne**.* ⮩ *Karim trouve ✕ la pièce ✕ bonne.* (Les verbes doivent être au même temps.)

⮩ **Page 97**
GVinf

⮩ **Page 147**
Subordonnée
infinitive

⮩ **Page 95**
Attribut du
complément
direct

■ POUR PRÉCISER

Il y a aussi la complétive complément du verbe impersonnel et la complétive complément du présentatif. Voici leurs caractéristiques et des exemples.

- **Complément du verbe impersonnel** ou d'une construction impersonnelle
  Subordonnant *que* + mode subjonctif (nécessité, appréciation, possibilité, doute)
  Ex. : *Il vaut mieux **que tu sortes**. Il est important **que nous soyons à l'heure**.*

  Subordonnant *que* + mode indicatif (certitude, probabilité)
  Ex. : *Il est évident **qu'elle réussira**. Il paraît **qu'il fera beau demain**.*

- **Complément du présentatif**
  Subordonnant *que* + mode indicatif ; parfois, marqueur interrogatif avec *voici / voilà*
  Ex. : *Voilà **que tu recommences**. Voici **quelle couleur on prendra**.*
    *C'est **que je suis en retard**. Il y a **que je ne peux plus courir**.*

  La complétive peut être réduite quand son sujet est *on* après *il faut, il s'agit, il est question / important* (ou autre construction du genre), *voici* + marqueur interrogatif.
  Ex. : *Il faut **que l'on se lève**.* ⮩ *Il faut se lever.*
    *Voici **comment on procède**.* ⮩ *Voici comment procéder.*

  Si le sujet est un pronom autre que *on*, la réduction peut se faire avec *il faut*.
  Ex. : *Il faut **que je sorte**.* ⮩ *Il me faut sortir.* (Le pronom doit être complément indirect.)

◀

La subordonnée complétive

- La subordonnée complétive :
  - est une phrase subordonnée enchâssée par une conjonction, le plus souvent *que* ;
  - est souvent enchâssée dans un GV, parfois dans un GAdj ou un GN ;
  - est construite avec des constituants (sujet, prédicat, complément de P).

- La subordonnée complétive est classée selon ses fonctions :
  - complétive complément du verbe ;
  - complétive complément de l'adjectif ;
  - complétive complément du nom.

- La subordonnée complétive complément du verbe est enchâssée dans le GV de la phrase enchâssante. Elle complète le verbe noyau du GV. Elle est placée après ce verbe.

  - La complétive complément direct peut être remplacée par *cela*.
  - La complétive complément indirect peut être remplacée par *à cela, de cela*.
  - Le mode du verbe de ces complétives est l'indicatif ou le subjonctif, selon le sens du verbe de la P enchâssante et le fait exprimé.

  2ᵉ cycle ▶ — La complétive interrogative est introduite par *si, ce que, ce qui* ou un marqueur interrogatif : *qui, où, quel, comment,* etc. Son verbe est au mode indicatif. ◀

  2ᵉ cycle ▶ — La complétive exclamative est généralement introduite par le marqueur exclamatif *comme* ou par *si*. Son verbe est au mode indicatif. ◀

- La subordonnée complétive complément de l'adjectif est enchâssée dans un GAdj. Elle est complément de l'adjectif noyau de ce GAdj. Elle est placée après l'adjectif. Son verbe est au mode indicatif ou subjonctif, selon le sens de l'adjectif. Elle peut généralement être remplacée par *à cela* ou *de cela*.

- La subordonnée complétive complément du nom est enchâssée dans un GN. Elle est complément du nom noyau de ce GN. Elle est placée après le nom. Son verbe est au mode indicatif ou subjonctif, selon le sens du nom et le fait exprimé. Elle peut souvent être remplacée par *de cela*.

2ᵉ cycle ▶ - Il y a aussi une subordonnée sujet appelée « complétive sujet ». Elle est enchâssée à la place d'un groupe sujet et remplit donc la fonction de sujet. Son verbe est généralement au subjonctif. Elle peut être remplacée par *cela*. ◀

2ᵉ cycle ▶ - La subordonnée complétive peut être réduite selon quelques procédés, ainsi :
  - le remplacement de la complétive par un GN ;
  - le remplacement de la complétive par un GVinf ou un GPrép (Prép + GVinf) ;
  - l'effacement de *que* et le remplacement du GV par un GVinf ;
  - l'effacement de *que* et du verbe *être* pour former un GN. ◀

CHAPITRE 18

La subordonnée complément de phrase
et la subordonnée corrélative

Dans le texte descriptif qui suit, les subordonnées marquées en gras sont des **subordonnées compléments de phrase.**

Leonardo Da Vinci

Léonard de Vinci est né en 1452 dans un petit village d'Italie, près de la ville de Florence. Dès son enfance, il observe la nature et démontre une curiosité peu ordinaire. **Quand il est adolescent,** il travaille dans l'atelier du maître Verrocchio. Son père l'y a placé **pour qu'il apprenne le métier de peintre**. Il s'initie également à la sculpture, à la décoration et à la gravure.

Au fil des ans, il ne cesse de s'instruire. Il étudie la géométrie et la perspective **parce qu'il veut percer les secrets de l'architecture.**

Il s'intéresse à toutes les sciences de son époque, **si bien qu'il sera aussi ingénieur, urbaniste, botaniste, géologue et anatomiste.**

En 1503, **alors qu'il est devenu un maître de la Renaissance**, il peint *la Joconde*, son tableau le plus célèbre.

En 1516, le roi François Ier l'invite à s'établir en France. Léonard de Vinci accepte l'invitation, puis s'installe à Amboise, dans la région des châteaux de la Loire. Il est aussi nommé « ingénieur » à la cour du roi. **Lorsqu'il meurt au château de Cloux trois ans plus tard**, il est âgé de 67 ans.

> La subordonnée complément de phrase (complément de P) permet d'exprimer, entre autres, la cause d'un fait, le but d'une action, le moment où se produit un évènement. Elle constitue un moyen d'expression efficace pour apporter de l'information dans la phrase.

18.1 Les caractéristiques de la subordonnée complément de P

A La construction de la subordonnée complément de P

1. La subordonnée complément de P est une phrase enchâssée à la place d'un groupe complément de P, soit un GN, un GPrép ou un GAdv.

   ⇨ **Page 124**
   Complément de P

   À la différence de ces groupes, elle est une phrase introduite par un subordonnant dans la phrase enchâssante.

   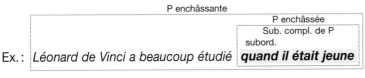

   P enchâssante

   P enchâssée
   Sub. compl. de P
   subord.

   Ex. : *Léonard de Vinci a beaucoup étudié* **quand il était jeune** .

   Comparé à :

   GPrép

   Léonard de Vinci a beaucoup étudié durant sa jeunesse .

   La subordonnée, introduite par le subordonnant *quand*, remplit la fonction de complément de P, comme le GPrép de la deuxième phrase.

2. Puisqu'elle est une phrase, la subordonnée complément de P est aussi construite avec des constituants (sujet, prédicat et complément de P facultatif).

   Sub. compl. de P
   subord.

   Ex. : *Il vivait en Italie* **lorsque** le roi de France *l'invita* en 1516 .

3. Le subordonnant qui introduit la subordonnée complément de P joue le rôle de **marqueur de relation**. Il indique le sens de la relation établie entre la subordonnée et la phrase enchâssante. Par exemple :
   – *parce que* marque une relation de cause ;
   – *pour que* marque une relation de but.

   ⇨ **Page 323**
   Marqueurs de relation

   De plus, certains subordonnants ont plusieurs sens ; ils peuvent donc marquer plusieurs relations, selon le contexte. Par exemple, *alors que* peut indiquer :
   – le temps : *Il a rencontré de grands maîtres* **alors qu'***il était étudiant ;*
   – l'opposition : *On le voit comme un apprenti,* **alors qu'***il est un génie.*

   ■ POUR PRÉCISER

   Les subordonnants sont généralement des conjonctions de subordination. Celles-ci sont souvent formées de la conjonction *que* et d'autres mots appartenant à diverses classes : déterminant, nom, préposition, pronom, adverbe, verbe. Elles sont aussi appelées « locutions conjonctives ».
   Ex. : *une fois que, avant que, au moment où, bien que, vu que,* etc.

   ⇨ **Page 77**
   Conjonction

La fonction de la subordonnée complément de P

M

Cette subordonnée est nommée par sa fonction, soit complément de P.
Elle est un constituant facultatif et généralement mobile. Son **effacement** et
son **déplacement** sont donc **possibles**.

Ex. : *Il a beaucoup étudié **quand il était jeune** .*
⊃ *Il a beaucoup étudié* ~~~~ *.*
⊃ ***Quand il était jeune** , il a beaucoup étudié.*

2ᵉ cycle ▶ Certaines subordonnées ne sont pas mobiles. C'est le cas, en particulier, des
subordonnées exprimant la conséquence.

↳ Page 182
Subordonnée
valeur de
conséquence

Ex. : *Il s'intéresse à toutes les sciences, **si bien qu'il sera aussi ingénieur** .*
⊃ ~~*Si bien qu'il sera aussi ingénieur, il s'intéresse à toutes les sciences.*~~

▣ POUR PRÉCISER

- Dans certains cas, le déplacement de la subordonnée peut exiger des changements
dans l'emploi des pronoms ou d'autres mots substituts.
Ex. : *Margot prenait **un autre livre** aussitôt qu'elle avait fini d'**en** lire **un**.*
⊃ *Aussitôt qu'elle avait fini de lire **un livre**, Margot **en** prenait **un autre**.*

- Dans la reprise de groupes, le pronom *en* est employé avec des pronoms
numéraux ou indéfinis pour désigner une quantité ou une réalité indéfinie.
Ex. : *On m'a donné <u>cinq livres</u>, alors que j'**en** voulais **trois**.*
*Je garde <u>mon sac</u>, même si je peux **en** avoir **un autre**.*

- Le pronom numéral est parfois suivi d'un adjectif.
Ex. : *On m'a donné <u>un vieux sac</u>, alors que j'**en** voulais **un neuf**.*

◀

18.2 Les divers sens exprimés par la subordonnée complément de P

La subordonnée complément de P sert à exprimer divers sens. Par exemple,
elle peut exprimer une valeur de temps en rapport avec la phrase enchâssante.

Le subordonnant, par son sens, marque cette relation établie entre la
subordonnée et la phrase enchâssante. De plus, il détermine le mode du
verbe dans la subordonnée. Par exemple, le subordonnant *pour que*
demande un verbe au subjonctif.

Ex. : *Le roi l'a invité à la cour **pour qu'il soit** son peintre.* (subordonnée à valeur de but)

Dans les sections qui suivent, les subordonnées compléments de P sont
présentées selon le sens qu'elles expriment en contexte, c'est-à-dire selon
leur valeur.

A La subordonnée complément de P à valeur de temps

1. La subordonnée à valeur de temps exprime un fait en le situant dans le temps par rapport au fait exprimé dans la phrase enchâssante.

Les deux faits peuvent se produire dans le même temps ou l'un avant l'autre. Le tableau suivant en donne des exemples.

Dans le tableau, P1 représente la phrase enchâssante et P2, la **subordonnée**.

Faits exprimés dans le temps	Exemples
Les faits exprimés dans P1 et P2 se produisent dans le même temps : ils sont simultanés.	**P1** *Je prenais ce livre sur la Renaissance* **P2** *lorsque Daria est arrivée.*
Le fait exprimé dans P1 est antérieur à celui exprimé dans P2.	**P1** *Je veux acheter ce livre* **P2** *avant que le cours d'histoire commence.*
Le fait exprimé dans P1 est postérieur à celui exprimé dans P2.	**P1** *Je replacerai les livres sur les rayons* **P2** *après que Daria en aura choisi un.*

2. Voici des subordonnants de temps, présentés selon le mode qu'ils demandent.

Principaux subordonnants de temps	
Mode indicatif	**Exemples**
quand, lorsque, alors que, tandis que, chaque fois que, toutes les fois que, au moment où, à l'instant où, jusqu'au moment où, pendant que, durant que, après que, dès que, une fois que, aussitôt que, sitôt que, depuis que	P1 est antérieure à **P2** : *Elle avait déjà lu le livre* **quand je l'ai pris**. P1 et **P2** sont simultanées : **Au moment où elle entra**, *une cloche sonna.* P1 est postérieure à **P2** : *Claudio cherchait un nouveau projet* **dès qu'il avait accompli une œuvre**.
Mode subjonctif	**Exemple**
avant que, jusqu'à ce que, d'ici à ce que, en attendant que	P1 est antérieure à **P2** : *On reste ici* **jusqu'à ce qu'elle revienne**.
Les subordonnants qui demandent le subjonctif servent à exprimer l'antériorité.	

On emploie parfois le *ne* explétif avec le subordonnant *avant que*.

Ex. : *Il faut faire vite* **avant qu'***il* **ne** *soit trop tard.*

> Le *ne* dit «explétif», placé devant le verbe, est une marque de style : il n'est pas obligatoire et il ne constitue pas une marque de négation.

B La subordonnée complément de P à valeur de but

1. La subordonnée à valeur de but exprime une intention, un but à atteindre. Le fait énoncé dans la phrase enchâssante peut être une condition ou un moyen pour atteindre ce but.

Ex.: *Anne prête ce livre à Mathis **pour qu'il connaisse l'époque de la Renaissance**.*

Le prêt du livre est le moyen que prend *Anne* pour atteindre le but qu'elle recherche, soit que *Mathis connaisse l'époque de la Renaissance*.

2. Les subordonnants de but demandent le subjonctif.

Principaux subordonnants de but	
Mode subjonctif	**Exemples**
pour que, afin que, de sorte que, de façon que, de façon à ce que, de manière que, de manière à ce que, de crainte que, de peur que	*Placez-vous ici **afin que je puisse vous voir**.* *Il ne répondait pas aux questions **de peur que ses réponses ne soient retenues contre lui**.*

> ■ POUR PRÉCISER
>
> • Le but recherché peut être négatif. Il peut être exprimé par la forme négative dans la subordonnée.
> Ex.: *Vinci écrivait à l'envers **de façon que** certains **ne** puissent **pas** le comprendre.*
>
> Le but peut être exprimé par la forme positive avec *de crainte que* et *de peur que*. On emploie habituellement le *ne* explétif avec ces subordonnants.
> Ex.: *Il codait ses informations **de crainte que** celles-ci **ne** soient utilisées contre lui.*
>
> • Les autres subordonnants (*afin que, pour que*, etc.) sont parfois remplacés par *que*. La phrase enchâssante est alors impérative ou a un sens impératif.
> Ex.: *Vous vous placez ici, **que** je puisse vous voir.*

C La subordonnée complément de P à valeur de cause

1. La subordonnée à valeur de cause exprime une cause dont l'effet (conséquence) est énoncé dans la phrase enchâssante.

Ex.: *Léonard de Vinci est allé en France **parce que le roi François Ier l'a invité**.*

L'invitation du roi est la cause du départ de Léonard de Vinci pour la France ; ce départ est donc l'effet produit par la cause.

2. Le subordonnant de cause le plus courant est ***parce que***. Il demande l'indicatif.

Ex.: *Il étudiait beaucoup **parce qu'il était** très curieux.*

3. Le subordonnant peut indiquer une valeur particulière de la cause, par exemple :

- Le subordonnant *parce que* marque une cause présentée comme un fait inconnu ou non évident : il s'agit d'une **cause non attendue**, c'est-à-dire à laquelle on ne s'attend pas nécessairement.

- Certains subordonnants, comme *puisque*, servent à exprimer une cause présentée comme un fait évident, connu ou incontestable : il s'agit alors d'une **justification**.

Ces subordonnants demandent l'indicatif.

Principaux subordonnants de cause	
Mode indicatif	**Exemples**
• **Cause non attendue** *parce que, comme*	*Anne va à la bibliothèque **parce qu'elle veut pouvoir lire sans être dérangée**.*
• **Justification** *puisque, étant donné que, vu que, comme, du fait que, attendu que*	*Léonard de Vinci était un génie, **puisqu'il a fait des œuvres et des inventions extraordinaires**.*

▨ POUR PRÉCISER

- *Comme* est généralement placé en tête de phrase. Il marque aussi une insistance.
  Ex. : **Comme** *il était minuit passé, tout le monde dormait déjà à la maison.*

  Ce subordonnant est parfois placé après l'attribut du sujet de la subordonnée ; l'attribut peut alors être repris ou non par le pronom *le*.
  Ex. : **Fatigué comme il (l') était**, *il s'est couché tôt.* (= comme il était fatigué)

  Parfois, dans cette tournure, *comme* est remplacé par *que*, sans pronom de reprise.
  Ex. : *Il s'est couché tôt,* **épuisé qu'il était**.

- Voici d'autres exemples de subordonnants. Certains demandent le subjonctif.

– **Prétexte, fausse cause** *sous prétexte que*	*Elle n'a pas lu ce livre **sous prétexte qu'elle était trop occupée**.*
non que / non pas que (subjonctif) *non parce que / non pas parce que*, souvent suivi de la vraie cause	*Il est parti, **non pas parce qu'il était fâché**, mais parce qu'il devait rentrer tôt.*
– **Alternative** (subjonctif) *soit que… soit que* *soit que… ou que*	*Elle n'a pas pu terminer son travail, **soit qu'elle ait manqué de temps ou que son ordinateur ait eu une défaillance**.*
– **Proportion** *d'autant plus que* *à mesure que* (+ idée de temps)	*Il fait chaud dans la salle, **d'autant plus que le système de climatisation ne fonctionne pas**.*

Avec certains subordonnants, comme *non pas parce que, d'autant plus que*, la subordonnée ne se déplace pas dans la phrase.

D La subordonnée complément de P à valeur de conséquence

1. La subordonnée à valeur de conséquence exprime un effet dont la cause est énoncée dans la phrase enchâssante.

Ex. : *Vinci était fasciné par les oiseaux, **si bien qu'il imagina une machine à voler.***

La fascination de Vinci pour les oiseaux est la cause qui produit la conséquence, c'est-à-dire l'effet suivant : Vinci imagina une machine à voler.

La subordonnée à valeur de conséquence n'est pas mobile. Elle est placée après la phrase enchâssante.

Ⓜ Ex. : *Axel a perdu son livre d'histoire, **de sorte qu'il devra en acheter un autre.***
ↄ ~~*De sorte qu'il devra en acheter un autre* Axel a perdu son livre d'histoire.~~

2. Les subordonnants de conséquence demandent généralement l'indicatif.

| Principaux subordonnants de conséquence ||
Mode indicatif	Exemples
si bien que, de sorte que, de telle sorte que, au point que, à tel point que, de façon que, de telle façon que	*Meredith travaillait sans relâche, **au point qu'elle ne dormait plus.*** *Axel observait les tableaux du grand maître, **de telle façon qu'il pouvait les décrire en détail.***

▦ POUR PRÉCISER

Le verbe de la subordonnée peut être au subjonctif ; c'est le cas avec des subordonnants qui indiquent aussi le but. La subordonnée est alors déplaçable.
Ex. : ***Pour qu'**on en **dise** du bien, il doit avoir fait de grandes choses.*

◀

E La subordonnée complément de P à valeur de comparaison

1. La subordonnée à valeur de comparaison exprime un fait en le reliant à un autre fait énoncé dans la phrase enchâssante. La comparaison ainsi établie peut prendre une valeur de manière ou de conformité.

Ex. : *Cet artiste peint **comme le grand maître le faisait à l'époque.***

La manière de peindre de l'artiste est reliée, comparée, à celle du grand maître.

2. Les subordonnants de comparaison demandent l'indicatif.

| Principaux subordonnants de comparaison ||
Mode indicatif	Exemple
comme, ainsi que, de même que, autant que, tel que	*J'ai acheté les tubes de couleur **tels que vous les avez demandés.***

- La subordonnée à valeur de comparaison est souvent placée après la phrase enchâssante. C'est le cas en particulier lorsqu'elle est introduite par *comme* : son déplacement peut être difficile parfois et même changer le sens de la phrase.
  Ex. : *Sofia parle **comme elle écrit**.* (≠ Comme elle écrit, Sofia parle.)

- *Comme* peut être suivi d'un autre subordonnant, par exemple *si, quand, lorsque.*
  Ex. : *Fais **comme si** je n'étais pas là.* (= Fais ce que tu ferais si je n'étais pas là.)
      Le sens du subordonnant s'ajoute à celui de *comme.*

- L'adjectif *tel* dans le subordonnant *tel que* se rapporte à un nom et s'accorde donc avec ce nom.
  Ex. : *Il a dessiné cette <u>nature</u> **telle** qu'on l'avait décrite.*

👆 **Page 238**
Accords

2ᵉ cycle ▶

F La subordonnée complément de P à valeur d'opposition

1. La subordonnée à valeur d'opposition exprime un fait qui s'oppose au fait énoncé dans la phrase enchâssante, sans relation de cause à effet.
   Ex. : *Vinci peint comme un maître, **alors qu'il est encore un apprenti**.*
       Le fait qu'il peigne comme un maître s'oppose au fait qu'il est encore un apprenti.

2. Les subordonnants d'opposition demandent généralement l'indicatif.

Principaux subordonnants d'opposition	
Mode indicatif	**Exemples**
alors (même) que, tandis que, quand, lorsque, pendant que, si (= s'il est vrai que)	*Tu m'as donné un pinceau, **quand je te demandais la palette**.* ***Si la Joconde** est un tableau connu*, son modèle au sourire mystérieux l'est beaucoup moins.

Avec les subordonnants *au lieu que, (bien) loin que, plutôt que,* le verbe se met au subjonctif.
Ex. : ***Bien loin qu**'elle **puisse** m'aider, elle va me nuire.*

G La subordonnée complément de P à valeur de concession

1. La subordonnée à valeur de concession exprime un fait qui entraîne un résultat différent de ce qui est attendu. Ce résultat est énoncé dans la phrase enchâssante.

   Ex.: ***Même s'il était un génie***, *Vinci échoua dans certains de ses grands projets.*

   > Par le fait qu'il était un génie, on s'attend à ce que Vinci ait réussi tout ce qu'il avait entrepris. Or, on doit faire une concession, car le résultat est différent : il a connu des échecs.

2. Les subordonnants de concession demandent soit l'indicatif, soit le subjonctif.

Principaux subordonnants de concession	
Mode indicatif	**Exemple**
même si, quand bien même (+ conditionnel)	***Quand bien même il l'aiderait***, *Meredith ne pourra terminer son œuvre ce soir.*
Mode subjonctif	**Exemple**
bien que, quoique, encore que, malgré que	***Bien qu'il dise l'aimer***, *il ne s'occupe pas d'elle.*

> ■ POUR PRÉCISER
>
> • Il existe d'autres subordonnants de concession, qui sont formés de *que* en corrélation avec un pronom : *qui que, quoi que, où que, quel que.*
>   Ex.: ***Quoi que*** *tu dises, elle ne veut pas te croire.*
>
>   On peut distinguer *quoique* de *quoi que*, en le remplaçant par *bien que.*
>   Ex.: ***Quoiqu****'il vive ici, on le voit peu.* ➲ ***Bien qu****'il vive ici, on le voit peu.*
>   ***Quoi qu****'il fasse, on se plaint.* ➲ ~~*Bien qu*~~*'il fasse, on se plaint.*
>   (= qu'il fasse n'importe quoi)
>
>   *Quel* s'accorde dans ***quel que***, car il est un pronom attribut du sujet.
>   Ex.: ***Quelles que*** *soient ses idées, on les trouve géniales.*
>   (= que ses idées soient n'importe lesquelles)
>
> • L'adverbe *aussi* forme avec *que* un subordonnant de concession : *aussi… que.*
>   Ex.: ***Aussi*** *étrange* ***qu****'elle puisse paraître, cette invention sera pratique.*
>
>   Certains subordonnants, qui s'apparentent à *aussi… que*, s'emploient surtout en langue soutenue : *quelque… que, tout… que, pour… que, si… que.*

1. La subordonnée à valeur d'hypothèse exprime une condition ou une supposition par rapport au fait énoncé dans la phrase enchâssante.

   • La subordonnée peut exprimer une simple condition. L'effet se produira si la condition est réalisée.
      Ex. : **Si on visite le musée du Louvre**, on y verra la Joconde.
         La condition pour voir la Joconde, c'est de visiter le musée du Louvre.

   • La subordonnée peut exprimer une supposition. L'effet peut ou non se produire.
      Ex. : **Si Sofia en avait les moyens**, elle irait à Paris pour y visiter le Louvre.
         En supposant qu'elle en ait les moyens, Sofia irait à Paris : l'effet se produirait.

2. Les subordonnants d'hypothèse demandent soit l'indicatif, soit le subjonctif.

Principaux subordonnants d'hypothèse	
Mode indicatif	**Exemple**
si, dans la mesure où, au cas où, dans l'hypothèse où, selon que, sauf si, seulement si	J'apporte des vêtements chauds **au cas où il ferait froid dans l'atelier**.
	Si j'apporte des vêtements chauds, c'est que je suppose qu'il fera peut-être froid dans l'atelier.
Mode subjonctif	**Exemple**
à moins que… (ne), pourvu que, à supposer que, à condition que, en admettant que, pour autant que, si tant est que, pour peu que	Je te prêterai le livre Le code Da Vinci, **à moins que tu ne l'aies déjà lu**.
	Pour que je te prête ce livre, la condition est que tu ne l'aies pas déjà lu.

Le subordonnant d'hypothèse **si** ne commande pas un verbe au conditionnel.
Ex. : **Si j'avais** le temps, j'irais le voir. ⊃ Si j'~~aurais~~ le temps, j'irais le voir.

Cependant, quand si introduit une subordonnée complétive interrogative, il peut commander un verbe au conditionnel.
Ex. : Je me demande **si** on **pourrait** construire une machine à voyager dans le temps.

↳ Page 170
Subordonnée complétive interrogative

■ POUR PRÉCISER

Voici d'autres valeurs exprimées par la subordonnée complément de P.

• **Restriction** ou **rectification**
   – mode indicatif : sauf que, excepté que, si ce n'est que, sinon que
      Ex. : Son tableau est magnifique, **sauf que personne ne veut l'acheter**.
         C'est un excellent professeur d'art, **si ce n'est qu'il est parfois trop excentrique**.

• **Addition**
   – mode indicatif : outre que, sans compter que
      Ex. : **Outre qu'elle suivait beaucoup de cours**, elle passait de nombreuses heures à travailler.

18.3 La réduction de la subordonnée complément de P

1. Il est souvent possible de réduire la subordonnée complément de P quand son **sujet** désigne une réalité déjà exprimée dans la phrase enchâssante : en général, c'est le sujet de la phrase ; parfois, c'est un complément du verbe de la phrase. Le sujet de la subordonnée est effacé dans la réduction.

Les procédés de réduction courants sont présentés dans le tableau qui suit.
- Ils s'appliquent aux subordonnées à valeur de temps, de cause ou d'hypothèse.
- Pour les subordonnées à valeur de but, de conséquence ou d'opposition, la réduction se fait selon le premier procédé : Prép + GVinf, en général.

Procédés de réduction	Exemples
Remplacement du subordonnant par une préposition de sens équivalent pour former un GPrép : Prép + GN ou Prép + GVinf	Il est réprimandé **parce qu'il est en retard**. ⤳ Il est réprimandé *à cause de son retard*. Je lui donne de l'argent **pour qu'il achète un livre**. ⤳ Je lui donne de l'argent *pour acheter un livre*. **Au lieu qu'il produise un bon effet**, ce vernis a gâté le tableau. ⤳ *Au lieu de produire un bon effet*, ce vernis a gâté le tableau.
Remplacement de la subordonnée par un GVpart ou un GPrép qui est un gérondif (*en* + participe présent)	**Puisqu'elle est partie tôt**, elle n'a pas vu Axel. ⤳ *Étant partie tôt*, elle n'a pas vu Axel. **Lorsqu'il a présenté ce travail**, il a été félicité. ⤳ *En présentant ce travail*, il a été félicité.
Remplacement de la subordonnée à verbe *être* + GAdj attribut par un GAdj	Il gagnerait des concours **s'il était moins nerveux**. ⤳ *Moins nerveux*, il gagnerait des concours.

⮫ **Page 97** GVinf

⮫ **Page 98** GVpart

Il est parfois possible de réduire la subordonnée en la remplaçant par une construction participiale (à valeur de temps, de cause ou d'hypothèse). Son **sujet** doit alors être différent de celui de la phrase enchâssante et il n'est pas effacé dans la réduction, ainsi :

Remplacement de la subordonnée par un GVpart avec sujet exprimé : on forme ainsi une subordonnée participiale (sans subordonnant)	**Si la pluie cesse**, nous sortirons. ⤳ *La pluie cessant*, nous sortirons. On expose les toiles, **puisqu'elles sont prêtes**. ⤳ On expose les toiles, *celles-ci étant prêtes*.

La construction réduite peut aussi être formée d'un GN avec un adjectif participe ; celui-ci vient du participe passé qui est dans la subordonnée non réduite : on efface alors l'auxiliaire *être*.

Ex. : **Quand le vent est tombé**, il est parti à vélo. ⤳ *Le vent tombé*, il est parti à vélo.

2. Pour la réduction, plusieurs subordonnants peuvent être remplacés par d'autres marqueurs de relation, qui sont souvent des prépositions, parfois des adverbes. En voici des exemples.
   - Le temps : *avant de, après, au moment de, une fois, aussitôt.*
   - Le but : *afin de, de crainte de, de peur de, pour.*
   - La cause : *à cause de, grâce à, sous prétexte de, du fait de, étant donné.*
   - La conséquence : *au point de, de façon à, de manière à, pour.*
   - L'opposition : *au lieu de, loin de, plutôt que de, malgré.*
   - L'hypothèse : *à condition de, à moins de.*

☞ Page 323
Marqueurs
de relation

3. En général, le subordonnant doit être effacé ou remplacé dans la réduction. Cependant, pour la subordonnée à valeur de comparaison, la réduction se fait différemment : le subordonnant est conservé et il y a effacement ou remplacement des mots répétés dans la subordonnée.

   Ex. : *Elle est peintre **comme son ami est peintre**.* ➲ *Elle est peintre comme son ami.*

   *J'aime ce style **autant que tu l'aimes**.* ➲ *J'aime ce style autant que toi.*

   *Ton dessin est beau **comme le dessin de ton ami est beau**.*
   ➲ *Ton dessin est beau comme celui de ton ami.* (≠ beau comme ton ami)

■ POUR PRÉCISER

- Le subordonnant *tel que*, employé dans la comparaison, peut être remplacé par *tel*.
  Ex. : *Tu dessines **tel qu'un artiste dessine**.* ➲ *Tu dessines tel un artiste* (le fait).

  Dans la réduction, le GV est effacé. On peut aussi le remplacer par *faire* s'il n'a pas de complément (comme l'exemple ci-dessus) ; ce remplacement est facultatif.

- Pour la subordonnée à valeur de concession, la réduction peut se faire avec *quoique, bien que* : ces subordonnants sont alors suivis d'un GVpart ou d'un GAdj.
  Ex. : ***Bien qu'ils soient formés par ce maître**, ils ne connaissent pas de succès.*
  ➲ *Bien que formés par ce maître, ils ne connaissent pas de succès.*

  Parfois, on peut remplacer le subordonnant de concession ou d'opposition par un adverbe de même sens : *même, cependant, pourtant, néanmoins…*
  La subordonnée est alors réduite à un GAdj ou à un GVpart.
  Ex. : ***Alors qu'elle est toute menue**, elle déplace de grosses sculptures.*
  ➲ *Toute menue, elle déplace pourtant de grosses sculptures.*

- Dans les constructions infinitives, c'est parfois le pronom *on* qui est sous-entendu, comme dans le GPrép suivant (Prép + GVinf).
  Ex. : ***À les regarder**, elles ne semblent pas inquiètes.* (= Si **on** les regarde, …)

◀

La réduction de la subordonnée, qu'elle soit complément de P, relative ou complétive, permet d'alléger des phrases et aussi de varier la façon de s'exprimer. Elle offre donc plusieurs moyens d'expression.

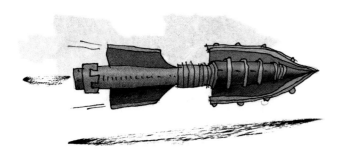

La subordonnée corrélative

1. La subordonnée corrélative s'apparente à la subordonnée complément de P, mais elle présente quelques caractéristiques différentes.
   - Elle remplit la fonction de modificateur.
   - Elle est enchâssée dans un groupe de la phrase : GN, GAdv, GAdj ou GV.
   - Elle est introduite par le subordonnant *que* en corrélation avec un autre mot, généralement un adverbe de degré (*aussi, moins, plus, si, tant,* etc.).

   ↳ **Pages 41, 116**
   Mise en degré

   La subordonnée corrélative peut exprimer la comparaison : infériorité, égalité, supériorité ; ou la conséquence à un degré d'intensité, généralement élevé.

   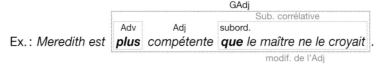

   Ex.: *Meredith est* **plus** *compétente* **que** *le maître ne le croyait*.

   Ici, la subordonnée corrélative, enchâssée dans un GAdj, exprime la comparaison : elle marque un rapport de supériorité par l'adverbe *plus*.

2. La subordonnée corrélative n'est pas mobile, mais elle peut être **effacée**.
   Ex.: *Elle est* **aussi** *jolie* **qu'on le dit**. ➲ *Elle est* ✕ *jolie* ✕ .

3. Voici les principaux subordonnants corrélatifs selon le sens exprimé.

Comparaison – groupes enchâssants	**Exemples**
GAdj : *moins / aussi / plus… que (ne)*	*Axel est* **moins** <u>fort</u> **que son ami ne l'est.**
GN : *moins / autant / davantage… que*	*Sofia a* **autant** <u>de talent</u> **qu'il en a.**
GV : *autant / autrement / davantage / mieux / meilleur / pire que (ne)*	*Il va* **mieux que je ne le pensais.** *Elle* <u>est</u> **meilleure que je le croyais.**
Conséquence – groupes enchâssants	**Exemples**
GAdj, GAdv : *si / tellement… que*	*Elle parle* **si** <u>peu</u> **qu'on oublie sa présence.**
GN : *tant / tellement / tel… que*	*Elle a une* **telle** <u>ardeur</u> **qu'elle nous fascine.**
GV : *tant / tellement que*	*J'ai* **tant** <u>dansé</u> **que mes jambes tremblent.**
GAdj, GAdv, GN : *assez / trop / suffisamment… pour que* (+ subjonctif)	*Il a fait* **trop** de bêtises **pour que je lui fasse confiance.**

Dans un rapport d'infériorité ou de supériorité, on emploie souvent le *ne* explétif, qui n'est pas une marque de négation. Ex.: *mieux que… ne*

Il peut y avoir réduction de la subordonnée corrélative.
Ex.: *Sofia a* **autant** *de talent* **qu'il en a**. ➲ *Sofia a* **autant** *de talent* **que lui.**
Il fait **trop** *froid* **pour qu'on reste ici**. ➲ *Il fait* **trop** *froid* **pour rester ici.**
(pour la conséquence, réduction avec *assez, trop, suffisamment… pour*)

La subordonnée complément de phrase

- La subordonnée complément de phrase :
  - est une phrase subordonnée enchâssée à la place d'un groupe complément de P : GN, GPrép ou GAdv ;
  - est introduite par un subordonnant (conjonction de subordination) ;
  - est construite avec des constituants (sujet, prédicat, complément de P).

- La subordonnée complément de phrase remplit la fonction de complément de P.
- Elle est un constituant facultatif et généralement mobile.

- La subordonnée complément de P sert à exprimer divers sens. Le mode de son verbe (indicatif ou subjonctif) est déterminé par le subordonnant, qui marque la relation établie entre elle et la phrase enchâssante. Les principales valeurs de sens de la subordonnée sont les suivantes.

Valeurs...	Exemples de subordonnants + mode
de temps	*quand, lorsque* + indicatif ; *avant que* + subjonctif
de but	*pour que, afin que, de sorte que* + subjonctif
de cause	*parce que, comme, puisque, vu que* + indicatif
de conséquence	*si bien que, de sorte que, au point que* + indicatif
de comparaison	*comme, ainsi que, de même que* + indicatif
d'opposition	*alors que, tandis que, pendant que* + indicatif
de concession	*même si* + indicatif ; *bien que, quoique* + subjonctif
d'hypothèse	*si* + indicatif ; *à moins que, à supposer que* + subjonctif

2ᵉ cycle

- La subordonnée complément de P peut souvent être réduite. Les principaux procédés de réduction sont les suivants :
  - le remplacement du subordonnant par une préposition de même sens pour former un GPrép (Prép + GN ou Prép + GVinf) ;
  - le remplacement de la subordonnée par un GVpart ou un GPrép (gérondif) ;
  - le remplacement de la subordonnée à verbe *être* + GAdj attribut par un GAdj ;
  - le remplacement de la subordonnée par un GVpart avec sujet exprimé pour former une participiale.

- La subordonnée corrélative s'apparente à la subordonnée complément de P, sauf que :
  - elle remplit la fonction de modificateur ;
  - elle est enchâssée dans un GN, un GAdv, un GAdj ou un GV ;
  - elle est introduite par le subordonnant *que* en corrélation généralement avec un adverbe de degré (*aussi, moins, plus,* etc.).

5

La conjugaison
Grammaire de la phrase

CHAPITRE 19

Le système de la conjugaison

Dans le texte suivant, les **verbes** en gras ont différentes formes. Ces formes permettent de situer dans le temps et d'exprimer d'une certaine manière les actions ou les faits qui y sont racontés.

Où **mènera** le réchauffement de la planète ?

La banquise **fond**, les glaciers **reculent**, les déserts **augmentent**, des espèces tropicales **envahissent** les zones tempérées, des incendies **détruisent** d'immenses forêts, le niveau de la mer **s'élève**…

La plupart des scientifiques **estiment** qu'il **existe** un phénomène de réchauffement climatique. Il y **aurait** un lien direct entre la température moyenne du globe et le taux de gaz carbonique. Cette hypothèse **fut formulée** dès le XIXᵉ siècle par un chimiste suédois **nommé** Svante Arrhenius. La première conférence mondiale sur le climat **se tint** un siècle plus tard, en 1979. C'**est** alors qu'on **estima** que l'activité humaine **pouvait avoir** un impact sur le climat.

Au fil du temps, on **s'est rendu compte** des problèmes environnementaux que **subissent** de plus en plus des populations aux quatre coins du globe. **Parviendrons**-nous à **trouver** des solutions à ces inconvénients pour notre planète ?

La conjugaison, c'est l'ensemble des formes du verbe selon les modes, les temps, les personnes et le nombre. La connaissance du système de la conjugaison permet de comprendre comment les verbes sont organisés et classés selon leurs régularités ou leurs caractéristiques. Elle permet également d'utiliser la bonne forme d'un verbe selon les besoins de l'expression.

19.1 Le radical et la terminaison

1. Le verbe est composé d'un **radical** (première partie du verbe) et d'une **terminaison** (seconde partie du verbe).

   Ex.: *march**er** → nous **march**erons*

2. Le **radical** donne le sens du verbe.

   Ex.: *j'**arriv**e, tu **arriv**ais, elle **arriv**era*
   Le radical ***arriv-*** permet de reconnaître le sens de ce verbe, peu importe la terminaison.

   La plupart des verbes gardent le même **radical** au cours de la conjugaison. C'est le cas, entre autres, de presque tous les verbes en *-er*.

   Ex.: *chant**er** → je **chant**e, tu **chant**ais, qu'il **chant**e, nous **chant**erons…*

   Certains verbes changent de radical au cours de la conjugaison. En voici quelques exemples.

Radical...	Exemples
à deux formes	*finir: je **fini**s, nous **finiss**ons* *ouvrir: j'**ouvr**e, j'**ouvri**rai* *écrire: j'**écri**s, nous **écriv**ons*
à trois formes	*vivre: je **vi**s, nous **viv**ons, je **véc**us*
à quatre formes	*apercevoir: j'**aperçoi**s, j'**apercev**ais, j'**aperç**us,* *que j'**aperçoiv**e*
à cinq formes	*savoir: je **sai**s, nous **sav**ons, je **s**us, je **sau**rai, que je **sach**e*
à six formes et plus	*pouvoir: je **peu**x, nous **pouv**ons, ils **peuv**ent, je **p**us,* *je **pour**rai, que je **puiss**e*

3. La **terminaison** change au cours de la conjugaison. Elle donne des indications sur le mode, le temps, la personne et le nombre du verbe.

   Ex.: *nous chant**erons*** ⎯⎯ Mode: Indicatif
   ⎯⎯ Temps: Futur simple
   ⎯⎯ Personne et nombre: 1re personne du pluriel

   Les terminaisons sont très régulières dans la conjugaison. Par exemple, les terminaisons de l'indicatif imparfait sont les mêmes pour tous les verbes; les terminaisons du subjonctif présent sont aussi les mêmes pour tous les verbes, sauf *avoir* et *être*.

   Certaines formes sont identiques à l'oral. Il faut donc bien les vérifier à l'écrit.
   Ex.: *tu march**es***
   *elle march**e***
   *ils march**ent***

↳ Page 203
Modes et temps des verbes

19.2 Le temps et le mode du verbe

A Le temps

1. Le temps d'un verbe permet de situer un **fait** par rapport au moment où l'énonciateur parle ou écrit.

Le terme « fait » indique autant l'idée d'action que l'idée d'état ou de changement exprimée par le verbe.

Temps		Exemples
Passé	Le fait a eu lieu **avant** que l'énonciateur parle ou écrive.	*J'**ai rédigé** cet article hier.* (passé composé) *Je **lisais** des articles scientifiques.* (imparfait)
Présent	Le fait a lieu **pendant** que l'énonciateur parle ou écrit.	*En ce moment, je **rédige** un article sur le réchauffement de la planète.* (présent)
Futur	Le fait aura lieu **après** que l'énonciateur aura parlé ou écrit.	*Je **lirai** cet article plus tard.* (futur simple)

Le temps d'un verbe permet également de situer un **fait** par rapport à un repère de temps donné dans le contexte.

Ex. : *Après mes lectures, j'**avais commencé** ma rédaction.*

2. Le temps d'un verbe donne une indication sur l'accomplissement du **fait**. Il y a ainsi l'aspect non accompli ou l'aspect accompli, qui peuvent être exprimés à un moment passé, présent ou futur.

Aspects		Exemples
Non accompli	Le fait est en train de s'accomplir. On le considère dans son déroulement. Le verbe est conjugué à un temps simple (sauf au passé simple).	– Imparfait : *Je **rédigeais** mon texte quand il a appelé.* – Présent : *Je **rédige** un texte en ce moment.* – Futur simple : *Je **rédigerai** mon texte durant la matinée.*
Accompli	Le fait est achevé. On le considère après sa fin. Le verbe est conjugué à un temps composé (ou au passé simple).	– Plus-que-parfait : *J'**avais rédigé** mon texte quand il a appelé.* – Passé composé : *Je suis fière, j'ai enfin **rédigé** mon texte.* – Futur antérieur : *J'**aurai rédigé** mon texte avant midi.*

B Les temps simples et les temps composés

Dans la conjugaison, il existe des temps simples et des temps composés.

- Le verbe conjugué à un **temps simple** est formé du seul verbe.
  Ex.: *je **marche**, je **marchais**, je **marcherai***

- Le verbe conjugué à un **temps composé** est formé d'un auxiliaire de conjugaison (*avoir* ou *être*) et du participe passé du verbe.

  aux. avoir + p. p.   aux. être + p. p.

  Ex.: Passé composé: *vous **avez marché***   *vous **êtes revenus** / **revenues***

Chaque temps simple a un temps composé qui lui correspond: l'auxiliaire du verbe à un temps composé est conjugué au temps simple correspondant.

↳ **Page 198**
Tableau des temps et des modes

Ex.: Présent: *tu **marches***   Passé composé: *tu **as** marché* (aux. *avoir* au présent)
Imparfait: *tu **marchais***   Plus-que-parfait: *tu **avais** marché* (aux. *avoir* à l'imparfait)

> ■ POUR PRÉCISER
>
> Il existe également des **temps surcomposés** formés d'un <u>auxiliaire composé</u> et du participe passé du verbe.
>
> aux. avoir composé + p. p.
>
> Ex.: Passé surcomposé: *Quand elle **a eu fini** sa conférence, elle est sortie de la salle.*
>
> aux. être composé + p. p.
>
> Plus-que-parfait surcomposé: *Dès qu'elle **avait été sortie**, Léo était venu la voir.*

C Les auxiliaires

1. Les auxiliaires de conjugaison *avoir* et *être* indiquent le mode, le temps, la personne et le nombre des verbes aux temps composés. Ils n'ont pas de valeur de sens. Voici avec quelles sortes de verbes ils sont employés.

Auxiliaire *avoir*	Exemples
La plupart des verbes, incluant *avoir* et *être*	*J'**ai apprécié** la conférence.* *En entendant ces propos, nous **avons réagi**.* *Ils **ont eu** peu de temps pour se préparer.* *La conférencière **a été** très intéressante.*
Les verbes toujours impersonnels	*Il **a fallu** bien du travail.*

↳ **Page 143**
Phrase impersonnelle

Auxiliaire *être*	Exemples
Certains verbes exprimant un mouvement ou un changement d'état: *aller, arriver, partir, sortir, venir; devenir, mourir, naître...*	*Les conférenciers **sont revenus** de voyage.* *Ce mouvement écologiste **est né** en 1971.*
Les verbes pronominaux	*Il **s'est abonné** à cette revue scientifique.*
Le verbe de la phrase passive	*Le conférencier **était invité** par des élèves.*

↳ **Page 138**
Phrase passive

On peut employer l'auxiliaire *avoir* ou l'auxiliaire *être* pour certains verbes comme *apparaître, atterrir, augmenter, camper, changer, déménager, descendre, monter, rajeunir, stationner, vieillir,* etc.

On choisit alors l'auxiliaire selon qu'on veut exprimer l'action (*avoir*) ou l'état résultant de l'action (*être*).

Ex. : *Cet ouvrage sur le réchauffement climatique **a paru** l'automne dernier.*
    *Le dernier essai de cette écologiste **est paru**, finalement.*

2e cycle ▶ 2. Certains verbes servent d'auxiliaires d'aspect ou de modalité.

↳ **Page 70**
Auxiliaires
d'aspect et
de modalité

• Les auxiliaires d'aspect servent à préciser le moment ou la durée du fait (par exemple, avant, en cours, après). Ils s'emploient avec un verbe à l'infinitif (ou au participe présent avec *aller*).

  Ex. : Être sur le point de : *Le reportage télévisé **est sur le point de** débuter.*
    Ne pas arrêter de : *Il **n'arrête pas de** parler de son article à tout le monde.*
    Aller + participe présent : *L'intérêt pour l'écologie **va en augmentant**.*

↳ **Page 294**
Modalisation

• Les auxiliaires de modalité servent à indiquer le point de vue de l'énonciateur sur la réalisation du fait exprimé. Ils s'emploient avec un verbe à l'infinitif.

  Ex. : Devoir : *Je **dois** terminer mon article.*
    Pouvoir : *Je **peux** me reposer, puisque mon article est terminé.*   ◀

D Les modes

1. Le mode d'un verbe permet d'indiquer la manière dont le fait est exprimé par le verbe. Dans la conjugaison, il existe des modes personnels et des modes impersonnels.

• Le verbe à un mode **personnel** varie selon la personne grammaticale : 1re, 2e, 3e personne du singulier ou du pluriel. Les trois modes personnels sont l'indicatif, le subjonctif et l'impératif.

  Ex. : Indicatif : *j'écris, tu écrivais, elle écrira*
    Subjonctif : *que tu écrives, qu'elle écrive, qu'ils écrivent*
    Impératif : *écris, écrivons, écrivez*

• Le verbe à un mode **impersonnel** ne varie pas selon la personne grammaticale. Les deux modes impersonnels sont l'infinitif et le participe.

  Ex. : Infinitif : *écrire, avoir écrit*
    Participe : *écrivant, écrit*

2. Dans une phrase, le verbe à un mode personnel est le noyau du GV prédicat.

Ex.: *Lydia **lit** un article* .

Voici les indications courantes données par les différents modes personnels.

Modes personnels		Exemples
Indicatif	Le fait est réel ou probable.	*Lydia **lit** un article.* Ici, Lydia est bel et bien en train de lire un article.
Subjonctif	Le fait est envisagé dans la pensée. Il peut se réaliser ou non; il découle souvent d'un souhait, d'une volonté, d'un doute, d'une nécessité.	*Je souhaite **que** Lydia **écrive** son article sur le réchauffement climatique.* Ici, on ne sait pas si Lydia écrira cet article.
Impératif	Le fait exprime un ordre, une demande ou un conseil.	*Lydia, **écris** ton article.* Ici, on donne l'ordre à Lydia d'écrire un article.

3. Dans une phrase, le verbe à un mode impersonnel est le noyau d'un groupe qui a souvent une fonction de complément.

Voici les indications courantes données par les différents modes impersonnels.

Modes impersonnels		Exemples
Infinitif noyau du GVinf	Le fait est souvent exprimé avec la valeur d'un GN.	GVinf *Sam aime **lire** sa nouvelle revue* . compl. dir. du V GN Comparé à: *Sam aime **sa nouvelle revue*** . compl. dir. du V
Participe présent noyau du GVpart	Le fait est souvent exprimé avec la valeur d'un GAdj.	GVpart *Voici des textes **expliquant** ce fait* . compl. du N GAdj Comparé à: *Voici des textes **explicatifs*** . compl. du N
Participe passé noyau du GAdj	Le participe passé employé sans auxiliaire est un adjectif participe: il est le noyau d'un GAdj.	GAdj / Adj participe *Ces textes **parus** hier* sont controversés. compl. du N Ici, *parus* s'accorde comme tout adjectif.

2ᵉ cycle ▶ • Le mode impersonnel **gérondif** est un GPrép formé de la préposition *en* et du participe présent. Le gérondif est souvent un complément de phrase.

Ex.: ***En écrivant** cet article* , *Tania apprendra beaucoup de choses.*
compl. de P

◀

↳ Page 97
GVinf

↳ Page 98
GVpart

E Tableau des temps et des modes

Temps simples		Temps composés		
		auxiliaire *avoir* ou *être* + participe passé (temps de l'auxiliaire)		
MODE INDICATIF				
Présent	*tu rêves* *tu restes*	Passé composé	(présent) *tu as* . . . . *tu es*	*rêvé* *resté / restée*
Imparfait	*tu rêvais* *tu restais*	Plus-que-parfait	(imparfait) *tu avais* . . . . *tu étais*	*rêvé* *resté / restée*
Passé simple	*tu rêvas* *tu restas*	Passé antérieur	(passé simple) *tu eus* . . . . *tu fus*	*rêvé* *resté / restée*
Futur simple	*tu rêveras* *tu resteras*	Futur antérieur	(futur simple) *tu auras* . . . . *tu seras*	*rêvé* *resté / restée*
Conditionnel présent	*tu rêverais* *tu resterais*	Conditionnel passé	(conditionnel présent) *tu aurais* . . . . *tu serais*	*rêvé* *resté / restée*
MODE SUBJONCTIF				
Présent	*que tu rêves* *que tu restes*	Passé	(présent) *que tu aies* . . . . *que tu sois*	*rêvé* *resté / restée*
Imparfait	*que tu rêvasses* *que tu restasses*	Plus-que-parfait	(imparfait) *que tu eusses* . . . . . . *que tu fusses*	*rêvé* *resté / restée*
MODE IMPÉRATIF				
Présent	*rêve* *reste*	Passé	(présent) *aie* . . . . *sois*	*rêvé* *resté / restée*
MODE INFINITIF				
Présent	*rêver* *rester*	Passé	(présent) *avoir* . . . . *être*	*rêvé* *resté / restée*
MODE PARTICIPE				
Présent	*rêvant* *restant*	Présent composé	(présent) *ayant* . . . . *étant*	*rêvé* *resté / restée*
		Passé		*rêvé* *resté / restée*

La personne et le nombre du verbe

Dans la conjugaison, il existe trois personnes au singulier et trois personnes au pluriel, auxquelles sont associés des pronoms de conjugaison.

Personnes et nombres	Indications	Exemples
1re pers. s. je (j')	L'être qui parle	*Je lis les bulletins de ce groupe écologiste.*
2e pers. s. tu	L'être à qui l'on parle	*Tu reçois aussi ces bulletins par courriel.*
3e pers. s. il / elle	L'être ou la chose dont on parle	*Il écrit des articles dans ce bulletin mensuel.*
1re pers. pl. nous	Deux ou plusieurs êtres incluant celui qui parle	*Nous ferons les efforts nécessaires. Anh et moi, nous t'appellerons.*
	Un être parlant au nom d'une entreprise ou d'un organisme (*nous* de société)	*Nous vous enverrons notre bulletin mensuel.*
	L'être qui parle (*nous* de majesté ou de modestie)	*Nous, préfet de la Seine, interdisons aux citoyens de jeter leurs déchets sur les voies publiques. Nous, auteure, donnons des indications dans la préface.*
2e pers. pl. vous	Les êtres à qui l'on parle	*Vous diffuserez l'information sur les changements climatiques.*
	Un être à qui l'on parle, désigné avec d'autres êtres	*Marc, j'aimerais qu'Arnaud et toi, vous regardiez ce reportage.*
	Un être à qui l'on parle (*vous* de politesse)	*Madame, vous lirez cet article.*
3e pers. pl. ils / elles	Les êtres ou les choses dont on parle	*Elles étudient les effets du réchauffement sur les écosystèmes.*

- Le pronom *on*, 3e personne du singulier, peut être un pronom personnel ou indéfini.

⬎ Page 54
Pronom *on*

- Le verbe pronominal est précédé d'un pronom conjoint (*me, te, se, nous, vous, se*) de la même personne grammaticale que le sujet.

Ex.: *Je m'affaire à préparer la conférence.*
Tu t'affaires à préparer la conférence.

19.4 Les verbes réguliers et irréguliers

A Les verbes réguliers

Les verbes réguliers fonctionnent de la même façon dans la conjugaison. Il s'agit des verbes en *-er* et des verbes en *-ir* qui font *-issant* au participe présent.

1. Les verbes en *-er*, du type **aimer**, sont réguliers. Il en existe plus de 4000, soit environ les neuf dixièmes des verbes du français.

   Ces verbes ont toujours les mêmes terminaisons.
   Ex.: *tu aim**es**, tu arriv**es**, tu jou**es**, tu étudi**es***
   Ils ont généralement un radical qui ne change pas de forme.
   Ex.: *j'**aim**e, tu **aim**ais, nous **aim**erons, **aim**ant*

> Il y a deux exceptions: *aller* et *envoyer* sont des verbes irréguliers.

2. Le radical des verbes en *-er* du tableau suivant subit de légères modifications.

Verbes en...	Changements aux radicaux	Exemples
-cer	*c* → *ç* devant *a* et *o*	*nous pla**ç**ons*
-ger	*g* → *ge* devant *a* et *o*	*nous man**ge**ons*
-oyer **-uyer**	*y* → *i* devant un *e* muet	*je bro**i**e* *j'essu**i**e*
-ayer	*y* → *y* ou *i* devant un *e* muet	*je pa**y**e ou je pa**i**e*
-e(*)er **-é(*)er** (* = consonne)	*e* ou *é* → *è* devant une syllabe qui contient un *e* muet, sauf dans les verbes *appeler*, *rappeler*, *jeter* et ses dérivés, qui doublent le *l* ou le *t*	*j'ach**è**terai* *je c**è**de* *je r**è**gle* *j'appe**ll**e* *je je**tt**e*

> ⇨ Page 358
> Rectifications orthographiques

3. Les verbes en *-ir*, du type **finir**, qui font *-issant* au participe présent sont réguliers. Il en existe plus de 300.

   Ces verbes ont toujours les mêmes terminaisons.
   Ex.: *nous finiss**ons**, nous grandiss**ons**, nous atterriss**ons**, nous choisiss**ons***
   Ils ont un radical qui présente deux formes. Il se termine avec *-i-* ou avec *-iss-*.
   Ex.: *je fin**i**s, tu fin**i**s, nous fin**iss**ons, fin**iss**ant*

■ POUR PRÉCISER

- Le verbe *haïr* garde le tréma, sauf au singulier de l'indicatif présent et de l'impératif présent: *je hais, tu hais, il hait*; *hais*.
- Le verbe *fleurir* a le radical *flor-* à l'indicatif imparfait et au participe présent quand il a le sens figuré de «prospérer», par exemple: *florissant*.

B Les verbes irréguliers

Les verbes irréguliers ne suivent pas les mêmes règles dans la conjugaison : ils peuvent avoir plusieurs radicaux ou des terminaisons particulières.

1. Environ 350 verbes sont irréguliers :

   – les verbes en *-ir* qui ne font pas *-issant* au participe présent ;

   Ex. : dormir → **dorm**ant et non ~~dormissant~~

   – les verbes en *-oir* ;

   Ex. : voir → *je* **vois**, *nous* **voy**ons, *vous* **verr**ez, *j'ai* **v**u

   – les verbes en *-re* ;

   Ex. : boire → *je* **bois**, *nous* **buv**ons, *que tu* **boiv**es, *j'ai* **b**u

   – les verbes *aller* et *envoyer* (*renvoyer*).

   Ex. : aller → *je* **v**ais, *que tu* **aill**es, *nous* **all**ons, *ils* **i**ront

   envoyer → *j'***envoi**e, *nous* **envoy**ons, *j'***enverr**ai

2. Voici quelques particularités concernant les radicaux des verbes irréguliers.

Verbes en...	Changements aux radicaux	Exemples
-aître **-oître**	Maintien du *î* du radical devant *t*.	*il* **connaî**trait *elle* **accroî**tra
-ire (sauf *rire, écrire* et leurs dérivés)	Ajout d'un *s* au radical pour : – l'indicatif imparfait ; – l'indicatif passé simple ; – le subjonctif présent ; – le pluriel de l'indicatif présent.	*il* **di**sait *elle* **condui**sit *que je* **redi**se *nous* **cui**sons
-ttre	Maintien d'un seul *t* du radical au singulier de l'indicatif présent et de l'impératif présent.	*je* **bat**s *tu* **remet**s **promet**s
-cre **-pre** **-dre** (sauf *-indre, -soudre*)	Maintien de la consonne finale du radical au singulier de l'indicatif présent et de l'impératif présent.	*je* **vainc**s *tu* **romp**s *elle* **fond** **rend**s
-indre **-soudre**	Perte de la consonne finale du radical (*d*) au singulier de l'indicatif présent et de l'impératif présent.	*je* **pein**s *tu* **résou**s **dissou**s
	Pour les verbes en *-indre*, *nd* se change en *gn* devant une voyelle.	*nous* **peign**ons *vous* **joign**ez

Des verbes courants en *-ir* et en *-re*, tels *mentir, partir, sortir, suivre, vivre* et leurs dérivés, perdent aussi la consonne finale du radical au singulier de l'indicatif présent et de l'impératif présent (ex. : partir → *je* **par**s, vivre → *je* **vi**s).

Page 358
Rectifications orthographiques

Page 203
Modes et temps des verbes

Le système de la conjugaison

- Le verbe est composé d'un radical, qui donne le sens du verbe, et d'une terminaison, qui donne des indications sur le mode, le temps, la personne et le nombre du verbe. La terminaison change au cours de la conjugaison.

- Le temps d'un verbe permet de situer un fait par rapport :
  - au moment où l'énonciateur parle ou écrit ;
  - à un repère de temps donné dans le contexte.

- Le temps donne aussi une indication sur l'accomplissement du fait.
  Il y a ainsi l'aspect accompli et l'aspect non accompli.

- Il existe des temps simples et des temps composés. Ces derniers ont un auxiliaire conjugué au temps simple correspondant.

- Les auxiliaires de conjugaison sont *avoir* et *être*.
  L'auxiliaire *avoir* sert à construire les temps composés de la plupart des verbes.
  L'auxiliaire *être* sert à construire :
  - les temps composés de certains verbes exprimant un mouvement ou un changement d'état ;
  - les temps composés des verbes pronominaux ;
  - le verbe de la phrase passive.

2ᵉ cycle ▶

- Les auxiliaires d'aspect servent à préciser le moment ou la durée du fait.
  Ils s'emploient avec un verbe à l'infinitif (ou au participe présent avec *aller*).

- Les auxiliaires de modalité servent à indiquer le point de vue de l'énonciateur sur la réalisation du fait exprimé. Ils s'emploient avec un verbe à l'infinitif. ◀

- Le mode d'un verbe permet d'indiquer la manière dont le fait est exprimé par le verbe.
  Il existe trois modes personnels et deux modes impersonnels :
  - l'indicatif, le subjonctif et l'impératif, qui varient selon la personne grammaticale ;
  - l'infinitif et le participe, qui ne varient pas selon la personne grammaticale.

- Il existe trois personnes au singulier et trois personnes au pluriel, auxquelles sont associés les pronoms de conjugaison : *je, tu, il / elle, nous, vous, ils / elles*.

- Les verbes réguliers fonctionnent de la même façon dans la conjugaison. Ce sont les verbes en *-er* et les verbes en *-ir* qui font *-issant* au participe présent.

- Les verbes irréguliers ne suivent pas les mêmes règles dans la conjugaison : ils peuvent avoir plusieurs radicaux ou des terminaisons particulières. Ce sont :
  - les verbes en *-ir* qui ne font pas *-issant* au participe présent ;
  - les verbes en *-oir* ;
  - les verbes en *-re* ;
  - les verbes *aller* et *envoyer* (*renvoyer*).

CHAPITRE 20

Les modes et les temps des verbes

Les verbes en gras de ce texte sont conjugués à différents **modes** et à différents **temps**.

Salut grand frère,

Il **fallait** absolument **que** je t'**écrive** combien j'**ai pensé** à toi en **faisant** mon travail sur l'histoire de l'aviation. Je **sais** maintenant que, déjà en 1783, la découverte de l'aérostat par les frères Montgolfier **orienta** les recherches vers les « globes ». Je sais aussi que, moins d'un siècle plus tard, un Français **réussit** les premiers vols en planeur avec passager et qu'on **admit** alors l'idée que des engins « plus lourds que l'air » **pouvaient** voler.

Au fait, j'**ai lu** qu'une controverse **oppose** encore la France et les États-Unis sur laquelle des deux nations **parvint** à **accomplir** le premier vol réel de l'histoire, c'est-à-dire sans plan incliné, ni catapulte, ni contrepoids. Toi, en sais-tu davantage sur ce point ?

En tout cas, c'**est** grâce à ces précurseurs que nous **sommes** aujourd'hui familiers de ce mode de transport dans les airs. Et toi, comme futur pilote, tu l'**es** bien plus encore que la majorité d'entre nous. Peut-être que je **ferai** comme toi. Je **deviens** passionnée de ces engins volants.

Donne-moi des nouvelles et **dis**-moi ce que tu **penses** de mes projets.

Esther, XX

Ces modes et ces temps offrent à l'énonciateur diverses manières d'exprimer une action ou un fait. Ils lui permettent donc d'exprimer un point de vue. De plus, ils situent les faits dans le temps et indiquent s'ils sont achevés ou en train de s'accomplir.

20.1 L'indicatif

L'indicatif est un mode personnel : il varie selon la personne.
Le verbe à l'indicatif exprime un fait réel ou probable qui, selon les différents temps, est situé au passé, au présent ou au futur.

A L'indicatif présent

⬑ Page 194
Aspects
non accompli
et accompli

1. L'indicatif présent exprime l'aspect non accompli d'un fait généralement situé dans le présent.

Ex. : *Je **lis** présentement ma revue d'aviation.*

L'indicatif présent peut également exprimer :

– un fait habituel ;
Ex. : *Le samedi, je **vais** à mes cours de pilotage.*

– un fait toujours vrai ;
Ex. : *La racine carrée de 81 **est** 9.*

– un fait situé proche du présent, avant ou après ;
Ex. : *Ta sœur **arrive** tout juste de ses cours.* → Elle est arrivée.
*Je te **rejoins** dans dix minutes.* → Je te rejoindrai dans dix minutes.

– un ordre ou une demande (valeur d'impératif) ;
Ex. : *Tu **fais** tes tâches sans discuter, s'il te plaît.*

– un fait futur après un *si* de condition.
Ex. : *Si tu **réussis** cet examen, tu <u>commenceras</u> à voler en solo.*
(Le <u>verbe</u> de la phrase enchâssante est au futur.)

⬑ Page 311
Harmonisation
des temps
du récit

> Le **présent** peut être le temps principal d'un récit.
> Ex. : *Nous **décollons** dans la tempête. Notre silence **est** éloquent. Nous **sommes** inquiets.*
>
> Le présent de narration (ou présent historique) permet de raconter au présent des faits appartenant au passé.
> Ex. : *À la fin du XVIIIe siècle, les frères Montgolfier **inventent** le ballon à air chaud.*

2. Voici les **terminaisons** de l'indicatif présent.

Certains radicaux ont plusieurs formes.
Ex.: *finir → fini-, finiss-*
↳ **Page 193**, Radical

Personnes	Terminaisons				
	Verbes réguliers		Verbes irréguliers en -*ir*, en -*oir*, en -*re*		
	en -*er*	en -*ir*	La plupart de ces verbes	*pouvoir* *vouloir* *valoir*	*couvrir* *offrir* *ouvrir...*
1re pers. s.	*-e*	*-s*	*-s*	*-x*	*-e*
2e pers. s.	*-es*	*-s*	*-s*	*-x*	*-es*
3e pers. s.	*-e*	*-t*	*-t*	*-t*	*-e*
1re pers. pl.	*-ons*	*-ons*	*-ons*	*-ons*	*-ons*
2e pers. pl.	*-ez*	*-ez*	*-ez*	*-ez*	*-ez*
3e pers. pl.	*-ent*	*-ent*	*-ent*	*-ent*	*-ent*

Les verbes irréguliers ayant les terminaisons -*e, -es, -e, -ons, -ez, -ent* sont *couvrir, ouvrir, offrir, souffrir, cueillir, assaillir* et leurs dérivés.

3. Voici quelques verbes irréguliers courants présentant des formes particulières à certaines personnes de l'indicatif présent.

Pronoms	*avoir*	*être*	*aller*	*faire*	*prendre*	*dire*
je (j')	**ai**	suis	vais	fais	prends	dis
tu	as	es	vas	fais	prends	dis
il / elle	**a**	est	**va**	fait	**prend**	dit
nous	avons	**sommes**	allons	faisons	prenons	disons
vous	avez	**êtes**	allez	**faites**	prenez	**dites**
ils / elles	**ont**	sont	**vont**	**font**	prennent	disent

B L'indicatif passé composé

1. Le passé composé exprime l'aspect accompli d'un fait, soit dans le présent, soit dans le passé.

- Le fait est accompli dans le présent :
  - quand il continue dans le présent ;
    Ex. : *De nos jours, l'avion **est devenu** un mode de déplacement courant.*

  - quand il a un résultat ou une suite dans le présent.
    Ex. : *J'**ai fait** les vérifications d'usage et je demande l'autorisation de décoller.*

    Dans les exemples ci-dessus, le passé composé n'est pas coupé du présent. D'ailleurs, il ne peut pas être remplacé par un autre temps du passé, comme l'imparfait ou le passé simple.

- Le fait est accompli dans le passé quand il n'est pas en lien avec le présent.
  Ex. : *En 1890, Clément Ader **a réussi** le premier vol en aéroplane.*

  Ici, le passé composé exprime réellement un fait accompli dans le passé, comme le passé simple peut l'exprimer. Cependant, le fait peut sembler moins éloigné dans le temps quand il est exprimé au passé composé.

⇨ **Page 311**
Harmonisation
des temps
du récit

Le **passé composé** peut être le temps principal d'un récit écrit au passé. Tout comme le passé simple, il fait avancer l'action, pendant que l'<u>imparfait</u> sert aux descriptions, aux explications ou aux commentaires.
Ex. : *Ce fameux jour de février, la tempête <u>faisait</u> rage. Malgré cela, l'avion **a décollé**.*

⇨ **Page 195**
Auxiliaires

2. Le passé composé est formé de l'auxiliaire *avoir* ou *être* à l'indicatif présent et du participe passé du verbe.
Ex. : *Elle **a terminé** ses examens la semaine dernière.*
      *Elle **est devenue** pilote de ligne.*

C L'indicatif imparfait

1. L'imparfait exprime un fait en train de se réaliser dans le passé. Il exprime donc l'aspect non accompli.
Ex. : *Le soleil **se levait** quand l'avion a décollé.*

L'imparfait peut également exprimer :

- un fait habituel dans le passé ;
  Ex. : *Chaque automne, nous **allions** voir les canards voler vers le sud.*

⇨ **Page 356**
Emploi des temps
dans la phrase

- un fait hypothétique, présent ou futur, après le subordonnant *si* ;
  Ex. : *Si j'**étais** riche, je <u>voyagerais</u>.*
      (Le <u>verbe</u> de la phrase enchâssante est au conditionnel.)

- un fait qu'on veut atténuer.
  Ex. : *Je **voulais** te demander une permission spéciale.*

Dans les récits au passé, l'**imparfait** sert à faire les descriptions (temps, lieux, personnages, etc.) et à donner les explications ou les commentaires, pendant que le passé composé ou le passé simple fait avancer l'action.

Ex.: *C'**était** l'hiver. Le ciel **était** noir. Saint-Exupéry **devait** malgré tout décoller.*
Il prit donc position sur la piste d'envol.

L'imparfait de narration (ou imparfait historique) permet d'exprimer un fait précisé par un complément de temps. Il a alors la valeur d'un passé simple.

Ex.: *Le premier vol en planeur avec passager **avait lieu** en 1856.*

Page 311
Harmonisation des temps du récit

2. Les **terminaisons** de l'imparfait sont les mêmes pour tous les verbes.

Personnes	Terminaisons
1re pers. s.	***-ais***
2e pers. s.	***-ais***
3e pers. s.	***-ait***
1re pers. pl.	***-ions***
2e pers. pl.	***-iez***
3e pers. pl.	***-aient***

D · L'indicatif plus-que-parfait

1. Le plus-que-parfait exprime l'aspect accompli d'un fait antérieur à un autre fait passé.

Ex.: *Il **avait eu** terriblement peur, mais il retrouvait son calme.*
*Le pilote **avait** déjà **changé** de cap quand il reçut (a reçu) ce message.*

Un fait *antérieur* se passe avant un autre fait.

Le plus-que-parfait peut également exprimer:

– un fait habituel antérieur à un autre fait habituel passé;
Ex.: *Quand elle **avait fini** son repas, elle faisait la sieste.*

– un fait hypothétique non réalisé dans le passé, après le subordonnant *si*;
Ex.: *Si j'**avais été** riche, j'aurais voyagé.*
(Le verbe de la phrase enchâssante est au conditionnel passé.)

Page 356
Emploi des temps dans la phrase

– un fait qu'on veut atténuer.
Ex.: *J'**étais venue** te dire que je devrai m'absenter demain.*

2. Le plus-que-parfait est formé de l'auxiliaire *avoir* ou *être* à l'indicatif imparfait et du participe passé du verbe.

Ex.: *Il n'**avait** pas **piloté** depuis deux ans.*
*Elle **était arrivée** au pays il y a un an.*

E L'indicatif passé simple

Le passé simple et le passé antérieur sont surtout employés à l'écrit dans des textes littéraires.

🖑 Page 311
Harmonisation des temps du récit

1. Le passé simple exprime l'aspect accompli d'un fait situé à un moment précis du passé, sans aucun lien avec le présent.
Le fait est envisagé dans sa globalité, depuis le début jusqu'à la fin.
Ex. : *En 1926, Saint-Exupéry **fit** son premier vol entre Toulouse et Dakar.*

> Le **passé simple** peut être le temps principal d'un récit écrit au passé. Il fait avancer l'action, tout comme le passé composé, pendant que l'imparfait sert à faire les descriptions et à donner les explications ou les commentaires.
> Ex. : *C'était mon premier atterrissage en solo. Je **regardai** la piste balisée, j'**avalai** ma salive et **amorçai** ma descente.*

2. Voici les **terminaisons** du passé simple.

Personnes	Terminaisons			
	Verbes réguliers		Verbes irréguliers en -ir, en -oir, en -re	
	en -er	en -ir		
1re pers. s.	-ai	-is	-is	-us
2e pers. s.	-as	-is	-is	-us
3e pers. s.	-a	-it	-it	-ut
1re pers. pl.	-âmes	-îmes	-îmes	-ûmes
2e pers. pl.	-âtes	-îtes	-îtes	-ûtes
3e pers. pl.	-èrent	-irent	-irent	-urent

Au passé simple, le radical des verbes réguliers en -ir est celui de l'infinitif.
Ex. : *finir → fin-*

- *Tenir, venir* et leurs dérivés ont des terminaisons particulières au passé simple.
  Ex. : tenir → *je tins, tu tins, il tint, nous tînmes, vous tîntes, elles tinrent*

- *Avoir* et *être* ont les terminaisons des verbes irréguliers.
  Ex. : avoir → *j'eus, tu eus, elle eut, nous eûmes, vous eûtes, ils eurent*
  être → *je fus, tu fus, il fut, nous fûmes, vous fûtes, elles furent*

F L'indicatif passé antérieur

1. Le passé antérieur exprime l'aspect accompli d'un fait antérieur à un autre fait passé (souvent au passé simple).
Ex. : *Quand, enfin, il **eut touché** le sol, il recommença à respirer.*

Le fait peut aussi être exprimé avec un complément de temps.
Ex. : *Rapidement, l'équipage **eut pris** toutes les mesures d'urgence.*

2. Le passé antérieur est formé de l'auxiliaire *avoir* ou *être* au passé simple et du participe passé du verbe.
Ex. : *Quand il **fut arrivé** à destination et qu'il **eut atterri**, il félicita sa copilote.*

G L'indicatif futur simple

1. Le futur simple exprime l'aspect non accompli d'un fait futur.
   Ex.: *L'avion* **atterrira** *dans une heure.*

   Le futur simple peut également exprimer:

   – un fait toujours vrai (souvent accompagné d'une <u>indication de temps</u>);
   Ex.: *Deux et deux* **feront** <u>*toujours*</u> *quatre.*

   – un ordre ou une demande (valeur d'impératif);
   Ex.: *Vous* **ferez** *les réparations nécessaires.*

   – un fait qu'on veut atténuer.
   Ex.: *Je t'***avouerai** *que le retard de ce vol m'inquiète.*

   > Le **futur simple** peut exprimer un fait passé, postérieur à d'autres faits passés dans un texte historique. C'est le futur de narration (ou futur historique).
   > Ex.: *En 1809, George Cayley publie l'ouvrage intitulé* <u>*Sur la navigation aérienne*</u>.
   > *Plus tard, il* **expérimentera** *plusieurs appareils afin de prouver ses théories.*

   Un fait *postérieur* se passe après un autre fait.

2. Voici les **terminaisons** du futur simple.

Personnes	Terminaisons		
	Verbes réguliers		Verbes irréguliers en *-ir*, en *-oir*, en *-re*
	en *-er*	en *-ir*	
1re pers. s.	**-erai**	**-rai**	**-rai**
2e pers. s.	**-eras**	**-ras**	**-ras**
3e pers. s.	**-era**	**-ra**	**-ra**
1re pers. pl.	**-erons**	**-rons**	**-rons**
2e pers. pl.	**-erez**	**-rez**	**-rez**
3e pers. pl.	**-eront**	**-ront**	**-ront**

3. Voici des verbes irréguliers présentant des radicaux particuliers.

Pronoms	*envoyer*	*avoir*	*être*	*aller*	*faire*
je (j')	enverrai	aurai	serai	irai	ferai
tu	enverras	auras	seras	iras	feras
il/elle	enverra	aura	sera	ira	fera
nous	enverrons	aurons	serons	irons	ferons
vous	enverrez	aurez	serez	irez	ferez
ils/elles	enverront	auront	seront	iront	feront

Pronoms	pouvoir	savoir	tenir	voir	vouloir
je (j')	pourrai	saurai	tiendrai	verrai	voudrai
tu	pourras	sauras	tiendras	verras	voudras
il/elle	pourra	saura	tiendra	verra	voudra
nous	pourrons	saurons	tiendrons	verrons	voudrons
vous	pourrez	saurez	tiendrez	verrez	voudrez
ils/elles	pourront	sauront	tiendront	verront	voudront

⇨ Page 70
Auxiliaires
d'aspect

■ POUR PRÉCISER

- Le **futur proche** est formé de l'auxiliaire *aller* conjugué à l'indicatif présent et de l'infinitif d'un verbe. L'auxiliaire *aller* précise que le fait exprimé par le verbe se déroulera au futur, comme c'est le cas au futur simple. Cependant, il permet de faire un lien plus étroit avec le présent.

  aux. *aller* + V infinitif
  Ex. : *Nous **allons atterrir** dans quelques instants.*

  aux. *aller* + V infinitif
  *Regarde, l'avion **va décoller**.*

- Cette forme est beaucoup employée à l'oral, dans la langue familière.

H L'indicatif futur antérieur

1. Le futur antérieur exprime l'aspect accompli d'un fait antérieur à un autre fait futur.

Ex. : *Quand elle **aura réussi** ses examens, elle obtiendra sa licence de pilote.*

Le fait peut aussi être exprimé avec un complément de temps.
Ex. : *L'avion **aura disparu** de notre vue dans quelques instants.*

Le futur antérieur peut également exprimer :

– un fait passé probable ;
  Ex. : *Tu **auras** probablement **fait** cette erreur par simple distraction.*

– un fait teinté d'une nuance émotive.
  Ex. : *J'**aurai** vraiment tout **entendu** !*

2. Le futur antérieur est formé de l'auxiliaire *avoir* ou *être* au futur simple et du participe passé du verbe.
  Ex. : *Elle **aura eu** son baptême de l'air avant moi.*
  *Tu m'appelleras quand tu **seras arrivé** à destination.*

I L'indicatif conditionnel présent

Le conditionnel est considéré aujourd'hui comme un temps de l'indicatif, car il peut exprimer d'autres valeurs que la condition (par exemple, un futur dans le passé).

1. L'indicatif conditionnel présent exprime l'aspect non accompli :
   - d'un fait souhaité dont on ne peut confirmer la réalisation ;
     Ex. : J'**aimerais** devenir pilote.

   - d'un fait imaginaire ;
     Ex. : L'enfant expliqua le jeu : « Je **serais** le pilote, et toi, le copilote. »

   - d'un fait que l'énonciateur ne peut confirmer ;
     Ex. : Apparemment, il **aurait** l'emploi, mais je n'en suis pas certaine.

   - d'un fait (ordre, demande, conseil) qu'on veut atténuer ;
     Ex. : **Compléteriez**-vous ce travail en priorité, s'il vous plaît ?

   - d'un fait qui pourrait se réaliser à une certaine condition.
     Ex. : Si je devenais pilote de brousse, j'**irais** dans les endroits les plus reculés.

2ᵉ cycle ▶

■ POUR PRÉCISER

- On emploie l'imparfait, et non le conditionnel présent, dans la subordonnée d'hypothèse introduite par *si*. Le **conditionnel** se trouve plutôt dans la phrase enchâssante, qui est l'effet ou la conséquence de la supposition.
  Ex. : ➲ Si je le pouvais , je t'**aiderais**. ➲ Si je le pourrais , je t'**aiderais**.
- Cependant, on peut employer le conditionnel dans une subordonnée complétive interrogative introduite par *si*.
  Ex. : Je me demandais si tu ne **pourrais** pas m'aider .

↪ Page 356
Emploi des temps
dans la phrase

◀

2. Le conditionnel présent exprime également un **futur dans le passé**.
   Par exemple, un fait futur est exprimé par une subordonnée enchâssée dans une phrase au passé. Ce temps est l'équivalent du futur dans le présent.

   passé   conditionnel présent
   Ex. : Maysa m'annonça qu'elle **deviendrait** pilote, comme son frère aîné .

   présent   futur
   Comparé à : Maysa m'annonce qu'elle **deviendra** pilote, comme son frère aîné .

3. Voici les **terminaisons** du conditionnel présent.

Personnes	Terminaisons		
	Verbes réguliers		Verbes irréguliers en -ir, en -oir, en -re
	en -er	en -ir	
1ʳᵉ pers. s.	-erais	-rais	-rais
2ᵉ pers. s.	-erais	-rais	-rais
3ᵉ pers. s.	-erait	-rait	-rait
1ʳᵉ pers. pl.	-erions	-rions	-rions
2ᵉ pers. pl.	-eriez	-riez	-riez
3ᵉ pers. pl.	-eraient	-raient	-raient

4. Voici des verbes irréguliers présentant des radicaux particuliers.

Pronoms	envoyer	avoir	être	aller	faire
je (j')	enverrais	aurais	serais	irais	ferais
tu	enverrais	aurais	serais	irais	ferais
il / elle	enverrait	aurait	serait	irait	ferait
nous	enverrions	aurions	serions	irions	ferions
vous	enverriez	auriez	seriez	iriez	feriez
ils / elles	enverraient	auraient	seraient	iraient	feraient

Pronoms	pouvoir	savoir	tenir	voir	vouloir
je (j')	pourrais	saurais	tiendrais	verrais	voudrais
tu	pourrais	saurais	tiendrais	verrais	voudrais
il / elle	pourrait	saurait	tiendrait	verrait	voudrait
nous	pourrions	saurions	tiendrions	verrions	voudrions
vous	pourriez	sauriez	tiendriez	verriez	voudriez
ils / elles	pourraient	sauraient	tiendraient	verraient	voudraient

J · L'indicatif conditionnel passé

1. Le conditionnel passé exprime, dans le **passé**, l'aspect accompli :

– d'un fait imaginaire ou irréel, puisqu'il ne s'est pas produit ;
   Ex. : *L'enfant poursuivit : « Là, nous **serions revenus** de notre expédition. »*
   *J'**aurais aimé** devenir pilote : j'**aurais voyagé** partout dans le monde.*

– d'un fait que l'énonciateur ne peut confirmer ;
   Ex. : *Apparemment, il **aurait eu** l'emploi, mais je ne peux confirmer ce fait.*

– d'un fait qu'on veut atténuer (ordre, demande, conseil).
   Ex. : *J'**aurais souhaité** que ce travail soit complété avant la nuit.*

⇨ Page 356
Emploi des temps
dans la phrase

2. Le conditionnel passé exprime également un **futur antérieur dans le passé**. Ce temps est l'équivalent du futur antérieur dans le <u>présent</u>.

passé   conditionnel présent   conditionnel passé
Ex. : *Elle a dit* | *qu'il aurait sa licence aussitôt qu'il **aurait fini** ses examens* |.

présent   futur   futur antérieur
Comparé à : *Elle <u>dit</u>* | *qu'il aura sa licence aussitôt qu'il **aura fini** ses examens* |.

3. Le conditionnel passé est formé de l'auxiliaire *avoir* ou *être* au conditionnel présent et du participe passé du verbe.
   Ex. : *Elle **aurait donné** gros pour être assise à la place du copilote.*
   *En t'organisant mieux, tu **serais arrivé** à temps.*

20.2 Le subjonctif

Le subjonctif est un mode personnel : il varie selon la personne.

Le verbe au subjonctif exprime un fait envisagé dans la pensée, qui peut se réaliser ou non. Il ne situe pas par lui-même un fait dans le présent, le passé ou le futur. C'est le contexte qui permet de le situer dans le temps.

Le subjonctif est surtout employé dans des subordonnées, par exemple :

– des subordonnées complétives, après des verbes de nécessité, de possibilité, de volonté, d'ordre, de sentiment, de doute ;
  Ex.: *Il faut que nous **allions** à cet aéroport.* (nécessité)
    *J'exige que vous **soyez** prêts à 8 h 30.* (ordre)
    *Tu doutes qu'ils **veuillent** faire cette visite.* (doute)

– des subordonnées compléments de P (temps, but, concession, hypothèse), après des subordonnants comme *avant que, jusqu'à ce que, afin que, pour que, bien que, malgré que, à moins que, pourvu que,* etc.
  Ex.: *Un guide nous accompagnera afin que nous **appréciions** la visite.*

> Le verbe au subjonctif est le plus souvent précédé de *que* (*qu'*).

> ↳ Page 168
> Subordonnée complétive

> ↳ Page 177
> Subordonnée complément de P

2ᵉ cycle ▸ Le subjonctif est aussi employé dans des phrases qui ne sont pas subordonnées.

Emplois	Exemples
Souhait	*Que ce cauchemar **finisse** au plus vite !* ***Puissiez**-vous dire vrai !*
Ordre, demande, défense s'adressant à une personne autre que l'interlocuteur	*Qu'il le **fasse** lui-même.* *Que je **sois prévenu** quand il partira.*
Hypothèse qui peut se réaliser ou non	*Que je le **fasse** pour lui ! Pas question !*
Affirmation atténuée à l'aide de l'incidente *que je sache*	*Ce travail, que je **sache**, n'est pas si difficile.*

◀

A Le subjonctif présent

1. Dans une subordonnée, le subjonctif présent exprime l'aspect non accompli d'un fait souvent simultané ou postérieur à un <u>autre fait</u>.
   Ex.: *Je <u>souhaitais</u> qu'elle **fasse** cette sortie.*
     *Je <u>doute</u> que tu **dises** la vérité.*
     *Il <u>faudra</u> que nous **puissions** visiter le poste de pilotage.*

> Un fait *simultané* se passe en même temps qu'un autre fait.

2. Les **terminaisons** du subjonctif présent sont les mêmes pour tous les verbes, sauf *avoir* et *être*.

Personnes	Terminaisons
1re pers. s.	**-e**
2e pers. s.	**-es**
3e pers. s.	**-e**
1re pers. pl.	**-ions**
2e pers. pl.	**-iez**
3e pers. pl.	**-ent**

Pronoms	*avoir*	*être*
que je (j')	*aie*	*sois*
que tu	*aies*	*sois*
qu'il / elle	*ait*	*soit*
que nous	*ayons*	*soyons*
que vous	*ayez*	*soyez*
qu'ils / elles	*aient*	*soient*

3. Voici des verbes irréguliers présentant des radicaux particuliers.

Pronoms	*aller*	*faire*	*pouvoir*	*savoir*	*valoir*	*vouloir*
que je (j')	*aille*	*fasse*	*puisse*	*sache*	*vaille*	*veuille*
que tu	*ailles*	*fasses*	*puisses*	*saches*	*vailles*	*veuilles*
qu'il / elle	*aille*	*fasse*	*puisse*	*sache*	*vaille*	*veuille*
que nous	*allions*	*fassions*	*puissions*	*sachions*	*valions*	*voulions*
que vous	*alliez*	*fassiez*	*puissiez*	*sachiez*	*valiez*	*vouliez*
qu'ils / elles	*aillent*	*fassent*	*puissent*	*sachent*	*vaillent*	*veuillent*

• Le verbe *falloir* a aussi un radical particulier (ex. : *Je doute qu'il **faille** le croire.*).

B Le subjonctif passé

1. Dans une subordonnée, le subjonctif passé exprime l'aspect accompli d'un fait souvent antérieur à un <u>autre fait</u>.
Ex. : *Je <u>souhaite</u> qu'elle **ait apprécié** son expérience.*

2. Le subjonctif passé est formé de l'auxiliaire *avoir* ou *être* au subjonctif présent et du participe passé du verbe.
Ex. : *Je suis contente qu'elle **ait fait** cette visite.*
*Je doute qu'elle **soit revenue** à temps pour l'atelier interactif.*

2e cycle

👆 **Page 356**
Emploi des temps
dans la phrase

■ POUR PRÉCISER

• Dans la variété de langue soutenue, par exemple dans les œuvres des écrivains Balzac, Colette, Gide, Sartre, deux autres temps du subjonctif sont employés :
– l'imparfait : *que j'aimasse, qu'elle aimât, que nous aimassions…* ;
– le plus-que-parfait : *que j'eusse aimé, qu'il eût aimé, que nous eussions aimé…*

• Le subjonctif plus-que-parfait équivaut à ce qu'on appelle le «conditionnel passé 2e forme». Celui-ci est également employé dans la variété de langue soutenue, par exemple dans les œuvres de Baudelaire, Corneille, Ferron, Proust, Verne.
Ex. : *Qui l'**eût cru** !* (cond. passé 2e forme) = *Qui l'**aurait cru** !* (cond. passé)

20.3 L'impératif

L'impératif est un mode personnel : il varie selon la personne. Il s'emploie seulement à la 2e personne du singulier ainsi qu'à la 1re et à la 2e personne du pluriel, sans sujet exprimé.

Le verbe à l'impératif exprime un ordre, une consigne, une demande, une recommandation ou un conseil.

A L'impératif présent

1. L'impératif présent exprime l'aspect non accompli d'un fait qui doit s'accomplir dans le présent ou le futur.

Ex. : **Attachez** vos ceintures et **redressez** vos bancs pour le décollage.
Revenez donc me visiter l'année prochaine.

2. Voici les **terminaisons** de l'impératif présent.

👆 Page 134
Phrase impérative

Personnes	Terminaisons			
	Verbes réguliers		Verbes irréguliers en -ir, en -oir, en -re	
	en -er	en -ir	Majorité des verbes	couvrir, offrir, ouvrir...
2e pers. s.	*-e*	*-s*	*-s*	*-e*
1re pers. pl.	*-ons*	*-ons*	*-ons*	*-ons*
2e pers. pl.	*-ez*	*-ez*	*-ez*	*-ez*

3. Voici des verbes irréguliers présentant des radicaux particuliers.

Pronoms sous-entendus	*avoir*	*être*	*aller*	*savoir*	*vouloir*
(tu)	aie	sois	va	sache	veux (veuille)
(nous)	ayons	soyons	allons	sachons	voulons
(vous)	ayez	soyez	allez	sachez	voulez (veuillez)

> Les formes *veuille* et *veuillez* représentent un impératif de politesse.
> Les formes *veux, voulons, voulez* sont surtout employées à la négative.
> Ex. : *Ne m'en **veux** pas.*

B L'impératif passé

1. L'impératif passé exprime l'aspect accompli d'un fait à un moment du futur.

Ex. : *Même si tu pars seulement après-demain, **aie terminé** tes bagages pour demain.*

2. L'impératif passé est formé de l'auxiliaire *avoir* ou *être* à l'impératif présent et du participe passé du verbe.

Ex. : **Ayons fait** le nécessaire avant le départ. **Sois revenu** pour le souper.

20.4 L'infinitif

L'infinitif est un mode impersonnel : il ne varie pas selon la personne.
Le verbe à l'infinitif est le noyau du GVinf.

2ᵉ cycle ▶ Voici des emplois du verbe à l'infinitif dans des phrases infinitives.

↳ Page 97
GVinf

Emplois	Exemples
Interrogation	*Comment y **arriver**?*
Exclamation	*Moi, **avoir baissé** les bras!*
Ordre, consigne	*Bien **mesurer**, puis **tailler** l'étoffe.*
Littéraire (introduit par *de*)	*Je lui envoyai une missive. Et mon frère <u>de</u> me **répondre** promptement.* (infinitif appelé «de narration» ou «historique»)

◀

A L'infinitif présent

1. Sans contexte, l'infinitif présent est la forme de base du verbe. Il sert à nommer le verbe.

En contexte, l'infinitif présent exprime l'aspect non accompli d'un fait souvent simultané ou postérieur à un <u>autre fait</u>.

Ex. : *Éliane <u>faisait</u> des études pour **devenir** pilote.*

Le fait peut aussi être exprimé avec un <u>complément de temps</u>.
Ex. : *Moi, **piloter** un avion <u>plus tard</u>!*

2. Voici les quatre **terminaisons** des verbes à l'infinitif présent.

Terminaisons	*-er*	*-ir*	*-oir*	*-re*
Exemples	*pilot**er**, vol**er***	*fin**ir**, réuss**ir***	*v**oir**, voul**oir***	*prend**re**, ri**re***

B L'infinitif passé

1. L'infinitif passé exprime l'aspect accompli d'un fait souvent antérieur à un <u>autre fait</u>.

Ex. : *Vous <u>piloterez</u> seulement après **avoir réussi** ce test.*

2. L'infinitif passé est formé de l'auxiliaire *avoir* ou *être* à l'infinitif présent et du participe passé du verbe.

aux. *avoir*   p. p.   infinitif passé   aux. *être*   p. p.   infinitif passé
Ex. : *avoir* + *réussi* = *avoir réussi*   *être* + *devenu* = *être devenu*

20.5 Le participe

Le participe est un mode impersonnel : il ne varie pas selon la personne.

A Le participe présent

1. Le participe présent exprime l'aspect non accompli d'un fait souvent simultané à un autre fait.

   Ex. : **Dégageant** une fumée dense, l'avion traçait des formes dans le ciel.
   Les avions se croisent, **se frôlant** de près.
   Les avions voleront dans le ciel, **dessinant** de multiples figures.

   Le fait peut aussi être exprimé avec un complément de temps.
   Ex. : Imagine ta sœur **exécutant** des figures pareilles dans quelques années.

   Le participe présent est le noyau du GVpart.

   🖑 Page 98
   GVpart

   2ᵉ cycle ▷ Le mode impersonnel **gérondif**, c'est-à-dire le participe présent précédé de la préposition en, exprime également l'aspect non accompli d'un fait simultané à un autre fait.

   Ex. : Nafsika avait pâli **en voyant** ces acrobaties aériennes.   ◀

2. La **terminaison** au participe présent est la même pour tous les verbes.

Terminaison	-ant
Exemples	mesur**ant**, réussiss**ant**

   > Dans certains cas, l'orthographe de l'adjectif correspondant au participe présent est différente.
   >
   >   p. prés.   p. prés.
   > Ex. : En fati**guant** et en provo**quant** les gens, il s'est nui.
   >   Adj   Adj
   > un voyage fati**gant**, un discours provo**cant**
   > 🖑 **Page 39**, Adjectif

3. Le participe présent a aussi une forme composée. Il s'agit de l'auxiliaire avoir ou être au participe présent et du participe passé du verbe.

   aux. avoir   p. p.   participe présent composé
   Ex. : ayant + exécuté = ayant exécuté
   aux. être   p. p.   participe présent composé
   étant + devenu = étant devenu

   Le participe présent composé exprime l'aspect accompli d'un fait antérieur à un autre fait.

   Ex. : **Ayant raté** l'autobus, Anthony a vu seulement la fin du spectacle.
   Ayant monté à très haute altitude, il n'est plus qu'un point dans le ciel.
   Ayant réussi leurs acrobaties, les pilotes seront longuement applaudis.

B Le participe passé

1. Le participe passé peut être employé avec ou sans auxiliaire.

   ☜ Pages 228, 234
   Accord du
   participe passé

   - Le participe passé employé avec un <u>auxiliaire</u> sert à former les temps composés et surcomposés. Il peut varier en genre et en nombre.
     Ex. : *Meng <u>a</u> **applaudi** à tout rompre.* (temps composé, aux. *avoir*)
     *Adèle <u>est</u> **partie** immédiatement après le spectacle.* (temps composé, aux. *être*)
     *Quand il <u>a eu</u> **félicité** les pilotes, il est parti.* (temps surcomposé, aux. *avoir*)

   - Le participe passé employé seul, c'est-à-dire sans auxiliaire, est un adjectif participe. Il est le noyau d'un GAdj. Il s'accorde donc comme un adjectif.
     Ex. : *Les pilotes* $\overline{\textbf{acclamés} \textit{par la foule}}$ *ont salué longuement celle-ci.*

2. Voici les **terminaisons** des verbes au participe passé.

Verbes	Terminaisons	Exemples			
		Masculin singulier	Féminin singulier	Masculin pluriel	Féminin pluriel
réguliers en *-er*	**-é**	*lancé*	*lancée*	*lancés*	*lancées*
réguliers en *-ir*	**-i**	*choisi*	*choisie*	*choisis*	*choisies*
irréguliers en *-ir*, en *-oir*, en *-re*	**-s**	*appris*	*apprise*	*appris*	*apprises*
	-u	*vu*	*vue*	*vus*	*vues*
	-i	*servi*	*servie*	*servis*	*servies*
	-t	*peint*	*peinte*	*peints*	*peintes*

3. Certains verbes irréguliers ont des terminaisons particulières au participe passé.

   ☜ Page 358
   Rectifications
   orthographiques

Verbes	Terminaisons particulières	Exemples
devoir *redevoir* *mouvoir*	**û** au masculin singulier seulement	*Il finit de payer ses cours d'aviation, le dernier versement étant dû ce mois-ci.* *Il sort du lit, mû par un ressort invisible.*

Le verbe *croître* s'écrit avec un **û** à toutes les formes du participe passé afin de le distinguer du verbe *croire*.
Ex. : *crû, crûe, crûs, crûes*

Les modes et les temps des verbes

MODES PERSONNELS	ASPECTS	PRINCIPALES CARACTÉRISTIQUES
Indicatif		
– présent	Non accompli	Fait généralement situé dans le présent
– passé composé	Accompli	Fait situé dans le présent ou dans le passé
– imparfait	Non accompli	Fait en train de se dérouler dans le passé
– plus-que-parfait	Accompli	Fait antérieur à un autre fait passé
– passé simple	Accompli	Fait situé dans le passé, sans lien avec le présent
– passé antérieur	Accompli	Fait antérieur à un autre fait, souvent au passé simple
– futur simple	Non accompli	Fait futur
– futur antérieur	Accompli	Fait antérieur à un autre fait futur
– conditionnel présent	Non accompli	Fait souhaité, imaginaire, ou qui pourrait se réaliser à une certaine condition, etc. ; un futur dans le passé
– conditionnel passé	Accompli	Les mêmes faits que le conditionnel présent ; un futur antérieur dans le passé
Subjonctif		
– présent	Non accompli	Fait souvent simultané ou postérieur à un autre fait
– passé	Accompli	Fait souvent antérieur à un autre fait
Impératif		
– présent	Non accompli	Fait qui doit s'accomplir dans le présent ou le futur
– passé	Accompli	Fait situé à un moment du futur
MODES IMPERSONNELS	ASPECTS	PRINCIPALES CARACTÉRISTIQUES
Infinitif		
– présent	Non accompli	Fait souvent simultané ou postérieur à un autre fait
– passé	Accompli	Fait souvent antérieur à un autre fait
Participe		
– présent	Non accompli	Fait souvent simultané à un autre fait
– présent composé	Accompli	Fait antérieur à un autre fait
– passé	—	Avec auxiliaire : formation des temps composés Sans auxiliaire : adjectif participe

6

Les accords
Grammaire de la phrase

CHAPITRE 21

Les règles d'accord

Dans ce texte descriptif, les lettres en gras représentent des **marques d'accord**.

Les Jeux olympiques

En 776 avant l'ère chrétien**ne**, **des** jeu**x** sportif**s** fur**ent** célébré**s** dans le sanctuaire d'Olympie, en l'honneur de Zeus. Ce nouv**el** évènement de la Grèce antique allai**t** désormais se tenir tou**s** le**s** quatre an**s**, à Olympie.

Les jeu**x** comprenai**ent** différent**es** épreuve**s**, comme le**s** course**s** à pied et à cheval, le pentathlon, l**a** lutte, les lancer**s** du disque et du javelot. Cependant, seul**s** le**s** vainqueurs étai**ent** honoré**s**. Un**e** autre particularité **des** jeu**x** était qu'on y tenai**t** aussi **des** concours littéraire**s** et music**aux**.

Durant le**s** compétition**s**, qui permettai**ent** de rassembler tout**es** le**s** cité**s** grec**ques**, un**e** trêve sacrée était respecté**e**. Ainsi, même lorsque **des** conflit**s** faisai**ent** rage, le**s** Jeux olympique**s** imposai**ent** un moment de paix.

En l'an 394, il**s** fur**ent** aboli**s** par l'empereur romain Théodose. Quinze siècle**s** plus tard, le**s** Jeux olympique**s** étai**ent** ravivé**s** grâce au baron Pierre de Coubertin, qui les rénovai**t** en 1893. C'était le début **des** Jeux olympique**s** moderne**s**, dont le**s** premier**s ont** eu lieu en 1896, à Athènes.

On constate qu'il y a beaucoup d'accords dans le texte. C'est normal, puisque les accords concernent un grand nombre de mots qui sont variables : noms, déterminants, adjectifs, pronoms et verbes.

De plus, les accords peuvent être utiles en lecture pour savoir, notamment, avec quel nom un verbe ou un adjectif est en relation. Ils servent ainsi d'indices. Par exemple, dans le GN ***des** concours littéraire**s** et music**aux***, l'accord au pluriel des adjectifs indique qu'il y avait plusieurs concours littéraires et plusieurs concours musicaux.

21.1 Les accords dans le groupe du nom

1. Dans le GN, le nom est un donneur d'accord en genre et en nombre : masculin ou féminin, singulier ou pluriel.
   Les receveurs d'accord sont le déterminant et l'adjectif.

⤷ Page 83
GN

RÈGLES GÉNÉRALES D'ACCORD DANS LE GN	
Accord du déterminant avec le nom	**Exemples**
Le déterminant s'accorde en genre et en nombre avec le nom qu'il accompagne.	Dét ⟶ N *les **vainqueurs*** m. pl. Dét ⟶ N *différent**es** **épreuves*** f. pl.
Accord de l'adjectif avec le nom	**Exemples**
L'adjectif s'accorde en genre et en nombre avec le nom qu'il accompagne.	N ⟶ Adj *des **jeux** sportifs* m. pl. N ⟶ Adj *une **trêve** sacrée* f. s.
Il en est de même pour l'adjectif participe (c'est le participe passé employé sans auxiliaire) ; il fonctionne comme un adjectif.	N ⟶ Adj *la **trêve** respectée par les cités* f. s. (Adj : participe passé du verbe *respecter*)
Si plusieurs adjectifs accompagnent le même nom, chacun s'accorde avec ce nom.	Adj N Adj Adj *les premier**s** **Jeux** olympiques modernes* m. pl. Adj Adj N *Épuis**ées** mais content**es**, ces **joueuses** ont gagné le tournoi.* f. pl.

- Certains mots peuvent être adjectifs ou adverbes : seul l'adjectif s'accorde.
  Ex. : *des **athlètes** <u>forts</u>* (adjectif *forts*, comme *excellents, puissants, énergiques*)
  des jeux <u>fort</u> populaires (adverbe *fort*, comme *très, extrêmement, bien*)

> Pour faire les bons accords, on peut recourir à plusieurs outils, par exemple :
> – les tableaux sur le féminin et le pluriel des noms ; ⤷ **Pages 24, 25**
> – les tableaux sur le pluriel des noms composés ; ⤷ **Page 26**
> – les tableaux sur le féminin et le pluriel des adjectifs ; ⤷ **Pages 43, 44**
> – l'accord des adjectifs composés et des adjectifs de couleur. ⤷ **Pages 45, 46**
>
> Le dictionnaire est également un outil utile pour connaître le genre et le nombre d'un nom ou d'un adjectif.

2. Le **pronom** est aussi un **donneur** d'accord. Il donne son genre et son nombre à l'adjectif qui l'accompagne.

Accord de l'adjectif avec le pronom	Exemples
L'adjectif s'accorde en genre et en nombre avec le pronom qu'il accompagne.	Adj Pron *Heureu**se**, **je** me préparais à aller en Grèce.* f. s.
Si plusieurs adjectifs accompagnent un même pronom, chacun s'accorde avec ce pronom.	Adj Adj Pron *Honoré**s** et admiré**s** par le peuple, **ils** étaient comme des dieux.* m. pl.

3. Voici quelques règles d'accord concernant certains déterminants.

Accord du déterminant *tout*	Exemples
Quand il est déterminant, *tout* s'accorde en genre et en nombre avec le nom qu'il accompagne.	Dét N Dét N *tou**tes** sortes* *en tout temps* f. pl. m. s.
Quand un déterminant complexe est formé avec *tout*, celui-ci s'accorde également avec le nom.	Dét N Dét N *tout le **temps*** *toute la **journée*** m. s. f. s.
Le déterminant *tout* est alors devant un autre déterminant, comme *le, la, les, ce, cette, ces, son, sa, ses*, etc.	Dét N Dét N *tous les **ans*** *tou**tes** les **fois*** m. pl. f. pl.

↪ Page 237
Tout

Déterminants invariables

↪ Page 237
Cent et vingt

- **Déterminants numéraux**
  Les déterminants numéraux invariables ne s'accordent pas, même s'ils font partie d'un déterminant au pluriel.
  Ex.: ce**s huit** années   tous les **quatre** ans   les **neuf** dixièmes

↪ Page 20
Traits du nom

- ***Beaucoup de, tellement de, trop de, tant de, (un) peu de, assez de***
  Ils ne prennent pas de marques d'accord. Le nom est au pluriel ou au singulier, selon son sens (trait comptable ou non).
  Ex.: ***beaucoup d'***épreuves (des épreuves)   ***peu de*** joueurs (des joueurs)
  tellement de courage (du courage)   ***un peu d'***eau (de l'eau)

- ***Bien des, n'importe quel***
  Dans ces déterminants, les mots *bien* et *n'importe* sont aussi invariables.
  Ex.: ***bien des*** efforts, ***n'importe*** quel**les** courses.

4. L'adjectif peut accompagner plusieurs noms, juxtaposés ou coordonnés.

Accord de l'adjectif avec plusieurs noms	Exemples
L'adjectif qui accompagne plusieurs noms s'accorde au pluriel: – si les noms ont le genre féminin, l'adjectif s'accorde au féminin pluriel; – si les noms ont le genre masculin ou s'ils n'ont pas le même genre, l'adjectif s'accorde au masculin pluriel.	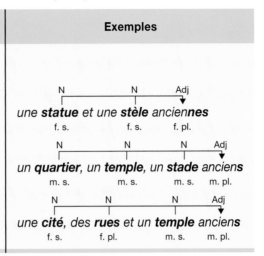

- Quand les noms sont de genres différents, on termine l'énumération par un nom masculin, qui s'harmonise alors avec l'adjectif accordé au masculin.
  Ex.: *des rues et un temple anciens* (plutôt que ⊃ *un temple et des rues anciens*)

- Quand un nom est coordonné à un nom au pluriel, il peut être nécessaire de répéter l'adjectif pour préciser qu'il se rattache à chaque nom.
  Ex.: *une toge et des souliers noirs* ⊃ *une toge **noire** et des souliers **noirs***

2ᵉ cycle ▷ L'adjectif peut aussi s'accorder avec le dernier nom d'une énumération.

Adjectif avec un nom juxtaposé ou coordonné

• Selon le sens, l'adjectif peut s'accorder uniquement avec le dernier nom juxtaposé ou coordonné par **et, ou, ni, ainsi que, de même que, comme**.
 	
  Ex.: *une acropole, un odéon, un **aqueduc** romain* (C'est l'aqueduc qui est romain.)
 	
      *des athlètes, un entraîneur **et** un **officiel** grec* (C'est l'officiel qui est grec.)
 	
      *l'entraîneur **ainsi que** la **juge** française* (C'est la juge qui est française.)
 	
      *un musée **ou** un **temple** ancien* (C'est le temple qui est ancien.)

Cas particuliers avec le coordonnant *ou*

• Quand ***ou*** a une valeur de choix, l'adjectif s'accorde avec le dernier nom.
 	
  Ex.: *On choisira la fille **ou** le **garçon** le plus **âgé**.*
     On choisira soit la fille, soit le garçon: un seul peut être le plus âgé.
     Souvent, lorsque les noms sont de genres différents, on place le nom masculin près de l'adjectif, accordé alors au masculin.
 	
• Quand ***ou*** a une valeur d'addition, l'adjectif s'accorde au pluriel.
 	
  Ex.: *On peut visiter un **théâtre**, un **musée** ou un **temple** grecs.*
     Ce sont le théâtre, le musée et le temple qui sont grecs.

> ■ POUR PRÉCISER

- L'accord de l'adjectif avec le dernier nom d'une énumération se fait aussi :
  - lorsque les noms sont synonymes ou qu'ils forment une gradation ;
    Ex. : *une vigueur, une énergie, une force étonnante*
  - lorsque le sens l'impose ;
    Ex. : *du marbre ou du bois dur* (le marbre est dur par définition)
  - lorsque la finale de l'adjectif au pluriel donnerait un son désagréable à entendre ; on ne fait donc pas l'accord par souci d'harmonie.
    Ex. : *l'hymne et le drapeau national* (au lieu de *nationaux*)
- L'accord de l'adjectif se fait avec le premier nom quand le deuxième nom coordonné exprime une comparaison : celle-ci est marquée par un coordonnant tel *comme, ainsi que, de même que, avec* et elle est encadrée par des virgules.
  Ex. : *J'ai vu sa figure, comme ses bras, brûlée par le soleil.*

2ᵉ cycle ▶ 5. Voici l'accord de l'adjectif qui suit un nom collectif ou un complément du nom.

Exemples de noms collectifs :
bande, centaine, classe, dizaine, douzaine, ensemble, équipe, foule, groupe, majorité, minorité, meute, moitié, monde, poignée, série, totalité, troupe…

> Le nom collectif désigne un ensemble d'êtres ou de choses.

Accord de l'adjectif	Exemples
Après un nom collectif Quand le nom collectif est employé seul, l'adjectif s'accorde avec ce collectif. Quand le collectif est suivi d'un autre nom, l'adjectif s'accorde : – avec le collectif si on veut insister sur l'idée d'ensemble ; – avec l'autre nom si on veut insister sur les choses ou les êtres désignés par ce nom. Le collectif prend alors la valeur d'un déterminant (ex. : *des*).	*cette **équipe** gagnante* f. s. *le **groupe** d'athlètes qualifié* m. s. *un groupe d'**athlètes** qualifiés* m. pl. (⇨ *des athlètes qualifiés*)
Après un nom + complément du nom (GPrép : Prép + N) L'adjectif s'accorde avec le nom qu'il complète, selon le sens.	*un bol d'olives vertes* f. pl. *une **tasse** de café remplie* f. s.

> ⇨ Page 85
> Complément du nom

Dans ce genre de cas, l'accord de l'adjectif s'impose souvent par le sens, par exemple :
– *une sorte de **fleurs** rouges* (des fleurs rouges), *un bassin d'**eau** salée* (l'eau salée) ;
– *les **catégories** d'âge établies dans un sport* (catégories établies : cadets, juniors, etc.).

6. Des adjectifs au singulier peuvent accompagner un nom au pluriel.

Accord des adjectifs au singulier avec un nom au pluriel	Exemple
Les adjectifs qui accompagnent un nom au pluriel s'accordent au singulier s'ils désignent chacun une réalité distincte, unique. Ils s'accordent en genre avec le nom.	N Adj Adj Adj les **cultures** grec**que**, italien**ne** et français**e** f. pl. f. s. f. s. f. s. (= la culture grecque, la culture italienne et la culture française)

Quand les adjectifs sont au pluriel, ils désignent alors des ensembles avec le nom.
Ex.: *les temples grecs et romains* (= les temples grecs et les temples romains)

■ POUR PRÉCISER

Certains adjectifs placés avant le nom désignent chacun une réalité distincte.

- Avec ces adjectifs, le nom est normalement au singulier et le déterminant est répété devant chaque adjectif ; ou encore, le nom est aussi répété.
  Ex.: **un** *bon et* **un** *mauvais* **perdant** ou **un** *bon* **perdant** *et* **un** *mauvais* **perdant**
  le *premier et* **le** *deuxième* **siècle** ou **le** *premier* **siècle** *et* **le** *deuxième* **siècle**
  On ne dirait pas, par exemple : ➲ *le premier et le deuxième chevaux.*

- Avec les adjectifs ordinaux, comme *premier, deuxième,* etc. (incluant *dernier*), le nom peut être au pluriel, ainsi que le déterminant, qui n'est alors pas répété.
  Ex.: **les** *premi**er** et deuxièm**e*** **siècles**

- Les adjectifs au pluriel peuvent aussi désigner des réalités distinctes avec un nom au pluriel. En ce cas, le déterminant est répété devant chaque adjectif.
  Ex.: **les** *premi**ers** et* **les** *derni**ers*** **rangs**   **les** *petits et* **les** *grands* **stades**

Pour les accords dans le GN, on tiendra compte des caractéristiques propres à certains mots, par exemple :

- des noms qui s'emploient au pluriel, tels que :
  des **frais** *payés, des* **funérailles** *nationales, les* **archives** *publiques, des* **tapas** *variées*

- des noms à double genre ou à double nombre, selon leur sens, tels que :
  une **œuvre** *grecque* (art, littérature) *et le gros* **œuvre** (bâtiment, architecture)
  les **vacances** *estivales* (congé) *et une* **vacance** *imprévue* (un poste vacant)

- des adjectifs invariables. ✍ **Page 44**, Adjectifs invariables

📖 Les dictionnaires indiquent les caractéristiques particulières des mots.

21.2 Les accords dans la phrase

A Les règles d'accord avec le sujet

1. Le sujet est souvent un GN ou un pronom : le donneur d'accord est alors le nom, noyau du GN, ou le pronom. Les receveurs d'accord sont :
   – le verbe, qui reçoit la 1re, la 2e ou la 3e personne du singulier ou du pluriel ;
   – l'adjectif attribut du sujet et le participe passé employé avec l'auxiliaire *être*, qui reçoivent le genre et le nombre : masculin ou féminin, singulier ou pluriel.

RÈGLES GÉNÉRALES D'ACCORD AVEC LE SUJET	
Accord du verbe	**Exemples**
Le verbe s'accorde à la 3e personne du singulier ou du pluriel avec le nom noyau du GN sujet.	N ⟶ V Les **Jeux** olympiques impos**aient** la paix. 3e pers. pl.
Le verbe s'accorde en personne et en nombre avec le pronom sujet.	Pron ⟶ V **Nous** admir**ons** ces athlètes disciplinés. 1re pers. pl.
Il en est de même pour le verbe auxiliaire : il s'accorde avec son donneur sujet.	N ⟶ aux. Le **baron** de Coubertin **a** rénové les Jeux. 3e pers. s.
Accord de l'adjectif attribut du sujet	**Exemples**
L'adjectif attribut s'accorde en genre et en nombre avec le nom noyau du GN sujet.	N ⟶ Adj Ces **coureurs** de fond étaient épuis**és**. m. pl. attr.
L'adjectif attribut s'accorde en genre et en nombre avec le pronom sujet.	Pron ⟶ Adj **Elles** ont l'air content**es** de finir la course. f. pl. attr.
Accord du participe passé employé avec l'auxiliaire *être*	**Exemples**
Le participe passé employé avec l'auxiliaire *être* s'accorde en genre et en nombre avec le nom noyau du GN sujet.	N ⟶ aux. p. p. Les **skieurs** sont mont**és** au sommet. m. pl.
Le participe passé employé avec l'auxiliaire *être* s'accorde en genre et en nombre avec le pronom sujet.	Pron ⟶ aux. p. p. **Elle** était all**ée** voir la piste du slalom. f. s.

⟲ **Page 122**
Sujet

⟲ **Page 94**
Attribut du sujet

Dans les temps surcomposés avec le verbe *être*, seul le deuxième participe passé s'accorde avec le donneur sujet ; le participe passé du verbe *être*, *été*, est invariable.
Ex. : *quand elles sont parties* → *quand **elles** ont été parties*

M

● On peut **remplacer** le GN sujet par un **pronom** comme *il/elle, ils/elles*.

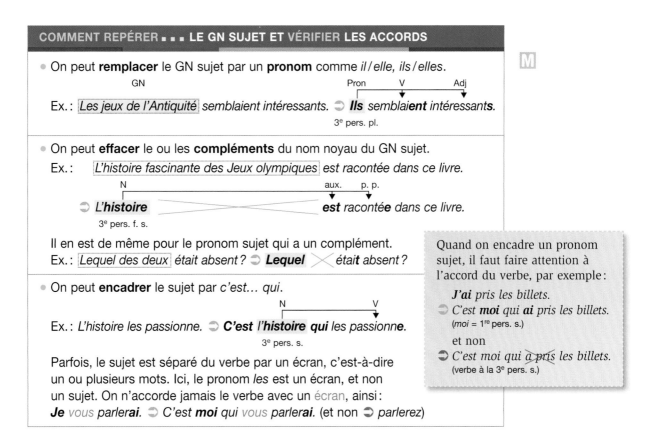

Ex.: *Les jeux de l'Antiquité semblaient intéressants.* ⮑ **Ils** *semblaient intéressants.*

3ᵉ pers. pl.

● On peut **effacer** le ou les **compléments** du nom noyau du GN sujet.

Ex.: *L'histoire fascinante des Jeux olympiques est racontée dans ce livre.*

⮑ *L'histoire* **est** *racontée dans ce livre.*

3ᵉ pers. f. s.

Il en est de même pour le pronom sujet qui a un complément.
Ex.: *Lequel des deux était absent?* ⮑ **Lequel** *était absent?*

● On peut **encadrer** le sujet par *c'est... qui*.

Ex.: *L'histoire les passionne.* ⮑ **C'est** *l'histoire* **qui** *les passionne.*

3ᵉ pers. s.

Parfois, le sujet est séparé du verbe par un écran, c'est-à-dire un ou plusieurs mots. Ici, le pronom *les* est un écran, et non un sujet. On n'accorde jamais le verbe avec un écran, ainsi:
Je *vous parlerai.* ⮑ *C'est* **moi** *qui vous parlerai.* (et non ⮑ *parlerez*)

> Quand on encadre un pronom sujet, il faut faire attention à l'accord du verbe, par exemple:
>
> *J'ai pris les billets.*
> ⮑ *C'est* **moi** *qui* **ai** *pris les billets.*
> (*moi* = 1ʳᵉ pers. s.)
>
> et non
> ⮑ *C'est moi qui a pris les billets.*
> (verbe à la 3ᵉ pers. s.)

● On repère ce que le pronom reprend, c'est-à-dire son antécédent. Le pronom donne les marques d'accord de son **antécédent**.

Ex.: *Les* **coureurs** **qui** *étaient fatigués cherchaient les endroits ombragés.*

3ᵉ pers. m. pl.

Dans certains cas, on sait par le contexte ce que le pronom représente.
Ex.: *Effie a vu* **qui** **est** *arrivée la première parmi les concurrentes.*

Les joueuses de tennis arrivaient sur les courts. **Plusieurs** *étaient nerveuses.*

● Les pronoms de la 1ʳᵉ et de la 2ᵉ personne (*je, tu, nous, vous*) ont le genre et le nombre des êtres qu'ils représentent.
Ex.: **Tu** **es** *enfin arrivée!* (*tu*: personne de sexe féminin)

Quand les pronoms *nous, vous* représentent une seule personne, l'accord de l'adjectif attribut et du participe passé se fait au singulier et selon le genre de la personne.
Ex.: **Vous** *êtes gentille, Madame.* **Vous** *étiez sorti, Monsieur.*
(formules de politesse)

Nous, étudiante *en chimie, sommes heureuse de présenter ce projet.*
(*nous* de modestie)

...

> • Plusieurs pronoms n'ont pas d'antécédent et portent eux-mêmes les marques d'accord.
>
> Par exemple, les pronoms indéfinis *rien, quelqu'un, personne* sont du masculin singulier. Les pronoms interrogatifs *que, quoi* ont aussi la forme neutre du masculin singulier ; il en est de même pour *qui* quand son antécédent est inconnu.
> Ex. : **Personne** n'**est** parfai**t**.
>
> **Qui est** entr**é** ? (antécédent de *qui* inconnu : 3ᵉ pers. m. s.)

Certains pronoms ont des formes qui ne changent pas, comme *qui, que, quoi*. D'autres pronoms ont des formes variables selon le genre et le nombre, comme *certain/certaine, certains/certaines*. On trouvera toutes ces formes dans le chapitre sur le pronom. ↳ Page 49, Pronom

2. Voici d'autres règles à retenir pour les accords dans la phrase.

Accord avec le sujet formé de plusieurs GN	Exemples
Le verbe s'accorde à la 3ᵉ personne du pluriel avec le sujet formé de plusieurs GN juxtaposés ou coordonnés. Le sujet peut être remplacé par le pronom *ils* ou *elles*.	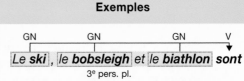 *des sports olympiques aux Jeux d'hiver.* ➲ **Ils sont** *des sports olympiques…*

L'adjectif attribut et le participe passé s'accordent :

– au féminin pluriel si les noms sont de genre féminin ;
Ex. : *La* **natation** *et la* **gymnastique** *étaient* *présent***ées** *hier.* (participe passé : f. pl.)

– au masculin pluriel s'ils sont du masculin ou de genres différents.
Ex. : *Cette* **épreuve** *ainsi que* *le* **tournoi** *sont* *exigeant***s**. (adjectif attribut : m. pl.)

Dans ces cas d'accord, les coordonnants ont une valeur d'addition, par exemple *et, comme, ainsi que, de même que*.

2ᵉ cycle ▶

■ POUR PRÉCISER

• Parfois, le sujet est un GVinf ou une subordonnée sujet, qu'on peut remplacer par le pronom *cela*. Le verbe s'accorde alors à la 3ᵉ personne du singulier ; l'adjectif attribut ou le participe passé est au masculin singulier.
Ex. : *Participer aux Jeux* **était** *un rêve pour lui.* ➲ **Cela** *était un rêve pour lui.*

Qu'elle soit dans l'équipe n'**est** *pas étonnant.* ➲ **Cela** *n'est pas étonnant.*

• S'il y a plusieurs GVinf ou subordonnées sujets, les accords peuvent se faire au singulier ou au pluriel.
Ex. : *Faire du sport* **et** *bien manger* *sembl***ent** *important***s** *pour lui.*

Qu'elle soit dans l'équipe **et** *qu'elle aille aux Jeux* *me rend heureux.*

◀

Cas particuliers avec certains coordonnants pour l'accord du verbe

- **Noms (ou pronoms) au singulier coordonnés par *ou, ni***
  Le verbe s'accorde au singulier si le coordonnant a une valeur de choix ou d'exclusion.
  Ex.: *Un cycliste **ou** un **kayakiste** portera le flambeau olympique jusqu'ici.*
    (C'est l'un ou l'autre. On peut alors marquer l'accord avec le dernier nom.)

  Le verbe s'accorde au pluriel si le coordonnant a une valeur d'addition.
  Ex.: ***Ni Aphrodite ni Vicky** n'iront voir la compétition.* (Les deux n'iront pas voir…)

- **Nom (ou pronom) + explication ou synonyme coordonné**
  Le verbe s'accorde avec le nom (ou pronom). L'explication ou le synonyme est souvent coordonné par *ou, c'est-à-dire, soit, à savoir* et il est mis entre virgules.
  Ex.: *L'**Acropole, c'est-à-dire** l'acropole d'Athènes, inspire le respect.*
    *Le **pentathlon, ou** pentathlon moderne, comporte cinq épreuves.*

- **Expressions *l'un ou l'autre, tel ou tel***
  Le verbe s'accorde généralement au singulier.
  Ex.: ***L'un ou l'autre** participera à la finale.*

  Il en est de même avec les expressions formées de noms au singulier, qui indiquent un choix ou une exclusion: *soit… soit, ou… ou, tel… tel, tantôt… tantôt, parfois… parfois.*
  Ex.: ***Soit Irma, soit Ariane** aura la médaille d'or.*

- **Expressions *l'un et l'autre, tel et tel***
  Le verbe s'accorde généralement au pluriel.
  Ex.: ***L'un et l'autre** parlent.*

- **Expression *ni l'un ni l'autre***
  Le verbe peut s'accorder au singulier ou au pluriel.
  Ex.: ***Ni l'un ni l'autre** ne discute (ou ne discutent).*

■ POUR PRÉCISER

- L'accord du verbe se fait avec le dernier nom si les noms sont synonymes ou s'ils forment une gradation.
  Ex.: *La satisfaction, la joie, l'**euphorie** animait ce nouveau champion.*
- L'accord du verbe se fait avec le nom ou le pronom qui résume les noms d'une énumération.
  Ex.: *Les jambières, le bâton, le casque, le chandail, (bref) **tout** était là.*
- L'accord du verbe se fait avec le premier nom quand le deuxième nom coordonné exprime une comparaison: celle-ci est marquée par un coordonnant tel *comme, ainsi que, de même que, avec* et elle est encadrée par des virgules.
  Ex.: *Cette **équipe**, ainsi que son entraîneur, **est** admirée.* (accord: 3ᵉ pers. f. s.)

Accord du verbe avec un sujet formé par des noms et des pronoms de personnes différentes	Exemples
Le verbe s'accorde au pluriel et à la personne qui a la priorité, ainsi : – la 1ʳᵉ personne l'emporte sur la 2ᵉ et la 3ᵉ ; – la 2ᵉ personne l'emporte sur la 3ᵉ. On peut reprendre le sujet par le pronom de priorité au pluriel, ce qui permet aussi de vérifier l'accord du verbe.	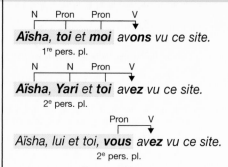 N Pron Pron V ***Aïsha, toi* et *moi*** av**ons** *vu ce site.* 1ʳᵉ pers. pl. N N Pron V ***Aïsha, Yari* et *toi*** av**ez** *vu ce site.* 2ᵉ pers. pl. Pron V *Aïsha, lui et toi,* **vous** av**ez** *vu ce site.* 2ᵉ pers. pl. Pron V *Toi et moi,* **nous** av**ons** *vu ce site.* 1ʳᵉ pers. pl.

> Par politesse, on met toujours en dernier lieu le pronom de priorité, ainsi :
> *Toi et **moi** partons.*
> (au lieu de *moi et toi*)

Cas particuliers d'accord avec certains pronoms

- ***La plupart, beaucoup, bon nombre, peu***
  Avec ces pronoms sujets, l'accord se fait à la 3ᵉ personne du pluriel.
  Ex. : ***La plupart*** préfér**aient** *les compétitions d'athlétisme.*
       Beaucoup sont *ven**us** voir la finale du concours par équipes en gymnastique.*

  Quand un pronom a pour complément *d'entre nous* ou *d'entre vous* (même sous-entendu), le verbe se met normalement à la 3ᵉ personne du pluriel.
  Ex. : *Bon nombre / la plupart / deux / plusieurs d'entre nous* ét**aient** *contents.*

- ***On* indéfini** = quelqu'un, un groupe ou les gens en général
  Les accords avec ce pronom se font à la 3ᵉ personne du singulier et au masculin.
  Ex. : ***On*** *ser**a** ém**u** par cette cérémonie.*

- ***On* personnel** = une ou des personnes (souvent *nous* en langue familière)
  L'adjectif et le participe passé s'accordent alors selon les personnes représentées par *on*. Le verbe, lui, demeure à la 3ᵉ personne du singulier.
  Ex. : *Alors, Émilie,* ***on*** *n'est pas content**e*** ? (on représente *tu* pour *Émilie*)
       Félix et moi, ***on*** *est all**és** voir le match.* (on représente *nous* pour *Félix et moi*)

- ***Ce* dans la formule *c'est / ce sont***
  Le verbe est au singulier devant *moi, toi, lui, elle, nous, vous*. Il est au pluriel devant un GN au pluriel. Devant *eux, elles*, il peut être au singulier ou au pluriel.
  Ex. : ***C'est*** *vous qui le dites,* ***c'est*** *nous qui sommes les premiers.*
       Ce sont *les premiers,* ***c'est / ce sont*** *eux.*

◀

Accord du verbe avec un nom collectif	Exemples
Le verbe s'accorde à la 3ᵉ personne du singulier avec un nom collectif singulier. (Collectifs : *bande, douzaine, foule, équipe, groupe, moitié, monde...*)	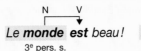 *Le **monde** est beau!* 3ᵉ pers. s. 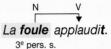 *La **foule** applaudit.* 3ᵉ pers. s.
Quand le collectif est suivi d'un autre nom, le verbe s'accorde : – avec le collectif si on veut insister sur l'idée d'ensemble ; – avec l'autre nom si on veut insister sur les choses ou les êtres désignés par ce nom. Le collectif prend alors la valeur d'un déterminant (ex.: *des*).	 *Une **multitude** de touristes arrivait.* 3ᵉ pers. s. 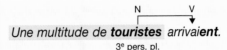 *Une multitude de **touristes** arrivaient.* 3ᵉ pers. pl. (⮕ *des touristes arrivaient*)

> Avec ***tout le monde***, le verbe s'accorde au singulier, ainsi :
> *Tout le monde **est** gentil.*

Ces règles s'appliquent aussi au participe passé et à l'adjectif attribut.

Ex.: *La **bande** de joueurs était partie.* (participe passé : f. s.)

*La majorité des **nageuses** semblent prêtes.* (adjectif attribut : f. pl.)

Cas particuliers pour des expressions de sens collectif ou de quantité

- ***Nombre de, (une) quantité de, bon nombre de, une infinité de, la plupart des...***
  Quand ces expressions sont suivies d'un nom au pluriel, les accords se font avec le nom au pluriel. Elles ont alors la valeur d'un déterminant, comme *beaucoup de*.
  Ex.: *La plupart des **athlètes** étaient prêts. Bon nombre de **joueuses** étaient sorties.*

- ***Le reste de, un certain nombre de, un grand / petit nombre de...***
  Les accords peuvent se faire au singulier avec ces expressions, ou encore au pluriel avec le nom au pluriel.
  Ex.: *Le reste des spectateurs **est** parti. Le reste des **spectateurs** étaient partis.*

- ***Le nombre, un nombre***
  Les accords se font au singulier avec le nom *nombre* dans *le nombre, un nombre*.
  Ex.: *Le **nombre** de spectateurs **est** toujours le même.*

- ***Plus d'un, moins de deux***
  – *Plus d'un* : les accords se font au singulier.
    Ex.: *Plus d'un **athlète** aime le village olympique.*
  – *Moins de deux* : les accords se font au pluriel.
    Ex.: *Moins de deux **années** ont été suffisantes pour cette préparation.*

- ***Le peu***
  L'accord se fait au singulier avec *le peu* s'il a un sens négatif : il signifie un manque, une insuffisance. Si *le peu* a un sens positif, l'accord se fait avec le nom.
  Ex.: *Le **peu** d'efforts qu'il a fait **a** causé sa défaite.* (sens négatif)
    *Le peu de **provisions** qu'il apporte **sont** tout de même appréciées.* (sens positif)

↪ Page 91
Complément
direct

B Les règles d'accord avec le complément direct

1. Le participe passé employé avec l'auxiliaire *avoir* s'accorde avec le complément direct quand celui-ci est placé avant le verbe.

Accord du participe passé employé avec l'auxiliaire *avoir*	Exemples
Si le complément direct est placé avant le verbe, le participe passé s'accorde en genre et en nombre : – avec le nom noyau du GN complément direct ; – avec le pronom complément direct.	N · aux. · p. p. *Quelle **épreuve** avez-vous préféré**e** ?* f. s. Pron · aux. · p. p. *Vos **billets**, je **les** ai eu**s** de Félix.* m. pl. (*billets* : antécédent du pronom *les*)
Si le complément direct est placé après le verbe, ou s'il n'y a pas de complément direct, le participe passé ne s'accorde pas.	*J'ai donné les billets à votre ami.* *J'ai parlé à votre ami.* (sans compl. dir.)

> Voici une vieille astuce : poser la question *qui ?* ou *quoi ?* après le verbe conjugué avec *avoir*. Ex. : *j'ai eu quoi ?* Réponse : *les* pour *billets*, donc *les* est complément direct.

Le complément direct est placé avant le verbe :

– quand il est un pronom personnel comme *m' (me), t' (te), nous, vous, l' (le / la), les* ;
   Ex. : *Les **gymnastes** roumaines sont parties. On ne **les** a plus revu**es**.*

– quand il est le pronom relatif *que (qu')* ;
   Ex. : *Un officiel a pris les **javelots** **qu'**un lanceur avait oublié**s** sur le terrain.*

– quand il est un pronom interrogatif ou un GN placé en tête dans une phrase interrogative ou exclamative ;
   Ex. : *Laquelle avez-vous aimé**e** ?   **Quelle performance** elle a donné**e** !*

– quand il est encadré par *c'est… que* dans une phrase emphatique.
   Ex. : *C'est **un lanceur et un arbitre** qu'on a vu**s** discuter tout à l'heure.*
      *C'est **elle** qu'on a applaudi**e** chaleureusement.*

2ᵉ cycle ▶

Cas particuliers d'accord avec le complément direct placé avant le verbe

• **Le participe passé avec le pronom neutre *le***
   Le participe passé est invariable quand le complément direct est le pronom *le*, qui équivaut à *cela* : il reprend une subordonnée, une phrase ou une partie de texte.
   Ex. : *Ces athlètes sont prêts. Je **l'**ai déjà affirmé.* (= j'ai déjà affirmé cela)

• **Le participe passé avec le pronom *en***
   Le participe passé est invariable quand le complément direct est le pronom *en*.
   Ex. : *Des **records**, elle **en** a battu au cours des dernières années.*
      Parfois, l'accord est fait avec *en* : *Des histoires, combien j'en ai entendues !*
      Mais la tendance est de laisser le participe passé invariable.

> Dans les temps surcomposés, seul le deuxième participe passé s'accorde avec le complément direct. Ex. : *Elles m'ont remercié, après que je les ai eu averties.*

- **Le participe passé des verbes impersonnels (ex.: *il a fallu, il y a eu*)**
  Le participe passé de ces verbes est invariable.
  Ex.: *Vous savez les efforts qu'il a fallu pour gagner la partie.*

- **Le participe passé suivi d'un verbe à l'infinitif**
  – Il s'accorde avec le complément direct si celui-ci fait l'action exprimée par le verbe à l'infinitif. Sinon, il ne s'accorde pas.
    Ex.: *Ces **athlètes**, on **les** a vus monter sur le podium.*
    Ces athlètes (les) ont fait l'action de monter sur le podium.

    *Les **matchs** qu'on a vu perdre par l'équipe locale étaient très décevants.*
    C'est l'équipe locale qui a fait l'action de perdre les matchs: ce ne sont pas les matchs qui ont fait l'action de perdre.

    Note: Pour ces cas, il est toléré d'accorder le participe ou non.

  – Le participe passé ***fait*** suivi d'un verbe à l'infinitif ne s'accorde pas.
    Ex.: *Ces piscines qu'on a **fait** installer pour les Jeux sont impressionnantes.*

    Note: Il en est de même pour *laissé*, selon les Rectifications orthographiques.

  > Pour savoir si un verbe en *-er* est à l'infinitif, on le remplace par un verbe qui a une terminaison différente, par exemple *-ir*: *on a fait **installer** ⊃ on a fait **bâtir**.*

  Page 358
  Rectifications
  orthographiques

- **Les participes passés tels *dit, cru, su, pu, dû, voulu, prévu, pensé, permis…***
  Si un verbe à l'infinitif ou une subordonnée sont sous-entendus après le participe passé, celui-ci ne s'accorde pas.
  Ex.: *Elles ont fait tous les sacrifices qu'elles ont **pu** (faire).*
  *Ils n'ont pas fait tous les entraînements qu'on aurait **voulu** (qu'ils fassent).*

- **Le participe passé des verbes tels *coûter, durer, peser, valoir, courir, vivre…***
  Quand les verbes expriment une valeur, une mesure (prix, durée, poids, distance), leur participe passé est invariable.
  Ex.: *Les vingt kilomètres qu'il a cou**ru** ont impressionné ses amis.*

  Ces verbes, selon leur sens, peuvent aussi avoir un complément direct (verbes transitifs), par exemple: *Les **dangers** qu'elle a cou**rus**.*

◀

2ᵉ cycle ▶ 2. L'adjectif attribut du complément direct est le receveur d'accord du complément direct.

Page 95
Attribut du
complément
direct

Accord de l'adjectif attribut du complément direct	Exemples
L'adjectif attribut du complément direct s'accorde en genre et en nombre avec le nom noyau du GN complément direct.	N Adj *Je trouve ces **athlètes** formidable**s**.* m. pl.
L'adjectif attribut du complément direct s'accorde en genre et en nombre avec le pronom complément direct.	Pron Adj *Ces **filles**, on **les** considère comme rusé**es**.* f. pl.

L'attribut peut aussi être un GN: en ce cas, l'accord se fait si le nom peut varier.
Ex.: ***Niki** est une **joueuse** de tennis. On **la** considère comme un**e** bonne **joueuse**.*
Mais: ***Janie** est **le témoin**. On **la** considère comme le plus sérieux **témoin**.* ◀

Le verbe pronominal se conjugue avec un pronom de la même personne que le sujet, par exemple : *il se lève, nous nous félicitons, Jade se promène.*

Ⓜ

⇨ **Page 70**
Verbes
pronominaux

Verbes essentiellement pronominaux

Dans ces verbes, le pronom n'a pas de fonction : il n'est pas remplaçable par un autre pronom comme *l'/les, lui/leur,* suivi de l'auxiliaire *avoir.* En ce cas, on applique cette règle :

- Le **participe passé** du verbe essentiellement pronominal s'accorde avec le **sujet**.
  Ex. : *Des **personnes** **se sont** méfi**ées** de lui.* ➲ *Des personnes les ont méfié de lui.*

  La même règle s'applique à des verbes appelés « pronominaux passifs », car ils sont issus d'une transformation à la forme passive.
  Ex. : *Bien des choses ont été dites.* ➲ *Bien des choses **se sont** dit**es**.*

Verbes pronominaux réfléchis ou réciproques

Dans ces verbes, le pronom a la fonction de complément direct ou indirect. Il est remplaçable par les pronoms *l'/les* (direct) ou *lui/leur* (indirect), suivi de l'auxiliaire *avoir.* Si le pronom est complément direct, on applique cette règle :

- Le **participe passé** du verbe pronominal réfléchi ou réciproque s'accorde avec le complément direct quand celui-ci est placé **avant** le verbe.

  – Verbe pronominal réfléchi : l'action porte sur le sujet même.
    Ex. : *Jade **s'est** regard**ée**.* (*s'* = elle-même, « elle a regardé elle-même »)
      ➲ *Jade **l'**a regard**ée**.* (*l'* : complément direct)
    Donc, accord du participe *regardée* avec le pronom *s'* complément direct : féminin singulier comme *Jade.*

  – Verbe pronominal réciproque : le sujet est au pluriel ; l'action porte l'un sur l'autre ou les uns sur les autres.
    Ex. : *Ils **se sont** rencontr**és**.* (*se* = l'un l'autre, « ils ont rencontré l'un l'autre »)
      ➲ *Ils **les ont** rencontr**és**.* (*les* : complément direct)
    Donc, accord du participe *rencontrés* avec le pronom *se* complément direct : masculin pluriel comme *ils.*

> Quand on remplace le pronom et l'auxiliaire, on change alors le contexte et le sens de la phrase, mais cela permet de vérifier la fonction du pronom.

- Le **participe passé** ne s'accorde pas avec un complément indirect (ex. : *lui/leur*).
  Ex. : *Elles **se** sont déplu.* ➲ *Elles **leur** **ont** déplu.* (On déplaît **à** quelqu'un.)

- Le **participe passé** ne s'accorde pas si le complément direct est placé après lui.
  Ex. : *Ils se sont **envoyé** des courriels.* ➲ *Ils leur ont **envoyé** des courriels.*

  Cependant, si le complément direct est placé **avant** le verbe, le participe passé **s'accorde** alors avec ce complément.
  Ex. : *Ils ont perdu les **courriels** **qu'**ils se sont envoy**és**.* (*qu'* reprend *courriels*)

◀

21.3 L'accord de certains mots

- **Cent** et **vingt**, déterminants, pronoms ou noms, sont généralement invariables.
  Ex.: *deux **cent vingt** mètres, **cent vingt** mètres, faire les **cent** pas, avoir deux **vingt***

  Cependant, ils se mettent au pluriel s'ils sont multipliés par un numéral qui les précède et s'ils terminent le nombre.
  Ex.: *quatre-**vingts** mètres, deux **cents** mètres* (mais *quatre-**vingt**-deux mètres*)

  Quand ils servent à indiquer un rang, ils sont invariables.
  Ex.: *la page quatre-**vingt*** (= la quatre-vingtième page)

- **Mille**, déterminant, pronom ou nom, est invariable.
  Ex.: *deux **mille** kilomètres, cent plus trois **mille** égale trois **mille** cent*

  Si le nom *mille* désigne une mesure de distance (comme *kilomètre*), il est variable.
  Ex.: *On a marché trois **milles**.*

> **Millier, million, milliard** et **zéro** sont des noms variables.
> Ex.: *des **millions** de dollars, plusieurs **zéros***

- **Quelque**, déterminant, est variable.
  Ex.: ***quelques** épreuves, **quelques** compétiteurs*

  2ᵉ cycle ▶ Quand il signifie «environ», *quelque* est un adverbe et il est alors invariable.
  Ex.: *Ingrid a nagé **quelque** trente kilomètres.* (= environ trente kilomètres) **◀**

- **Tout**, déterminant, pronom ou nom, est variable.
  Ex.: *Il peut arriver à **toute** heure.* (déterminant)
        ***Tous** l'ont dit.* (pronom)
        *Ces parties forment des **touts**.* (nom)

  2ᵉ cycle ▶ **Tout**, adverbe, est invariable. On peut le remplacer par un autre adverbe.
  Ex.: *Il est **tout** content.* (⟳ *Il est **très** content.*)

  Toutefois, devant un adjectif au féminin qui commence par une consonne ou un *h* aspiré, *tout* s'accorde avec cet adjectif.
  Ex.: *Elle est **toute** blonde. Ils ont des méthodes **toutes** hollandaises.* **◀**

- **2ᵉ cycle ▶** **Ci-annexé, ci-joint, ci-inclus, excepté, passé, vu, étant donné, y compris...**
  Les expressions de ce genre sont normalement invariables quand elles sont placées avant le nom ou le pronom.
  Ex.: ***Excepté** toi et moi, tous les autres partiront.*

  Placées après le nom, elles s'accordent: *toi et moi **exceptés**, les fiches **ci-incluses**.*
  Ci-annexé, ci-joint, ci-inclus suivies d'un déterminant devant le nom peuvent ou non s'accorder, par exemple: ***ci-joint** une lettre* ou ***ci-jointe** la lettre.*

- **Demi**, **semi**, **mi** et **nu** placés avant le nom sont invariables et ils sont joints au nom par un trait d'union.
  Ex.: *une **demi**-journée, des **semi**-remorques, à **mi**-chemin, être **nu**-pieds*

  À demi, devant un adjectif, n'a pas de trait d'union et est invariable.
  Ex.: ***à demi** morte*

- **Demi**, placé après le nom, s'accorde seulement en genre avec le nom.
  Ex.: *une heure et **demie**, un an et **demi**, trois fois et **demie**, six mois et **demi***

- **Même**, adjectif, est variable. Il exprime alors la similitude ou il a le sens d'*eux-mêmes / elles-mêmes*. Il se joint aussi à des pronoms par un trait d'union.
  Ex. : *les **mêmes** figures* (= les figures identiques, pareilles); *les figures **elles-mêmes***

  Même, adverbe, est invariable. On peut le remplacer par un autre adverbe (parfois, il peut être nécessaire de modifier la phrase).
  Ex. : ***Même** ces gens criaient.* (⊃ *Ces gens **aussi** criaient.*)
     *Elles n'ont **même** pas couru.* (⊃ *Elles n'ont pas **encore** couru.*)

- **Possible** est invariable quand il est employé avec un superlatif tels **le plus**, **le moins**.
  Ex. : *On doit encourager **le plus** d'athlètes **possible**.*
     (= le plus d'athlètes qu'il est possible d'encourager)

- **Tel**, **tel que** et **tel quel** s'accordent avec le nom ou le pronom auquel ils se rattachent.
  Ex. : ***Tels** sont mes <u>plans</u>. Elle est partie **tel** un <u>éclair</u>.*
     *On a laissé les <u>choses</u> **telles qu**'elles étaient. Ces plans, je <u>les</u> laisse **tels quels**.*

  Tel que introduisant une énumération s'accorde généralement avec le nom qui le précède : *les grandes <u>cités</u> européennes, **telles que** Paris, Londres, Rome, Berlin…*

Expressions de quantité – fractions et pourcentages :
le tiers, le quart, les trois quarts, un dixième, dix pour cent, les vingt pour cent…

- Les accords se font avec l'expression de quantité ou avec le nom qui la suit.
  Ex. : *Le tiers des délégués **est** arrivé.* ou *Le tiers des **délégués sont** arrivés.*
     ***Dix pour cent** du total **sont** enlevés.*
     *Vingt pour cent de la **délégation est** partie.*

  Si le nom n'a pas de déterminant, les accords se font avec le pourcentage.
  Ex. : ***Cinq pour cent** d'augmentation **sont** demandés.* (*augmentation* sans déterminant)

- Avec un déterminant pluriel, l'expression de quantité commande les accords au pluriel.
  Ex. : ***Les deux tiers** de l'épreuve **sont** complétés.*
     Si le nom qui suit la fraction est féminin pluriel, les accords se font couramment avec ce nom : *Les trois quarts des **joueuses sont** arrivé**es**.*

- Quand l'expression de quantité n'est pas suivie d'un nom, mais qu'elle représente une réalité au féminin, l'accord de l'adjectif ou du participe se fait selon ce genre.
  Ex. : *Parmi les <u>coureuses</u>, **neuf pour cent** ont été disqualifié**es**.*

◀

Dans les expressions de quantité (fraction, pourcentage), tout ce qui indique «**un**», incluant ses fractions, commande le singulier.
Ex. : ***Un pour cent est** suffisant. **Un mètre et demi a** été ajouté à la piste.*

Certaines expressions peuvent aussi représenter une réalité au singulier en contexte.
Ex. : *Pour la commission, on estime que **dix pour cent est** un taux raisonnable.*

Les règles d'accord

Les accords dans le groupe du nom

- Le déterminant s'accorde en genre et en nombre avec le nom qu'il accompagne.
- L'adjectif qui accompagne un nom s'accorde en genre et en nombre avec ce nom.
- L'adjectif participe s'accorde aussi en genre et en nombre avec le nom : c'est le participe passé employé sans auxiliaire, il fonctionne comme un adjectif.
- L'adjectif qui accompagne un pronom s'accorde en genre et en nombre avec ce pronom.

Les accords dans la phrase

- Le verbe s'accorde à la 3e personne du singulier ou du pluriel avec le nom noyau du GN sujet ou il s'accorde avec le pronom sujet.

- L'adjectif attribut s'accorde en genre et en nombre avec le nom noyau du GN sujet ou avec le pronom sujet.

- Le participe passé employé avec l'auxiliaire *être* s'accorde en genre et en nombre avec le nom noyau du GN sujet ou avec le pronom sujet.

- Si le complément direct est placé avant le verbe, le participe passé employé avec l'auxiliaire *avoir* s'accorde en genre et en nombre :
  - avec le nom noyau du GN complément direct ;
  - avec le pronom complément direct.

2e cycle ▶
- L'adjectif attribut du complément direct s'accorde en genre et en nombre :
  - avec le nom noyau du GN complément direct ;
  - avec le pronom complément direct.

2e cycle ▶
- Le participe passé du verbe essentiellement pronominal s'accorde avec le sujet.
- Le participe passé du verbe pronominal réfléchi ou réciproque s'accorde avec le complément direct quand celui-ci est placé avant le verbe.
- Le participe passé ne s'accorde pas :
  - avec un complément indirect ;
  - si le complément direct est placé après lui.

Michel Tremblay Victor Hugo
Nancy Huston
Gabrielle Roy Joanne K. Rowling
Bernard Werber Alexandre Dumas
marquise de Sévigné

PARTIE

7

Le lexique
Sons, lettres et mots

CHAPITRE 22

Les sons, les lettres et les syllabes

Nous pensons que l'humain parle depuis 35 000 ans et qu'il écrit depuis 5500 ans ! Les systèmes d'écriture ont évidemment beaucoup évolué à travers les siècles. Pour avoir accès aux civilisations anciennes, des chercheurs ont dû travailler à déchiffrer, par exemple, les inscriptions cunéiformes mésopotamiennes et les hiéroglyphes égyptiens.

La pierre de Rosette

La pierre de Rosette, exposée au British Museum de Londres, est un fragment d'une stèle découverte en Égypte en 1799. Haute de 114 cm et large de 73 cm, elle date du deuxième siècle avant notre ère.

Cette pierre a toujours passionné les chercheurs et les chercheuses à cause de ses inscriptions. En effet, le même texte y est gravé trois fois, mais dans trois systèmes d'écriture différents : en hiéroglyphes, langue sacrée des anciens Égyptiens ; en démotique, langue populaire d'alors ; et en grec, langue du conquérant.

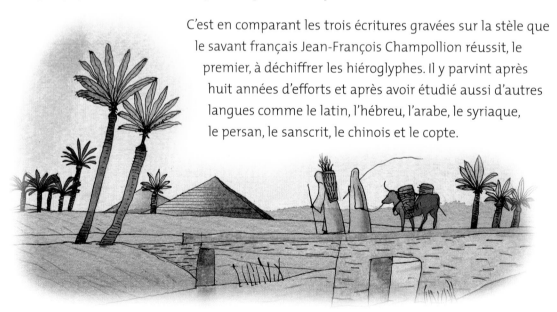

C'est en comparant les trois écritures gravées sur la stèle que le savant français Jean-François Champollion réussit, le premier, à déchiffrer les hiéroglyphes. Il y parvint après huit années d'efforts et après avoir étudié aussi d'autres langues comme le latin, l'hébreu, l'arabe, le syriaque, le persan, le sanscrit, le chinois et le copte.

Aux alentours de l'an 1000 av. J.-C., les Phéniciens, peuple de la Méditerranée orientale, développent l'écriture alphabétique. Alors que les systèmes antérieurs notaient les réalités (objets ou idées) à l'aide de dessins, celui-là note les sons. Ce système est à l'origine de tous les alphabets occidentaux.

22.1 L'alphabet du français et l'alphabet phonétique

1. L'alphabet du français permet, au moyen de lettres, de transcrire les sons de la langue. Il comprend 26 lettres placées dans cet ordre:

a b c d e f g h i j k l m n o p q r s t u v w x y z

Les lettres peuvent être minuscules ou majuscules. Ainsi, un même mot, selon qu'il a ou non une majuscule initiale, permet d'exprimer un message différent.

Ex.: *un bel **Espagnol*** (= un bel homme de nationalité espagnole)
*un bel **espagnol*** (= la langue admirablement parlée, par exemple)

2. Les lettres de l'alphabet se partagent en 6 voyelles et 20 consonnes.

Voyelles	Consonnes
a e i o u y	b c d f g h j k l m n p q r s t v w x z

3. Du point de vue de l'écriture, on appelle «**graphème**» une lettre ou une suite de deux ou trois lettres pouvant correspondre à un son, à une marque lexicale ou à une marque grammaticale.

Ex.: Le mot *lac* est formé de trois graphèmes d'une lettre: *l* - *a* - *c*.
Dans le mot **ph**are, le graphème *ph* a deux lettres.
Dans le mot ba**teau**, le graphème *eau* a trois lettres.

> La notation des graphèmes d'un mot s'appelle l'«**orthographe**».

- Le graphème peut correspondre à un **son**.
  Ex.: Le graphème *a* dans le mot *patte* correspond au son [a].

  Parfois, plusieurs graphèmes servent à transcrire un même son.
  Ex.: Dans *pot*, *hôte*, *autre* et *eau*, les graphèmes pour le son [o] sont différents.

  Parfois, un même graphème sert à transcrire différents sons.
  Ex.: Le graphème *g* n'a pas le même son dans *gauche* et dans *givre*.

  Voici des exemples de graphèmes de deux ou trois lettres correspondant régulièrement à un son:
  ch, gn, ph, ai, ei, œ, au, eau, ou, eu, œu, an, en, aon, in, ain, ein, on, un.

- Le graphème peut correspondre à une **marque lexicale**, qui permet:
  - de former des mots de même famille et de considérer le bon sens d'un mot;
    Ex.: Le graphème *t* dans le mot *plant* permet de former les mots *planter* et *plantation*. Il permet également de lui attribuer le sens de *jeune plante*.

  - de distinguer des homophones;
    Ex.: *foi, fois, foie*

  - de connaître l'origine, par exemple grecque ou latine, d'un mot.
    Ex.: *thème* (du grec *thema*); *vingt* (du latin *viginti*)

- Le graphème peut correspondre à une **marque grammaticale** de genre, de nombre, de personne, de temps ou de mode.
  Ex.: *étudiante* (genre); *étudiants* (nombre)
  je ris, il rit, ils rient (personne et nombre); *je riais* (temps); *que je rie* (mode)

4. L'alphabet de l'Association phonétique internationale (API) permet de transcrire les sons d'une langue et donc de connaître la prononciation des mots. En français, selon les usages, on emploie environ 36 sons appelés « **phonèmes** », dont 16 voyelles, 17 consonnes et 3 semi-voyelles.

Il existe des variations régionales dans la prononciation de certains mots.
Ex.: *Il a lu.* → [il a ly]
[il ɑ ly]
hôpital → [opital]
[ɔpital]

Sons des voyelles		Sons des consonnes	
[a]	*page, à, ha*bitude, récem*ment*	[b]	*but, ab*bé
[ɑ]	*frima*s, *â*ne, *hâ*tivement	[k]	*conte, ac*courir, *k*araté, *bouti*que, *cin*q, *ch*aos, *ac*quis, *ac*cueillir
[ə]	*retour, mon*sieur, *il fai*sait	[d]	*d*iamant, *red*dition
[e]	*é*charpe, *le*ver, *ne*z, *hé*ros, *j'ir*ai, *trépi*ed, *phœ*nix, *ex æqu*o	[f]	*f*oule, *af*faire, *ph*obie
[ɛ]	*zè*bre, *tê*te, *her*bier, *ve*r, *hai*e, *lai*ne, *chaî*ne, *bei*ge, *Israë*l	[g]	*g*alop, *ag*gluciner, *gu*ide, *se*cond, *af*ghan
[i]	*merc*i, *dî*ner, *ty*pe, *hi*stoire, *hy*drogène, *égoï*ste	[ʒ]	*j*oue, *ma*gie, *plon*geon
[o]	*do*s, *pô*le, *hô*te, *sau*mon, *hau*t, *bou*leau	[l]	*l*ime, *al*lusion
[ɔ]	*o*bjet, *ho*raire, *hô*pital, *mau*vais, *ca*lcium	[m]	*m*igration, *flam*me
[y]	*lu*ne, *brû*ler, *hu*meur, *il a e*u	[n]	*n*ouvelle, *an*neau
[u]	*hibo*u, *coû*t, *o*ù, *hou*le, *aoû*t	[p]	*p*iano, *ap*point
[ø]	*a*veu, *nœu*d, *jeû*ner	[ʁ]	*r*ime, *ar*roser, *rh*inocéros
[œ]	*deme*ure, *he*urter, *œu*vre	[s]	*s*avon, *bros*se, *ci*gale, *fa*çon, *s*olution, *s*oixante, *scè*ne
		[t]	*t*oile, *bot*tin, *th*ème
[ɑ̃]	*chan*son, *han*té, *tam*bour, *den*tiste, *em*ploi, *fa*on	[v]	*v*acances, *w*agonnet
[ɛ̃]	*requi*n, *tim*bre, *a*genda, *bai*n, *fai*m, *pein*dre, *syn*cope, *sym*bole, *hin*dou	[z]	*sai*son, *ga*zon, *gri*zzly, *di*xième
[ɔ̃]	*talon, hon*grois, *colom*be	[ʃ]	*ch*eminée, *sh*érif, *sch*ématique
[œ̃]	*lun*di, *parf*um, *hum*blement	[ɲ]	*arai*gnée, *oi*gnon
Sons des semi-voyelles			
[j]	*piano, œ*il, *rou*ille, *qu*ille, *y*aourt, *hi*er, *hy*ène, *gla*ïeul		
[w]	*ki*wi, *mo*uette ([wa] : *p*oisson, *joy*eux, *poê*lon ; [wɛ̃] : *m*oins)		
[ɥ]	*s*uivre, *h*uile		

À remarquer :
– le *c* [k] et le *g* [g] devant les voyelles *a*, *o* et *u* ;
– le *c* [s] et le *g* [ʒ] devant les voyelles *e*, *i* et *y* ;
– le *s* [z] entre deux voyelles ;
– l'emploi du *m* devant les lettres *b* et *p* dans les sons [ɑ̃], [ɛ̃], [ɔ̃], [œ̃].

• Le phonème [ŋ] est employé pour noter la finale de certains mots empruntés à l'anglais, par exemple *campi*ng, *smoki*ng.
• La lettre *x* peut se prononcer de deux façons : [gz] *e*xamen ou [ks] *e*xtrême.
• La lettre *h* ne correspond à aucun son.

22.2 Les signes orthographiques

Les signes orthographiques sont l'accent aigu, l'accent grave, l'accent circonflexe, le tréma, la cédille, l'apostrophe et le trait d'union.

A Les accents, la cédille et le tréma

Les trois accents : aigu (´), grave (`) et circonflexe (^), ainsi que le tréma (¨) et la cédille (¸), s'ajoutent à certaines lettres. Ils servent :
– en général, à indiquer comment se prononce une lettre, par exemple *e* accent aigu (*é*) donne le son [e] comme dans *pré* ;

↳ **Page 266**
Homophones

– dans quelques cas, à distinguer des mots qui ont la même prononciation (même son), soit des homophones comme *mur* et *mûr*.

Le tableau suivant résume les principales caractéristiques de ces signes.

Signes	Caractéristiques	Exemples
Accent aigu **é**	Mis sur la voyelle *e* : *é* donne le son [e]	*écriture, **É**gypte, él**é**gant, conqu**é**rant, grav**é**, th**é***
Accent grave **è** **à, ù**	Mis sur la voyelle *e* : *è* donne le son [ɛ]	*st**è**le, si**è**cle, syst**è**me, **è**re, m**è**re, messag**è**re*
	Mis sur les voyelles *a, u* : dans quelques cas, sert à distinguer des homophones	*voil**à**, o**ù*** ***à*** (Prép) / *a* (V *avoir*) *l**à*** (Adv) / *la* (Dét) *o**ù*** (Pron) / *ou* (Conj)
Accent circonflexe **ê** **â** **ô** **î, û**	Mis sur les voyelles *e, a, o* : – *ê* donne le son [ɛ] – *â* donne souvent le son [ɑ] – *ô* donne souvent le son [o]	*cr**ê**pe, m**ê**me* *â**me, p**â**te* *bient**ô**t, r**ô**le*
	Mis sur les voyelles *i, u* : dans quelques cas, sert à distinguer des homophones	*î**le, m**û**r* *d**û*** (V *devoir*) / *du* (Dét) *s**û**r* (Adj) / *sur* (Prép) *il cro**î**t* (V *croître*) / *il croit* (V *croire*)
Tréma **ë, ï, ü**	Mis sur les voyelles *e, i, u* : indique que la voyelle se prononce séparément	*No**ë**l (No-ël), Ga**ë**l (Ga-ël) na**ï**f (na-ïf), Ana**ï**s (Ana-ïs) capharna**ü**m (capharna-üm)*
Cédille **ça, ço, çu**	Mise sous le *c* devant les voyelles *a, o, u* : *ç* donne le son [s]	*gla**ç**age, fran**ç**ais fa**ç**on, balan**ç**oire aper**ç**u, re**ç**u*

↳ **Page 358**
Rectifications
orthographiques

Pour vérifier l'orthographe, le sens et la prononciation d'un mot, on consulte un dictionnaire.

Ex. :

> **CAPHARNAÜM** n. m.
> Les lettres **aüm** se prononcent **a-om**, [kafaʀnaɔm]. Bric-à-brac. *Le grenier est un véritable capharnaüm.* SYN. bazar.
>
> Marie-Éva de Villers, *Multidictionnaire de la langue française 4ᵉ éd.*,
> Éditions Québec Amérique, 2003.

B L'apostrophe

L'apostrophe (') marque l'élision d'une voyelle à la fin de certains mots lorsque le mot suivant commence par une voyelle ou un *h* muet.

Les voyelles pouvant être élidées sont *e, a* ou *i*. Voici les principaux cas.

Mots	Exemples d'élision
Mots terminés par **e** ou **a** *le, la* *ce, de, ne* *je, me, te, se* *que, parce que, puisque,* *jusque, lorsque, quoique*	Voyelle *e* (en général) et voyelle *a* dans le mot *la* : *l'avion* *l'humanité* tu *l'attends* *c'est* plus *d'une* on *n'a* pas *j'étais* cela *m'aide* elle *t'oublie* il *s'assoit* *qu'elles* *parce qu'ils* *puisqu'on* *jusqu'en* *lorsqu'un* *quoiqu'elle*
quelque *presque*	*quelqu'un* (seulement devant *un / une*) *presqu'île* (seulement devant *île*)
Mot terminé par **i** *si*	Voyelle *i* dans *si* : *s'il le faut* (seulement devant *il / ils* ; ex. : *si elle part*)

• Pour les mots commençant par un *h* muet, on fait l'élision et la liaison à l'oral.
  Ex. : *l'heure* (élision de *la*) ; *les heures* prononcé « les-z-heures » [lɛzœʀ]

• On ne fait pas d'élision ni de liaison devant un mot commençant par un *h* dit « aspiré ».
  Ex. : *le homard* ; *des homards* prononcé sans liaison, et non ⊃ *des-z̶-homards*

Les deux tableaux suivants présentent des mots commençant par un *h*.

Mots commençant par un **h muet** (élision et liaison à l'oral)			
l'habileté	*les haltères*	*des hivers*	*des huiles*
des habits	*des hélicoptères*	*l'horaire*	*les humains*
l'habitat	*l'herbe*	*des horizons*	*l'humeur*
des habitudes	*île d'Hawaï*	*l'horreur*	*l'humidité*
l'haleine	*l'hippocampe*	*des hôtels*	*les hydratants*

Le *h* ne représente aucun son. Le *h* dit « aspiré » indique seulement que la liaison et l'élision sont impossibles. Il ne correspond pas à un souffle.

Mots commençant par un **h aspiré** (sans élision ni liaison à l'oral)			
des haches	des harfangs	le hérisson	des homards
les haies	des haricots	des hérons	les hors-d'œuvre
la haine	le harnais	le héros	la housse
la halte	des harpes	des hiboux	le hublot
le hamac	le hasard	les hiéroglyphes	des huées
des hameaux	la hauteur	des hêtres	les hurlements
le hangar	des haut-parleurs	des hockeyeurs	des huttes

 Dans les dictionnaires, les mots commençant par un *h* aspiré sont indiqués par une mention (*h* aspiré) ou un signe comme l'astérisque (*).

Ex. :

HONGROIS, OISE (*h* aspiré) adj. et n. m. et f.

Marie-Éva de Villers, *Multidictionnaire de la langue française 4ᵉ éd.*,
Éditions Québec Amérique, 2003.

*HOLLANDAIS, E adj. et n.

Le Petit Larousse Illustré 2007 © Larousse 2006.

Dans la transcription du mot en alphabet phonétique, le *h* aspiré est noté par le signe « **'** ».
Ex. : *hibou* [ˈibu]

C Le trait d'union

Le trait d'union (-) sert à lier des mots. Voici ses principaux emplois.

Emplois du trait d'union	Exemples
Dans les **mots composés**	*Jean-François, quatre-vingt-dix, vis-à-vis, bleu-vert, gréco-romain*
Dans des formes avec *ci* et *là*	*ce côté-ci, cette fois-ci, ces jours-là, ces deux-ci, ces trois-là* *celui-ci, celle-ci, ceux-là, celles-ci* *ci-joint, ci-annexé, ci-dessus, là-dessus, là-haut, jusque-là*
Dans des mots composés invariables commençant par *avant, après, au, par*	*avant-hier, après-demain, au-dessus, par-dessous*
Après le **verbe** suivi d'un **pronom** en inversion	*disais-je, répondit-elle* *Écris-nous. Prends-le.* *Serait-ce ton amie ?* *Sortira-t-on ?* (t devant *il / elle, on*)
Après un **pronom** personnel suivi de ***même***	*toi-même, nous-mêmes*

⬑ Page 358
Rectifications
orthographiques

Le *t* entre deux traits d'union s'appelle le « *t* euphonique » : l'euphonie, c'est l'harmonie des sons. Ainsi, ce *t* permet une suite de sons agréables à entendre.

De plus, le trait d'union sert à la coupure de mots en fin de ligne.

⬑ Page 249
Coupure de mots

22.3 Les syllabes et la coupure de mots

Un mot est composé d'une ou de plusieurs syllabes.

Une syllabe est un son (voyelle) ou une combinaison de sons (consonnes et voyelles) qui se prononce d'une seule émission de voix.

La coupure de mots en fin de ligne se fait selon les syllabes à l'écrit.

A Les syllabes à l'oral et à l'écrit

1. Les syllabes à l'oral (ou syllabes phonétiques) sont exprimées à l'aide de l'alphabet phonétique.

   - On appelle « syllabe ouverte » une syllabe phonétique qui se termine par une voyelle prononcée.
     Ex. : [su - ʀi] → *souris* ;   [a - na - na] → *ananas* ;   [mã - to] → *manteau*

   - On appelle « syllabe fermée » une syllabe phonétique qui se termine par une consonne prononcée.
     Ex. : [mɛʀ] → *mer* ;   [ʒuʀ - nal] → *journal* ;   [spɔʀ - tif] → *sportif*

2. Les syllabes à l'écrit (ou syllabes graphiques) sont exprimées à l'aide des lettres de l'alphabet et des signes orthographiques comme les accents.

3. Certains mots ont le même nombre de syllabes à l'oral et à l'écrit.
   Ex. : [paʀ - tiʀ] → *par - tir* ;   [ta - pi] → *ta - pis*

   D'autres mots n'ont pas le même nombre de syllabes à l'oral et à l'écrit.
   Ex. : [to - mat] → *to - ma - te* ;   [e - tik - te] → *é - ti - que - ter*

▧ POUR PRÉCISER

- Certains dictionnaires écrivent le son [ə] entre parenthèses pour montrer qu'il s'agit d'un son qui peut ou non être prononcé, selon la variété de langue.
  Ex. : [etik(ə)te]

- En poésie, pour mesurer les vers, on calcule le nombre de syllabes, appelées « pieds ».
  Ex. : Un *octosyllabe* est un vers de 8 pieds ; un *alexandrin* est un vers de 12 pieds.
  Le *e* muet compte pour une syllabe s'il est à l'intérieur d'un vers et s'il précède une consonne ; il ne compte pas en finale de vers.
  Ex. : *Ah ! / com / me / la / **neig**(e) / a / nei / gé !*
  　　　 1　　2　　3　 4　　 5　　 6　7　 8　　　　　　8 pieds
  *Ma / **vitr**(e) / est / un / jar / din / de / **givr**(e).*
  　　1　　 2　　　 3　 4　 5　 6　 7　　 8　　　　　8 pieds

  (Émile Nelligan, *Soir d'hiver*)

La coupure de mots en fin de ligne

Les coupures des mots en fin de ligne doivent respecter les syllabes graphiques, c'est-à-dire les syllabes à l'écrit.

Voici les règles générales de coupures de mots.

Coupures	Exemples corrects	Exemples fautifs
On coupe :		
– entre deux syllabes	*mar / teau* *heu / reux*	
– entre des consonnes redoublées	*chauf / fage*	
– après la deuxième de trois consonnes, quand ce sont trois graphèmes	*scul**p** / **t**eur* *o**bs** / **t**acle* *ar**c** / **t**ique*	
– après la première de trois consonnes, quand la troisième est *r* ou *l*	*mar / brer* *encer / cler*	➷ *marb / rer* ➷ *encerc / ler*
– après le trait d'union	*soixante- / dix*	➷ *soixan / te-dix*
– après le premier trait d'union s'il y en a plus d'un	*donne- / le-moi*	➷ *donne-le- / moi*
On ne coupe pas :		
– entre deux voyelles		➷ *avi / on* ➷ *po / ésie*
Si le mot est formé d'un préfixe et d'un mot de base, on peut couper entre les deux, même s'il s'agit de voyelles.	*anti / acide* *radio / actif*	
– entre deux consonnes correspondant à un graphème (un son)		➷ *mar**c** / **h**and* ➷ *mi**g** / **n**on*
– avant ou après une apostrophe		➷ *presqu / 'île* ➷ *presqu' / île*
– avant ou après un *x* ou un *y* placé entre deux voyelles		➷ *fle / xible* ➷ *flex / ible* ➷ *jo / yau* ➷ *joy / au*
Si le *x* ou le *y* représente seulement un son, on peut couper avant ce *x* ou ce *y*.	*di / xième* [di-zjɛm] *ka / yak* [ka-jak]	

> En coupant après le trait d'union dans un mot composé, on évite d'avoir deux traits d'union n'ayant pas la même fonction à l'intérieur d'un mot.

On évite de couper :
– après une syllabe d'une lettre (ex. : on écrit *imi / ter* plutôt que *i / miter*) ;
– avant une dernière syllabe avec un *e* muet (ex. : on écrit *rup / ture* plutôt que *ruptu / re*) ;
– dans un mot de peu de lettres ;
– dans les noms propres ;
– le dernier mot d'un paragraphe.

Les sons, les lettres et les syllabes

- L'alphabet du français permet, au moyen de lettres, de transcrire les sons de la langue. Il comprend 26 lettres (6 voyelles, 20 consonnes) placées selon un certain ordre. Les lettres de l'alphabet peuvent être minuscules ou majuscules.

- Un graphème est une lettre ou une suite de deux ou trois lettres pouvant correspondre à un son, à une marque lexicale ou à une marque grammaticale.

- L'alphabet de l'Association phonétique internationale (API) permet de transcrire les sons d'une langue. En français, selon les usages, on emploie environ 36 sons appelés «phonèmes», dont 16 voyelles, 17 consonnes et 3 semi-voyelles.

- Les signes orthographiques sont l'accent aigu (´), l'accent grave (`), l'accent circonflexe (^), le tréma (¨), la cédille (¸), l'apostrophe (') et le trait d'union (-).

- Les trois accents, le tréma et la cédille s'ajoutent à certaines lettres. Ils servent :
  - en général, à indiquer comment se prononce une lettre, par exemple *é, è*;
  - dans quelques cas, à distinguer des mots qui ont la même prononciation, soit des homophones comme *mur* et *mûr*.

- L'apostrophe marque l'élision d'une voyelle (*e, a* ou *i*) à la fin de certains mots lorsque le mot suivant commence par une voyelle ou un *h* muet, par exemple *l'art*.

- Le trait d'union sert à lier des mots. Il s'emploie, par exemple :
  - dans les mots composés : *Jean-François, quatre-vingt-deux, aigre-doux…*;
  - dans des formes avec *ci* et *là* : *celle-là, cet arbre-ci, ci-annexé, là-dessus…*;
  - après le verbe suivi d'un pronom en inversion : *dit-elle, invite-nous, partira-t-on ?*

- Un mot est composé d'une ou de plusieurs syllabes.
  Une syllabe est un son (voyelle) ou une combinaison de sons (consonnes et voyelles) qui se prononce d'une seule émission de voix.

- Les syllabes à l'oral sont exprimées à l'aide de l'alphabet phonétique.

- Les syllabes à l'écrit sont exprimées à l'aide de l'alphabet et des signes orthographiques comme les accents.

- Les coupures des mots en fin de ligne doivent respecter les syllabes à l'écrit.

  On coupe :
  - entre deux syllabes;
  - entre des consonnes redoublées;
  - après la deuxième de trois consonnes (correspondant à trois graphèmes) ou après la première consonne quand la troisième est *r* ou *l*;
  - après le trait d'union.

  On ne coupe pas :
  - entre deux voyelles;
  - entre des consonnes correspondant à un graphème (un son);
  - avant ou après une apostrophe;
  - avant ou après un *x* ou un *y* placé entre deux voyelles.

CHAPITRE 23

L'origine et la formation des mots

Le français a plus de mille ans d'histoire. C'est une langue romane comme l'espagnol, l'italien et le roumain, entre autres. Les langues romanes sont issues du latin populaire parlé dans l'Empire romain. Le latin classique, par opposition, était la langue de l'élite romaine ; il s'est conservé à l'écrit comme langue savante.

Le français a d'abord été l'ancien français : son vocabulaire s'est formé par des mots venant principalement du latin populaire parlé en Gaule. Quelques mots venaient aussi du francique, soit la langue des Francs, un peuple germanique qui conquit la Gaule après la chute de l'Empire romain (Ve siècle).

Par la suite, le français s'est enrichi d'emprunts, notamment au latin classique, au grec et à d'autres langues parlées en Europe.

L'ordonnance de Villers-Cotterêts
15 août 1539

La date du 15 août 1539 peut sembler banale, pourtant il n'en est rien. Ce jour-là, en effet, un évènement d'importance s'est produit. François Ier, roi de France, a signé une ordonnance de 192 articles. Ce document, sorte de projet de loi, faisait du français la langue obligatoire pour la rédaction de tous les actes légaux et administratifs. Jusqu'à cette date, un grand nombre de ces actes étaient encore en latin, langue aussi utilisée par les personnes instruites. Un changement majeur venait de se produire.

Cette ordonnance consacrait le rôle du français comme outil d'unification du pays. À cette époque, on usait, dans la vie quotidienne, de langues ou de parlers différents, selon les régions. Par exemple, la *langue d'oïl* se parlait dans la partie nord de la France. Dans la partie sud, on se servait de la *langue d'oc.*

Aujourd'hui, on ne parle plus et on n'écrit plus comme au Moyen Âge, par exemple. La langue évolue, se transforme, comme la société. Ainsi, la façon de prononcer des mots change au fil du temps ; certains mots sont aussi abandonnés, alors que d'autres sont formés, créés ou empruntés pour enrichir la langue.

23.1 L'origine des mots

A L'étymologie

L'étymologie est la science qui étudie l'origine et l'évolution des mots.

Ex.: Le mot latin *manus* est devenu *main* en français (XIIe siècle). Il est à la base de plusieurs mots, par exemple : les noms *manucure, manivelle, manuscrit* ; l'adjectif *manuel*.

Dans ces mots, on peut voir le lien de sens avec *main*. L'étymologie peut donc aider à connaître le sens de certains mots et aussi à comprendre leur orthographe.

 Des ouvrages spécialisés, tels que les dictionnaires étymologiques ou historiques, expliquent l'étymologie des mots. Quant aux dictionnaires généraux, certains donnent quelques renseignements, parfois sous forme abrégée au début de l'article.

Ex.:

> **HÔPITAL** n. m. (lat. *hospitalis*). […]
>
> *Le Petit Larousse Illustré 2007* © Larousse 2006.
>
> **TANIÈRE** [tanjɛʀ] **n. f.** – XVe s. ; *tainiere* v. 1190 ; latin populaire *taxonaria*, du gaulois *taxo* «blaireau» […]
>
> *Petit Robert de la langue française*, 2007.

B Les archaïsmes et les néologismes

1. Un **archaïsme** est un mot, une expression ou un sens qui n'est plus en usage dans la langue standard moderne. Il est considéré comme vieilli.

   Ex.: ***accordailles*** pour *fiançailles*   ***à cause que*** pour *parce que*
   s'écarter au sens de «se perdre»   ***apothicaire*** pour *pharmacien*

   Les archaïsmes peuvent représenter d'anciennes réalités ou des réalités désignées aujourd'hui par d'autres mots. Certains disparaissent aussi, comme le mot ***bancelle*** (de *banc selle*, 1479), qui désignait un banc étroit et long sans dossier.

   > Des archaïsmes sont employés dans la langue parlée, par exemple dans les parlers régionaux, ou dans des textes littéraires, historiques. Ils évoquent le passé, une époque. Ils peuvent aussi produire un effet charmant, ancien ou même humoristique.

    Les archaïsmes encore employés sont souvent signalés dans les dictionnaires ; ils sont généralement accompagnés des mentions *vx* (*vieux*) ou *vieilli*.

   Ex.:

   > **ENCAN** n. m. Vx en fr. [vieux en français] Vente aux enchères.
   >
   > Gaston Dulong, *Dictionnaire des canadianismes* © Larousse Canada, 1989, p. 178.

2. La langue évolue, comme les sciences, les technologies, les arts, etc. Ainsi, des mots sont créés pour désigner de nouvelles réalités ou pour remplacer des mots considérés comme vieillis, démodés ou mal perçus.

   Un mot ou une expression de création récente est un **néologisme**. Ce peut être aussi un sens nouveau donné à un mot déjà existant.

   Ex.: ***numériseur, pirate informatique, souris, dépanneur*** au sens d'«épicerie», ***hôpital psychiatrique*** (plutôt qu'*asile d'aliénés*)

23.2 Les mots formés par dérivation

Un **mot dérivé** est un mot auquel on a ajouté :
– un préfixe : **re**bâtir ;
– un suffixe : journal**iste** ;
– un préfixe et un suffixe : **a**grand**ir**.

Il est formé à partir d'un mot de base, indécomposable, ou du radical d'un mot de base. Le mot de base est généralement un nom, un adjectif, un verbe.

Ex. : mot de base : **faire** → dé**faire**
    mot de base : trahir ; radical : **trahi** → **trahi**son

A Les préfixes

1. Un **préfixe** est un élément généralement non autonome placé au début d'un mot pour former un nouveau mot.
   Ex. : **tri**angle, **in**certain, **dis**paraître, **més**aventure

   • Certains préfixes ne sont pas soudés au mot. Ils y sont joints à l'aide d'un trait d'union.
     Ex. : **ex**-directrice, **ciné**-parc

> • Un élément non autonome est un élément qui ne peut pas être employé seul dans une phrase : ce n'est pas un mot.
> • Certains préfixes s'emploient aussi comme prépositions et sont donc autonomes.
>   Ex. : entre, sous, sur

2. Les préfixes ont un sens.
   Ex. : Le préfixe **post-** signifie « après ».
       postdater → apposer une date qui viendra après, dans le temps

   • Certains préfixes ont plus d'un sens. Ainsi, le préfixe **a-** peut exprimer la négation, par exemple dans **a**normal ; il peut signifier « vers », par exemple dans **a**mener.

⮵ Page 358
Rectifications orthographiques

⮵ Page 254
Liste des préfixes

3. Généralement, les préfixes ne changent pas la classe d'un mot.
       v   v   v
   Ex. : garnir → **dé**garnir, **re**garnir

> Beaucoup de préfixes et de suffixes sont d'origine grecque ou latine.

B Les suffixes

1. Un **suffixe** est un élément non autonome placé à la fin d'un mot pour former un nouveau mot.
   Ex. : ador**able**, sport**if**, fleur**iste**, vrai**ment**

2. Les suffixes ont souvent plusieurs sens.
   Ex. : Le suffixe -eur dans démarr**eur** signifie « appareil ou machine ».
       Le suffixe -eur dans dans**eur** signifie « qui fait une action ».

⮵ Page 255
Liste des suffixes

3. Les suffixes changent la classe d'un mot ou apportent une nuance de sens.
        Adj   N   Adv   N   N   Adj   Adj
   Ex. : fier → fier**té** → fière**ment**   chat → chat**on**   vert → verd**âtre** (péjoratif)

C Liste des principaux préfixes

Préfixes	Sens	Exemples
a-, an-	privation, négation	*ap*esanteur, *an*alphabète
aéro-	air	*aéro*nautique, *aéro*dynamique
anti-	contre	*anti*bactérien, *anti*choc
auto-	de soi-même	*auto*biographie, *auto*nettoyant
bi-	deux	*bi*centenaire, *bi*lingue
centi-	centième	*centi*mètre, *centi*grade
co-, con-, com-	avec	*co*habiter, *con*frère, *com*patriote
dé-, des-, dés-	inverse	*dé*colorer, *des*servir, *dés*espoir
en-, em-	dans	*en*terrer, *em*barquer
ex-	qui a été	*ex*-conjointe, *ex*-ministre
hydro-, hydr-	eau	*hydro*électricité, *hydr*avion
in-, im-, il-, ir-	pas	*in*connue, *im*prudent, *il*lisible, *ir*régulier
inter-	entre	*inter*planétaire, *inter*lude
kilo-	mille	*kilo*métrage, *kilo*calorie
mé-, més-	mauvais	*mé*dire, *més*entente
mi-	moitié	à *mi*-chemin, *mi*-temps
micro-	petit	*micro*film, *micro*-ondes
milli-	millième	*milli*mètre, *milli*litre
mono-	seul	*mono*logue, *mono*chrome
multi-	plusieurs	*multi*ethnique, *multi*média
pan-	tout	*pan*canadien, *pan*démie
para-	qui protège	*para*chute, *para*tonnerre
post-	après	*post*dater, *post*synchronisation
pré-	avant	*pré*adolescente, *pré*électoral
re-, r-, ré-	répétition	*re*lire, *r*appeler, *ré*affirmer
sous-	en dessous	*sous*-entendu, *sous*-estimer
super-	supérieur	*super*sonique, *super*viser
sur-	au-dessus	*sur*aigu, *sur*évaluer
télé-	à distance	*télé*charger, *télé*objectif
tri-	trois	*tri*moteur, *Tri*fluvienne (de Trois-Rivières)

D Liste des principaux suffixes

	Suffixes	Sens	Exemples
Noms	**-age**	action	*atterrissage, dépistage*
	-ance	action ou résultat	*assistance, persévérance*
	-erie	lieu ou activité	*chocolaterie, boulangerie*
	-eur / -euse	qui fait une action	*nageur / nageuse*
	-ier / -ière **-er / -ère** **-ien / -ienne** **-iste**	qui s'occupe de	*postier / postière* *berger / bergère* *gardien / gardienne* *flûtiste*
	-ité, -té	qualité	*créativité, honnêteté*
	-teur / trice	qui fait une action	*locuteur / locutrice*
	-tion, -ation, -ition	action ou résultat	*adoption, agitation,* *exposition*
	-ure	action ou résultat	*lecture, soudure*
Adjectifs	**-able, -ible**	possibilité	*abordable, visible*
	-ain / -aine **-ais / -aise** **-ois / -oise** **-ien / -ienne**	origine	*africain / africaine* *portugais / portugaise* *suédois / suédoise* *ontarien / ontarienne*
	-âtre	ressemblance	*rougeâtre, folâtre*
	-el / -elle	qui se rapporte à	*culturel / culturelle*
	-if / -ive	caractéristique	*attentif / attentive*
Adverbes	**-ment**	manière	*amicalement, fortement*
Verbes	**-er, -ier, -ir**	action	*cliquer, multiplier, alunir*
	-iser	changement	*informatiser, égaliser*

> Les noms d'habitants sont formés à l'aide des mêmes suffixes, mais ils s'écrivent avec une majuscule.
> Ex.: *un Chinois, une Chinoise*

 La majorité des dictionnaires donnent des listes élaborées de préfixes et de suffixes avec leurs sens. Il suffit de consulter les mots «préfixe» ou «suffixe», ou la table des matières de l'ouvrage pour trouver ces listes.

■ POUR PRÉCISER

Certains mots, entre autres dans le lexique scientifique ou technique, sont formés par **composition savante**. Ils sont constitués d'éléments d'origine grecque ou latine. Ils sont différents des mots dérivés ou composés, car aucun de leurs éléments n'est autonome en français : aucun ne peut s'employer seul.
Ex.: *tétrapode* → *tétra* provient du mot grec *tettares*, qui signifie «quatre»
pode provient du mot grec *podos*, qui signifie «pied»

23.3 Les mots formés par composition

Les mots formés par composition sont :
– les noms et les adjectifs composés ;
– les locutions verbales, adverbiales, prépositives et conjonctives.

A Les mots composés

↳ **Page 26**
Formation du
pluriel des noms
composés ou dérivés

↳ **Page 45**
Accord des
adjectifs composés
ou dérivés

↳ **Page 46**
Accord des
adjectifs de couleur

1. Un **mot composé**, nom ou adjectif, est généralement formé de deux ou plusieurs mots pouvant s'employer de façon autonome dans une phrase.
   Ex. : *porte + bonheur → porte-bonheur ; pied + à + terre → pied-à-terre*
   • Certains mots composés sont formés d'une expression ou d'une phrase.
   Ex. : *un va-nu-pieds, un qu'en-dira-t-on, un cessez-le-feu*

2. Le mot composé a un sens propre : il représente une réalité unique. Aussi, il est généralement impossible d'ajouter un mot à l'intérieur d'un mot composé.
   Ex. : *une robe de chambre chaude → une robe ~~chaude~~ de chambre*

3. Un mot composé peut s'écrire :
   – à l'aide de traits d'union : *gris-bleu, taille-crayon, coq-à-l'âne* ;
   – sans trait d'union : *salle à manger, vert olive, papier peint* ;
   – en un mot : *passeport, portemanteau, clairsemé.*

    Dans les dictionnaires, le mot composé sans trait d'union a rarement une entrée (ex. : *salle à manger*). On le trouve le plus souvent dans l'article de l'un des mots qui le forment. Il est parfois appelé « locution ».

B Les locutions

Une **locution** est formée d'un ensemble de mots pouvant s'employer de façon autonome dans une phrase. Dans la locution, ces mots ne sont pas analysés séparément. Une locution s'écrit le plus souvent sans trait d'union.
Ex. : *J'ai fait ce travail **dans le but de** t'aider.*
   Les mots *dans le but de* peuvent tous être employés de façon autonome dans d'autres contextes. Ici, ils servent ensemble à former, avec *t'aider*, un complément de phrase.

Voici des exemples de locutions.
• Locutions verbales : *avoir faim, donner lieu, porter bonheur*
• Locutions adverbiales : *en haut, à côté, en vain, tout à coup*
• Locutions prépositives : *à cause de, par opposition à, afin de*
• Locutions conjonctives : *afin que, de sorte que, tandis que*

23.4 Les familles de mots

1. Une **famille de mots** est un ensemble de mots dérivés et composés qui se rattachent à un même mot de base par la forme et par le sens.

Famille de mots		
Mot de base	Mots dérivés	Mots composés
penser	*pensée, repenser, impensable, pensable, pensant / pensante, pensif / pensive, pensivement…*	*pense-bête, arrière-pensée, libre pensée, libre penseur*

Certains mots n'ont pas de famille (ex. : *dragon, gamelle*). D'autres mots, sans être de la même famille, sont proches par le sens (ex. : *cheval, équitation, hippique*).

- Certains mots, identiques de forme mais non de sens, mènent à des familles différentes. Ces mots font souvent l'objet d'entrées distinctes dans les dictionnaires.

  Ex. : *adresse* (habileté physique ou intellectuelle d'une personne) → *maladresse*
  adresse (indication du domicile de quelqu'un) → *adresser*

- Certains dictionnaires présentent à la fin de l'article les mots dérivés et les mots composés faisant partie de la même famille, comme dans l'exemple suivant.

  > **NEIGE** [nεʒ] **n. f.** ▮ Eau congelée dans les hautes régions de l'atmosphère, et qui tombe en flocons blancs et légers. [...] ♦ NEIGER, NEIGEUX ; DÉNEIGER, DÉNEIGÉ, DÉNEIGEMENT ; ENNEIGÉ, ENNEIGEMENT ; MOTONEIGE, CHASSE-NEIGE ; BOULE-DE-NEIGE, PERCE-NEIGE ÉTYM. anc. franç. *noif*, lat. *nix, nivis* « neige »
  >
  > *Robert Brio*, 2004.

2. Les familles de mots peuvent aider :

   - à comprendre le sens d'un mot nouveau ;

     Ex. : *Les deux directeurs **ont conféré** pendant une heure.*

     Les mots *conférence, conférencier, téléconférence* peuvent aider à comprendre le sens du verbe *conférer* qui est de discuter, de parler d'une affaire importante.

   - à écrire un mot correctement.

     Ex. : Les mots *ranger, arranger, déranger, rangement* peuvent aider à trouver le *g* muet dans le mot de base *rang*.

3. Les familles de mots permettent aussi de varier l'expression, par exemple :

   - en passant d'un verbe ou d'un adjectif à un nom (nominalisation) ;

     Ex. : ***s'inscrire*** → *faire son **inscription***
     *être **enthousiaste*** → *déborder d'**enthousiasme***

   - en passant d'un nom ou d'un verbe à un adjectif (adjectivation) ;

     Ex. : *l'accent de la **région*** → *l'accent **régional***
     authentifier** une copie* → *une copie **authentique

   - en passant d'un adjectif ou d'un nom à un adverbe (adverbialisation).

     Ex. : *de manière **attentive*** → ***attentivement***
     *dans le **calme*** → ***calmement***

⤷ **Page 328**
Reprise de l'information

23.5 La formation de certains mots

A Les mots-valises

1. Les mots-valises sont formés par **télescopage**, c'est-à-dire par la fusion de deux mots pour en former un seul. On retranche alors des lettres, soit dans l'un des mots, soit dans les deux mots.

   Ex.: *baladisque* → **bala**der + **disque**   *abribus* → **abri** + auto**bus**
   internaute → **Inter**net + astro**naute**   *velcro* → **vel**ours + **cro**chet

2. Le procédé de télescopage est souvent utilisé pour former de nouveaux mots, qui sont des **néologismes**.

   Ex.: *courriel* → **courri**er + **él**ectronique   *mûroise* → **mûr**e + fram**boise**

> Le procédé de télescopage permet de combiner avec imagination les sens, ou les idées suggérées par les mots à fusionner.

 Certains mots-valises se retrouvent dans les dictionnaires quelque temps après leur création. Ils répondent ainsi au besoin de désigner une nouvelle réalité.

Ex.: **INFORMATIQUE** n. f. (de *information* et *automatique*). […]

Le Petit Larousse Illustré 2007 © Larousse 2006.

Le mot *informatique* fut créé en 1962 par l'ingénieur français Philippe Dreyfus, pour nommer son entreprise (Société d'Informatique Appliquée). Ce mot fut adopté pour désigner la science du traitement de l'information.

D'autres mots-valises sont créés pour le style ou le plaisir de jouer avec les mots. On les retrouve dans divers genres écrits ou oraux : ils mettent une note amusante, originale dans des textes littéraires, des publicités, des monologues, etc.

Ex.: **épouffroyable** → *épouvantable* + *effroyable*

Marc Favreau, «Le fier monde», *Presque tout Sol*, Stanké, 1997, p. 163.

larmoir → *larme* + *armoire* (meuble servant à ranger les pleurs)

Alain Finkielkraut, *Le Petit Fictionnaire illustré* © Éditions du Seuil, 1981.

B Les abréviations : mots abrégés, sigles, acronymes et symboles

1. L'**abréviation** comme telle consiste à retrancher des lettres dans un mot.

   Ex.: **sem.** (*semaine*)   **gouv.** (*gouvernement*)   **n. f.** (*nom féminin*)

   Pour former une abréviation, on conserve la ou les premières lettres du mot :
   – on termine l'abréviation par un **point** après une consonne ;
   – la première des lettres enlevées doit être une voyelle.

   Ex.: **M.** (*monsieur*)   **max.** (*maximum*)   **antiq.** (*antiquité*)   **paragr.** (*paragraphe*)

   • Parfois, on retranche des lettres (surtout des voyelles) à l'intérieur du mot.

   Ex.: **qqch.** (*quelque chose*)   **qqf.** (*quelquefois*)

   • Si l'abréviation se termine par la dernière lettre du mot, on ne met **pas de point**.

   Ex.: **qqn** (*quelqu'un*)   **Mme** (*madame*)   **Pr** (*professeur*)   **Dre** (*docteure*)

2. Les **mots abrégés** sont formés par troncation : ce procédé d'abréviation consiste à enlever une ou des syllabes à un mot afin de le raccourcir.
   Ex. : ***auto*** (automobile)   ***volley*** (volleyball)   ***météo*** (météorologie)

   - La troncation de mots est un fait assez courant dans la langue familière.
     Ex. : ***télé*** (télévision)   ***labo*** (laboratoire)   ***bio*** (biologique)

3. Le **sigle** est une abréviation formée par les lettres initiales de plusieurs mots. Il est prononcé lettre par lettre. Il s'écrit en majuscules.
   Ex. : ***TGV*** (***t***rain à ***g***rande ***v***itesse)   ***ONG*** (***o***rganisation ***n***on ***g***ouvernementale)

   L'**acronyme** est un sigle qui se prononce comme un mot.
   Ex. : ***CHU*** (***c***entre ***h***ospitalier ***u***niversitaire)   ***ONU*** (***O***rganisation des ***N***ations ***U***nies)

   - Généralement, les sigles et acronymes sont écrits sans point, sans trait d'union, et aussi sans accent pour des raisons de prononciation (parfois différente des mots).
     Ex. : ***DEC*** (***d***iplôme d'***é***tudes ***c***ollégiales), prononcé *dèc* comme dans *bec*

   - Ils ne prennent pas de marque au pluriel.
     Ex. : ***des*** TGV, ***les*** ONG

   - Ils ont le genre et le nombre du nom principal de la désignation.
     Ex. : *la CAO (la **conception** assistée par ordinateur)*

   - Certains acronymes, très connus, sont devenus des noms communs. Ils s'écrivent alors en minuscules, ils peuvent prendre un accent (selon la prononciation) et ils se mettent au pluriel.
     Ex. : *un **cégep** / des cégep**s** (collège d'enseignement général et professionnel)*
     *un **modem** / des modem**s** (modulateur et démodulateur)*

4. Les **symboles** sont des signes conventionnels. Ils peuvent être formés d'une ou de plusieurs lettres, de lettres et de chiffres, ou être un signe même.
   Ex. : ***km*** (kilomètre)   ***g*** (gramme)   ***l*** (litre)   ***cl*** (centilitre)   ***min*** (minute)
   Mo (mégaoctet)   ***kW*** (kilowatt) H_2O (eau) m^2 (mètre carré)   ***%*** (pour cent)

   - Les symboles sont invariables et s'écrivent sans point d'abréviation. Certains prennent la majuscule, par exemple :
     – ceux qui sont issus d'un nom propre : ***N*** (newton), d'après Isaac Newton ;
     – les symboles chimiques : ***Na*** (sodium), ***O*** (oxygène), ***Au*** (or), ***Ag*** (argent) ;
     – l'unité de mesure pour la différencier d'une autre : ***M*** (méga) et ***m*** (mètre).

■ POUR PRÉCISER

- Certaines abréviations ont une forme particulière, par exemple :
  1er / 1ers (*premier* / *premiers*)   ***MM.*** (*messieurs*)
  1re / 1res (*première* / *premières*)   ***SVP*** / ***S.V.P.*** / ***svp*** (*s'il vous plaît*)
  2e / 2es (*deuxième* / *deuxièmes*)   ***PS*** / ***P.-S.*** (*post-scriptum*)
  2^{d} / 2de (*second* / *seconde*)   ***c.-à-d.*** (*c'est-à-dire*)
  n^{o} / n^{os} (*numéro* / *numéros*)   ***°C*** (*degré Celsius*)

> L'abrègement de mots est commode dans certains cas : à l'écrit, il permet de gagner de l'espace ; à l'oral, de dire plus rapidement ou aisément des mots. Cependant, il ne faut pas en abuser, particulièrement dans la langue standard.

1. L'**emprunt** est un mot, une expression ou un sens pris à une langue étrangère. Les relations entre les peuples, l'influence de diverses cultures favorisent les emprunts. Ceux-ci font partie de l'histoire des langues. Voici des exemples d'emprunts faits par le français.

> En plus des mots créés et formés de diverses façons, le vocabulaire de la langue s'enrichit d'emprunts.

Langues	Exemples d'emprunts
allemand	*accordéon, grelot, haillon, cric, bunker, chenapan, blafard*
anglais	*badminton, cowboy, crawl, jazz, match, cheddar, sandwich*
arabe	*guitare, nuque, orange, sofa, tasse, couscous, chiffre, algèbre*
espagnol	*gala, patio, sieste, cordillère, corrida, tornade, tortilla*
italien	*banque, million, opéra, soprano, solo, tiramisu, macaroni*
russe	*bélouga, chapka, goulag, mazout, samoyède, steppe, vodka*
turc	*kiosque, sorbet, yaourt, turquoise, tulipe, turban, pacha*

> Certains emprunts ne sont pas directs. Par exemple, *cacao* et *chocolat* sont des mots d'origine aztèque, repris par l'espagnol ; ils sont donc passés au français par la voie de l'espagnol.

- Certains mots empruntés sont francisés, c'est-à-dire qu'ils ont une orthographe et une prononciation propres au français.
  Ex. : *banque*, de l'italien *banca*   *bélouga*, du russe *bieluga*
  D'autres emprunts ne sont pas modifiés, par exemple *steak* (mot anglais).

> 🖐 **Page 358**
> Rectifications
> orthographiques

- Les emprunts se mettent généralement au pluriel selon la règle du français.
  Ex. : *des sandwich**s**, des spaghetti**s**, des minimum**s*** (mot latin, pluriel latin *minima*)

2. Les **anglicismes** sont des emprunts à l'anglais. Ils sont devenus nombreux en raison notamment de l'influence de la culture américaine. Beaucoup de ces emprunts sont critiqués, car ils concurrencent des termes français correspondants. Il faut donc éviter l'emploi de ces anglicismes.

Ex. : ➲ *batterie* ➲ au sens de *pile*   ➲ *gaz* ➲ au sens d'*essence*
    ➲ *refill* ➲ pour *recharge*   ➲ *spare ribs* ➲ pour *côtes levées*
    ➲ *deck* ➲ pour *terrasse*   ➲ *opener* ➲ pour *ouvre-bouteille*
    ➲ *hose* ➲ pour *tuyau*   ➲ *salle à dîner* ➲ pour *salle à manger*
    ➲ *breaker* ➲ pour *freiner*   ➲ *jusqu'à date* ➲ pour *jusqu'à maintenant*
    ➲ *canceller* ➲ pour *annuler*   ➲ *retourner un appel* ➲ pour *rappeler*
    ➲ *ploguer* ➲ pour *brancher*   ➲ *siéger sur (un comité)* ➲ pour *siéger à*
    ➲ *scrapper* ➲ pour *démolir*   ➲ *sauver du temps* ➲ pour *gagner du temps*
    ➲ *stooler* ➲ pour *dénoncer*   ➲ *laisser savoir* ➲ pour *faire savoir*

🖾 On peut consulter certains dictionnaires qui signalent les anglicismes à éviter et donnent leur équivalent français, par exemple :
    – le *Multidictionnaire de la langue française* (Éditions Québec Amérique) ;
    – *Le Colpron*, dictionnaire d'anglicismes (Groupe Beauchemin éditeur). ◀

L'origine et la formation des mots

- L'étymologie est la science qui étudie l'origine et l'évolution des mots.

2ᵉ cycle
- Un archaïsme est un mot, une expression ou un sens qui n'est plus en usage dans la langue standard moderne. Il est considéré comme vieilli.

- Un mot ou une expression de création récente est un néologisme. Ce peut être aussi un sens nouveau donné à un mot déjà existant.

- Un mot formé par dérivation est un mot auquel on a ajouté un préfixe ou un suffixe. Il est formé à partir d'un mot de base, indécomposable, ou du radical d'un mot de base.

- Un préfixe est un élément généralement non autonome placé au début d'un mot. Il a un sens et, généralement, il ne change pas la classe d'un mot.

- Un suffixe est un élément non autonome placé à la fin d'un mot. Un même suffixe a souvent plusieurs sens. Il change la classe d'un mot ou apporte une nuance de sens.

- Les mots formés par composition sont :
  - les noms et les adjectifs composés ;
  - les locutions verbales, adverbiales, prépositives et conjonctives.

- Un mot composé a un sens propre et est généralement formé de deux ou plusieurs mots. Il peut s'écrire à l'aide de traits d'union, sans trait d'union ou en un mot.

- Une locution est un ensemble de mots qui ne sont pas analysés séparément.

- Une famille de mots est un ensemble de mots dérivés et composés qui se rattachent à un même mot de base par la forme et par le sens.

- Une famille de mots aide à comprendre le sens d'un mot et à l'écrire correctement.

- Les familles de mots permettent aussi de varier l'expression, par exemple en passant d'un verbe à un nom (nominalisation : *aimer lire* → *aimer la lecture*).

2ᵉ cycle
- Certains mots sont formés par télescopage, c'est-à-dire par la fusion de deux mots pour en former un seul : ce sont des mots-valises (ex. : *héliport, pourriel, robotique*).

- D'autres mots sont formés par abréviation.
  - L'abréviation comme telle consiste à retrancher des lettres dans un mot (ex. : *boul.*).
  - La troncation permet de former des mots abrégés : ce procédé consiste à enlever une ou des syllabes à un mot afin de le raccourcir (ex. : *moto*).
  - Le sigle est une abréviation formée par les lettres initiales de plusieurs mots. Il est prononcé lettre par lettre. Il s'écrit en majuscules (ex. : *ADN*).
  - L'acronyme est un sigle qui se prononce comme un mot (ex. : *NASA*).
  - Les symboles sont des signes conventionnels (ex. : *km, H_2O, $*).

- L'emprunt est un mot, une expression ou un sens pris à une langue étrangère (ex. : *pizza*).

- Les anglicismes sont des emprunts à l'anglais. Il faut éviter l'emploi de ceux qui concurrencent les termes français correspondants (ex. : *céduler* pour *fixer*).

CHAPITRE 24

Les mots et leurs sens

Par leurs sens, les mots offrent de formidables ressources pour la création.
Par exemple, on peut jouer avec les mots, on peut les employer de diverses façons
pour créer des images ou des effets particuliers. Les gens de lettres, notamment,
connaissent bien le pouvoir des mots et le plaisir qu'on peut avoir à les écrire.

Des noms gravés dans la mémoire

Chaque année, il se publie des milliers de livres. Une mémoire de mammouth
ne suffirait pas pour se rappeler tous les titres. Néanmoins, des noms
demeurent dans les mémoires, et certains ont même traversé des siècles.
Ce sont les noms de grands auteurs, et leurs œuvres sont considérées comme
des classiques, c'est-à-dire des modèles du genre.

Qui ne connaît pas les *Fables* de Jean de La Fontaine (1621-1695) ?
Pendant plus de trente ans, la marquise de Sévigné (1626-1696) a écrit ses
Lettres, dont l'ensemble porte un remarquable témoignage sur son temps.
Que dirait Alexandre Dumas (1802-1870) en voyant que ses *Trois mousquetaires*
et son *Comte de Monte-Cristo* ont inspiré des films et des séries à succès ?
Il en a été de même pour *Notre-Dame de Paris* et *Les Misérables*,
de Victor Hugo (1802-1885).
Jules Verne (1828-1905), lui, a fait voyager plusieurs générations
De la Terre à la Lune en passant par *Vingt mille lieues sous les mers*.
Colette (1873-1954) a écrit une cinquantaine de romans qui ont
séduit des milliers de personnes de tout horizon.

Plus récemment, des femmes et des hommes de lettres
ont, à leur tour, créé des histoires, imaginé des univers,
dépeint une époque, une société, un évènement. Pour
tous les gens qui les lisent, leurs noms figurent aussi
parmi les élus : Émile Nelligan, Michel Tremblay, Gabrielle
Roy, Nancy Huston, Bernard Werber, Joanne K. Rowling,
pour ne nommer que ceux-là...

24.1 La polysémie

1. Les mots sont généralement polysémiques, c'est-à-dire qu'ils ont plusieurs sens.

    Dans les dictionnaires, les différents sens sont numérotés.
   Ex. :

   > **FIGURE** n. f.
   > 1. Forme du visage humain. [...] 2. Personnage important de l'histoire. [...]
   > 3. Illustration d'un livre. [...] 4. Mode d'expression à valeur stylistique. [...]
   > 5. (GÉOM.) Représentation de surfaces, de volumes par des traits. [...]
   >
   > Marie-Éva de Villers, *Multidictionnaire de la langue française 4ᵉ éd.*,
   > Éditions Québec Amérique, 2003.

2. Pour savoir dans quel sens un mot est employé, on regarde le contexte,
   c'est-à-dire les mots qui l'entourent.
   Ex. : *L'enfant a la **figure** barbouillée.* (visage barbouillé)
   *Judith Jasmin est une **figure** marquante du journalisme.* (personnalité marquante)

   Certains mots n'ont qu'un seul sens. C'est le cas, entre autres :

   – de beaucoup de noms propres ;
   Ex. : ***Canada** : pays d'Amérique du Nord.*

   – de mots appartenant au lexique scientifique, technique ou spécialisé.
   Ex. : ***microscope** : instrument d'optique qui, grâce à un système de
   lentilles, permet de voir des objets très petits.*

> Il est souvent utile de
> lire les exemples donnés
> à la suite des explications
> dans les dictionnaires.
> Dans ces exemples,
> le sens du mot en
> contexte devient facile
> à comprendre.

24.2 Le sens propre et le sens figuré

1. Le **sens propre** d'un mot est le sens le plus habituel de ce mot.
   Le **sens figuré** d'un mot crée une image.

Sens propre	Sens figuré
*Cette eau fraîche va étancher sa **soif**.* (= son besoin de boire)	*L'auteur a comme thème la **soif** de liberté.* (= le désir pressant de liberté)
*Gabriel doit **balayer** sa chambre.* (= nettoyer à l'aide d'un balai)	*Ce vent du sud devrait **balayer** les nuages.* (= chasser)

 Dans les dictionnaires, le sens propre d'un mot est donné en premier. Le ou les
sens figurés du mot sont généralement indiqués par l'abréviation *fig.*
Ex. :

> **FIL** n. m.
> 1. Brin long et fin d'une matière textile. [...] 2. Longue bande métallique.
> [...] 3. Courant. [...] 4. (FIG.) Enchaînement logique. [...]
>
> Marie-Éva de Villers, *Multidictionnaire de la langue française 4ᵉ éd.*,
> Éditions Québec Amérique, 2003.

2. Beaucoup d'expressions figées ont un **sens figuré**.

Une **expression figée** est une suite de mots dans laquelle on ne peut remplacer aucun mot.

Ex. : *Couper les cheveux en quatre* = pousser trop loin le raisonnement
On ne peut pas dire : ➲ «séparer les cheveux en quatre» ni
➲ «couper les idées en quatre»

Dans une expression figée, on ne doit pas s'attarder au sens de chacun des mots, mais bien au sens global de la suite de mots.

Ex. : *Remuer ciel et terre*
Personne ne peut *remuer* ni le *ciel* ni la *terre*. Pour comprendre le sens figuré d'une expression figée, on s'attarde à l'image qu'elle crée. Ici, l'expression signifie «employer tous les moyens pour obtenir ce qu'on veut».

Expressions figées	Sens
Ne pas avoir la langue dans sa poche	Parler et répliquer facilement
Mettre les points sur les i	Se faire comprendre clairement, en donnant toutes les précisions nécessaires
Contre vents et marées	Malgré toutes les difficultés

Certaines expressions sont régionales.

Ex. : *Pleuvoir à boire debout* = pleuvoir abondamment
Cette expression est québécoise. Dans d'autres régions de la francophonie, on dira plutôt «pleuvoir à torrents» ou «pleuvoir à verse».

3. Le **proverbe** (ou le dicton) est également une expression figée. Il exprime une vérité ou une parole sage, tel un conseil. Il a souvent un **sens figuré**.

> Le dicton est un proverbe propre à une région.

Proverbes	Sens
Petit à petit, l'oiseau fait son nid.	À force de persévérance, on atteint son but.
Chose promise, chose due.	On doit faire ce qu'on promet.
Les bons comptes font les bons amis.	Il faut s'acquitter de ses dettes l'un envers l'autre pour rester des amis.

 Dans les dictionnaires, les expressions figées sont le plus souvent appelées «locutions» (abréviation *loc.*). On trouve une expression figée dans l'article de l'un de ses mots clés.

De plus, certains dictionnaires présentent des listes de proverbes ; d'autres présentent ces derniers dans l'article de l'un des mots clés du proverbe (abréviation *prov.*).

Ex. :

> **PLUIE** [...]
> ♦ LOC. *Ennuyeux comme la pluie :* très ennuyeux.
> – **LA PLUIE ET LE BEAU TEMPS.** PROV. *Après la pluie, le beau temps :*
> après la tristesse, vient la joie. [...]
>
> *Petit Robert de la langue française, 2007.*

Le sens dénoté et le sens connoté

1. Le ou les **sens dénotés** d'un mot sont ceux qui figurent dans le dictionnaire et qui servent à désigner une réalité.

   Un mot peut avoir un sens particulier qui s'additionne à un sens dénoté. C'est le **sens connoté**. Il dépend du contexte, c'est-à-dire des mots qui l'entourent.

Sens dénoté	Sens connoté
*Cette **étoile** est très brillante.* Ici, l'étoile est un astre visible la nuit.	*L'**étoile** a guidé leurs pas dans la nuit.* Ici, l'étoile est un astre visible la nuit et, en plus, un guide.
*Les bateaux naviguent sur la **mer**.* Ici, la mer est une vaste étendue d'eau salée.	*La **mer** berçait doucement le voilier.* Ici, la mer est une vaste étendue d'eau salée et, en plus, elle comporte l'idée d'une mère berçant son enfant.

Souvent, le sens connoté d'un mot dépend de l'expérience et des valeurs d'une personne selon sa culture.

Par exemple, pour comprendre les différents sens connotés que peut prendre le mot *chat*, il est utile de savoir que c'est un animal sacré de l'Égypte ancienne, un animal maléfique au Japon, une forme des génies au Sénégal, etc.

2. Un sens connoté peut être :
   – **mélioratif**, s'il présente la réalité d'une manière favorable ;
   – **péjoratif**, s'il présente la réalité d'une manière défavorable.

Sens connoté mélioratif	Sens connoté péjoratif
*Le **soleil** prodiguait ses chauds rayons.* (= soleil généreux distribuant ses rayons)	*Le **soleil** asphyxiait tout être vivant.* (= soleil cruel rendant la respiration difficile)
*Elle a mille **petites** attentions pour lui.* (= attentions délicates jusque dans les menus détails)	*Je trouve qu'il a une très haute opinion de sa **petite** personne.* (= personne considérée de façon méprisante)

3. Plusieurs mots, sans avoir un sens connoté, ont une valeur expressive supérieure à d'autres.
   Ex. : *un été torride* pour *un été très chaud*
   Ici, *torride* a une valeur expressive supérieure à *très chaud*.

■ POUR PRÉCISER

- L'énonciateur soucieux d'adopter un point de vue objectif, par exemple dans un texte explicatif, emploie un vocabulaire neutre. Il fait appel au sens dénoté des mots.
- Au contraire, l'énonciateur soucieux d'adopter un point de vue subjectif, par exemple dans un texte argumentatif, emploie un vocabulaire expressif et connoté, qui, dans ce cas, sert à défendre ou à rejeter une opinion.

24.4 Les homonymes, les homophones et les paronymes

1. Les **homonymes** sont des mots qui se prononcent ou qui s'écrivent de la même façon, mais qui ont un sens différent.

    Ex.: *son* → **Son** *amie est en retard.* (déterminant)
    son → *Le hautbois a un* **son** *nasillard.* (nom)
    sont → *Les romans d'aventures* **sont** *mes préférés.* (verbe)

    Parmi les homonymes, on peut distinguer ceux qui sont homophones et ceux qui sont homographes.

    Les **homophones** se prononcent de la même façon, mais ont une orthographe différente.

    Ex.: *coq* → *Je me suis réveillée au chant du* **coq**. (animal)
    coque → *La* **coque** *du voilier a été repeinte.* (partie du bateau)

    - Une ou des **lettres** permettent de différencier des homophones: *ancre,* **e***ncre*.
    - Un simple **accent** permet de différencier des homophones: *ou, où*.

    > Le mot *homophone* signifie «le même son».

    Les **homographes** s'écrivent de la même façon et se prononcent généralement de la même façon. Ils sont souvent distingués par le genre.

    Ex.: *voile* → *Le vent se lève; nous allons hisser la* **voile**. (bateau)
    voile → *Mon amie Fattouma a un beau* **voile**. (étoffe)

    - Quelques homographes se prononcent différemment.
    Ex.: *Ève sert les* **portions** *de gâteau. Il faisait froid, nous* **portions** *tous nos tuques.*

    > Le mot *homographe* signifie «la même écriture».

2. Voici une liste d'**homophones**, souvent sources d'erreurs en écriture et qui demandent des connaissances de l'ordre de la grammaire ou de la conjugaison.

	Homophones		Exemples
a		verbe *avoir*	*Francis* **a** *beaucoup de livres.*
à		préposition	*Demain, j'irai* **à** *la librairie.*
ce		déterminant démonstratif	**Ce** *grand écrivain est un classique.*
ce		pronom démonstratif	**Ce** *n'est pas mon jour de chance.*
se		pronom personnel	*Jordan et Élodie* **se** *connaissent bien.*
ces		déterminant démonstratif	**Ces** *livres sont magnifiques.*
ses		déterminant possessif	*Emma a oublié* **ses** *lunettes.*
c'est		pronom *ce* + verbe *être*	**C'est** *une histoire palpitante.*
s'est		pronom *se* + auxiliaire *être*	*Elle* **s'est** *réveillée à l'aube.*
sais		verbe *savoir* (1re et 2e pers. s.)	*Tu* **sais** *quel livre choisir.*
sait		verbe *savoir* (3e pers. s.)	*Xavier* **sait** *qui est l'auteure de ce livre.*
la		déterminant défini	*Il a lu* **la** *bande dessinée dont je lui parlais.*
l'a		pronom *le* ou *la* + verbe *avoir*	*Valérie* **l'a** *trouvée à la bibliothèque.*
là		adverbe	*Je te rejoindrai* **là**.

Homophones		Exemples
leur **leur(s)**	pronom personnel déterminant possessif	*Je **leur** ai dit de ne pas ouvrir la porte.* *Ils ont perdu **leur** chat et **leurs** perruches.*
mon **m'ont**	déterminant possessif pronom *me* + verbe *avoir*	***Mon** chat est revenu à la maison.* *Ils **m'ont** emmené au parc avec eux.*
ou **où**	conjonction pronom relatif	*Liras-tu un roman policier **ou** d'aventures?* *Le lieu **où** l'histoire se déroule n'existe pas.*
peu **peux** **peut**	adverbe verbe *pouvoir* (1re et 2e pers. s.) verbe *pouvoir* (3e pers. s.)	*Je lis beaucoup, mais j'écris **peu**.* *Je **peux** te conseiller un bon roman.* *Jasmine **peut** aussi t'aider à choisir.*
son **sont**	déterminant possessif verbe *être*	***Son** récit est excellent.* *Ces reliures **sont** très vieilles.*

3. Les **paronymes** sont des mots dont la prononciation est très proche (presque homonyme), mais qui ont un sens différent. Cela occasionne parfois des confusions de sens. Voici des paronymes qu'on peut distinguer par le contexte.

Paronymes	Exemples
accident incident	*Il y a eu plusieurs blessés dans cet **accident** de la circulation.* *Il avait oublié ses partitions. Cet **incident** a retardé notre départ.*
bribe bride	*Sans le vouloir, j'ai entendu des **bribes** de leur conversation.* *Tiens bien les **brides** de ton cheval.*
compréhensible compréhensif	*Si tu veux être compris, écris de manière **compréhensible**.* *Je trouve qu'il a des parents **compréhensifs** et indulgents.*
éminent imminent	*Cette femme est une chirurgienne **éminente**.* *Le danger est **imminent**. Il vaudrait mieux préparer les secours.*
enduire induire	*J'ai **enduit** sa plaie d'une pommade antibiotique.* *Excuse-moi, je t'ai **induit** en erreur.*
éruption irruption	*L'**éruption** du volcan a fait plusieurs victimes.* *Les manifestants ont fait **irruption** dans l'édifice.*
infesté infecté	*Cette région est **infestée** de perce-oreilles.* *Sa plaie est **infectée**, elle ne peut guérir.*
recouvrer recouvrir	*Après une longue maladie, elle a **recouvré** la santé.* *Sa mère a fait **recouvrir** les fauteuils du salon.*
stade stage	*Le futur papillon est présentement au **stade** de la chrysalide.* *À l'hiver, mon frère aîné fera un **stage** en entreprise.*
vénéneux venimeux	*Ce champignon est **vénéneux**, il contient un poison.* *Certaines araignées sont **venimeuses**, elles ont du venin.*

24.5 Les figures de style

Les figures de style sont des moyens d'expression qui permettent de créer des images et de produire des effets particuliers. Elles rendent un langage plus coloré, plus expressif et plus personnel.

Par exemple, une figure de style peut servir à créer une image frappante ou plus forte qu'une formulation courante ou ordinaire. Elle peut aussi avoir un effet poétique, dramatique, humoristique, persuasif…

Voici les principales figures de style et des exemples de leurs effets.

1. La **comparaison** rapproche des réalités au moyen d'un terme comparatif (ex.: *comme*). Elle exprime une ressemblance entre ces réalités.

   Ex.: *Ta tête, ton geste, ton air*
   Sont beaux comme un beau paysage   (Charles Baudelaire, *Les fleurs du mal*)
   Ici, l'ensemble *ta tête, ton geste, ton air* est comparé à un beau paysage.

   Cette petite chatte est gracieuse comme une ballerine.
   Ici, la grâce de la petite chatte est comparée à celle d'une ballerine.

   La comparaison est formée de quatre éléments. En voici un exemple.
   Les bouleaux se courbaient sous le vent tels des arcs tendus.

Éléments de la comparaison		Exemple
La réalité comparée	→	**Les bouleaux**
Le point de comparaison (point commun aux deux réalités)	→	**se courbaient** sous le vent
Le terme comparatif	→	**tels**
La réalité comparante (ce à quoi on compare)	→	**des arcs tendus.**

   Il existe un bon nombre de termes comparatifs, par exemple:
   – *comme, ainsi que, aussi… que, plus… que, tel que*;
   – *tel, semblable à, pareil à, comparable à*;
   – *à l'image de, à la façon de, à la manière de*;
   – *paraître, sembler, ressembler à, avoir l'air de, faire penser à.*
   Ex.: *Le pays que je veux dire, il **ressemble à** l'océan!*

   (Gilles Vigneault, extrait de «Le pays que je veux faire», *Portages*, Nouvelles éditions de l'arc, 1993, p. 69.)

   • Les comparaisons présentent généralement un caractère original ou inattendu. Elles produisent souvent un effet poétique, fantastique ou humoristique.

   • Cependant, beaucoup de comparaisons sont devenues tellement courantes qu'on ne les sent plus comme des figures de style. Elles ont perdu leur originalité.
   Ex.: *fort comme un bœuf, dormir comme un loir, pousser comme un champignon*

2. La **métaphore** rapproche des réalités sans terme comparatif. Elle suggère une ressemblance entre ces réalités.

Ex.: *Ma vitre est un jardin de givre.*   (Émile Nelligan, *Soir d'hiver*)

> Dans ce vers, le poète a rapproché deux réalités : *ma vitre* et *un jardin*, qui ont pour point commun le givre (vitre givrée comme un jardin couvert de givre).

La métaphore est souvent formée de trois éléments. En voici un exemple.

> *Et cette eau sans une ride était un miroir parfait.*

(Gilles Vigneault, extrait de « La source », *Portages*, Nouvelles éditions de l'arc, 1993, p. 30.)

Éléments de la métaphore		Exemple
La réalité comparée	→	*Et **cette eau sans une ride***
La réalité comparante	→	*était **un miroir parfait**.*
Le point commun qui rapproche les deux réalités	→	La surface qui réfléchit une image : l'eau est comme un miroir

- La métaphore permet d'associer toutes sortes de réalités différentes. Elle permet aussi d'évoquer des images avec peu de mots.
- Comme la comparaison, la métaphore produit notamment un effet poétique, fantastique ou humoristique.

    Cependant, elle ne s'exprime pas de façon aussi précise que la comparaison : il faut l'interpréter et en déduire le point commun.

    – La réalité comparante exprime souvent un **sens figuré**.

    Ex.: *Ce parc, **océan de fleurs**, fait rêver.*
    (le parc est comme un océan de fleurs)

    – Parfois, la réalité comparée n'est pas exprimée.

    Ex.: ***Cette jeune Cléopâtre** a bien joué son rôle.*
    (réalité comparée : une jeune fille)

- Certaines métaphores sont devenues si courantes qu'on ne les sent plus comme telles, mais on y perçoit tout de même le sens figuré.

    Ex.: *un teint de **pêche**, être **rongé** de remords, une **mer** de sable*

3. La **personnification** consiste à représenter une réalité non humaine, tel un animal ou une chose, sous les traits d'une personne. Il peut s'agir de qualités, d'actions, de sentiments attribués habituellement à des personnes.

Ex.: *Il y a des maisons où les **chansons** aiment entrer.*
(Félix Leclerc, *Le calepin d'un flâneur*, Montréal, Éditions Fides, coll. « Rêve et vie », 1961, p. 58.)

- La personnification permet notamment de donner la parole à des animaux, de prêter vie à des objets pour les animer, pour leur faire exprimer des sentiments. Elle peut produire un effet poétique, dramatique, fantastique ou humoristique.
- De plus, elle prend souvent la forme d'une comparaison ou d'une métaphore.

    Ex.: *La **lune** était sereine et jouait sur les flots.*   (Victor Hugo, *Clair de lune*)

4. La **métonymie** consiste à remplacer un terme par un autre terme qui est associé au premier. En voici quelques exemples.

Associations par métonymie	Exemples
Le contenant pour le contenu	*Bois ton **verre**.* (= contenu du verre, ex. : *jus*)
La partie pour le tout	*Nous vivons sous le même **toit**.* (= maison)
Le lieu pour les gens, l'organisation ou le produit	***Québec** fête le carnaval.* (= les gens de Québec) *J'ai acheté un **brie**.* (= fromage de Brie)
L'effet pour la cause	*Combattons l'**obésité**.* (= malbouffe)
L'auteur pour l'œuvre	*Le musée a acquis un **Renoir**.* (= tableau de Renoir)

La métonymie est souvent employée dans les titres et les publicités pour son effet accrocheur. Elle peut aussi alléger l'information ou susciter une image frappante.

Ex. : *la hausse du **huard*** (au lieu de *la hausse du dollar canadien*)
*Elle nous quitta pour la **tombe**.* (Victor Hugo, *Les contemplations*)
La tombe donne une image forte, celle d'un objet concret qui symbolise la mort. ◀

5. La **répétition stylistique** consiste à répéter un terme (parfois une phrase), une ou plusieurs fois, sans que celui-ci change de sens.

Voici des exemples de pléonasmes fautifs :
➲ *monter en haut*
➲ *prévoir à l'avance*
➲ *première priorité*
➲ *ajouter en plus*
➲ *hasard imprévu*

Ex. : ***Chaque matin**, il se lève à six **heures**, il déjeune à sept **heures**, il prend le train à huit **heures**; **chaque matin**, il est toujours à l'**heure**.*

- La répétition permet notamment d'insister sur une idée, de renforcer un argument, de créer un rythme pour attirer l'attention et faciliter la mémorisation.
- Le **pléonasme** est la répétition d'une même idée par des mots ayant le même sens. C'est une figure de style quand la répétition est voulue pour insister sur l'expression, pour la renforcer, par exemple : *voir une chose de ses propres yeux*. Mais le pléonasme est fautif quand il est inutile (ex. : ➲ *descendre en bas*). ◀

6. La **gradation** consiste à énumérer des termes selon un ordre d'intensité ou de valeur (par exemple, du particulier au général, ou vice-versa).

Ex. : *Il retrouverait sa Daisy, peu importe l'endroit : **la ruelle**, **le quartier**, **la ville**, **le pays**…*

La gradation sert souvent à produire un effet humoristique, dramatique ou exagéré. Elle peut susciter l'attente, celle du dernier terme, et même surprendre. ◀

7. L'**accumulation** consiste à énumérer des termes de façon à exprimer une succession de détails, présentés souvent sans ordre précis.

Ex. : ***Petit, menu, frêle, sans défense, l'air innocent, la voix mielleuse semblant dire « je n'ai rien fait »**…, eh bien, ça se transforme en ouragan, ce petit chaton.*

L'accumulation permet de développer une idée en produisant un effet d'amplification, qui peut être dramatique ou comique. Elle peut rendre, par exemple, une description plus frappante, plus rythmée. ◀

2e cycle ▸ 8. L'**antithèse** met en rapport deux termes qui s'opposent dans un énoncé.

> Ex. : *L'argent est un **bon serviteur** et un **mauvais maître**.* (proverbe)
> *Dans le **noir**, on ne voyait que ses dents d'un **blanc** éclatant.*
> *C'est un **petit pas** pour l'homme, mais un **bond de géant** pour l'humanité.*
> (Neil Armstrong, en posant le pied sur la Lune, le 21 juillet 1969)

L'antithèse met en relief des contrastes, souvent à l'aide d'antonymes. Elle peut produire un effet accrocheur, persuasif, dramatique ou comique. Dans une description, elle accentue les différences (par exemple, idées, objets ou personnages opposés). ◀

2e cycle ▸ 9. L'**euphémisme** est une formulation adoucie, atténuée, afin de ne pas choquer ou déplaire.

> Ex. : *Cette erreur est **regrettable**.* (= inacceptable) *Elle est **disparue**.* (= morte)

- L'euphémisme permet d'exprimer une réalité de façon moins directe par respect ou par courtoisie. Elle peut servir à éviter un malaise, un conflit ; elle peut même être utilisée pour déguiser une vérité ou pour manipuler le destinataire.
- L'euphémisme s'exprime souvent par une périphrase ou une expression.

> Ex. : ***personnes âgées*** (plutôt que *vieux*)   ***quitter ce monde*** (pour *mourir*)
> ***dommages collatéraux*** (pour *mort de civils dans une opération militaire*)
> *On a fait un **emprunt à long terme**.* (pour *emprunt sans intention de rendre*) ◀

↪ Page 277
Périphrases

2e cycle ▸ 10. La **litote** est une formulation qui, en disant peu, fait entendre davantage.

> Ex. : *Il **n'est pas fou**.* (= il est intelligent) *Ce **n'est pas de tout repos**.* (= c'est fatigant)

- La litote permet de suggérer une idée plus fortement en disant moins. Elle s'exprime souvent par la négation, par un terme de sens négatif comme *manquer de*, ou encore par un terme atténué au moyen d'un adverbe comme *peu, assez, plutôt, peut-être, légèrement…*

> Ex. : *Le moins qu'on puisse dire, c'est que tu **manques d'**audace.* (= tu es peureux, lâche)
> *Ce repas est **plutôt mauvais**.* (= ce repas est infect)

- La litote peut traduire de l'humour, de la politesse, de la nuance dans les propos. Elle peut aussi servir à insinuer quelque chose, à ne pas dévoiler toute sa pensée ou à manifester de l'ironie (moquerie).

> Ex. : *Alors, on est **un peu contrarié** ?* (par plaisanterie ou ironie pour *on est fâché*) ◀

2e cycle ▸ 11. L'**hyperbole** est une formulation amplifiée, exagérée.

> Ex. : *Ça fait **mille ans** que je n'ai pas mangé d'aussi bonnes pâtes.*

- L'hyperbole est l'opposé de la litote et de l'euphémisme. Elle s'exprime par des termes de sens fort ou à valeur superlative (ex. : *le plus*, préfixes *super, archi, hyper*).

> Ex. : *Conçu pour l'**extraordinaire*** (publicité d'une marque de véhicules)
> *Ce qu'il dit est **archivrai**. C'est un problème **gravissime**.* (= extrêmement grave)

- L'hyperbole rend l'expression intense et produit un effet persuasif, dramatique, comique ou ironique. Elle peut être issue d'une métaphore ou d'une comparaison.

> Ex. : *Elle est **pâle à faire peur comme un fantôme**.* ◀

> L'ironie est une manière de se moquer en exprimant un propos différent ou contraire de ce qu'on pense.

Les mots et leurs sens

- Les mots sont généralement polysémiques, c'est-à-dire qu'ils ont plusieurs sens.
- Pour savoir dans quel sens un mot est employé, on regarde le contexte, c'est-à-dire les mots qui l'entourent.

- Le sens propre d'un mot est le sens le plus habituel de ce mot. Le sens figuré d'un mot crée une image.
- Beaucoup d'expressions figées et de proverbes ont un sens figuré.

- Le ou les sens dénotés d'un mot sont ceux qui figurent dans le dictionnaire et qui servent à désigner une réalité.
- Le sens connoté est un sens particulier, souvent mélioratif (favorable) ou péjoratif (défavorable), qui s'ajoute au sens dénoté d'un mot. Il dépend du contexte.
- Plusieurs mots, sans avoir un sens connoté, ont une valeur expressive supérieure à d'autres.

- Les homonymes sont des mots qui se prononcent ou qui s'écrivent de la même façon, mais qui ont un sens différent.
- Parmi les homonymes, on peut distinguer :
  - les homophones, qui se prononcent de la même façon, mais qui ont une orthographe différente (ex. : *ou, où, août, houx*) ;
  - les homographes, qui s'écrivent de la même façon et se prononcent généralement de la même façon (ex. : *un tour, une tour*).
- Les paronymes sont des mots dont le sens est différent, mais dont la prononciation est très proche (presque homonyme), ce qui occasionne parfois des confusions de sens (ex. : *original, originaire*).

- Les figures de style sont des moyens d'expression qui permettent de créer des images et de produire des effets particuliers. Elles rendent un langage plus coloré, plus expressif et plus personnel.
- Une figure de style peut, par exemple, servir à créer une image plus forte qu'une formulation courante et produire un effet poétique, dramatique ou humoristique.
- Les figures de style sont nombreuses. Parmi les plus courantes, on retrouve :
  - la comparaison, qui rapproche des réalités au moyen d'un terme comparatif (ex. : *éclatant comme un beau soleil d'été*) ;
  - la métaphore, qui rapproche des réalités sans terme comparatif (ex. : *le rivage est une écharpe de dentelle*) ;
  - la personnification, qui consiste à représenter une réalité non humaine, tel un animal ou une chose, sous les traits d'une personne (ex. : *les souris dansent*).

CHAPITRE 25

Les relations entre les mots

On associe des mots pour former une communication qui a du sens.
Certains mots, aussi, se lient tout naturellement ; ils vont bien ensemble.

Les mots constituent le trésor de la langue. C'est par eux que se manifestent
la pensée, les images, les idées. Tout comme d'autres grands auteurs,
George Sand savait très bien les utiliser pour exprimer avec force ses convictions.

George Sand, ou la passion d'écrire

Aurore Dupin, baronne Dudevant, dite George Sand, est une auteure marquante
du XIXe siècle (1804-1876). Elle a contribué à faire évoluer les mœurs et les
mentalités de cette époque. Son œuvre comporte notamment des romans,
des nouvelles et des contes ; elle a également écrit des pièces de théâtre,
des critiques littéraires et d'autres textes d'opinion. À cela s'ajoutent une

autobiographie et une volumineuse
correspondance. Sa vie et ses écrits
ne font qu'un. Au fil de ses mots,
on découvre la femme de lettres
féministe, engagée socialement dans
un combat pour la liberté de penser,
d'exister et de créer. Elle a côtoyé de
grands artistes qui l'ont admirée :
Alfred de Musset, Victor Hugo et
Frédéric Chopin sont de ceux-là.

C'est à l'éditeur de ses premiers romans
que l'on doit son nom de plume :
George Sand. Il lui avait conseillé de se
trouver un prénom masculin, ce qui
reflétait les mentalités d'alors. Malgré
cela, elle est devenue un modèle de
femme et d'artiste engagée.

1. L'**analogie** permet de rapprocher des mots à l'aide des relations de sens qui existent entre eux. Les mots peuvent être en relation, par exemple :

– de générique à spécifique : *légume* → *poivron, céleri, carotte* ;
– de tout à partie : *orange* → *pelure, zeste, quartier, pulpe, jus* ;
– de synonymie : *aliment* → *nourriture, denrée, vivres* ;
– d'antonymie : *affamé* → *repu, rassasié* ;
– par combinaison : *faim* → *donner faim, manger à sa faim, une faim de loup* ;
– par famille : *nourrir* → *nourriture, nourrissant, nourrisson*.

 Page 328
Reprise de
l'information

Les mots analogiques sont autant d'outils servant à la reprise de l'information.
Ex. : *J'apprécie ce plat **nourrissant**. Il est **riche** en protéines.* (synonymes en contexte)

Les dictionnaires dits «analogiques» regroupent autour d'un thème, c'est-à-dire le mot-vedette, des banques de mots qui ont des relations de sens.
Ex. :

> **PAIN** [pɛ̃] **n. m.** [...]
> ▪ **1** Aliment fait de farine, d'eau, de sel et de levain, pétri, fermenté et cuit au four *(le pain, du pain)* ; masse déterminée de cet aliment ayant une forme donnée *(un pain)*. *Pâte à pain. Faire du pain. Croûte*, mie* de pain. Miettes de pain. Pain de froment, de gruau, de seigle, d'avoine, d'orge. Pain blanc, bis, noir.* [...] *Pains longs* (baguette, flûte, parisien, bâtard, ficelle, saucisson) ; *pains ronds* (boule, miche, couronne). [...]
>
> *Petit Robert de la langue française, 2007.*

2. Un **champ lexical** est un ensemble de mots analogiques qu'on peut relier à un même thème. Voici un exemple de champ lexical élaboré autour du mot *pain*.

• On peut élaborer un champ lexical en notant les mots qui viennent à l'esprit, mais on peut aussi le faire à l'aide d'un dictionnaire analogique. Le champ lexical ci-dessous a été élaboré en grande partie grâce à l'article de dictionnaire présenté au numéro 1.

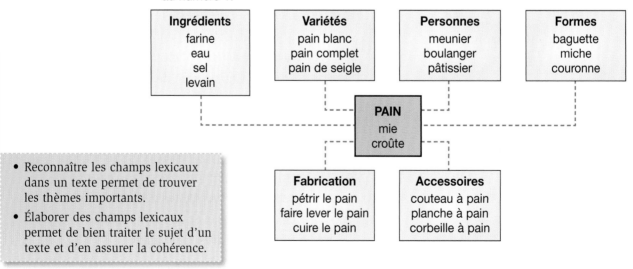

• Reconnaître les champs lexicaux dans un texte permet de trouver les thèmes importants.
• Élaborer des champs lexicaux permet de bien traiter le sujet d'un texte et d'en assurer la cohérence.

25.2 L'inclusion et la relation de tout à partie

A Les mots génériques et les mots spécifiques

1. Un **générique** est un mot dont le sens inclut celui de mots plus précis.
Il permet de désigner une catégorie. Les mots plus précis pouvant être inclus dans cette catégorie sont les **spécifiques**. Voici un exemple.

Générique	Spécifiques
poisson	anguille, brochet, carpe, espadon, requin, saumon, truite...

- Les génériques et les spécifiques sont généralement des noms. Ils permettent de préciser l'information. Ils sont utiles, entre autres, dans les textes explicatifs pour définir des mots dont l'emploi est peu familier.
  Ex.: *La pélamide est un **poisson** vivant dans l'Atlantique et la Méditerranée.*
  Cet exemple précise que la *pélamide* est une sorte de poisson.

2. Un même mot peut être générique par rapport à un ensemble de mots et spécifique par rapport à un mot plus général. Voici un exemple.

Générique	Spécifiques
oiseau	aigle, bruant, chouette, flamant, merle, perdrix, sarcelle...

Générique	Spécifiques
animal	insecte, mammifère, mollusque, **oiseau**, poisson, reptile...

- Les génériques et les spécifiques permettent donc de classer l'information. Ainsi, dans le premier tableau, *oiseau* est un générique désignant un ensemble qui inclut les spécifiques *aigle*, *bruant*, etc.; dans le second, c'est un spécifique faisant partie de la catégorie des *animaux* (*animal* est plus général qu'*oiseau*).

> Les génériques et les spécifiques sont une ressource très utile pour la recherche, par exemple dans Internet.

B La relation de tout à partie

Des mots peuvent servir à nommer les différentes parties d'un tout. C'est ce qu'on appelle une relation de «**tout à partie**». Voici un exemple.

Mot désignant un tout	Mots désignant les parties d'un tout
oiseau	plumes, ailes, pattes, griffes, bec, tête, gorge...

- La relation de tout à partie est différente de la relation de générique à spécifique. Le mot désignant le tout n'est pas une catégorie par rapport aux mots désignant les parties.
  Ex.: Le mot ***oiseau*** n'est pas une catégorie par rapport au mot ***aile***. Autrement dit, l'*aile* n'est pas une sorte d'*oiseau*: elle en est une partie.

25.3 Les synonymes et les antonymes

1. Les **synonymes** sont des mots qui ont à peu près le même sens. Ils font partie de la même classe de mots.

	N N	Adj Adj	V V	Adv Adv
Ex. :	*matin = aube*	*gentil = aimable*	*séparer = diviser*	*ensuite = puis*

Un synonyme peut ajouter une nuance, par exemple :
– un sens plus précis : *dévaler* (descendre rapidement) plutôt que *descendre* ;
– une valeur expressive supérieure : *gigantesque* plutôt que *gros* ;
– un sens connoté mélioratif : *bolide* plutôt que *voiture* ;
– un sens connoté péjoratif : *accoutrer* plutôt que *habiller* ;
– une variété de langue : *turlupiner* (fam.) plutôt que *tourmenter*.

2. Les **antonymes** sont des mots qui ont un sens contraire. Ils font partie de la même classe de mots.

	N N	Adj Adj	V V	Adv Adv
Ex. :	*matin ≠ soir*	*gentil ≠ haïssable*	*séparer ≠ grouper*	*beaucoup ≠ peu*

- Les antonymes peuvent être des mots de formes différentes.
  Ex. : *bien ≠ mal*

Page 253
Dérivation

- Ils peuvent aussi être formés :
  – avec un préfixe négatif ;
    Ex. : *normal ≠ **a**normal*   *espoir ≠ **dés**espoir*
  – avec deux préfixes ou éléments de sens opposés.
    Ex. : ***uni**cellulaire ≠ **pluri**cellulaire*

Page 263
Polysémie

3. On doit tenir compte du contexte pour choisir un synonyme ou un antonyme, car le mot qu'il remplace peut avoir plusieurs sens.

Ex. : synonymes : *une personne riche = une personne **fortunée***
      *une terre riche = une terre **fertile***
      *un aliment riche = un aliment **nourrissant***

antonymes : *une personne riche ≠ une personne **pauvre***
      *une terre riche ≠ une terre **aride***
      *un mets riche en protéines ≠ un mets **faible** en protéines*

Certains dictionnaires usuels donnent des synonymes et des antonymes dans les articles mêmes des mots. Il existe également des dictionnaires de synonymes et d'antonymes, comme celui proposé dans l'exemple suivant.
Ex. :

> **BAIGNER** *v.* ➤ ***Immerger*** – faire tremper, immerger, plonger, tremper.
> ➤ ***Mouiller*** – abreuver, arroser, détremper, gorger d'eau, imbiber, imprégner, inonder, mouiller. ➤ ***Irriguer*** – arroser, irriguer. ➤ ***Être plongé dans un liquide*** – nager, tremper. ♦ **se baigner** ➤ ***Aller dans l'eau*** – prendre un bain, prendre un bain de mer, prendre un bain de rivière. *FAM.* faire trempette. *QUÉB. FAM.* faire une saucette, se saucer. △ **ANT.** ASSÉCHER, DESSÉCHER, SÉCHER ; ESSUYER.
>
> *Le Petit Druide des synonymes : dictionnaire des synonymes et des antonymes*
> © Éditions Québec Amérique inc., 2002, p. 78.

25.4 Les périphrases

Une **périphrase** est une suite de mots qui remplace généralement un mot pour désigner une même réalité. Elle a la valeur d'un synonyme.

Ex. : *la hase* → ***la femelle du lièvre*** (le nom et la périphrase ont un sens équivalent)

Ainsi, la périphrase désigne quelque chose ordinairement exprimé en moins de mots. Elle peut être très utile dans plusieurs cas. En voici des exemples.

- La périphrase permet souvent de définir ou d'expliquer un mot. Elle est donc utile dans les descriptions ou les explications.

  Ex. : *le sirocco,* ***ce vent très chaud soufflant du Sahara***

  l'autobus a bifurqué, c'est-à-dire qu'il a ***pris une autre direction***

- Parfois, la périphrase permet de désigner un ensemble de mots spécifiques pour lequel il n'y a pas de mot générique.

  Ex. : *janvier, février, mars…* → ***les mois de l'année*** (périphrase à valeur générique)

- Plusieurs périphrases sont des expressions figées, soit des expressions toutes faites. Elles ont souvent un sens figuré et créent alors une image.

  Ex. : *Rome* → ***la Ville éternelle***   *le français* → ***la langue de Molière***

  Mars → ***la planète rouge***   *au crépuscule* → ***entre chien et loup***

🖐 Page 263
Sens figuré

  Certaines périphrases servent à former des figures de style (ex. : métaphore, métonymie).

  Ex. : *une menace* → ***ce nuage noir***   *le voilier* → ***la voile blanche***

- Les périphrases servent aussi à la reprise de l'information.

  Ex. : *Éole s'est manifesté aujourd'hui.* ***Le dieu des vents*** *a soufflé sur toute la vallée.*

🖐 Page 328
Reprise de
l'information

25.5 La combinaison de mots

1. La combinaison de mots consiste à associer des mots. Cependant, on ne peut pas combiner n'importe quels mots.

   En effet, même si on peut employer des milliers de mots, on doit aussi les employer correctement pour communiquer efficacement.

   Pour combiner des mots, il faut que leurs sens soient compatibles : autrement dit, on associe des mots qui peuvent s'employer ensemble.

   Ex. : *J'amène mes grands-parents au cinéma.*

   Ici, la combinaison de mots est correcte, puisque le verbe *amener* signifie dans le contexte : « amener un être (personne ou animal) à un endroit ».

   On remarque aussi que, selon ce sens, le verbe est construit avec un complément direct (*mes grands-parents*) et un complément indirect (*au cinéma*).

   Dans un contexte semblable, la combinaison suivante serait incorrecte :

   ➲ *J'amène mon sac.* On n'amène pas une chose : on l'apporte.

Voici quelques exemples de combinaisons.

– *apporter un cahier* → On apporte une chose, mais pas un être.
– *téléphoner à quelqu'un* → On téléphone à quelqu'un, mais on appelle quelqu'un.
– *écaler des noix* → On enlève l'écale des noix.
– *peler une orange* → On enlève la peau d'un fruit ou de certains légumes.
– *les pattes d'un animal* → Pour un être humain, on parlera de *jambes*.
– *la gueule d'un animal* → Pour un être humain, on parlera de *bouche*.
– *une darne de saumon* → Une darne désigne une tranche de poisson.

 Il existe des dictionnaires qui donnent des adjectifs et des verbes pouvant être combinés à un nom selon ses différents sens.

Ex. :
> **ACROBATIE** difficile, effroyable, réussie, terrible. *Effectuer, exécuter, faire une ~.*
> ♦ *(fig.)* littéraires, oratoires, rhétoriques. *S'adonner, se livrer à des ~s (+ adj.).*
> Jacques Beauchesne, *Dictionnaire des cooccurrences*, Guérin Éditeur, 2001, p. 4.

2. Il y a des mots qui s'emploient fréquemment ensemble. Par exemple, le mot *neige* s'emploie souvent avec *flocons, tempête, fondre…* Il s'agit alors des «suites lexicales» du mot.

Les **suites lexicales** d'un mot sont formées de ce mot et de ceux qui l'accompagnent souvent. Voici quelques suites lexicales du mot ***neige***.

Ex. : *tempête de neige, banc de neige, fonte des neiges, canon à neige, ôter la neige, neige poudreuse, neiges éternelles, route recouverte de neige, la neige fond*

 Dans les dictionnaires, des suites lexicales sont données sous forme d'exemples.
Ex. :
> **ÉCHELLE** [...]
> ■ **1** Dispositif formé de deux montants parallèles ou légèrement convergents, réunis de distance en distance par des barreaux transversaux (➤ **échelon**) servant de marches. ➤ **escabeau.** *Dresser, appuyer une échelle contre un mur. Monter sur une échelle, à l'échelle. Échelle pliante, coulissante. Échelle double,* composée de deux échelles opposées dont les montants sont réunis à leur sommet. *Échelle d'incendie. La grande échelle des sapeurs-pompiers.* [...]
> *Petit Robert de la langue française*, 2007.

3. Une suite de mots peut former une expression qu'il est possible de modifier.
Ex. : *prendre une douche* → *prendre une bonne douche chaude*
prendre un bain → *faire couler un bain*

Cependant, certaines suites de mots ne peuvent pas être modifiées : ce sont des **expressions figées** (appelées aussi «locutions»).

➫ Page 264
Expression
figée

Beaucoup de ces expressions toutes faites ont un sens figuré.
Ex. : *prendre un bain de foule* (= se mêler à la foule)
Ici, on ne peut pas modifier l'expression, sinon elle n'aurait plus de sens :
➲ *prendre une douche de foule* ➲ *prendre un bain de personnes*

• Les proverbes sont aussi des expressions figées.
Ex. : *Qui ne risque rien n'a rien. Vouloir, c'est pouvoir.*

- On trouve des combinaisons de mots inattendues ou originales dans certains genres oraux ou écrits, comme les poèmes et les fables, où le langage figuré domine.

  Ex. : *Elle se hâte avec lenteur* [...] *Moi l'emporter ! et que serait-ce*
  Si vous portiez une maison ?   (Jean de La Fontaine, *Le lièvre et la tortue*)
  Ici, *se hâter avec lenteur* et *porter une maison* (pour la tortue) sont des combinaisons originales qui servent à créer une image.

  Il en est de même dans les textes humoristiques, qui comportent souvent des jeux de mots et des combinaisons inhabituelles.

  Ex. : *La ville était si déserte qu'on aurait pu y rouler les trottoirs.*
  On ne dirait pas «rouler les trottoirs» en langage courant ; ici, c'est une image.

- Quand une expression est très ou trop souvent utilisée, elle devient alors un **cliché**. Le cliché est considéré comme banal ou peu original (ex. : *beau comme un cœur*).

- Dans une combinaison, l'emploi d'un mot qui ne convient pas est une **impropriété**. L'impropriété vient souvent du fait que l'on confond deux mots.

  Ex. : ➲ *un excès de fièvre* ➲ *un **accès** de fièvre*
  ➲ *entrer par infraction* ➲ *entrer par **effraction***
  ➲ *être dénudé de bon sens* ➲ *être **dénué** de bon sens*
  ➲ *faire illusion à une chose* ➲ *faire **allusion** à une chose*
  ➲ *demander une question* ➲ ***poser** une question*
  ➲ *à prime abord* ➲ ***de** prime abord*
  ➲ *prendre pour acquis* ➲ ***tenir** pour acquis*
  ➲ *boire à l'abreuvoir du parc* ➲ *boire à la **fontaine** du parc*

↳ Page 267
Paronymes

L'impropriété peut causer une répétition, une contradiction, un faux sens, et même produire un énoncé absurde. Voici quelques cas.

- La répétition inutile d'une même idée (pléonasme)
  Ex. : ➲ *On recule en arrière.* ➲ *On **recule**.* (ou *aller en arrière*)
- L'expression d'une idée contraire à ce qu'on veut dire
  Ex. : ➲ *tu n'es pas sans ignorer* ➲ *tu n'es pas sans **savoir*** (= tu sais)
  ➲ *améliorer une faiblesse* ➲ ***corriger** une faiblesse*
- L'expression incomplète d'une idée (omission de mots)
  Ex. : ➲ *Il me répondait en restant muet.* (le verbe seul ne convient pas)
  ➲ *Il me **répondait par signes** en restant muet.*
- La déformation d'une expression figée ou la création d'une image absurde
  Ex. : ➲ *Ne pas y aller avec le dos de la main*
  ➲ *Ne pas y aller avec le dos de la **cuillère*** (expression figée)
- L'emploi d'une préposition incorrecte
  Ex. : ➲ *Pendant le voyage, nous avons mangé sur l'avion.*
  Il serait préférable de *manger **dans** l'avion...*

- Une autre erreur de vocabulaire consiste à employer un mot inexistant ou à déformer un mot. C'est ce qu'on appelle un «barbarisme».
  Ex. : ➲ *abrévier* ➲ ***abréger***
  ➲ *aréoport* ➲ ***aéroport***

En cas de doute sur l'emploi de certains mots, on consulte un dictionnaire pour vérifier leurs sens. On y trouvera aussi des combinaisons (suites de mots, expressions) qui peuvent convenir au contexte.

Les relations entre les mots

- L'analogie permet de rapprocher des mots à l'aide des relations de sens qui existent entre eux. Les mots peuvent être en relation, par exemple, de générique à spécifique, de tout à partie, de synonymie, d'antonymie, etc.

- Les mots analogiques sont des outils servant à la reprise de l'information.

- Un champ lexical est un ensemble de mots analogiques qu'on peut relier à un même thème. On peut élaborer un champ lexical à l'aide d'un dictionnaire analogique.

- Un générique est un mot dont le sens inclut celui de mots plus précis. Il permet de désigner une catégorie. Les mots plus précis pouvant être inclus dans cette catégorie sont les spécifiques (ex.: *instrument → violon, cor, piano, saxophone*).

- Un même mot peut être générique par rapport à un ensemble de mots et spécifique par rapport à un mot plus général (ex.: *reptile → crocodile, lézard; animal → reptile*).

- Des mots peuvent servir à nommer les différentes parties d'un tout. C'est ce qu'on appelle une relation de «tout à partie» (ex.: *violon → cordes, manche, volute, chevalet*).

- Les synonymes sont des mots de même classe qui ont à peu près le même sens (ex.: *habileté = adresse*).

- Les antonymes sont des mots de même classe qui ont un sens contraire (ex.: *doute ≠ certitude*).

- On doit tenir compte du contexte pour choisir un synonyme ou un antonyme.

- Une périphrase est une suite de mots qui remplace généralement un mot pour désigner une même réalité. Elle a la valeur d'un synonyme (ex.: *dromadaire → chameau à une bosse; Paris → la Ville lumière*).

- La combinaison de mots consiste à associer des mots.
  Pour combiner des mots, il faut que leurs sens soient compatibles: autrement dit, on associe des mots qui peuvent s'employer ensemble.

- Il y a des mots qui s'emploient fréquemment ensemble. Pour un mot qui s'emploie souvent avec certains autres mots, il s'agit alors des «suites lexicales» du mot. Les suites lexicales d'un mot sont formées de ce mot et de ceux qui l'accompagnent souvent (ex.: *freins avant et arrière, bloquer les freins, pédale de frein*).

- Une suite de mots peut former une expression qu'il est possible de modifier (ex.: *nager dans une piscine → nager sous l'eau*).
  Cependant, certaines suites de mots ne peuvent pas être modifiées: ce sont des expressions figées. Beaucoup de ces expressions toutes faites ont un sens figuré (ex.: *nager en eau trouble, nager entre deux eaux*).

CHAPITRE 26

Les variétés de langue

Parle-moi et… je te dirai qui tu es ! Il est certainement exagéré de prétendre connaître quelqu'un à sa seule façon de parler. Cependant, en écoutant les gens ou en lisant attentivement leurs écrits, on peut déjà déceler un bon nombre de renseignements. Par le vocabulaire, les tournures de phrases, la prononciation et les accents à l'oral, on peut souvent savoir de quelle époque, de quel milieu social et de quelle région de la francophonie vient l'énonciateur.

Richesse d'une langue

1. La mère téléphona à sa voisine et lui demanda : « Maxime est-il là ? Dites-lui de rentrer. J'ai besoin de son aide pour aller faire l'épicerie. »

2. La mère téléphona à sa voisine et lui demanda : « Max yé-tu là ? Dites-y qui ramène sa fraise, j'ai besoin de lui pour la *grocerie*. »

3. La mère téléphona à sa voisine et lui demanda : « Auriez-vous l'obligeance de me dire si Maximilien se trouve en votre demeure ? Je viens requérir son aide pour aller chercher les victuailles. »

4. La mère sortit de la maison et dit à sa fille : « Va quérir ton frère au bord du ruisseau. Rapport que j'ai besoin de lui pour faire le train. »

L'auteur, par les paroles d'une mère, présente des personnages fort différents et bien campés. On peut facilement les imaginer.

1. La première mère s'exprime de façon correcte en langue standard.
2. La deuxième semble venir d'un milieu populaire. On s'en rend compte par certaines marques : reprise du sujet *Max* par *tu* ; formes *yé* pour *il est*, *y* pour *lui* ; expression familière *ramène sa fraise* ; anglicisme *grocerie*.
3. La troisième parle comme un livre. Il y a, dans le vocabulaire, une recherche esthétique évidente qui pourrait illustrer, par exemple, l'aristocratie du XIXe siècle.
4. La quatrième semble issue d'un milieu rural d'une autre époque. Des mots comme *quérir*, *rapport que* et *faire le train* en sont des indications.

26.1 La diversité du français

1. Le français est parlé dans différentes parties du monde.
   Les personnes dont la langue maternelle ou d'usage est le français sont des francophones.

   La **francophonie** désigne l'ensemble des populations francophones, c'est-à-dire celles qui utilisent habituellement le français pour communiquer. Voici des exemples de lieux où des communautés parlent le français.

   Ex. : Belgique, France, Luxembourg, Monaco, Suisse, Québec, Acadie, Louisiane, Martinique, Haïti, Bénin, Côte d'Ivoire, Gabon, Guinée, Maroc, Mali, Rwanda, Sénégal, Madagascar, Liban, Vietnam, Nouvelle-Calédonie, Tahiti, Vanuatu

   En outre, plus de cinquante États et gouvernements sont membres de l'Organisation internationale de la Francophonie : ce réseau organise ou soutient divers évènements, tels les Sommets et les Jeux de la Francophonie.

2. Le français est une langue internationale parlée de diverses manières selon les régions. En effet, les communautés de différentes régions du monde ont apporté au français leurs mots, leurs expressions, qui ont enrichi la langue.

   Les mots et les expressions propres à une région sont des **régionalismes**.

   Ex. : Les régionalismes en Afrique sont des africanismes ; en Belgique, des belgicismes ; en Suisse, des helvétismes.

   Au Canada français, ce sont des canadianismes : ils comprennent les québécismes, du Québec, et les acadianismes, de l'Acadie (dans les Maritimes).

Exemples de régionalismes	
Québécismes	*un bleuet* (petite baie bleue), *une tuque* (bonnet de laine)
Acadianismes	*une éloise* (éclair d'orage), *un pilot* (pile, tas de terre, de foin, etc.)
Africanismes	*un taxi-brousse* (taxi collectif), *ambiancer* (mettre de l'ambiance)
Belgicismes	*une berce* (berceau d'enfant), *décauser* (dire du mal, dénigrer)
Helvétismes	*huitante* (quatre-vingts), *une boille* (bidon pour transporter du lait)

- Un régionalisme est donc une marque géographique, mais il peut aussi être une marque historique (par exemple, un mot qui n'est plus employé).

   Ex. : Le mot *train* au sens de « bruit, tapage », comme dans *faire du train*, est employé au Québec, mais il est vieilli dans l'usage courant du français.

   Le mot *mitaine* (de l'ancien français *mite*, gant) est encore employé dans certaines régions de France, en Suisse et au Canada. Ailleurs dans la francophonie, on emploie le mot *moufle*.

- Certains régionalismes sont issus d'une autre langue. Par exemple, le français du Québec comprend des mots d'origine amérindienne, appelés «amérindianismes».

    Ex.: *atoca* (canneberge), *carcajou* (glouton ou blaireau), *maskinongé* (poisson)

- Un bon nombre de régionalismes ont été créés pour désigner des réalités particulières à une région (culture, climat, faune, flore, etc.).

    Ex.: En Saskatchewan: *fransaskois* (relatif aux francophones de cette province)
    En Afrique: *cavacher* (danser la cavacha, d'origine congolaise)
    Au Québec: *cabane à sucre* (sucrerie où l'on fabrique les produits de l'érable)
    poudrerie (neige soulevée en tourbillons par le vent)

- Certains régionalismes sont considérés comme familiers et sont à éviter en langue standard. De plus, ils ne seraient peut-être pas compris ailleurs dans la francophonie.

    Ex.: Au Québec, on emploie les mots *achaler* ou *badrer* en langue familière au sens de «déranger, agacer, importuner» en langue standard.

    De même, on emploie le mot familier *capoter* au sens de «paniquer, perdre la tête» ou «être passionné pour» en langue standard.

    En fait, dans l'usage courant du français, *capoter* a le sens de «culbuter, se renverser», en parlant d'un véhicule. Donc, ailleurs dans la francophonie, on ne comprendrait peut-être pas un énoncé tel que: *Je capote sur les avions.*

 Plusieurs régionalismes sont signalés dans des dictionnaires par l'abréviation *région.* (ou *rég.*) ou par la mention du lieu. Il existe aussi des dictionnaires de régionalismes.

Ex.:

> **ABRIER** [...] Ce mot était courant en français de France du XIIIe au XVIIIe s.
> ▪ **RÉGION.** (Ouest; Canada, Louisiane) ▪ **1** Recouvrir (qqn) d'une couverture. [...]
> *Petit Robert de la langue française*, 2007.

> **BAYOU** n. m. (d'un mot amérindien, *petite rivière*). Louisiane. Bras secondaire du Mississippi, ou méandre abandonné.
> *Le Petit Larousse Illustré 2007* © Larousse 2006.

> **TRAIN** n. m. [...]
> 2. Soins donnés aux animaux à l'étable (traite, nourriture, nettoyage, etc.). Faire le *train* deux fois par jour. [...]
> Gaston Dulong, *Dictionnaire des canadianismes* © Larousse Canada, 1989, p. 436.

> Les régionalismes ne sont pas tous connus dans la francophonie. C'est pourquoi ils peuvent être incompris par certains francophones.
> On doit donc tenir compte des connaissances de son destinataire dans le choix des régionalismes et, s'il y a lieu, on les fait suivre d'une courte explication.

26.2 Les principales variétés de langue

Le français se parle différemment selon la situation de communication et selon le milieu social et culturel des locuteurs. Ainsi, il y a plusieurs variétés de langue, dont la langue standard, considérée comme la norme.

Les autres variétés de langue, par exemple familière, populaire et soutenue, sont qualifiées en comparaison de la langue standard.

 Dans les dictionnaires, les mots dont l'emploi est standard n'ont pas de mention spéciale. Les autres mots ont des mentions, par exemple *fam.* pour un emploi familier, *pop.* pour un emploi populaire. L'abréviation *litt.* ou *littér.* indique un emploi recherché.

Selon les dictionnaires, et aussi les régions de la francophonie, il peut y avoir des nuances dans le classement de certains mots. Ainsi, dans l'exemple ci-dessous, on constate que le mot *adorer*, dans le sens d'« aimer beaucoup quelque chose », est standard selon l'ouvrage québécois et familier selon l'ouvrage français.

Ex. :

> **ADORER** v. tr. [...]
> **3.** Apprécier vivement (quelque chose). *Elle adore la musique.* [...]
>
> Marie-Éva de Villers, *Multidictionnaire de la langue française 4e éd.*,
> Éditions Québec Amérique, 2003.

> **ADORER** v. t. (lat. *adorare*, prier). [...]
> **3.** *Fam.* Apprécier beaucoup. *Adorer le chocolat.*
>
> *Le Petit Larousse Illustré 2007* © Larousse 2006.

■ POUR PRÉCISER

On distingue différentes variétés de langue. Mais, dans la réalité, les limites ne sont pas précises : on passe progressivement d'une variété à l'autre tout naturellement. Par exemple, on peut employer à la fois des marques de la langue standard et des marques de la langue familière.

A La langue standard

On entend par langue standard, ou langue soignée, celle qui est la **norme** et qui permet de s'exprimer correctement autant à l'oral qu'à l'écrit. C'est d'ailleurs la variété de langue qu'on enseigne à l'école.

À l'écrit, on l'emploie dans les communications officielles, les documentaires, les articles de journaux, etc. ; à l'oral, dans les bulletins d'informations radiodiffusés ou télédiffusés, dans les communications devant un groupe, une classe, etc.

Voici les principales marques de la langue standard.

- Le vocabulaire est précis et courant. Mis à part certains régionalismes, il permet d'être compris par l'ensemble de la francophonie.

- La prononciation est soignée. Il n'y a pas de syllabes escamotées ou déformées.
  Ex. : *Dis-**lui** que tu aimerais faire ta présentation aujourd'hui.*
  (et non *Dis-**y** que tu aimerais faire ta présentation aujourd'hui.*)

Le site Internet de l'Office québécois de la langue française (oqlf.gouv.qc.ca) est une mine de renseignements pour l'emploi de la langue standard.

- Les règles de grammaire sont respectées. Ainsi, les règles qu'on trouve dans cet ouvrage servent à l'emploi de la variété de langue standard.

    Ex. : Les voyelles pouvant être élidées sont *e, a* ou *i* :
    j'aurais voulu, **tu** *aurais voulu* (et non ***t'****aurais voulu*)
    La phrase négative contient un marqueur négatif formé de deux mots :
    *Je **ne** peux **pas** te promettre cela.* (et non *Je peux **pas** te promettre cela.*)

B La langue familière

La langue familière est la variété qu'on emploie dans des communications détendues, par exemple les conversations courantes avec des gens que l'on connaît bien, des membres de la famille ou des amis.

On l'emploie surtout à l'oral, mais parfois aussi à l'écrit, par exemple dans la correspondance personnelle ou dans les dialogues d'un récit pour rendre le caractère oral de la langue.

Voici les principales marques de la langue familière.

- Le vocabulaire est familier, souvent moins précis. On remarque aussi l'emploi d'abréviations et de régionalismes familiers.

    Ex. : *C'est une histoire **épeurante**. → C'est une histoire **terrifiante**.*
    (régionalisme familier)

    Ça *sent bizarre, ton **truc**. → **Cela** sent bizarre, ton **mets**.*
    (mot familier, mot imprécis)

    *Les **ados** réaménagent le local. → Les **adolescents** réaménagent le local.*
    (abréviation)

- La prononciation est parfois relâchée : syllabes déformées, escamotées ou prononcées très vite.

    Ex. : ***Y a*** *longtemps que **j'**l'attendais. → **Il y a** longtemps que **je** l'attendais.*
    *L'as-tu **r'marqué** ? Eh **ben** ! → L'as-tu **remarqué** ? Eh **bien** !*
    A *l'a vu hier, ce gars-là. → **Elle** l'a vu hier, ce garçon-là.*

- Il y a aussi des écarts par rapport à la norme (langue standard) sur le plan de la grammaire.

    Ex. : ***T'es*** *sûr que ça se mange ? → **Es-tu** sûr que ça se mange ?*
    (élision du pronom *tu* et non-inversion du pronom sujet dans la phrase interrogative)
    *J'ai **pas** envie d'y goûter. → Je **n'ai pas** envie d'y goûter.*
    (absence de l'adverbe *ne* dans la phrase négative)
    *Donne-**moi-z-en pas** beaucoup. → **Ne m'en** donne **pas** beaucoup.*
    (pronoms compléments déplacés, liaison par « z » et absence du *ne* dans la phrase impérative négative)
    *Toi, **tu veux-tu** aller au resto ? → Toi, **veux-tu** aller au restaurant ?*
    (répétition de *tu*)

↳ Page 130
Phrases : types et formes

C La langue populaire

La langue populaire ressemble à la langue familière. Ce qui la distingue toutefois, c'est qu'elle est une langue parlée dans les milieux populaires.

Voici des marques de la langue populaire.

> Pour dépeindre des personnages issus de milieux populaires, certains auteurs, comme Michel Tremblay, ont utilisé le «joual», un parler populaire québécois.

* Le vocabulaire comprend des termes approximatifs, des exagérations, des mots populaires, des anglicismes et régionalismes critiqués, et parfois même des mots vulgaires (ex.: injures).

    Ex.: Au Québec, pour une **excavatrice** en langue standard, on dit «**backhoe**» en langue populaire ou «**pépine**» en langue familière.

* La prononciation est relâchée: mauvaises liaisons, expressions et mots déformés. On remarque aussi des constructions de phrases boiteuses, des ellipses, beaucoup d'élisions de voyelles et de syllabes.

    Ex.: **Fa que, ch't'**un peu **énarvé.** → **Alors, je suis** un peu **énervé.**
    Moé, chus prêt, **pis** mon **chum avec.** → **Moi, je suis** prêt, et mon **ami aussi.** ◀

D La langue soutenue

La langue soutenue, ou recherchée, est une variété de langue très soignée, soucieuse de l'effet à produire.
Elle est surtout employée à l'écrit, par exemple dans certains textes à caractère officiel, dans certaines revues et dans certains textes littéraires.
Elle l'est parfois à l'oral, par exemple dans des communications entre personnes savantes ou érudites.

Voici des marques de la langue soutenue.

* Le vocabulaire est précis, riche, recherché.
    Ex.: **hardiesse** (audace, bravoure), **périr** (mourir, disparaître)

* La langue est très soignée. Les phrases sont très denses, souvent complexes, et ont une tournure recherchée avec des formes comme la négation *ne... point* et le subjonctif imparfait.

    Ex.: *Alors la colère surnagea, et ce fut avec une hauteur digne du rang suprême que le prince dit, après un silence:*
    — Et que faudrait-il faire pour que Madame ***ne partît point*** *?*

    (Stendhal, *La Chartreuse de Parme*)

    Cet extrait est un exemple de la langue littéraire utilisant la variété soutenue, notamment le subjonctif imparfait (*partît*) et le vocabulaire recherché.

■ POUR PRÉCISER

On distingue généralement la langue soutenue de la langue littéraire, car cette dernière est avant tout l'emploi particulier de toutes les ressources de la langue, incluant les différentes variétés de langue. Elle se caractérise notamment par la recherche de l'originalité et l'emploi de procédés particuliers (ex.: création de mots, répétition, rythme, mise en relief) et de nombreuses figures de style.

◀

Les variétés de langue

- Le français est parlé dans différentes parties du monde. Les personnes dont la langue maternelle ou d'usage est le français sont des francophones.

- Le français est une langue internationale parlée de diverses manières selon les régions. Les mots et les expressions propres à une région sont des régionalismes (ex.: *érablière* au Québec).

- Le français se parle différemment selon la situation de communication et selon le milieu social et culturel des locuteurs. Ainsi, il existe différentes variétés de langue, dont la langue standard, la langue familière, la langue populaire et la langue soutenue.

- La langue standard est celle qui est considérée comme la norme et qui permet de s'exprimer correctement autant à l'oral qu'à l'écrit.
  - Le vocabulaire est précis et courant. Mis à part certains régionalismes, il permet d'être compris par l'ensemble de la francophonie.
  - La prononciation est soignée. Il n'y a pas de syllabes escamotées ou déformées.
  - Les règles de grammaire sont respectées. Ainsi, les règles qu'on trouve dans cet ouvrage servent à l'emploi de la variété de langue standard.

- La langue familière est celle qu'on emploie dans des communications détendues, par exemple les conversations courantes avec des gens que l'on connaît bien.
  - Le vocabulaire est familier, souvent moins précis. On remarque aussi l'emploi d'abréviations et de régionalismes familiers.
  - La prononciation est parfois relâchée: syllabes déformées, escamotées ou prononcées très vite.
  - Il y a aussi des écarts par rapport à la norme (langue standard) sur le plan de la grammaire.

- **2ᵉ cycle ▶** La langue populaire est une langue parlée dans les milieux populaires.
  - Le vocabulaire comprend des termes approximatifs, des exagérations, des mots populaires, des anglicismes et régionalismes critiqués, et parfois même des mots vulgaires (ex.: injures).
  - La prononciation est relâchée: mauvaises liaisons, expressions et mots déformés. On remarque aussi des constructions de phrases boiteuses, des ellipses, beaucoup d'élisions de voyelles et de syllabes.

- La langue soutenue est très soignée. Elle est surtout employée à l'écrit.
  - Le vocabulaire est précis, riche et recherché.
  - Les phrases sont très denses, souvent complexes, et ont une tournure recherchée avec des formes comme la négation *ne... point* et le subjonctif imparfait. **◀**

On choisit la variété de langue qui convient à la situation. Par exemple, on peut écrire une nouvelle littéraire où les dialogues se font en langue familière ou populaire pour caractériser des personnages et décrire un milieu. Dans un texte courant, on emploie la langue standard: on évite alors le style familier, qui ne ferait pas sérieux, et la langue populaire, qui serait mal perçue et déplacée.

8

La communication
et le texte
Grammaire du texte

CHAPITRE 27

La communication orale et écrite

On peut, bien sûr, communiquer de mille et une façons. Par exemple, on peut le faire par des gestes, un sourire, des dessins, de la musique, etc. Mais le principal moyen de communication est sans contredit le langage, qui nous permet de communiquer oralement ou par écrit.

Le téléphone remplace-t-il le courrier ?

Le téléphone établit un contact direct et presque instantané entre deux personnes. Quelques secondes nous suffisent pour composer un numéro et pour entendre notre correspondant répondre avec sa voix reconnaissable.

Mais heureusement, le téléphone n'a pas totalement remplacé la communication écrite, même si le courrier envoyé par la poste est de plus en plus rare. N'est-ce pas, en effet, une joie inégalable que de recevoir une enveloppe en papier à notre domicile et d'observer qu'une personne y a écrit notre adresse ?

C'est à nous, à présent, de décacheter l'enveloppe soigneusement pour découvrir, comme un cadeau venu de loin, une carte illustrée, une écriture connue sur un joli papier à lettres ou des photographies accompagnées d'un message. Nous aurons plaisir à lire ce message, à le relire et à le conserver précieusement.

Aujourd'hui, nous pouvons faire à peu près tout cela à l'aide du courrier électronique. Mais, pour manipuler la précieuse lettre ou la presser sur notre cœur..., il faudra l'imprimer !

Dans le texte ci-dessus, on constate que le téléphone, qui requiert une communication orale, et le courrier, une communication écrite, ont chacun des particularités. Mais l'important, au fond, n'est-il pas de se donner les outils pour communiquer des deux façons ?

27.1 La langue orale et la langue écrite

Une langue est un code complexe permettant de communiquer. Elle existe d'abord à l'oral avant d'être généralement traduite à l'écrit. Cependant, certaines langues ou certains dialectes n'ont pas de forme écrite.

1. En français, pour communiquer à l'oral, on utilise environ 36 sons selon les usages. On peut transcrire ces sons, appelés «phonèmes», à l'aide de signes notés entre crochets (ex.: [i], [o], [ʃ]). Ces signes font partie de l'alphabet phonétique.

↪ Page 244
Alphabet phonétique

Les sons assemblés permettent de former des mots et des phrases afin de communiquer un message.

La manière d'exprimer les sons a son importance dans la communication orale. Par exemple, on peut parler sur un ton calme, enjoué ou plaintif, avec un débit rapide, lent ou saccadé.

De plus, si l'émetteur et le récepteur sont en présence l'un de l'autre, l'expression du visage et les gestes peuvent contribuer à la clarté du message.

2. Pour communiquer à l'écrit, on utilise 26 lettres, qui constituent l'alphabet, ainsi que des accents et autres signes orthographiques (ex.: a, b, c, d, e, é, ê, ç…).

↪ Page 243
Alphabet

Ces lettres et signes orthographiques permettent de traduire la langue parlée.

De plus, les signes de ponctuation et d'autres éléments comme la mise en page, les types de caractères, les illustrations, etc., contribuent à la clarté du message.

27.2 La situation de communication

Pour qu'il y ait une situation de communication, à la base, un **émetteur** doit produire un **message** à l'intention d'un **destinataire** (ou **récepteur**). Cependant, une situation de communication requiert plusieurs autres éléments.

Comparons les deux exemples suivants:

(A) *J'irai te rejoindre là-bas.*   (B)

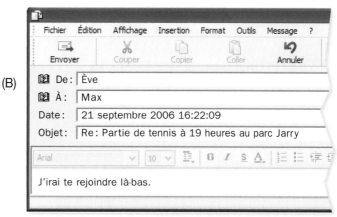

Dans l'exemple (A) de la page précédente, il manque des éléments pour pouvoir comprendre le message. Par contre, dans l'exemple (B), ces éléments sont connus. Ils sont présentés dans le tableau suivant.

Éléments de la situation de communication	Exemple (B)
Émetteur	*Ève*
Destinataire (ou récepteur)	*Max*
Message	*J'irai te rejoindre là-bas*, envoyé par courriel
Langage	Langue française écrite
Intention	Informer Max, soit lui donner une réponse
Contexte (ou environnement) : – lieu	Probablement la maison d'Ève, d'où le message a été écrit à l'ordinateur
– moment	Le *21 septembre 2006*, comme l'indique l'en-tête du courriel
Référent	Les réalités (ex. : *partie de tennis, parc Jarry*) dont il est question dans le message de l'émetteur

---

■ POUR PRÉCISER

Pour que le message soit compris, le référent, c'est-à-dire l'ensemble des réalités dont il est question dans le message, doit être connu également du destinataire.
Ex. : Dans un courriel, le correspondant africain de Victor lui écrit qu'il a fabriqué un awalé pour son jeune frère. Victor, ne connaissant pas ce jeu, peut lire le mot *awalé*, mais il ne peut pas se représenter la réalité exprimée par ce mot. Ce référent culturel, qu'il n'a pas, l'empêche de comprendre entièrement le message.

27.3 L'énonciation

L'**énonciation**, c'est l'acte de parole ou d'écriture servant à produire un message. Ce message s'adresse à un destinataire dans une situation déterminée, réelle ou fictive.

Le message oral ou écrit ainsi produit s'appelle l'« **énoncé** ».

La personne qui produit l'énoncé s'appelle l'« **énonciateur** ».
Il endosse le contenu de l'énoncé, c'est-à-dire qu'il en prend la responsabilité. L'énonciateur peut être réel ou fictif.
- S'il est réel, il correspond à la personne qui parle ou qui écrit. Par exemple, ce peut être l'enseignant qui s'adresse à ses élèves.
- S'il est fictif, il correspond, par exemple, au narrateur dont l'auteur se sert pour faire le récit d'une histoire.

Un énonciateur principal, par exemple un narrateur, peut prêter la parole à un second énonciateur, comme un personnage.

27.4 Le point de vue et la modalisation

A Le point de vue

Dans l'énonciation, le point de vue adopté peut être plus ou moins **objectif** (neutre), ou encore plus ou moins **subjectif** (engagé). Il est exprimé par :
– des marques lexicales, qui concernent le vocabulaire (mots, expressions) ;
– des marques syntaxiques, qui concernent la construction de la phrase.

1. L'énonciateur qui adopte un point de vue **objectif** emploie des marques indiquant qu'il garde une distance par rapport au propos et au destinataire.

Point de vue objectif (neutre)	Exemples
L'énonciateur n'indique pas sa présence dans le texte. Il emploie des pronoms et des déterminants de la 3e personne.	*On a constaté que le courrier envoyé par la poste est de plus en plus rare. Pourtant, certaines personnes reçoivent leur courrier comme un cadeau.*
Il n'interpelle pas le destinataire.	
Il reste neutre, c'est-à-dire qu'il ne prend pas position par rapport à son propos. Il emploie surtout : – un vocabulaire neutre ; – des phrases déclaratives ; – des phrases impersonnelles.	*Le téléphone établit un contact direct et presque instantané entre deux personnes.* *Il suffit de quelques secondes pour composer un numéro et pour entendre son correspondant répondre.*

> Le point de vue objectif (neutre) est parfois appelé « point de vue distancié ».

2. L'énonciateur qui adopte un point de vue **subjectif** emploie des marques qui révèlent son engagement par rapport au propos et au destinataire.

Point de vue subjectif (engagé)	Exemples
L'énonciateur indique sa présence dans le texte. Il emploie des pronoms et des déterminants de la 1re personne.	*Je crois que le courrier envoyé par la poste est de plus en plus rare. Pourtant, je reçois mon courrier comme un cadeau.*
Il interpelle le destinataire. Il emploie des pronoms et des déterminants de la 2e personne, pour s'adresser au destinataire, ou de la 1re personne, pour l'inclure dans son propos.	*Vous savez, vous aussi, que le courrier postal est de plus en plus rare.* *Nous avons tous pu constater que le courrier postal est de plus en plus rare.*
Il est engagé, c'est-à-dire qu'il prend position par rapport à son propos. Il emploie, entre autres : – un vocabulaire expressif ; – des phrases transformées.	*N'est-ce pas, en effet, une joie inégalable que de recevoir une enveloppe en papier à notre domicile et d'observer qu'une personne y a écrit notre adresse ?*

> L'emploi des marques révélant l'engagement de l'énonciateur s'appelle la « modalisation ».

B La modalisation

On emploie la modalisation, entre autres, dans le texte de type argumentatif, où on cherche à convaincre le destinataire.

La **modalisation** est un procédé qui permet à l'énonciateur de modaliser un énoncé, c'est-à-dire de former un énoncé engagé, dans lequel il peut exprimer ses sentiments, son jugement ou son opinion.

Voici les principaux marqueurs de modalité.

Marqueurs de modalité	Exemples d'énoncés modalisés
Pronoms ou déterminants de la 1re ou de la 2e personne	*J'affirme que le courrier est de plus en plus rare.* Ici, le pronom *j'* indique la présence de l'énonciateur. *Vous et moi savons que le courrier est rare.* Ici, l'énonciateur inclut le destinataire dans son propos.
Vocabulaire connoté (sens mélioratif ou péjoratif des mots): noms, adjectifs, verbes, adverbes	*Jacob a peint une superbe toile.* (sens mélioratif) *Laurence a réussi son aquarelle.* (sens mélioratif) *Elle peint aisément.* (sens mélioratif) *Cette aquarelle est un navet.* (sens péjoratif)
Figures de style	*Cette aquarelle n'est pas très réussie.* (litote pour dire «cette aquarelle est ratée»)
Auxiliaires de modalité: *paraître, devoir, faillir, pouvoir, manquer de…* (obligation, possibilité, etc.)	*Clara peut lui envoyer une carte par la poste.* Ici, l'auxiliaire *peut* exprime la possibilité. *Dylan a failli lui envoyer une carte par la poste.* Ici, l'auxiliaire *a failli* exprime la non-réalisation.
Temps et modes verbaux: – indicatif conditionnel – indicatif futur – subjonctif (probabilité, possibilité, doute, etc.)	*Jade aurait posté la carte la semaine dernière.* *On l'aura probablement égarée dans le courrier.* *Je ne pense pas que Carlos la reçoive.*
Ponctuation: guillemets, parenthèses, points de suspension, point d'exclamation (incluant l'interjection)	*On a eu l'audace de critiquer ton «chef-d'œuvre».* Ici, les guillemets indiquent que le mot *chef-d'œuvre* est employé dans un sens particulier, soit humoristique. *Il a fait un bel effort pour peindre la toile, mais…* Ici, les points de suspension laissent supposer une suite, par exemple que la toile n'est pas réussie.
Phrases transformées ou à construction particulière	*Il faut poster cette carte au plus vite.* *Magnifique, cette aquarelle.*
Phrases et groupes incidents, ou adverbes (commentaire, opinion, jugement)	*La communication par téléphone est, vous le savez bien, très rapide, mais à mon avis, le téléphone ne remplace pas le courrier. Évidemment, on peut aussi utiliser le courriel.*

Dans un énoncé engagé, l'énonciateur peut se distancier de son propos en faisant appel à un second énonciateur, par exemple à l'aide d'un groupe incident.

Ex.: *L'aquarelle que j'ai vue est une œuvre sans valeur. Pourtant, **selon la critique**, c'est un chef-d'œuvre.*

27.5 Le discours rapporté

L'énonciateur peut rapporter directement ou indirectement des propos énoncés dans une autre situation de communication.

A Le discours rapporté direct

Dans le discours rapporté direct, les propos sont cités exactement comme dans la situation de communication initiale. Voici différentes façons de le présenter.

Discours rapporté direct	Exemples
Verbe introducteur (ex.: *déclarer, dire, crier, écrire, penser*) + deux-points + propos rapportés entre guillemets	*Le chercheur **a affirmé**: «Plusieurs pays ont déjà réglementé l'usage du cellulaire au volant.»*
Propos rapportés entre guillemets + phrase incise à la fin, généralement précédée d'une virgule	*«Plusieurs pays ont déjà réglementé l'usage du cellulaire au volant», **a affirmé le chercheur**.*
Propos rapportés entre guillemets + phrase incise à l'intérieur des propos rapportés, encadrée par deux virgules	*«Plusieurs pays, **a affirmé le chercheur**, ont déjà réglementé l'usage du cellulaire au volant.»*
Propos rapportés sous forme de dialogue + tiret devant chaque réplique	*Émilie poursuit l'entrevue:* *— Quels sont les pays qui ont voté des lois?* *— Il y a le Brésil et le Portugal, entre autres.*

🖐 **Page 157**
Phrase incise

🖐 **Pages 340-342**
Ponctuation du discours rapporté

B Le discours rapporté indirect

Dans le discours rapporté indirect, les propos rapportés sont modifiés pour pouvoir être intégrés à la phrase contenant le verbe introducteur.
Ex.: *Le chercheur a affirmé **que plusieurs pays avaient déjà réglementé l'usage du cellulaire au volant**.*

Voici deux façons de présenter un discours rapporté indirect.

> Dans le discours indirect, le verbe introducteur, par exemple *espérer, prétendre, assurer, soutenir*, permet de modaliser l'énoncé.

Discours rapporté indirect	Exemples
Phrase contenant le verbe introducteur + propos rapportés dans une subordonnée complétive (Subordonnants: *que, où, si,* etc.)	*Émilie a demandé **quels étaient les pays qui avaient légiféré**.* *Le chercheur a répondu **qu'il y avait le Brésil et le Portugal, entre autres**.*
Phrase contenant le verbe introducteur + propos rapportés dans un GVinf	*Émilie a dit **s'intéresser aux études menées sur le sujet**.*

🖐 **Page 168**
Subordonnée complétive

🖐 **Page 97**
GVinf

C La transposition du discours direct en discours indirect

La transposition du discours direct en discours indirect implique différents changements. Voici les principaux.

- **La personne grammaticale**
  Ex.: *Elle m'a dit: «**Je** suis contente de **te** voir.»*
  → *Elle m'a dit qu'**elle** était contente de **me** voir.*

- **Le temps du verbe, si le verbe introducteur est au passé**
  présent imparfait
  Ex.: *Il bredouilla: «Je **m'excuse**.»* → *Il bredouilla qu'il **s'excusait**.*
  passé composé plus-que-parfait
  *Il bredouilla: «Je **me suis excusé**.»* → *Il bredouilla qu'il **s'était excusé**.*
  futur simple conditionnel présent
  *Il bredouilla: «Je **m'excuserai**.»* → *Il bredouilla qu'il **s'excuserait**.*

- **Les marques de temps et de lieu, si le temps et le lieu des paroles sont différents de ceux de la narration**
  Ex.: *Jeudi, Lyne m'a dit au téléphone: «Je ne travaillerai pas **ici demain**.»*
  (Le lieu et le temps sont exprimés du point de vue de Lyne.)
  → *Jeudi, Lyne m'a dit au téléphone qu'elle ne travaillerait pas **là le lendemain**.*
  (Le lieu et le temps sont exprimés du point de vue du narrateur, soit *m'*.)

- **La construction de la phrase**
  Ex.: *Elle demande: «**Que** fait-il?»*
  → *Elle demande **ce qu'**il fait.*
  (La phrase interrogative devient une subordonnée complétive interrogative.)

D Le discours indirect libre

Dans le discours indirect libre, les propos rapportés sont intégrés à même la narration, sans guillemets, sans verbe de parole et sans subordonnée.

On peut repérer le discours indirect libre grâce notamment aux changements de temps de verbes, de personnes grammaticales, de constructions de phrases.

> Le discours indirect libre est surtout utilisé dans les textes narratifs littéraires.

Discours rapportés	Exemples
Discours indirect libre	*Lei s'impatientait. Pourtant, le chercheur l'avait prévenue d'un retard possible. **Il serait peut-être retenu en réunion.***
Comparé au: – **discours direct**	*Pourtant, le chercheur l'avait prévenue d'un retard possible. Il lui avait dit: «**Je serai peut-être retenu en réunion.»***
– **discours indirect**	*Il lui avait dit **qu'il serait peut-être retenu en réunion**.*

La communication orale et écrite

- En français, pour communiquer à l'oral, on utilise environ 36 sons appelés «phonèmes». Ces phonèmes font partie de l'alphabet phonétique.

- Pour communiquer à l'écrit, on utilise 26 lettres, qui constituent l'alphabet, ainsi que des accents et autres signes orthographiques (ex.: a, b, c, d, e, é, ê, ç...).

- Pour qu'il y ait une situation de communication, à la base, un émetteur doit produire un message à l'intention d'un destinataire.

- Pour que le message soit compris, une situation de communication requiert plusieurs autres éléments: le langage, l'intention, le contexte et le référent de la communication.

- L'énonciation, c'est l'acte de parole ou d'écriture servant à produire un message. Ce message s'adresse à un destinataire dans une situation déterminée, réelle ou fictive.

- Le message ainsi produit s'appelle l'«énoncé».

- L'énonciateur est la personne, réelle ou fictive, qui produit l'acte de parole ou d'écriture et qui endosse le contenu de l'énoncé.

- Dans l'énonciation, le point de vue adopté peut être plus ou moins objectif (neutre), ou encore plus ou moins subjectif (engagé).

- L'adoption d'un point de vue objectif (neutre), à l'aide de pronoms de la 3e personne, d'un vocabulaire neutre, etc., permet à l'énonciateur de garder une distance par rapport au propos et au destinataire.

- L'adoption d'un point de vue subjectif (engagé), à l'aide de pronoms de la 1re et de la 2e personne, d'un vocabulaire expressif, de phrases transformées, etc., permet à l'énonciateur de révéler son engagement par rapport au propos et au destinataire.

  Le procédé permettant de former un énoncé engagé s'appelle la «modalisation».

- L'énonciateur peut rapporter des propos énoncés dans une autre situation de communication, à l'aide:
  - du discours rapporté direct, dans lequel les propos sont cités exactement comme dans la situation de communication initiale;
  - du discours rapporté indirect, dans lequel les propos sont modifiés pour pouvoir être intégrés à la phrase contenant le verbe introducteur.

2e cycle
- La transposition du discours direct en discours indirect implique des changements, entre autres dans la personne grammaticale, le temps du verbe, les indications de temps et de lieu, ainsi que la construction de la phrase.

- Dans le discours indirect libre, les propos rapportés sont intégrés à même la narration, sans guillemets, sans verbe de parole et sans subordonnée.

CHAPITRE 28

Les genres et les types de textes

Le récit suivant est un texte de type narratif.

Le voyage manqué

Situation initiale

Ce jour-là, ils étaient tous très excités. Ils attendaient la décision finale, celle qui ferait en sorte que l'harmonie irait jouer à New York ou non. La bonne nouvelle arriva enfin, mais, en même temps, la menace... Quiconque n'aurait pas une conduite impeccable jusqu'au départ ne ferait pas partie du voyage. Et quand monsieur Jodoin, leur enseignant, prenait cet air-là, tous savaient qu'il était archi-sérieux. Lory regarda Ayoub, ou plutôt, elle le foudroya du regard. Ayoub est son meilleur ami. C'est aussi un excellent tromboniste, mais pas exactement un élève modèle.

Élément déclencheur

Ce même jour, Ayoub réussit à se tenir tranquille durant tout le cours, mais à la fin, sa joie déborda. Pendant que les élèves rangeaient leurs instruments, il fit une de ses célèbres pirouettes et atterrit, le pied sur la coulisse du trombone de son voisin. Pas de chance..., monsieur Jodoin avait vu la scène.

Aussitôt sur ses deux pieds, Ayoub se précipita en avant. Il s'excusa, promit de payer la réparation, de faire des corvées, de se tenir tranquille à vie ! D'une voix calme qui laissait paraître sa déception, l'enseignant dit à Ayoub qu'il devrait effectivement payer la réparation, faire les corvées, etc., mais il ajouta que, malheureusement, l'harmonie allait devoir se passer d'un très bon tromboniste pour le voyage à New York. Ayoub était chaviré.

Déroulement:
1re péripétie

Il n'était pas encore au bout de ses peines. Il alla rejoindre Lory qui l'attendait à la sortie du cours. Il voulait lui dire combien il était injuste que monsieur Jodoin refuse qu'il aille à New York, et il pensait trouver auprès d'elle un peu de réconfort. Au lieu de cela, il eut droit à une sainte colère. Elle le traita de tous les noms et l'accusa d'avoir bousillé le voyage qu'ils auraient pu faire ensemble. Il était doublement chaviré.

2e péripétie

Durant les mois qui suivirent, Ayoub travailla fort pour redevenir l'ami de Lory, pour se racheter auprès de monsieur Jodoin et, surtout, pour contenir son tempérament tellement exubérant. Il avait appris la leçon et accepté son sort, même s'il rêvait secrètement que son enseignant change d'idée.

Dénouement

Monsieur Jodoin ne changea pas d'idée, mais il désigna Ayoub pour qu'il soit leur voix. Celui-ci devrait, à partir des notes et des photos que Lory lui enverrait par Internet, écrire leur récit de voyage afin de le transmettre au journal de l'école. C'est ainsi que, cette année-là, Ayoub et Lory voyagèrent ensemble... à distance.

Situation finale

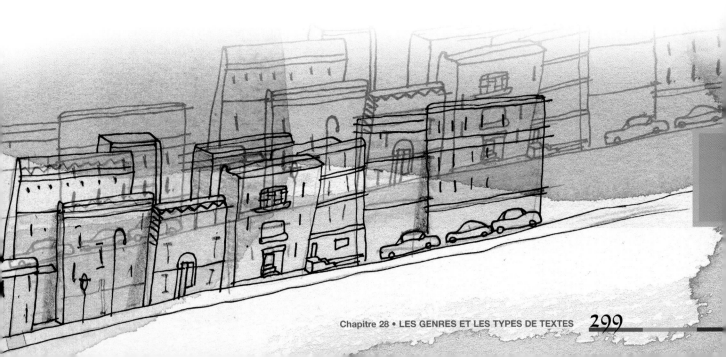

28.1 Les genres de textes

À côté des genres de textes, on compte aujourd'hui l'**hypertexte**, un procédé qui permet d'accéder à divers textes à l'aide de liens donnés sur le réseau Internet ou dans des cédéroms.

1. Le genre désigne une catégorie de messages que l'on reconnaît par ses caractéristiques, notamment : le sujet traité, le style (courant, littéraire), le type (descriptif, explicatif, etc.), la forme (courriel, affiche, etc.).

   La plupart des genres de textes appartiennent à l'écrit, par exemple la nouvelle littéraire, le fait divers ou le mode d'emploi. Certains genres sont propres à l'oral, comme la chanson, le monologue, l'exposé ou l'entrevue.

2. Les genres se répartissent en deux grands ensembles : les **textes littéraires** et les **textes courants**.

   - Le **texte littéraire** est généralement un texte de fiction. La personne qui l'écrit laisse aller son imagination afin de créer une œuvre. Elle a une préoccupation esthétique, donc elle exploite la langue. Elle joue avec les mots afin de raconter une histoire, de créer une image ou un rythme.

     S'il n'est pas pure fiction, le texte littéraire peut s'intéresser à une période de l'histoire, comme dans le roman historique, ou encore à une personnalité du présent ou du passé, comme dans la biographie, souvent écrite tel un roman.

     Le texte littéraire constitue une œuvre appartenant à la littérature. Souvent, il peut être transposé dans un autre genre littéraire ou il peut être adapté pour le cinéma, la télévision ou la scène. Le roman, la nouvelle littéraire, le conte, la pièce de théâtre, la poésie sont des genres de textes littéraires.

   - Le **texte courant** n'est pas un texte de fiction. Il traite de sujets appartenant à la réalité, au monde qui nous entoure. La personne qui l'écrit veut informer le lecteur. Elle se sert donc d'une langue précise pour communiquer efficacement.

     Le texte courant ne constitue pas une œuvre. C'est un écrit qui sert à décrire ou à expliquer quelque chose, à rapporter ou à commenter des faits, etc. Le compte rendu, l'ouvrage documentaire, l'article de revue scientifique, la lettre ouverte et le texte publicitaire sont des genres de textes courants.

■ POUR PRÉCISER

- Certains genres de textes peuvent être qualifiés, selon leur but et leur organisation, de textes littéraires ou de textes courants. Ainsi :
  - le récit de voyage, même s'il a une organisation narrative, peut être un texte courant, par exemple dans une revue spécialisée. Ce n'est pas toujours une œuvre littéraire ;
  - la biographie se rapproche soit de l'œuvre littéraire, soit du texte courant historique.

- Également, certains genres de textes sont difficiles à classer parce qu'on ne leur attribue pas une même valeur littéraire. C'est le cas, entre autres, de la bande dessinée.
- La **poésie**, peu importe sa forme (calligramme, chanson, fable, haïku, sonnet, etc.), est un genre de texte considéré comme littéraire. Elle sert à exprimer les sentiments, les émotions. Elle sert aussi à exprimer les choses autrement. Les mots y sont choisis et agencés pour les images, le rythme et les sonorités qu'ils créent.

> Avant l'invention de l'écriture, la poésie, avec son rythme et ses rimes, servait de moyen mnémotechnique afin que les gens puissent se rappeler les histoires des héros de leur peuple.

28.2 Les types de textes

Il existe cinq types de textes : **descriptif**, **explicatif**, **argumentatif**, **narratif** et **dialogal**. Le type de texte est déterminé selon sa structure.

Par exemple, les pièces de théâtre, les bandes dessinées et les scénarios de film, de téléroman ou de radioroman sont des histoires mises sous forme de dialogues, généralement sans narrateur pour les raconter. Ce sont donc des textes de type dialogal, non de type narratif, en raison de leur structure.

Dans la réalité, un texte est rarement d'un seul type. Il est constitué d'une **séquence dominante** et de passages appartenant à des **séquences secondaires**.

Par exemple, un roman est un texte de type narratif : sa séquence dominante est narrative. Il contient aussi des séquences secondaires, entre autres :
- des séquences descriptives qui servent à présenter les personnages ou les lieux ;
- des séquences dialogales qui permettent des échanges de paroles entre les personnages.

■ POUR PRÉCISER

- Un même genre de texte peut appartenir à différents types de textes, selon sa structure. Voici deux exemples.
  - Le texte poétique, par exemple la chanson ou le poème, peut raconter une histoire et, ainsi, être de type narratif. Cependant, il peut également décrire quelque chose, comme le lever du jour, et être alors de type descriptif.
  - L'article d'encyclopédie peut avoir une structure descriptive et servir à décrire une réalité, ou avoir une structure explicative et servir à expliquer un phénomène.
- Également, un type de texte peut avoir une intention sous-jacente. Voici deux exemples.
  - Une pièce de théâtre peut vouloir expliquer quelque chose au destinataire ou influencer le destinataire. Elle reste tout de même un texte de type dialogal en raison de sa structure.
  - Une fable, ayant une morale, peut vouloir convaincre et influencer le destinataire. Elle reste un texte de type narratif par sa structure.

A Le type descriptif

Le texte de type descriptif sert à décrire une personne, un personnage, un animal, un objet, un lieu, un évènement, un fonctionnement, etc. Il présente le *qui*, le *quoi* (ce que c'est) ou le *comment* (comment l'utiliser) d'une réalité.

Le type descriptif peut être le type dominant d'un texte, par exemple un article de dictionnaire, ou une séquence secondaire dans un autre type de texte, par exemple une description de lieu dans un texte narratif tel un roman.

Voici un exemple de texte descriptif.

La tête dans les étoiles

Mention du sujet
(introduction)

Julie Payette est une femme d'exception. Astronaute et scientifique, elle s'est fait une place enviable dans un monde le plus souvent masculin.

Aspect 1 :
Études
Sous-aspect 1 :
Études primaires
et secondaires

Sous-aspect 2 :
Études
supérieures

L'amorce d'un rêve
Née à Montréal en octobre 1963, elle y poursuit ses études primaires et secondaires. Ensuite, elle obtient de nombreux diplômes d'études supérieures, d'abord au Royaume-Uni, puis au Canada, à Montréal et à Toronto. Pendant ces années d'études, Julie rêve déjà. Dans l'annuaire du World International College, elle écrit : « Un jour, je partirai dans une fusée et je ferai le tour de la Terre pour contempler le monde. »

Aspect 2 :
Expérience
professionnelle

La poursuite d'un rêve
Pour accéder à son rêve, Julie sait qu'elle doit se doter d'une riche expérience professionnelle. De 1986 à 1992, elle travaille tantôt comme ingénieure, tantôt comme ingénieure-chercheuse chez IBM, à l'Université de Toronto et chez Bell-Northern. Ce seront des années de recherche sur les systèmes informatiques, le traitement du langage naturel, la reconnaissance automatique de la parole et l'application des technologies interactives dans le domaine spatial.

Aspect 3 :
Carrière
d'astronaute

Sous-aspect 1 :
Formation au
Canada

Sous-aspect 2 :
Formation aux
États-Unis

Sous-aspect 3 :
Le départ

La réalisation d'un rêve
En 1992, l'Agence spatiale canadienne retient sa candidature parmi les 5330 déposées pour un poste d'astronaute. Une carrière fantastique s'amorce. Julie suit sa formation de base au Canada et complète durant celle-ci divers entraînements : vol en pesanteur réduite, plongée en eaux profondes, vol aux instruments, etc. Elle obtient d'ailleurs son brevet de pilote de jet militaire. En 1996, elle commence son entraînement de spécialiste de mission au Johnson Space Centre de la NASA à Houston, au Texas. Puis, le 27 mai 1999, le rêve devient enfin réalité. Elle fait partie de l'équipage de la navette spatiale *Discovery* et s'envole vers les étoiles !

Reformulation
du sujet
(conclusion)

Aujourd'hui, Julie Payette occupe le poste de « capcom ». C'est elle qui, lors d'une mission, est responsable des communications entre le Centre de contrôle, à Houston, et l'équipage de la navette.

Voici des exemples de genres de textes descriptifs.

Genres de textes descriptifs	Article de dictionnaire, compte rendu, dépliant touristique, fait divers, mode d'emploi, petite annonce, règle de jeu, texte documentaire, poésie (chanson, sonnet, etc.), portrait…

1. Le contenu du texte descriptif (ou de la séquence descriptive) peut servir à dépeindre la réalité ou à créer un monde imaginaire.

2. L'organisation du texte descriptif se fait selon les aspects et, s'il y a lieu, les sous-aspects du sujet décrit.

	Exemple : description d'un oiseau
Mention du sujet	Le roselin pourpré
Aspect 1 Sous-aspect 1 / Sous-aspect 2…	Le plumage Mâle / Femelle
Aspect 2 Sous-aspect 1 / Sous-aspect 2…	L'alimentation Hiver / Été
Aspect 3…	Le chant…

> La fin de la séquence descriptive, s'il y a lieu, peut être une reformulation du sujet ou peut mettre le sujet en relation avec autre chose.
> Ex. : Comparaison entre le roselin pourpré et le durbec des sapins.

Selon le sujet, les aspects décrits peuvent être présentés selon une progression :
– du général au particulier ;
  Ex. : général : *fruit (grosseur, couleur, parfum)* ; particulier : *pelure, chair,* etc.
– dans l'espace ;
  Ex. : *les rives du Saint-Laurent, des Grands Lacs jusqu'à la mer*
– dans le temps ou par étapes.
  Ex. : *les moments marquants dans la vie d'une personne de sa naissance à sa mort*

3. Dans le texte descriptif, le point de vue est généralement objectif (neutre) : l'énonciateur cherche simplement à informer le destinataire.

   L'énonciateur peut parfois adopter un point de vue subjectif afin de révéler sa position par rapport à son sujet ou de susciter une réaction chez le destinataire.
   Par exemple, dans le texte *La tête dans les étoiles*, les expressions *une femme d'exception, place enviable, le rêve devient enfin réalité, et s'envole vers les étoiles !* révèlent la subjectivité de l'énonciateur.

4. Voici quelques caractéristiques du texte descriptif :
   – un vocabulaire juste et précis, afin que le lecteur puisse bien se représenter la réalité décrite, ou un vocabulaire évocateur pour créer une image, susciter une émotion ;
   – un temps de verbe principal : c'est souvent le présent de l'indicatif, le passé composé dans le compte rendu d'évènement, l'imparfait dans la séquence descriptive à l'intérieur d'un récit au passé ;
   – des organisateurs textuels servant à situer dans l'espace (*devant, à côté, derrière, plus loin…*), dans le temps (*en octobre 1963, de 1986 à 1992, aujourd'hui…*) ou à indiquer un ordre logique (*d'abord, ensuite, enfin…*).

B Le type explicatif

Le texte de type explicatif sert à répondre à des questions telles que *Pourquoi… ? Comment peut-on expliquer que… ? Est-il exact de dire que… ?*

Le type explicatif peut être le type dominant d'un texte, par exemple un article scientifique expliquant un phénomène naturel. Il peut aussi être une séquence secondaire dans un autre type de texte, comme l'explication d'un homicide dans un roman policier.

Voici un exemple de texte explicatif.

[1] **Phase de questionnement**

[2] Séquence descriptive insérée dans un texte de type explicatif

[3] Utilité de donner l'explication : démentir une croyance

[4] **Phase explicative**

[5] Cause

[6] **Phase conclusive**

[1] ## Le mont Royal, un volcan éteint ?

[2] Au cœur de Montréal se dresse « la montagne ». C'est ainsi que les Montréalais et Montréalaises nomment la colline sur laquelle ils se rendent, peu importe la saison. Il s'agit du mont Royal. L'endroit le plus fréquenté de ce mont est le lac aux Castors. [3] Une croyance largement répandue, même dans les guides touristiques, veut que ce soit un ancien cratère de volcan. Or, c'est faux.

[4] Le mont Royal n'est en fait qu'une des huit collines qui jalonnent la partie sud de la vallée du Saint-Laurent. Autrefois, cette plaine était recouverte d'eau. [5] Des infiltrations de coulées volcaniques sont apparues à travers la couche de sédiments formant le fond de cette plaine. Mais la croûte terrestre n'a jamais été percée par ces infiltrations. [6] Il n'y a donc pas eu de volcans. Après que l'eau s'est retirée, c'est l'érosion qui a fait apparaître le mont Royal ainsi que les autres collines, aujourd'hui nommées Montérégiennes. ☐

Voici des exemples de genres de textes explicatifs.

Genres de textes explicatifs	Article d'encyclopédie, article de revue spécialisée, article de vulgarisation scientifique, manuel scolaire…

1. Le contenu du texte explicatif (ou de la séquence explicative) tente de faire comprendre une affirmation, un fait ou un phénomène.

↪ Page 308 Explication argumentative

L'explication peut également être au service du texte argumentatif. Elle tente alors de convaincre le lecteur du bien-fondé des arguments appuyant une thèse.

2. L'organisation du texte explicatif se fait en trois phases.

Phase de questionnement (Pourquoi ?)		
Phase explicative (parce que…)		
Explication 1	Explication 2	Explication 3…
Phase conclusive		

- La phase de questionnement est généralement une question. Cependant, il arrive que la question soit remplacée par un simple énoncé. Par exemple, dans une revue de vulgarisation scientifique, le titre du texte *Le mont Royal, un volcan éteint?* aurait pu être remplacé par un énoncé comme *Au sujet du mont Royal*.

  On peut également dire dans cette phase pourquoi il est utile de donner l'explication.

- La phase explicative peut être développée de différentes façons. Elle peut être:
  - un enchaînement de causes à conséquences;
    - Ex.: *Le cycle de l'eau: l'eau qui devient vapeur (évaporation), qui devient nuage (condensation) et qui devient pluie (précipitation).*
  - une énumération de causes;
    - Ex.: *Les causes de l'obésité: les facteurs génétiques, les dérèglements hormonaux et les facteurs environnementaux.*
  - une comparaison d'un phénomène avec un autre.
    - Ex.: *Pourquoi certaines planètes ont-elles des anneaux? Ressemblances et différences entre une planète ayant des anneaux et une autre ayant des satellites.*

- La phase conclusive est souvent absente. Dans certains cas, elle peut être placée au début de la séquence, comme dans l'extrait suivant.

---

[1] **Le mont Royal, un volcan éteint?**

[2] Le mont Royal n'a jamais été un volcan. [3] Il n'est en fait qu'une des huit collines qui jalonnent la partie sud de la vallée du Saint-Laurent. Autrefois, cette plaine était recouverte d'eau. Des infiltrations de coulées volcaniques sont apparues à travers la couche de sédiments formant le fond de cette plaine. Mais la croûte terrestre n'a jamais été percée par ces infiltrations…

[1] **Phase de questionnement**

[2] **Phase conclusive**

[3] **Phase explicative**

---

3. Dans le texte explicatif, le point de vue est généralement objectif (neutre), en particulier quand l'énonciateur s'appuie sur une loi scientifique ou sur des faits vérifiés.

> Une séquence explicative peut créer un effet de réel en donnant l'illusion qu'elle s'appuie sur des faits vérifiés, par exemple dans un roman de science-fiction.

4. Voici quelques caractéristiques du texte explicatif:
   - un vocabulaire courant ou spécialisé (plus abstrait), selon le sujet traité;
   - un temps de verbe principal: le plus souvent, le présent de l'indicatif (présent de faits toujours vrais);
   - des organisateurs textuels, notamment pour introduire ou terminer l'explication (*par exemple, c'est ainsi que, par conséquent, c'est pourquoi…*);
   - des marqueurs de relation: but, cause, conséquence, comparaison;
   - des phrases interrogatives, impersonnelles et à présentatif;
   - des subordonnées relatives;
   - différents procédés: définition, comparaison, reformulation, exemple…

C Le type argumentatif

Le texte de type argumentatif sert à prendre position sur un sujet donné et à défendre cette position à l'aide d'arguments.

Le type argumentatif peut être le type dominant d'un texte, par exemple une lettre ouverte. Il peut aussi être une séquence secondaire dans un autre type de texte, par exemple une séquence argumentative justifiant les actions d'un personnage dans une pièce de théâtre.

Voici un exemple de texte argumentatif.

Stratégie argumentative : la démonstration

À grands coups de publicité, les compagnies d'embouteillage d'eau tentent de nous charmer et de nous faire consommer leur eau. Cela fonctionne ! Depuis une quinzaine d'années, on a multiplié par 20, semble-t-il, la consommation mondiale d'eau en bouteille, un marché qui se chiffre en milliards de dollars. Plus de 17 % de la population canadienne en achète. Mais a-t-elle raison de le faire ? Personnellement, je crois que la situation peut se résumer ainsi : [1] au Canada, une personne sur cinq gaspille son argent et, en plus, elle pollue la Terre.

[1] Formulation de la thèse (prise de position)

[2] Contre-thèse

[2] Les adeptes de l'eau embouteillée, eux, vous diront qu'elle est plus pure et donc plus sécuritaire que l'eau du robinet. Ils vous diront également qu'elle ne coûte presque rien et qu'on peut mettre la bouteille dans le bac de recyclage. Tout cela est loin de leur donner raison.

[3] Phase argumentative
Conclusion partielle 1
Argument 1

[3] D'abord, des études l'ont prouvé : l'eau embouteillée n'est pas meilleure pour la santé que celle du robinet. L'eau vendue en bouteille provient généralement de sources souterraines, mais il faut savoir que, dans 25 % des cas, c'est de l'eau d'aqueduc ! Souvent, l'unique différence est qu'on y a ajouté des minéraux.

Conclusion partielle 2
Argument 2

Il faut aussi savoir que l'eau embouteillée coûte plus cher que l'eau du robinet : jusqu'à 5000 fois plus cher le litre. Or, ceux qui l'embouteillent ne paient presque rien pour pomper les sources et, quand ils utilisent l'eau d'aqueduc, ils paient une taxe souvent inférieure à celle exigée des contribuables.

Argument 3

Enfin, demandons-nous pourquoi les bouteilles ne sont pas consignées. Les embouteilleurs s'y opposeraient-ils ? Et pourquoi les bouteilles ne sont-elles pas faites de plastique recyclé ? Sans doute parce que la résine de plastique vierge coûte beaucoup moins cher à produire que la résine recyclée. Or, il faut être conscient que ces bouteilles se retrouvent, pour la plupart, dans les sites d'enfouissement et, éventuellement, pollueront les sources souterraines…

Conclusion partielle 3

[4] Phase conclusive (reformulation de la thèse + ouverture)

[4] Je pense donc qu'il faut cesser de consommer l'eau embouteillée et, du même coup, cesser la pollution que les bouteilles engendrent. S'il doit y avoir de l'argent dépensé, ce devrait plutôt être pour prendre soin de nos réseaux d'aqueduc. Que préférons-nous voir dans nos lieux publics : des fontaines où l'on peut boire l'eau gratuitement ou des distributrices où l'on doit payer l'eau à fort prix ?

Voici des exemples de genres de textes argumentatifs.

Genres de textes argumentatifs	Affiche promotionnelle, article critique, éditorial, lettre ouverte, message publicitaire, plaidoirie, poésie (chanson, sonnet, etc.), essai, pamphlet…

1. Le contenu du texte argumentatif (ou de la séquence argumentative) sert à influencer le destinataire sur un sujet, à l'aide d'arguments qui pourront modifier son opinion, ses croyances, ses valeurs et même son comportement.

   Ex.: *Puisque le plastique prend entre 300 et 500 ans à se décomposer et puisque les deux milliards de sacs blancs utilisés au Québec par année représentent 14 000 tonnes de déchets non biodégradables, il est temps de s'attaquer au problème.*

   Ici, l'énonciateur tente d'amener le destinataire à modifier son opinion ou ses croyances sur le sujet. Il lui donne de l'information pour le convaincre de l'urgence de s'attaquer au problème.

   Chacun doit se sentir concerné par ce problème et chacun doit faire un geste concret en refusant d'utiliser les sacs en plastique.

   Ici, l'énonciateur tente d'amener le destinataire à modifier son comportement.

2. L'organisation du texte argumentatif se fait en trois phases.

Formulation de la thèse		
Phase argumentative		
Argument 1 Conclusion partielle	Argument 2 Conclusion partielle	Argument 3… Conclusion partielle
Phase conclusive (reformulation de la thèse)		

- La thèse exprime la prise de position de l'énonciateur sur un sujet donné.
  Ex.: *Il est urgent d'agir afin de réduire les émissions de gaz à effet de serre.*
     Elle est généralement exprimée au début du texte, par exemple dans l'introduction.

- La phase argumentative présente le raisonnement : différents arguments appuyés de faits ou d'exemples et menant ou non à des conclusions partielles. Les arguments et les conclusions partielles peuvent être ordonnés ou agencés de différentes façons. Par exemple, une conclusion partielle peut être énoncée avant son argument.

- La phase conclusive peut être une reformulation de la thèse avec un résumé du raisonnement ou un élargissement du débat. Elle est parfois absente.

> S'il y a une thèse, il y a nécessairement une contre-thèse, même si celle-ci n'est pas exprimée. Il en est de même pour les arguments et les contre-arguments.

3. Dans le texte argumentatif, les arguments servant à défendre une thèse peuvent être présentés de différentes façons. Voici les trois principales **stratégies**.

- La **réfutation** consiste à démontrer au destinataire que la contre-thèse est fausse, dépassée ou contradictoire, et ce, afin de mieux défendre sa propre thèse. La contre-thèse est la thèse contraire à celle que l'on défend. Dans cette stratégie, on exploite également les contre-arguments qui appuient la contre-thèse en les rejetant ou en montrant leur faiblesse.

- La **démonstration** consiste à démontrer au destinataire que la thèse est vraie, à l'aide de faits vérifiables, de preuves et de déductions.

- L'**explication argumentative** consiste à expliquer quelque chose au destinataire afin de l'influencer, à l'aide de raisons qui justifient la thèse.

> Plusieurs stratégies peuvent être utilisées dans un même texte argumentatif. Cependant, généralement, une stratégie prédomine.

■ POUR PRÉCISER

Essentiellement, le texte explicatif sert à donner de l'information, une connaissance nouvelle. L'explication argumentative, elle, est au service d'une opinion, d'une thèse que l'on veut faire admettre.

(A) Texte explicatif

*Il y a un réchauffement de la planète **parce que**, entre autres, le gaz carbonique libéré dans l'atmosphère a considérablement augmenté depuis le début de la révolution industrielle et l'invention du moteur à combustion.*

(B) Explication argumentative

*Tous les citoyens devraient faire une visite au complexe environnemental de Saint-Michel **parce que** cela les sensibiliserait davantage à l'importance du recyclage, **parce qu'**ils verraient les moyens mis en place par la Ville pour protéger notre environnement et celui des générations à venir, **parce que**…*

---

4. Dans le texte argumentatif, le point de vue est souvent subjectif (engagé), comme c'est le cas, par exemple, dans l'article critique ou la lettre ouverte. Cependant, l'énonciateur peut adopter un point de vue plutôt neutre, par exemple dans une argumentation scientifique.

5. Voici quelques caractéristiques du texte argumentatif :
   - un temps de verbe principal : généralement le présent de l'indicatif ;
   - des organisateurs textuels pour faire progresser l'argumentation (*d'abord, ensuite, enfin, premièrement, deuxièmement, de plus, par ailleurs…*) ;
   - des marqueurs de relation : but, cause, conséquence, hypothèse, comparaison, notamment dans l'explication argumentative ; et opposition, restriction, concession, notamment dans la réfutation ;
   - des phrases transformées et des constructions particulières ;
   - différents procédés : comparaison, définition, citation, référence ;
   - des marqueurs de modalité pour le point de vue subjectif (engagé).

D Le type narratif

Le texte de type narratif sert à raconter une histoire. Le récit de cette histoire est organisé selon un schéma narratif et il est raconté par un narrateur.

Le type narratif peut être le type dominant d'un texte, par exemple un roman. Il peut aussi être une séquence secondaire, par exemple un évènement raconté par un personnage dans un texte dialogal, comme une pièce de théâtre.

Voici des exemples de genres de textes narratifs.

Genres de textes narratifs	Roman, nouvelle, conte, mythe, légende, biographie, poésie (chanson, épopée, fable, etc.), récit de voyage…

1. Le contenu du texte narratif permet à l'auteur d'aborder un sujet, un thème, des valeurs. Il est constitué des quatre éléments suivants.

Éléments du texte narratif	Exemple : *Le voyage manqué*
Un **lieu** (ou des lieux) réel ou imaginaire, où se déroule le récit.	*L'école*
Un **temps** (ou des temps) passé, présent ou futur, dans lequel se déroule le récit.	*Durant l'année scolaire*
Un **personnage** principal qui, avec des personnages secondaires, vit une intrigue.	*Ayoub (personnage principal)*
Un **élément déclencheur** qui perturbe l'état d'équilibre et commence l'intrigue.	*La pirouette d'Ayoub qui compromet son voyage avec l'harmonie scolaire*

↰ Page 298
Exemple de texte narratif

Le contenu appartient généralement à un **univers narratif** défini par les liens entre les personnages choisis, le lieu, l'époque, l'atmosphère, l'intrigue, etc. Voici huit exemples d'univers correspondant à huit sortes de récits.

Univers narratifs	Exemples		
	Personnages	**Lieux**	**Temps**
Amour	Garçon et fille	École	Présent ou passé
Anticipation	Humains survivants	Mégapole	Futur
Apprentissage	Enfant et vieillard sage	Voyage	Passé, présent ou futur
Aventures	Jeunes alpinistes	Montagne	Vacances d'été
Fantastique	Esprit / fantôme / ange	Cimetière	Présent ou passé
Historique	Roi Louis XIV	France	1643 à 1715
Policier	Enquêteur / criminel	Londres	Début du siècle
Science-fiction	Extraterrestre	Planète *X*	Présent ou futur

Il existe d'autres univers qui appartiennent, par exemple, à la psychologie ou à la sociologie.

Parfois, un univers dominant peut être teinté d'un second univers, par exemple un univers de science-fiction mêlé de fantastique.

⇨ **Page 298**
Exemple de
texte narratif

2. L'organisation du texte narratif (ou récit) se fait selon le **schéma narratif**. En voici les différentes parties.

Situation initiale	La situation d'équilibre dans laquelle se trouve le personnage principal au début de l'histoire, c'est-à-dire au moment où tout se passe encore normalement.
Élément déclencheur	L'élément ou le problème qui vient perturber l'état initial d'équilibre (danger, menace, accident, surprise, etc.). C'est avec lui que l'intrigue commence réellement.
Déroulement (péripéties)	Les situations que le personnage vit et les actions qu'il accomplit pour régler le problème. C'est la quête d'équilibre.
Dénouement	La dernière action qui permet au personnage de régler ou non son problème. Le dénouement met fin à la quête d'équilibre.
Situation finale (présente ou non)	La fin du récit dépend du dénouement. Pour le personnage, il y a un nouvel état d'équilibre par rapport à l'état initial.

Le récit de l'histoire peut être chronologique ou comporter des ruptures temporelles (retours en arrière ou anticipations). La fin peut également être annoncée dès le début du récit.

3. Dans le texte narratif, c'est un narrateur qui raconte l'histoire.

Narrateur participant : narration à la 1re personne	
Le narrateur participe à l'histoire : (A) Il en est le personnage principal et raconte ce qu'il vit ou a vécu. (B) Il est un personnage témoin de l'histoire et raconte ce qu'il voit ou a vu, ce qu'il entend ou a entendu. L'histoire ne lui est pas personnellement arrivée.	Son **point de vue** est **interne**. Le narrateur raconte ce que le personnage principal ou témoin voit et entend, ce qu'il ressent et comprend des évènements. Ex. : (A) *Je fis une pirouette spectaculaire… mais je le regrettai aussitôt.* (B) *De ma place, je vis Ayoub exécuter une pirouette et je notai aussitôt l'expression déconfite de Lory.*
Narrateur non participant : narration à la 3e personne	
Le narrateur ne participe pas à l'histoire qu'il raconte : il n'est ni le personnage principal ni un témoin. • Son point de vue peut varier à l'intérieur d'un même récit. Par exemple, il peut passer d'un point de vue interne (regard d'un personnage) à un autre point de vue interne (regard d'un autre personnage).	Son **point de vue** peut être : – **interne** : le narrateur raconte l'histoire à travers le regard et les émotions d'un personnage ; Ex. : *Ayoub fit une pirouette spectaculaire… mais il le regretta aussitôt.* – **externe** : le narrateur se fait simplement observateur. Il n'exprime pas ce que pensent ou ressentent les personnages ; Ex. : *Ayoub fit une pirouette spectaculaire… puis il devint tout rouge.* – **omniscient** : le narrateur sait tout des personnages, des faits et des lieux. Il en sait davantage que les personnages eux-mêmes. Ex. : *Ayoub ignorait que monsieur Jodoin avait vu la scène.*

Le narrateur d'un récit doit être distingué de l'auteur d'un récit.

Ex.: *Ce matin-là, j'étais arrivé à l'école bien en retard. J'avais passé la nuit à rêver éveillé. Je n'en revenais pas que Juliette ait accepté mon invitation pour le bal de fin d'études. Tous mes amis nous verraient : Juliette et Nathan ensemble...*

Le bal, Éléonore Laframboise

Ici, le narrateur du récit, Nathan, est fictif, alors que l'auteure est Éléonore Laframboise.

4. Voici quelques caractéristiques du texte narratif :
   – des organisateurs textuels (*Il était une fois, le lendemain, soudain, depuis ce jour...*) ;
   – l'harmonisation des temps du récit par le choix d'un temps de verbe principal et de temps appropriés d'accompagnement.

HARMONISATION DES TEMPS DU RÉCIT	
Récit au présent	**Exemple**
• Narration des actions, des faits : **présent** • Descriptions, explications, commentaires : présent • Actions ou faits antérieurs : passé composé, imparfait, plus-que-parfait • Actions ou faits postérieurs : futur simple, futur antérieur, conditionnel présent	*Il n'est pas tard, mais il fait nuit déjà. Je sors de chez moi et je me dirige lentement vers le parc. Je sais qu'Éliane viendra m'y rejoindre, malgré la dispute que nous avons eue cet après-midi.*
Récit au passé simple	**Exemple**
• Narration des actions, des faits : **passé simple** • Descriptions, explications, commentaires : imparfait • Actions ou faits antérieurs : imparfait, plus-que-parfait, passé antérieur • Actions ou faits postérieurs : conditionnel présent, conditionnel passé	*Il n'était pas tard, mais il faisait nuit déjà. Je sortis de chez moi et me dirigeai lentement vers le parc. Je savais qu'Éliane viendrait m'y rejoindre, malgré la dispute que nous avions eue l'après-midi même.*
Récit au passé composé	**Exemple**
• Narration des actions, des faits : **passé composé** • Descriptions, explications, commentaires : imparfait • Actions ou faits antérieurs : imparfait, plus-que-parfait • Actions ou faits postérieurs : conditionnel présent, conditionnel passé	*Il n'était pas tard, mais il faisait nuit déjà. Je suis sorti de chez moi et me suis dirigé lentement vers le parc. Je savais qu'Éliane viendrait m'y rejoindre, malgré la dispute que nous avions eue l'après-midi même.*

- Dans le récit au passé, on ne mêle pas le passé simple et le passé composé.
- Les parties dialoguées ne comportent pas de passé simple.

E Le type dialogal

Le texte de type dialogal sert à rapporter, sous forme de discours direct, l'ensemble des paroles échangées par des énonciateurs réels ou fictifs.

Le type dialogal peut être le type dominant d'un texte, par exemple une pièce de théâtre, ou une séquence secondaire, par exemple dans un texte narratif tel un roman.

Voici un exemple de séquence dialogale.

Ouverture:
première réplique
pour entamer
le dialogue

Interaction:
échanges de paroles
entre les personnes
ou les personnages

Clôture:
dernière réplique,
qui met fin
au dialogue

La leçon de biologie

Le professeur s'adresse à la classe :
— Qu'est-ce que les OGM ?
Une élève prend le risque :
— Je crois qu'OGM, ça veut dire : organisme génétiquement modifié.
— Exact ! Mais peux-tu nous en dire un peu plus ?
— Pas vraiment.
— Bon… Alors, qui sait ce qu'est une épinette ?
Cette fois, plus personne n'hésite et tout le monde lève la main en même temps.
— Bien. Maintenant, qui connaît l'épinette insecticide ?
Croyant à une plaisanterie, toute la classe se met à rire.
— Les épinettes sont victimes d'une petite chenille : la tordeuse de bourgeons. On a donc inséré dans les cellules reproductrices de l'épinette une bactérie mortelle pour la chenille. Quand la chenille croque dans un bourgeon, elle meurt. Voilà une épinette insecticide.
Quelqu'un émet alors l'idée de créer un élève génétiquement modifié pour donner les bonnes réponses…

> Dans une pièce de théâtre, une séquence à deux personnages peut être suivie d'une séquence à trois personnages, par exemple. La clôture de la 1re séquence peut coïncider avec l'ouverture de la 2e séquence.

Voici des exemples de genres de textes dialogaux.

Genres de textes dialogaux	Pièce de théâtre, monologue, bande dessinée, scénario de film, livret d'opéra, débat, entrevue, entretien, lettre…

> Le monologue est, en fait, un dialogue avec un interlocuteur muet, que ce soit le destin, la mort ou le public.
>
> La lettre ou le courriel peut être un dialogue écrit entre deux correspondants.

1. L'organisation d'une séquence dialogale se fait en trois parties.

Ouverture	Interaction	Clôture

2. Voici quelques caractéristiques de la séquence dialogale, selon le genre de texte :
   – les noms des personnes ou des personnages ;
   – des verbes annonçant la prise de parole (*dire, s'exclamer, murmurer, crier…*) ;
   – une ponctuation propre au discours rapporté direct (deux-points, guillemets, tirets) ;
   – une utilisation de la langue orale, transcrite s'il y a lieu ;
   – des marqueurs de modalité, si le point de vue exprimé est subjectif (engagé).

Les genres et les types de textes

- Le genre, à l'oral ou à l'écrit, désigne une catégorie de messages que l'on reconnaît par ses caractéristiques, notamment : le sujet traité, le style (courant, littéraire), le type (descriptif, explicatif, etc.), la forme (courriel, affiche, etc.).
- Les genres de textes se répartissent en deux grands ensembles.
  - Le texte littéraire est généralement un texte de fiction. La personne qui l'écrit crée une œuvre de toutes pièces. Elle a une préoccupation esthétique, donc elle exploite la langue.
  - Le texte courant n'est pas un texte de fiction. Il traite de sujets appartenant à la réalité, au monde qui nous entoure. La personne qui l'écrit veut informer le lecteur. Elle se sert donc d'une langue précise pour communiquer efficacement.

- Il existe cinq types de textes : descriptif, explicatif, argumentatif, narratif et dialogal. Le type de texte est déterminé selon sa structure.
- Un texte est rarement d'un seul type. Il est constitué d'une séquence dominante et de passages appartenant à des séquences secondaires.

Voici les différents types de textes, présentés avec des exemples de genres et leurs caractéristiques.

Types	Genres	Caractéristiques
Type descriptif	Article de dictionnaire Compte rendu Petite annonce…	Ces textes donnent de l'information sur une personne, un animal, un objet, un lieu, un évènement, un fonctionnement, etc.
Type explicatif	Manuel scolaire Dossier journalistique Article de revue scientifique…	Ces textes donnent des explications sur un fait ou un phénomène afin de le faire comprendre.
Type argumentatif	Éditorial Message publicitaire Article critique Lettre ouverte…	Ces textes expriment une opinion sur un sujet. De plus, ils donnent des arguments pour convaincre le lecteur que cette opinion est la bonne.
Type narratif	Conte Nouvelle littéraire Poésie Roman…	Ces textes sont des histoires racontées par un narrateur. Des personnages vivent une intrigue, c'est-à-dire des évènements, dans un lieu et dans un temps donnés.
Type dialogal	Pièce de théâtre Monologue Scénario de film Entrevue…	Ces textes sont des dialogues, rapportés sous forme de discours direct, entre des énonciateurs réels ou fictifs.

CHAPITRE 29

L'organisation et la cohérence du texte

Comparons les deux exemples suivants.

Exemple (A)

Il ressemble à une petite boule blanche. Pensons seulement à la mozzarella italienne. Il a une texture moelleuse et une saveur délicate de lait frais. Le plus souvent, on le sert avec des tomates et du basilic. Dans un plat, disposer des tranches de tomates. Placer des tranches de bocconcini. Saler et poivrer au goût.

Exemple (B)

Le bocconcini

Grâce à des gens venus de diverses régions du monde, nous avons découvert toutes sortes de produits savoureux. Pensons seulement à la mozzarella italienne, ce fromage à pâte filée qui garnit nos pizzas... Au fait, connaissez-vous le bocconcini ?

Le bocconcini est un fromage à pâte filée frais, appelé aussi « mozzarella fraîche ». Il ressemble à une petite boule blanche. Il a une texture moelleuse et une saveur délicate de lait frais.

On peut apprêter le bocconcini de diverses façons, par exemple en salade, avec des pâtes, en sandwich. On peut aussi le servir nature, accompagné d'olives et de charcuteries. Le plus souvent, on le prépare avec des tomates et du basilic. En voici la recette typique

(en italien, c'est la « insalata caprese »).

1° Dans un plat, disposer des tranches de tomates (en cercles jusqu'au centre).
2° Placer des tranches de bocconcini sur les tomates. Saler et poivrer au goût.
3° Parsemer de feuilles de basilic et verser sur le tout un filet d'huile d'olive.

Servi nature ou cuisiné, le bocconcini plaît pour sa légèreté et sa saveur très douce. Il fait partie de la famille des fromages à pâte filée frais, qui comprend notamment la délicieuse mozzarella di Bufala.

L'exemple (A) est difficile à comprendre ; c'est un écrit qui manque d'organisation et de cohérence.

L'exemple (B), par contre, est un texte organisé et cohérent. En le lisant, on y perçoit une suite dans les idées exprimées : le contenu se rapporte au sujet énoncé en titre et il forme un tout qui a du sens.

29.1 L'organisation du texte

A Le texte

1. Le **texte** est un ensemble organisé, cohérent et qui a du sens. Il est constitué de mots agencés en phrases qui s'enchaînent de façon à former un tout.

   Le texte est développé à partir d'un sujet, traité selon un genre (ex.: article, lettre, nouvelle). Il est structuré en une ou plusieurs séquences: descriptive, explicative, argumentative, narrative ou dialogale.

   Pages 300, 301
   Genres et
   types de textes

2. Écrire un texte, c'est aussi organiser une **communication** selon une situation: émetteur, destinataire (récepteur), message, intention, contexte…

   • Le **contexte** désigne une situation dans son ensemble, soit les circonstances, l'environnement où se situe un fait. On peut parler, par exemple, d'un contexte historique (époque, lieu, conditions de vie d'alors…).

   Page 291
   Situation de
   communication

   Le contexte a aussi une autre définition: il désigne tout le texte qui entoure un mot ou plusieurs mots. Le contexte est très utile pour interpréter ou comprendre un mot, une phrase, par exemple.

3. Voici les éléments de base qui permettent de planifier l'organisation du texte.

Éléments de base du texte	Exemple: Texte *Le bocconcini*
a) Le sujet À propos de quoi écrit-on?	Le sujet choisi est le fromage bocconcini.
b) L'intention Dans quel but écrit-on?	On veut décrire ce fromage pour informer, pour mieux le faire connaître.
c) Le type de texte Quel type de texte convient?	La séquence descriptive est celle qui convient, puisqu'on veut décrire ce fromage.
d) Le genre de texte Quel genre de texte choisit-on pour traiter le sujet?	Le genre choisi est l'article de revue. Le texte est destiné à une revue sur l'alimentation pour grand public.
e) Le destinataire Pour qui écrit-on?	On écrit pour les lecteurs de la revue, qui vise un large public. On adapte le message à ce public.
f) Le contenu (message) Que veut-on dire sur le sujet?	On choisit les idées, les aspects à traiter (ex.: type, forme, utilisation), et on les organise par ordre.

L'organisation du texte comprend aussi sa présentation: le découpage en paragraphes, la numérotation, l'illustration, le support (ex.: papier, écran)…

Page 319
Présentation
du texte

Voici des détails sur les éléments de base présentés dans le tableau précédent.

a) Quand on choisit le **sujet** à traiter, il est parfois nécessaire de le délimiter.

Ex.: On ne peut pas tout dire en une page sur un vaste sujet comme le fromage ; il faut donc délimiter, préciser le sujet en choisissant, par exemple, une sorte de fromage.

On évalue aussi ses connaissances sur le sujet : on les vérifie et on les complète, si nécessaire, en faisant une recherche.

- Pour communiquer de l'information juste, il faut toujours la vérifier. On consulte alors des sources fiables, par exemple des encyclopédies, des dictionnaires, des revues spécialisées.
- Si on fait une recherche sur Internet, il est plus prudent de consulter plusieurs sites afin de comparer les informations données.

b) L'**intention**, c'est le but qu'on se propose d'atteindre par le message. Par exemple, on écrit le texte pour informer, convaincre ou divertir son destinataire.

Page 301
Types
de textes

c) Le choix du **type de texte** est lié à l'intention.

Ex.: Si on veut décrire quelque chose pour informer son destinataire, on construira un texte descriptif. Si on veut convaincre son destinataire, on le fera par un texte argumentatif.

Page 300
Genres
de textes

d) Le choix du **genre** est lié à la situation : le sujet, le type de texte, l'intention, le destinataire.

Ex.: Si on veut expliquer la fabrication d'un fromage au lait cru, on pourra le faire selon un genre tel que l'article de vulgarisation scientifique pour grand public.

e) Habituellement, on écrit pour une ou plusieurs personnes : c'est le **destinataire**.

On veut que celui-ci comprenne le message, d'où l'importance de se poser ces questions : *Que sait-on sur le destinataire ? Est-ce qu'il connaît le sujet ?*

Ex.: • Si on croit que le destinataire connaît peu le sujet, il faut alors vulgariser le contenu. On emploie un vocabulaire simple ; on donne des définitions, des explications avec des exemples ; on fait des comparaisons ; on peut ajouter une illustration, un tableau.

- Par contre, si on sait que le destinataire connaît bien le sujet, on peut omettre des détails qui lui seraient évidents ou superflus.
- Ainsi, on adapte le message à son destinataire. Cela inclut la variété de langue à employer dans la situation (ex.: standard pour le public) et un choix approprié des marques de point de vue (ex.: *tu* ou *vous* de politesse).

f) À partir des informations qu'on a sur le sujet, on choisit les idées, les aspects à traiter et on organise tout ce **contenu** selon un plan de base.

Page 310
Schéma
narratif

Pour les textes littéraires comme le roman ou la nouvelle, le contenu sera organisé selon un plan appelé « schéma narratif ».

Pour les textes courants, le plan de base est généralement le suivant :

Introduction → Développement → Conclusion

↳ Page 300
Textes courants

Ex. : Voici le plan qu'on peut tracer pour l'article sur le bocconcini.

↳ Page 314
Exemple (B)

Introduction Sujet amené Sujet posé	Apport de divers pays, ex. : mozzarella Le bocconcini
Développement Aspects et sous-aspects sur le sujet, regroupés et ordonnés	1° Description physique : type, forme, saveur 2° Utilisation : comment le préparer + recette
Conclusion Résumé (ou rappel) Ouverture par une nouvelle idée	Rappel des points à retenir Autre fromage : mozzarella di Bufala

- L'**introduction** sert à présenter le sujet. Elle peut comprendre trois parties :
  – Le sujet amené
    Il s'agit d'amener le sujet par une idée générale pour le présenter. Ce peut être une statistique, un évènement, une interrogation, un fait historique ou culturel, etc. Parfois, dans certains textes, le sujet n'est pas amené.
  – Le sujet posé
    C'est la présentation du sujet. Dans un texte, il est important de poser le sujet. Cela peut se faire par une simple phrase (avec ou sans sujet amené).
    Ex. : Dans l'article sur le bocconcini, le sujet est amené, puis présenté sous forme de question pour interpeller les lecteurs.
  – Le sujet divisé
    Il s'agit de donner un aperçu du contenu qui sera détaillé dans le développement. Dans le cas des textes courants plus élaborés, on annonce les divisions du développement ou les principaux aspects traités.

- Le **développement** sert à exposer le sujet : les idées, les aspects y sont traités en détail. Souvent, ils sont regroupés en plusieurs paragraphes ou en sections qui peuvent contenir plusieurs paragraphes, selon la longueur du texte.

- La **conclusion** sert à terminer le texte. Cette partie finale est souvent formée :
  – d'un résumé du développement, qui consiste à rappeler un ou plusieurs points à retenir à la suite du développement ;
  – d'une ouverture, soit une nouvelle idée en lien avec le sujet.

> Les genres de textes sont nombreux et chacun a ses particularités. Par exemple, les articles de dictionnaire et d'encyclopédie commencent par une définition ou une description, et n'ont pas de conclusion. Dans une lettre personnelle, l'introduction consiste souvent en une simple présentation du sujet (ex. : donner des nouvelles) et la conclusion, en une seule ouverture (ex. : inviter à répondre), suivie d'une salutation.

1. Le plan sert à visualiser la structure du texte. On peut le comparer à une table des matières, qui donne une vue d'ensemble de l'écrit.

   Plusieurs textes courants ont une structure plus développée. À titre d'exemple, voici le plan d'un texte documentaire sur l'ornithorynque.

Plan	Exemple : texte documentaire sur l'ornithorynque
Introduction Sujet amené Sujet posé Sujet divisé	Faune du continent australien Ornithorynque Caractéristiques de l'animal

Développement
1er aspect
 	
2e aspect
 	
3e aspect
 	
4e aspect
	Description physique
	    (sous-aspects : corps, pattes, etc.)
	Lieu de vie et habitat
	    (sous-aspects : région, environnement)
	Alimentation
	    (sous-aspects : nourriture, proies / électroperception)
	Ordre animal (monotrèmes)

Conclusion Résumé (rappel) Ouverture	Animal particulier sur un continent isolé Espèces protégées aujourd'hui

2. Voici quelques conseils pour faciliter l'organisation et la rédaction de son texte.

   - Il faut tenir compte de la longueur et du format prévus pour le texte, ainsi que du temps alloué pour le produire.

     – Si le texte doit être assez court, il faut développer moins d'idées.

     – Certains formats ou supports imposent aussi des contraintes d'espace (ex. : carte postale, papier à lettres, courriel, affiche, annonce, etc.).

     – De plus, si on veut insérer dans son texte des illustrations, des tableaux, etc., on prévoit alors l'espace que ceux-ci requièrent et leur disposition sur la page.

     Il est donc important de planifier son texte : sujet délimité, idées choisies et réparties dans le développement, nombre de paragraphes, interlignes pour aérer le texte, etc.

   - Pendant la rédaction, on fait des retours sur ce qu'on a déjà écrit.
     Ainsi, on se relit pour ajuster, améliorer ou corriger, s'il y a lieu, une ou des parties de texte. Ces retours permettent aussi de ne pas perdre de vue le fil conducteur de son texte (sujet).

   - À la fin de la rédaction, il est important de relire son texte au complet.
     Si on le peut, on fait une pause avant de réviser une dernière fois son texte. Le recul que permet un certain temps d'arrêt peut faire voir le texte d'une façon différente ; c'est comme un regard neuf qu'on pose sur son écrit.

B La présentation du texte

Un texte bien présenté est toujours plus attrayant. On peut recourir à divers moyens pour mettre en forme un écrit. Le texte documentaire suivant en donne des exemples.

L'ornithorynque ◄──────────── Titre
Un animal fascinant ◄──────── Sous-titre

Introduction

Dans la faune particulière du continent australien, on retrouve l'ornithorynque, appelé « platypus » de son nom anglais. Cet animal possède des caractéristiques qui en font une espèce exceptionnelle, par exemple son apparence, aussi étrange que fascinante, et son sens de l'« électroperception ».

Développement

Description physique ◄──────── Intertitre pour chaque section

L'ornithorynque ressemble à un gros castor. Son corps est recouvert de fourrure marron. Sa queue est plate et mesure de 10 à 15 cm. Ses pattes sont munies de cinq doigts palmés ayant des griffes. Son grand museau flexible a la forme d'un bec de canard. Les mâles, plus gros que les femelles, sont dotés d'aiguillons venimeux.

Illustration qui appuie la description

Lieu de vie et habitat

L'ornithorynque vit dans l'est de l'Australie et en Tasmanie. Animal semi-aquatique, il se plaît dans les rivières où il passe l'essentiel de son temps. C'est un excellent nageur. Hors de l'eau, il creuse de petits terriers sur les berges des rivières.

Alimentation

Carnivore, l'ornithorynque se nourrit de vers et de larves d'insectes, de crevettes d'eau douce et d'écrevisses. Il est le seul mammifère connu à posséder le sens de l'« électroperception », qui lui permet de localiser ses proies par la détection de leur champ électrique.

Ordre animal

L'ornithorynque appartient aux monotrèmes, qui sont des mammifères ovipares. Cela veut dire que la femelle pond des œufs, au lieu de donner naissance à ses petits vivants, mais, comme tout mammifère, elle allaite ses petits.

L'ornithorynque partage ces caractéristiques des monotrèmes avec l'échidné, un animal ressemblant au hérisson et qui vit en Australie et en Nouvelle-Guinée.

Alinéa

Division en paragraphes commençant par un alinéa

Conclusion

Qualifié de « mammifère primitif » en raison de ses particularités, l'ornithorynque donne effectivement l'impression d'une espèce archaïque qui a résisté à l'évolution sur un continent isolé depuis des millénaires.

Interligne

En fait, cet isolement l'a protégé, jusqu'au jour où il s'est retrouvé menacé par des activités humaines qui détruisaient son habitat. Heureusement, l'ornithorynque compte aujourd'hui parmi les espèces protégées, comme le koala, et son exportation est interdite.

Voici des moyens et des marques pour organiser la présentation d'un texte.

1. Les titres

- Un texte est coiffé d'un **titre** qui annonce en quelques mots le sujet du texte.

- Il peut aussi être suivi d'un **sous-titre** qui ajoute un détail au titre.

- Les **intertitres** annoncent les sections du développement. Ils montrent aussi le découpage du texte. Ils se prêtent bien aux textes descriptifs ou explicatifs, car ils permettent de repérer rapidement l'information.

2. Le paragraphe

Le paragraphe est une partie de texte séparée par des lignes laissées en blanc, c'est-à-dire des interlignes. Ceux-ci permettent d'espacer le texte et de bien distinguer chaque paragraphe.

On développe généralement une idée principale par paragraphe pour que celui-ci forme une unité, un tout.

Ex. : Le texte sur l'ornithorynque est découpé en plusieurs paragraphes.
- L'introduction et la conclusion sont formées en paragraphes.
- Le développement est divisé en sections présentées sous forme de paragraphes.

Parfois, le début du paragraphe est en retrait de la marge par quelques espaces. C'est ce qu'on appelle un « alinéa » : les paragraphes du texte sur l'ornithorynque commencent chacun par un alinéa.

3. Le découpage du texte

À la base, un texte se divise en paragraphes. Pour les textes plus longs, le découpage se fait souvent selon cet ordre :

Partie → Chapitre → Section → Paragraphe

Les paragraphes forment les sections, regroupées en chapitres, eux-mêmes regroupés en parties, s'il s'agit d'un ouvrage, par exemple.
Ce découpage est aussi marqué par un système de numérotation avec titres.
(C'est le cas de la présente grammaire.)

- Dans un texte courant de plusieurs pages, l'introduction et la conclusion figurent souvent sur une page à part, et le développement est découpé en sections numérotées et titrées.

- Dans le cas d'un texte littéraire comme le roman, la division se fait en chapitres. Il peut aussi comprendre de plus grandes divisions qui sont les parties.

- Quant à la pièce de théâtre, elle comprend les actes, qui sont les grandes divisions ; chaque acte est subdivisé en scènes, par exemple :
Acte III, scène VI.

- Certains ouvrages volumineux sont aussi divisés en tomes. Le tome correspond souvent à un volume.

4. Les insertions

Ce sont tous les **éléments insérés** dans le texte, par exemple :

– les tableaux, les schémas, les graphiques, les encadrés, les notes de bas de page, etc., pour compléter, préciser ou résumer le contenu ;

– les illustrations (dessins, photos, caricatures, pictogrammes, etc.) pour illustrer le texte, pour montrer ce qui est décrit ou expliqué.

Les notes de bas de page sont signalées dans le texte généralement par un chiffre d'appel, placé en exposant après le mot ou le passage concerné[1].

5. La typographie

La typographie désigne tout ce qui concerne la **présentation visuelle** d'un texte, en particulier un texte imprimé (ex. : produit à l'ordinateur). Elle comprend des marques et des signes qui servent à la **mise en page** du texte, par exemple :

– les espacements, tels que les blancs, les marges, les interlignes ;

– les alignements (texte aligné à la marge ou avec des alinéas, des retraits) ;

– le type de caractères, leur grosseur ;

    Ex. : la police de caractères Arial 11 points

        UN TITRE TOUT EN MAJUSCULES

– le gras, l'italique, le soulignement, le surlignement ;

– la pagination et la numérotation des divisions (sections, chapitres).

    • À titre d'exemple, voici quelques systèmes de numérotation.

> La mise en page, c'est la façon de disposer le texte et tout ce qui l'accompagne (ex. : insertions).

I.	A.	1.	1.	1° (*Premièrement*)
A.	1.	a)	1.1	
B.	2.	b)	1.2	2° (*Deuxièmement*)
II.	B.	2.	2.	3° (*Troisièmement*)
A.	1.	a)	2.1	
B.	2.	b)	2.2	4° …
C.	3.	c)	2.2.1	5° …

Souvent, on emploie :

– les chiffres romains (I, II, III) pour les parties ou les chapitres ;

– les lettres majuscules (A, B) pour les grandes sections ;

– les chiffres (1, 2) pour les sections ;

– les lettres minuscules (a, b) pour les subdivisions de sections ;

– la numérotation décimale (1, 1.1, 2, 2.1) pour des textes techniques, tel le rapport ;

– les chiffres suivis du signe « ° » (1°, 2°) pour les procédures ou des étapes à suivre.

> Parmi les signes typographiques, on retrouve divers caractères, par exemple :
> – le boulet •, la flèche ➜, les accolades { } pour présenter des blocs de texte ;
> – les signes tels que =, ×, +, utilisés notamment en mathématiques ;
> – la perluète, soit le *et* commercial, comme dans *Roy & Associés* ;
> – l'arobas @ pour les adresses de courriel ;
> – la barre oblique / indiquant une fraction, un rapport, un ensemble.

---

1. On reprend le chiffre d'appel ainsi, devant la note de bas de page ; la note est séparée du texte par un filet. Elle est souvent une information complémentaire ou une référence bibliographique.
L'astérisque (*) est parfois employé au lieu du chiffre d'appel, notamment dans des textes techniques ou scientifiques.

C Les organisateurs textuels et les marqueurs de relation

Les organisateurs textuels permettent d'organiser le contenu du texte en grandes parties.

Les marqueurs de relation permettent de développer un raisonnement en articulant les idées dans les phrases et entre les phrases.

1. Les **organisateurs textuels** sont des mots, des groupes de mots ou des phrases qui servent à faire des liens entre les grandes parties du texte.

Voici des exemples d'organisateurs textuels.

Liens	Organisateurs textuels
Temps Ex.: narration description explication	*À cette époque – Autrefois – Auparavant – Jadis – Hier* *En 1900 – Il était une fois – Il y a longtemps – L'an dernier* *Actuellement – Aujourd'hui – À l'avenir – Demain – Désormais* *Bientôt – Ce matin – Ce soir – Depuis – Plus tard – L'été prochain* *À midi – À minuit – Pendant ce temps – Soudain – Tout à coup*
Espace/Lieu Ex.: narration description explication	*À côté – Du côté de – Devant – Derrière – En bas – En face* *À droite – Au milieu – Au-dessus – Ci-dessous – Plus haut* *À l'intérieur – À l'extérieur – À l'est – Au sud – Aux antipodes* *Dehors – Ici – Là-bas – Près de – Tout près – Un peu plus loin* *Au cœur de – Aux environs de – Dans la rue – Sur le boulevard*
Ordre Ex.: description explication argumentation	*Avant tout – D'abord – Tout d'abord – Pour commencer* *Dans un premier temps – En premier lieu – Premièrement* *Dans un deuxième temps – En deuxième lieu – Deuxièmement* *Ensuite – Enfin – En dernier lieu – Troisièmement* *En conclusion – En résumé – Finalement – Pour conclure*
Suite/Transition Ex.: description explication argumentation	*À ce sujet – En ce qui a trait à – Quant à – Sur le plan de* *En général – À vrai dire – Quoi qu'il en soit – En fait* *Comme nous l'avons mentionné – On sait déjà que* *Force est de constater que – Il faut admettre que* *D'une part... D'autre part – Dans un autre ordre d'idées – Or* *D'un autre côté – Par ailleurs – En revanche – Au contraire*

- Les organisateurs textuels qui marquent le temps ou l'espace permettent de faire une progression chronologique ou spatiale, par exemple dans un récit, une description.
- Ceux qui marquent l'ordre permettent de faire une progression par ordre de priorité, par exemple dans une procédure, des consignes, une explication, une argumentation.
- D'autres organisateurs, qui assurent la suite ou la transition entre des parties, peuvent marquer une progression ou les étapes d'un raisonnement, par exemple : du général au particulier ; par comparaisons ou mises en parallèle ; par causes et effets ; par problèmes et solutions ; par oppositions.
- Dans la description notamment, les organisateurs textuels peuvent être rapprochés les uns des autres.
  Ex.: **À droite**, il y avait une maison blanche, puis un sentier menant au bois.
     À gauche, une prairie s'étendait à perte de vue.

2. Les **marqueurs de relation** servent à faire des liens dans les phrases ou entre des phrases. Ce sont des adverbes, des prépositions et des conjonctions qui, par leur sens, expriment la relation établie entre deux unités, par exemple:
   – deux groupes ou deux phrases coordonnées;
   – une subordonnée et la phrase enchâssante.

⤷ **Page 73**
Adverbe

⤷ **Page 76**
Préposition

⤷ **Page 77**
Conjonction

Voici des exemples de marqueurs de relation.

Sens	Marqueurs de relation	Exemples
Addition	*et, de plus, en outre, en plus de, ainsi que, de même que*	*Daphné étudie l'histoire.* **En outre**, *elle fait de la peinture.*
But	*pour, afin de, afin que, dans le but de, pour que*	*Ouvre la fenêtre* **pour que** *l'air frais entre dans la pièce.*
Cause / Justification	*parce que, car, en effet, puisque, à cause de, vu que, en raison de, étant donné que*	*La partie est annulée,* **puisqu'**il pleut.* *Nous avons beaucoup dansé et chanté. La musique,* **en effet**, *était très bonne.*
Choix / Restriction	*ou, ou bien, ou encore, soit... soit, sauf, sauf que, excepté que, sinon*	*On peut aller au stade en autobus,* **ou encore** *on fait le trajet à pied.* *On avait tout prévu,* **sauf** *l'orage…*
Comparaison	*comme, de même, moins / autant / aussi / plus que*	*Hans est un excellent photographe* **comme** *sa mère l'était.*
Condition	*si, à condition de, sinon, pourvu que, à condition que*	*Gaëlle devrait réussir ce grand projet,* **pourvu qu'**elle soit patiente.*
Conséquence	*ainsi, alors, de sorte que, donc, par conséquent*	*Il a couru* **au point de** *perdre haleine.* *On est en retard, on doit* **donc** *partir.*
Explication / Précision	*c'est pourquoi, comme, c'est-à-dire, soit, à savoir, par exemple, ainsi, autrement dit, surtout*	*Il faut amener l'eau à ébullition,* **c'est-à-dire** *à 100 degrés Celsius.* *Léa regardait l'horizon,* **ou plutôt** *contemplait le coucher de soleil.*
Opposition / Concession	*certes, mais, par contre, cependant, malgré, tandis que, alors que*	**Au lieu de** *crier, tu devrais m'aider!* *Fatima affichait un beau sourire, elle était* **néanmoins** *un peu triste.*
Ordre / Succession	*d'abord, ensuite, puis, après, enfin, bref*	*On lui demandera* **d'abord** *son avis, on verra* **ensuite** *ce qu'il faut faire.*
Temps	*avant de, après, quand, alors, pendant que, lorsque, au moment où, dès que, avant que*	**Après** *avoir fait ses devoirs, Christophe est allé jouer au hockey.* *Le chien se met à courir* **dès qu'**il sort de la maison.*

- Certains marqueurs de relation peuvent exprimer plusieurs relations selon leurs sens ; par exemple, *après* sert aussi bien à exprimer la succession que le temps.
- Des mots peuvent être marqueurs de relation ou organisateurs textuels, selon qu'ils exercent leur rôle au niveau de la phrase ou au niveau du texte. Par exemple, les marqueurs exprimant l'ordre ou la succession, comme *d'abord, ensuite, enfin*, sont des organisateurs textuels quand ils indiquent des divisions du texte. En ce cas, ils sont généralement placés en début de paragraphe.
- Quelques marqueurs ont un sens presque identique en contexte ; c'est pourquoi il faut éviter de les employer ensemble (ex. : ~~comme par exemple~~, ~~ainsi par conséquent~~).

29.2 La cohérence du texte

De façon générale, on juge qu'un texte est cohérent si, en le lisant, on perçoit une suite dans les idées et si on comprend le contenu dans son ensemble.

La cohérence, c'est le rapport étroit, l'harmonie entre les éléments d'un ensemble.

Un texte contient toujours un ensemble d'informations exprimées dans les phrases qui le forment. Il peut s'agir de personnes, de faits, de lieux, d'actions, d'aspects, etc. Ces informations sont agencées de façon à assurer la cohérence du texte.

Un texte cohérent est un texte bien organisé, qui répond à quatre règles.

Règles de cohérence	Précisions
1. Règle de reprise	C'est la reprise de l'information. Elle se fait par des mots appelés « **substituts** ». Ceux-ci reprennent des mots mentionnés dans le texte. Les substituts représentent l'**information connue**.
2. Règle de progression	C'est l'apport d'information. Il se fait par des **mots qui s'ajoutent** aux substituts. Ces mots représentent l'**information nouvelle**.
3. Règle de non-contradiction	C'est l'**absence de toute contradiction** dans le texte. Aucune information donnée dans le texte ne doit en contredire une autre.
4. Règle de pertinence	C'est le choix d'une **information pertinente**, appropriée à la situation.

Voici des détails et des exemples sur les règles de cohérence.

1. La **reprise de l'information**

Elle consiste à reprendre un ou des mots mentionnés dans le texte. Généralement, il s'agit de mots donnés dans la phrase précédente : ces mots sont ainsi repris dans la phrase suivante par un **substitut**, par exemple un pronom.

Ex. : *L'ornithorynque est un animal semi-aquatique. **Il** se plaît dans les rivières.*

Les substituts forment donc une chaîne, un fil conducteur, qui permet de ne pas perdre de vue le sujet. Ils assurent une continuité, un enchaînement dans le texte.

2. La **progression de l'information**

Elle consiste à apporter de l'information nouvelle, qui s'ajoute aux mots substituts.

Les substituts représentent l'information connue. Or, si un texte avait seulement des substituts, il serait formé d'une suite de répétitions. C'est pourquoi il faut apporter de l'information nouvelle dans les phrases pour que le texte soit équilibré.

Souvent, l'information connue correspond au sujet de la phrase, tandis que le reste de la phrase contient l'**information nouvelle**.

Ex. : *L'ornithorynque **est un animal semi-aquatique**. Il **se plaît dans les rivières**.*

L'information nouvelle assure la progression, le développement du texte.

▥ POUR PRÉCISER

- L'information connue peut correspondre à d'autres groupes de la phrase, par exemple un complément de phrase. Ainsi, en parlant d'un roi, on pourrait dire : *Durant son règne, la pauvreté s'est aggravée.*
  Ici, le sujet et le prédicat sont de l'information nouvelle.

- Dans un groupe qui contient l'information connue, on peut introduire une **information nouvelle**. Ce peut être, par exemple, un **complément du nom**.
  Ex. : *L'ornithorynque, **animal semi-aquatique**, se plaît dans les rivières.*
  L'ajout du complément du nom permet aussi de condenser l'information.

- D'autres éléments contribuent aussi à la progression de l'information, par exemple :
  – les organisateurs textuels, au niveau des paragraphes ou des divisions du texte ;
    Ex. : ***Au siècle dernier**… **Il y a dix ans**… **Aujourd'hui**… **Dans un proche avenir**…*
    Ces organisateurs marquent une progression dans le temps et apportent de l'information sur des moments.
  – les marqueurs de relation, au niveau des phrases (coordination ou subordination) ;
    Ex. : *Elle ouvre les fenêtres **et** découvre un paysage magnifique.*
  – la ponctuation pour juxtaposer des phrases ou introduire un discours rapporté ;
    Ex. : *Il a affirmé : « Je pars au plus vite ! »*
  – les marques d'organisation pour la présentation du texte, sa mise en page.
    Ex. : Le découpage en paragraphes et la numérotation permettent de marquer un ordre, une progression. Un encadré ou un tableau peut apporter une information complémentaire qui précise le contenu.

↰ Page 340
Ponctuation

3. La **non-contradiction**

Une **contradiction**, c'est le fait d'affirmer une chose et son contraire. Il peut s'agir aussi d'informations incompatibles (ex. : on ne peut pas être à la fois *assis* et *debout*).

Une information ne doit pas en contredire une autre dans le texte.
Voici des points à considérer pour éviter les contradictions.

- L'harmonie dans les **caractéristiques**, par exemple celles des objets décrits ou celles des personnages, incluant leurs actions, leur façon de s'exprimer

  Ex. : Un personnage présenté comme un *brave chevalier*, en raison de ses actions glorieuses, ne peut pas être également qualifié de *peureux*.
  Le chevalier, qui emploie des mots, des expressions propres à son époque, ne peut pas soudainement s'exprimer comme une personne d'un autre temps.

⇪ **Page 311**
Harmonisation
des temps
du récit

- L'harmonie dans les **marques de temps**, **d'ordre**, **de lieux**

  Ex. : Dans un récit raconté au passé, on emploie des temps de verbes au passé.
  Les faits antérieurs doivent être clairement distingués des faits postérieurs.
  Il en est de même des faits accomplis par rapport à ceux qui sont en train de s'accomplir.

  De plus, on suit l'ordre des évènements, qui se passent chacun en son propre lieu.

⇪ **Page 293**
Point de vue

- La constance du **point de vue**, c'est-à-dire maintenir son point de vue

  Ex. : Si on adopte un point de vue neutre, on n'emploie pas soudainement des marques d'engagement, comme *je pense que, nous croyons que...* De même, si on s'adresse à son destinataire par le *vous*, on n'emploie pas ensuite le *tu* ou le *toi*.

Tout changement dans les caractéristiques ou les marques doit être justifié.

Ex. : • Dans la description d'un fait actuel (au présent), on peut avoir une séquence narrative au passé qui raconte un évènement lié à ce fait.

  • Dans un texte d'opinion exprimé au *je*, on peut employer des marques impersonnelles comme *il semble que, on a dit que* pour se distancier d'un propos.

4. La **pertinence de l'information**

Dans un texte, toute information doit être pertinente, c'est-à-dire convenir à la situation. Ainsi, une **information pertinente** est en rapport avec :
– le sujet traité d'après un genre et un type de texte, pour assurer l'unité du sujet ;
– l'intention et le destinataire (ses connaissances, ses caractéristiques).

Ex. : • Une machine à voyager dans le temps (objet fictif) est une information pertinente dans un récit de science-fiction : on y crée un univers pour raconter une histoire afin de divertir les lecteurs amateurs de ce genre.

  • Si on fait une demande d'emploi, on informe le destinataire de ses compétences, de son expérience et de ses qualités liées à l'emploi. Il ne serait pas pertinent de donner des détails qui n'ont rien à voir avec cette demande (ex. : *J'habite un appartement*), ni d'employer le *tu* pour s'adresser au destinataire.

- La pertinence de l'information et la non-contradiction sont deux règles très proches. Ainsi, une information non pertinente peut aussi apporter une contradiction dans le texte, par exemple un objet fictif incompatible avec les faits réels, vérifiables, d'un texte documentaire sérieux.
- Dans l'expression du point de vue, l'emploi du *tu* n'est pas pertinent quand la situation commande d'employer le *vous* de politesse pour s'adresser au destinataire (ex. : public, personne inconnue, autorité).

▓ POUR PRÉCISER

1. Souvent, dans un texte, on peut observer qu'il y a plusieurs chaînes de mots substituts.

    Ex. : *Amélia aime cette encyclopédie.* **Elle la** *consulte souvent.* **Elle** *m'a recommandé de l'acheter.*

2. Dans une phrase, l'information connue est aussi appelée «thème»; l'information nouvelle est appelée «propos» :
    – le **thème** est ce dont on parle ;
    – le **propos** est ce qu'on dit sur le thème.

                                                                     Thème   Propos

    Ex. : *L'ornithorynque est un animal semi-aquatique.* *Il* *se plaît dans les rivières*.

3. Le thème peut aussi être une information connue par des éléments du contexte ou de la situation, par exemple :
    – le titre, les intertitres ;
    – la signature ou l'en-tête d'une lettre ;
        Ex. : texte écrit au *je*
    – la connaissance qu'on a des réalités du monde.
        Ex. : texte commençant par *La population du globe...*
            On sait qu'il s'agit de l'ensemble des gens sur la Terre.

4. Dans un texte, les propos doivent aussi présenter un certain lien entre eux pour assurer la cohérence.

    Dans l'exemple suivant, les propos n'ont aucun lien entre eux :
    ➲ *Patrick bâtit sa maison. Il va à l'épicerie. Il avait acheté des disques.*
    Même si la règle de reprise est respectée, on constate une incohérence dans les propos, qui ne sont pas pertinents les uns par rapport aux autres. De plus, le changement dans les temps de verbes entraîne une contradiction dans les propos.

5. Des phrases transformées ou à construction particulière permettent de placer l'information et même, dans certains cas, d'inverser l'ordre thème-propos. En voici des exemples.

    • La phrase passive permet de reprendre en tête de phrase le **thème** ou l'information connue.
        Ex. : *Cette émission est très intéressante.* **Elle** *a été produite par la BBC.*

    • Le déplacement du complément de P en tête de phrase permet de l'inclure dans le **thème** qui est déjà là (*il*).
        Ex. : *C'est un excellent nageur.* **Hors de l'eau**, *il creuse de petits terriers.*

    • La phrase emphatique en *c'est... que/qui* permet de mettre l'accent sur le **propos**.
        Ex. : *J'ai vu ce film samedi dernier.* → *C'est* **samedi dernier** *que j'ai vu ce film.*

    • La phrase à présentatif et la phrase impersonnelle sont sans thème et font porter l'attention sur un **propos**.
        Ex. : *Voici* **une idée géniale.**   *Il se passe* **des choses étranges.**

◀

29.3 Les formes de reprise

La reprise de l'information se fait par les mots substituts : ceux-ci reprennent un ou plusieurs mots mentionnés dans le texte pour y assurer la continuité. Le tableau suivant présente différentes formes de reprise.

⇨ Page 49
Pronom

Formes de reprise	Exemples
Reprise par un pronom • Pronom personnel (3ᵉ pers.) : *il / elle, ils / elles, le / la, lui, y…* • Pronom démonstratif : *cela, ceci, ce, celui-ci / celle-ci, ceux-ci / celles-ci…*	*Ces fermières travaillent fort tout l'été.* ***Elles** offrent de beaux produits au marché.* *Ali téléphona à un vieil ami. **Celui-ci** était ravi.* *As-tu vu cette chose ? **Ce** n'était pas beau.*
Le pronom reprend en partie la réalité désignée par un GN : • Pronom indéfini : *beaucoup, plusieurs, certains / certaines, d'autres…* • Pronom numéral : *deux, trois, dix, cent, mille…* • Pronom personnel *en*	*Les gens étaient ravis par ce nouveau marché.* ***Beaucoup** ont dit qu'ils y retourneraient.* *Les membres du conseil ont voté : **vingt** sont en faveur du projet et **cinq** s'y opposent.* *Je préfère les fromages frais. J'**en** ai acheté.* *(en = des fromages frais)*
Le pronom reprend seulement l'idée du nom dans un GN : • Pronom possessif : *le mien / la mienne, le tien…* • Pronom démonstratif : *celui / celle, ceux / celles* + GPrép ou sub. relative	*Ses **pommes** ont été cueillies hier.* ***Les miennes** sont moins fraîches.* *(les miennes = mes pommes)* *Les **pâtés** vendus au marché sont bons, mais **ceux** de mon père sont meilleurs.* *(ceux de mon père = les pâtés de mon père)*
Répétition : – **d'un pronom** – **d'un GN** (déterminant + nom)	*L'enquêteur est entré dans le château.* ***Il** a examiné le grand salon, puis **il** s'est assis.* *Le bénévolat doit être valorisé dans notre société. **Le bénévolat**, c'est aider des gens.*
Répétition d'un nom avec un déterminant différent (changement obligatoire du déterminant indéfini : *un / une, des* → *le / la, les, ce / cet / cette…*) • Nom sans son complément • Nom avec un apport (adjectif ou autre complément du nom)	*On entendit une porte s'ouvrir. Après quelques secondes, **la porte** se referma en grinçant.* *Il faut dix éprouvettes pour faire les expériences. **Ces éprouvettes** doivent être graduées.* *Un récif de corail entoure l'île. **Ce récif** a été fragilisé par une succession de tempêtes.* *Elle a acheté un ordinateur la semaine dernière.* ***Cet ordinateur portable** lui sera très utile.*

La répétition peut servir à prévenir une erreur d'interprétation, à insister sur une information ou à créer un certain effet. Il faut toutefois éviter les répétitions inutiles qui rendent le texte monotone.

Formes de reprise	Exemples
Reprise par un nom avec un déterminant numéral ou indéfini: *deux, plusieurs, certains, chaque...* (reprise en partie de la réalité)	*Nous irons cueillir* des pommes *à l'abbaye.* **Plusieurs variétés** *sont arrivées à maturité.* (= plusieurs variétés de pommes)
Reprise par un synonyme	*La nuit passée, nous avons campé dans* le bois *. À l'aube,* **la forêt** *est devenue un paradis d'oiseaux.*
Reprise par un générique (mot plus général par rapport à un mot plus précis, soit un spécifique)	*L'automne, c'est la belle saison* des pommes *.* **Ces fruits** *sont en abondance au marché.*
Reprise par une périphrase (expression en plusieurs mots équivalente à un mot)	*Sur le lac,* les voiliers *tournaient, viraient, puis filaient au gré du vent. On eût dit que* **ces grandes voiles blanches** *valsaient en harmonie.*
Reprise par le passage d'une classe de mots à une autre classe Ex.: d'un verbe à un nom, d'un adjectif à un nom Les mots peuvent être de la même famille ou être proches par le sens.	*La faune a longtemps été* isolée *sur le continent australien.* **Cet isolement** *l'a protégée.* *La dame semblait* parfaite *en tout.* **Cette perfection** *commençait à agacer son entourage.* *Elle nous a* raconté *son dernier voyage en Asie.* **Son récit** *était fort intéressant.*
Reprise par relation de tout à partie Ex.: aspects d'un être, d'un objet – *son/sa, ses, le/la, les* + nom désignant la partie – *le/la, les* + nom désignant la partie + *de* + GN désignant le tout	Zénon *se sentait fatigué.* **Ses jambes** *étaient lourdes.* **Son dos** *se courbait. Il s'endormit.* La voiture *était endommagée.* **Le capot** *ne fermait plus.* **Les phares** *étaient cassés. Ivy devait faire réparer* **le devant de la voiture**.
2ᵉ cycle ▶ **Reprise par un adverbe:** *ici, là, alors, ainsi, également...*	On allait voir ses voisins, on s'entraidait *.* **Ainsi** *agissait-on dans ce village.* *Vous* irez au parc *, et Marco* **également**.
2ᵉ cycle ▶ **Reprise par un groupe du verbe** GV: *le + faire*	*Juliane* a parlé haut et fort *comme je* **l'aurais fait** *certainement dans une telle situation.*
2ᵉ cycle ▶ **Reprise par un synthétique** (mot résumant une partie de texte) Ex.: *ces faits, la question, ces facteurs, cet évènement, le problème, ce point*	*Le nombre de véhicules s'accroît à l'échelle de la planète. Beaucoup d'usines encore rejettent dans l'air des gaz à effet de serre. On gaspille l'eau et des matières qu'on pourrait recycler.* **Tous ces problèmes** *ont un impact énorme sur la vie.*

⤷ **Page 275** Mots génériques et spécifiques

⤷ **Page 277** Périphrases

⤷ **Page 257** Familles de mots

La reprise se fait souvent avec un déterminant défini, démonstratif ou possessif (ex.: *le, cette, son*).

1. Quand on emploie un pronom, il faut s'assurer de faire la reprise appropriée pour éviter une erreur d'interprétation.

   Ex. : ➲ *Au parc, il a vu Antonin avec son chien. Il courait partout.*
       (Qui courait au juste ?)
       Il vaudrait mieux écrire, par exemple :
       ➲ *Au parc, il a vu Antonin avec son chien. Celui-ci courait partout.*

2. Le pronom **cela** reprend un élément mentionné précédemment, alors que le pronom **ceci** reprend un élément qui suit.

   Ex. : *Elle est partie sans dire au revoir.* **Cela** *nous a inquiétés.*
       On a pensé à **ceci** : *faire un potager dans la cour l'été prochain.*

3. Pour créer un certain effet, on place parfois le pronom substitut avant le GN ou la partie qu'il reprend. Cela se voit surtout dans des récits, en début de texte.

   Ex. : **Il** *entra dans la maison.* **Il** *regarda le salon, puis* **il** *s'assit. Alors qu'* **il** *attendait patiemment l'arrivée de son assistant, l'enquêteur aperçut une lueur…*
       Je te **le** *dis : « Il faut partir tout de suite. »*

2ᵉ cycle ▶ 4. Selon le contexte, il arrive parfois qu'un nom spécifique reprenne un nom générique. Ce spécifique constitue aussi un apport d'information.

   Ex. : *Elle regarda le chien dans la cour.* **Le labrador** *était noir comme l'ébène.*

5. Certains pronoms, tels *ce, cela, le,* permettent de reprendre une partie de phrase, une phrase ou même un ensemble de phrases (paragraphe, texte).

   Ex. : *Le prix des carburants continuera peut-être de monter en flèche. Le transport coûterait donc encore plus cher.* **Cela** *pourrait poser de graves problèmes.*

6. Un nom peut être répété ou repris par un autre nom précédé de *un/une, de + tel.*

   Ex. : *Les paroles qu'elle a dites étaient choquantes. Comment a-t-elle pu tenir* **de tels propos** ?

7. Un substitut peut inclure, par son sens, un apport d'information ; c'est le cas, par exemple, avec des synonymes, des périphrases.

   Ex. : *Madame Correia a été très bien accueillie hier soir, à la réunion.*
       Cette enseignante de l'école Azur *est aimable et fort compétente.*

   • L'apport du substitut peut aussi permettre d'exprimer un point de vue.

     Ex. : *L'eau, cet or bleu qui semble si abondant, manque cruellement dans certaines régions du globe.*
         Cette façon de faire est utile dans une argumentation. Ici, l'apport a pour but de susciter l'adhésion du lecteur : tenir pour connu et admis que l'eau est une richesse (*or bleu*) dont l'abondance serait une illusion (*semble si abondant*).

8. Une reprise peut se faire par association ou inférence : le lecteur relie alors des éléments par le contexte ou par ses connaissances.

   Ex. : *Il entra dans un beau village de la Gaspésie. Tout en longeant la mer, il regardait attentivement la rue et vit l'affiche annonçant Percé.*
       Si le lecteur connaît la Gaspésie et Percé, il fera facilement le lien avec *la mer.*

9. Une reprise peut aussi se faire par contraste ou opposition, au moyen d'un antonyme.

   Ex. : *Cette nuit sans lumière fut apeurante.*
       Les premières lueurs du jour *nous rassurèrent.*

10. À lui seul, le déterminant défini, démonstratif ou possessif suffit à faire le lien avec le nom repris, peu importe la relation de sens entre ce nom et son substitut (synonyme, périphrase, etc.).

    Ex. : *le rorqual →* **ce** *géant des mers froides   l'artiste →* **son** *tableau*   ◀

L'organisation et la cohérence du texte

- Le texte est un ensemble organisé, cohérent et qui a du sens. Il est constitué de mots agencés en phrases qui s'enchaînent de façon à former un tout.

- Le texte est développé à partir d'un sujet, traité selon un genre (ex.: article, lettre, nouvelle). Il est structuré en une ou plusieurs séquences (types de textes): descriptive, explicative, argumentative, narrative ou dialogale.

- Plusieurs éléments de base permettent de planifier l'organisation du texte:
  - le sujet, c'est-à-dire à propos de quoi on écrit (préciser le sujet, s'il y a lieu);
  - l'intention, c'est-à-dire dans quel but on produit le texte (ex.: pour informer, convaincre ou divertir son destinataire);
  - le type de texte qui convient selon l'intention;
  - le genre de texte qu'on choisit pour traiter le sujet;
  - le destinataire, c'est-à-dire pour qui on écrit;
  - le contenu (message), soit ce qu'on veut dire sur le sujet.

- On tient compte aussi de la présentation du texte dans l'organisation de celui-ci. On peut recourir à divers moyens pour organiser la présentation d'un texte: titres, découpage en paragraphes, alinéas, insertions (tableaux, illustrations...).

- La typographie désigne tout ce qui concerne la présentation visuelle. Elle comprend des marques et des signes qui servent à la mise en page du texte, par exemple: espacements, alignements, caractères, soulignement, pagination, numérotation, etc.

- Les organisateurs textuels et les marqueurs de relation participent à l'organisation du texte, chacun à leur niveau.

- Les organisateurs textuels sont des mots, des groupes de mots ou des phrases qui servent à faire des liens entre les grandes parties du texte (ex.: *hier, aujourd'hui*; *tout d'abord, ensuite, enfin, pour conclure...*).

- Les marqueurs de relation servent à faire des liens dans les phrases ou entre des phrases (ex.: *de plus, en effet, c'est pourquoi, par contre...*).

- Un texte cohérent est un texte bien organisé, qui répond à quatre règles:
  - la règle de reprise, soit la reprise de l'information qui se fait par les substituts;
  - la règle de progression, soit l'apport d'information par des mots qui s'ajoutent aux substituts;
  - la règle de non-contradiction, soit l'absence de toute contradiction dans le texte;
  - la règle de pertinence, soit le choix d'une information pertinente, appropriée à la situation.

- Les mots substituts reprennent un ou plusieurs mots mentionnés dans le texte. Ils assurent une continuité dans le texte par différentes formes de reprise: reprise d'un GN par un pronom; répétition d'un GN ou d'un pronom; reprise par un synonyme, un générique, une périphrase, etc.

CHAPITRE 30

La ponctuation

Dans le récit suivant, les signes de ponctuation sont surlignés.

L'escalade

Au petit matin, le guide avait averti tout le monde : « On ne part pas sans l'équipement complet. On n'oublie rien ! » Il fallait donc emporter les pitons, les cordes de rappel, les mousquetons, le casque de sécurité, etc.

Deux heures plus tard, nous étions au pied de la falaise à escalader. Celle-ci se dressait devant nous, impressionnante et redoutable. Le défi était de taille.

— Qui veut se lancer le premier ? demanda le guide.

Personne ne répondit.

— Allons, un peu de courage, ajouta notre accompagnatrice.

— Eh ! Willem, tu seras le premier de cordée ! lança son amie Sophie.

Willem, le fanfaron du groupe, se vantait toujours de n'avoir peur de rien. Par conséquent, il ne devait pas reculer devant ce défi, sinon il perdrait la face. Encouragé par tout le groupe, il s'élança alors sur la paroi, s'accrochant du mieux qu'il pouvait. Visiblement, il était moins courageux que sur terre…

À la fin de cette journée épuisante, nous étions fiers d'avoir vécu une telle aventure. Nous avons taquiné un peu Willem, mais nous étions tous d'accord pour dire qu'il avait bien réussi à mener l'ascension.

Les signes de ponctuation, tels que le point et la virgule, sont indispensables pour faciliter la lecture d'un texte. Ils permettent notamment de distinguer des phrases et de comprendre beaucoup mieux un texte.

De plus, quand on écrit, on se sert de la ponctuation pour découper son texte. On délimite ainsi les idées qu'on met en phrases et qu'on enchaîne. La ponctuation est donc un outil très utile pour construire un texte et pour bien voir sa structure.

30.1 Les caractéristiques de la ponctuation

1. La ponctuation joue plusieurs rôles qui facilitent la compréhension et la construction d'un texte.

   - **Rôle syntaxique**
   Sur le plan de la syntaxe, la ponctuation sert à délimiter chaque phrase et des parties de phrases.

     Ex. : *Il fallait donc emporter les cordes, les mousquetons, les piolets, les pitons.*
     Le point termine la phrase, il marque donc sa limite. Dans la phrase, les virgules séparent les groupes qui forment l'énumération, ce qui permet de les distinguer.

   - **Rôle sémantique (sens)**
   Sur le plan du sens, chaque phrase porte des informations qui lui donnent un sens complet. Sans une ponctuation correcte, il est difficile de savoir où commencent et où finissent les informations propres à chaque phrase.

     Ex. : ➲ *ils ont tenté une ascension, sans guide, hier, ils sont revenus au camp*
     Ici, on peut se demander à quelle phrase appartiennent les informations *sans guide* et *hier*. Plusieurs réponses sont possibles, mais chacune donne un sens différent. Par exemple, comparons ces deux possibilités :
     ➲ *Ils ont tenté une ascension sans guide hier. Ils sont revenus au camp.*
     ➲ *Ils ont tenté une ascension sans guide. Hier, ils sont revenus au camp.*
     Il est donc important de bien ponctuer son texte si on veut qu'il soit compris.

   - **Rôle textuel**
   Enfin, la ponctuation participe à l'organisation du texte. Par exemple, dans le récit sur l'escalade, on remarquera notamment :
     – le découpage du texte en phrases distinctes ;
     – les organisateurs textuels, placés en début de phrase et détachés par la virgule : *Au petit matin,... Deux heures plus tard,... À la fin de cette journée épuisante,...* ;
     – les signes de ponctuation qui organisent le dialogue, entre autres les tirets.

2. Les signes de ponctuation sont les suivants :

   - Point
   - Point d'interrogation
   - Point d'exclamation
   - Points de suspension
   - Virgule
   - Point-virgule
   - Deux-points
   - Guillemets
   - Tiret
   - Parenthèses
   - Crochets

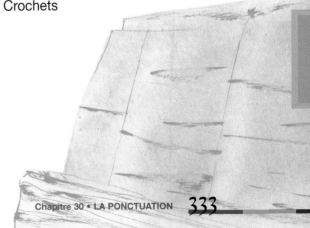

3. Le point (ou point final), le point d'interrogation, le point d'exclamation et les points de suspension servent principalement à terminer une **phrase graphique**. La phrase graphique commence par une majuscule et finit par un point.

- Elle peut être formée d'une seule phrase.
  Ex.: *Nous étions épuisés à la fin de cette journée.*
  Quelle chance nous avons !

- Elle peut contenir une ou plusieurs phrases subordonnées.
  Ex.: *As-tu l'équipement que je t'ai confié ?*
  Les gens qui connaissent la montagne savent qu'il est difficile de l'escalader.

  Une phrase subordonnée n'est donc pas une phrase seule, isolée : elle n'est pas séparée par une majuscule et un point.

- Elle peut aussi comprendre des phrases coordonnées ou juxtaposées.
  Ex.: *Je roulais les cordes et je rangeais mes affaires avant de partir.*
  Nous sommes prêts, nous y allons, nous n'avons pas peur…

  La première phrase graphique comprend deux phrases coordonnées par *et*.
  La deuxième comprend trois phrases juxtaposées par la virgule.

30.2 Le point .

⇨ **Pages 130, 134**
Phrases

1. Le point termine une phrase déclarative ou impérative.
   Ex.: *Elipsie voulait escalader la paroi glacée.* (phrase déclarative)
   Cesse de faire le fanfaron, s'il te plaît. (phrase impérative)

2. Le point termine aussi des abréviations.
   Ex.: *compl.* (complément) *boul.* (boulevard) *ing.* (ingénieur / ingénieure)

⇨ **Page 258**
Abréviation

- L'abréviation consiste à retrancher des lettres dans un mot.

- Si une phrase finit par une abréviation marquée d'un point, on n'ajoute pas un autre point à la fin de la phrase.
  Ex.: *Il fallait prendre les cordes, les mousquetons, les casques de sécurité, etc.*

◼ POUR PRÉCISER

- L'abréviation *etc.* (*et cetera*) doit suivre au moins deux éléments énumérés. À la fin de la phrase, elle est précédée d'une virgule. Si elle se trouve à l'intérieur de la phrase, elle est encadrée par deux virgules.
  Ex.: *Il fallait les cordes, les pitons, les piolets, **etc.**, pour faire cette expédition.*

- L'abréviation *etc.* peut être remplacée par les points de suspension à la suite d'une énumération. Les deux, en effet, sont équivalents en ce cas. Pour cette raison, on ne doit pas les employer ensemble : *les cordes, les pitons, les piolets, ~~etc.~~ …*

30.3 Le point d'interrogation ?

Le point d'interrogation termine une phrase interrogative.

Ex. : *Quand Elipsie revient-elle de la montagne* **?**

↳ Page 131
Phrases

- Le point d'interrogation est parfois employé pour terminer une phrase déclarative qui a un sens interrogatif.

  Ex. : *Noah est allé rejoindre Elipsie* **?**

  Cette tournure appartient plutôt à la langue orale familière.

- Le point d'interrogation termine également des phrases à construction particulière, par exemple :
  - une phrase impersonnelle : *Neige-t-il souvent sur ce pic* **?** (P impers. : *il neige*)
  - une phrase non verbale : *À qui le tour* **?** (P sans verbe)
  - une phrase infinitive : *Comment faire* **?** (P avec verbe à l'infinitif)

30.4 Le point d'exclamation !

1. Le point d'exclamation termine une phrase exclamative ou impérative.

   Ex. : *Comme cette alpiniste est forte* **!** (phrase exclamative)
   Allons-y **!** (phrase impérative)

↳ Pages 133, 134
Phrases

- Le point d'exclamation est parfois employé pour terminer une phrase déclarative qui a un sens exclamatif. Il sert alors à marquer une émotion, une réaction.

  Ex. : *Tu vois qu'il est capable de grimper* **!**

- Le point d'exclamation termine également des phrases à construction particulière, par exemple :
  - une phrase impersonnelle : *Que de mousquetons il nous faut* **!** (P impers. : *il faut*)
  - une phrase non verbale : *Bel effort* **!** (P sans verbe)
  - une phrase infinitive : *Ne pas jeter de nourriture* **!** (P avec verbe à l'infinitif)

2. Le point d'exclamation accompagne normalement une interjection. Celle-ci est un mot ou une expression indiquant une émotion, une réaction, un ordre.

   Ex. : *Oh là là* **!** *Zut* **!** *Allô* **!** *Chut* **!**

   > L'interjection est invariable.
   > Ex. : *On entendait des oh! et des ah!*

- Des mots de différentes classes peuvent aussi servir d'interjections.

  Ex. : *Au feu* **!** *Gare* **!** *Pas possible* **!** *Très bien* **!**

- Quand l'interjection est suivie d'une phrase, celle-ci peut commencer par la minuscule ou la majuscule.

  Ex. : *Tans pis* **!** *je n'irai pas au camp* **!** *Holà* **! Y** *a-t-il quelqu'un* **?**

- L'onomatopée, soit un mot imitant un bruit, sert souvent d'interjection.

  Ex. : *Brrr* **!** *Cocorico* **!** *Crac* **!** *Pouf* **!**

30.5 Les points de suspension ...

Les points de suspension, formés de trois points, terminent une phrase tout en suggérant une suite : une réflexion ou un commentaire non exprimé.

Ex. : *Visiblement, Willem était moins courageux que sur terre...*

On suggère probablement que *Willem avait peur, malgré ses vantardises*, mais on invite les destinataires du texte à supposer le commentaire.

Les points de suspension signalent aussi qu'une énumération n'est pas achevée.

Ex. : *Avant de partir en randonnée, on a pris des bouteilles d'eau, un peu de nourriture, une trousse de premiers soins, de la crème solaire...*

À la fin d'une phrase, les points de suspension ne sont pas suivis d'un point. Ils peuvent toutefois être suivis d'un autre signe, comme la virgule ou le point-virgule, par exemple : *Il tentait de faire le brave..., il avait peur.*

> Dans le cas d'une énumération, les points de suspension remplacent l'abréviation *etc.*

■ POUR PRÉCISER

On peut aussi employer les points de suspension dans les cas suivants :
– si on ne veut pas ou si on ne peut pas exprimer quelque chose au complet ;
   Ex. : *Madame C... était étrange. Elle est partie en souriant, mais...*
– si on veut attirer l'attention sur ce qui suit.
   Ex. : *L'équipe a atteint le sommet... six heures plus tard.*

30.6 La virgule ,

La virgule a de nombreux emplois. Elle est particulièrement utile pour la juxtaposition, la coordination et le détachement de groupes ou de phrases.

A La virgule pour la juxtaposition et la coordination

↳ Page 153
Coordination et juxtaposition

1. La virgule s'emploie pour séparer des phrases très liées par le sens. Elle sépare moins fortement que le point.

Ex. : *On peut voir le glacier de ce poste, on peut s'y rendre à pied ou on peut le traverser dans un véhicule à chenilles.*

2. Dans une énumération, les groupes juxtaposés sont séparés par la virgule. Ils doivent avoir la même fonction, par exemple :

– la fonction de **sujet** ;

Ex. : *Des lynx, des ours noirs, des cerfs, des lièvres vivent dans cette forêt.*

– la fonction d'**attribut du sujet**.

Ex. : *Le groupe est enthousiaste, motivé, prêt pour l'action.*

- Une énumération peut aussi comprendre des phrases subordonnées, et même des groupes et des subordonnées. Ils doivent tous avoir la même fonction, par exemple :
  - la fonction de **complément direct** ;

    Ex. : *Je pense* [Sub. complétive *qu'ils ont atteint le pic*]**,** [Sub. complétive *qu'ils vont bien*]**,** [Sub. complétive *qu'ils sont prudents*].

  - la fonction de **complément de P**.

    Ex. : *Les campeurs sont arrivés* [GAdv *hier*]**,** [GPrép *vers midi*]**,** [Sub. compl. de P *quand l'orage a éclaté*].

3. La virgule sert également à séparer des phrases ou des groupes coordonnés. Elle précède généralement les **coordonnants**, soit :

   - les adverbes coordonnants : *alors, pourtant, sinon, donc, c'est pourquoi…* ;

     Ex. : *Elle a monté sa tente,* **puis** *elle est allée au ruisseau.*

   - les conjonctions de coordination : *mais, car, or, c'est-à-dire, à savoir…*

     Ex. : *Nous irons traverser un énorme glacier,* **soit** *le glacier Columbia.*

     - Les adverbes coordonnants sont généralement détachés par la virgule quand ils commencent une phrase graphique.

       Ex. : *La tente est plutôt petite.* **Par contre,** *elle résiste bien aux intempéries.*

     - Certains adverbes peuvent aussi se placer à l'intérieur de la phrase coordonnée. En général, ils ne sont pas ponctués par la virgule.

       Ex. : *Nous avions bien attaché l'équipement, nous avons* **pourtant** *perdu un sac.*

     - Les conjonctions *et, ou, ni* s'emploient généralement sans virgule.

       Ex. : **Ni** *la pluie* **ni** *le vent ne m'arrêtaient. Je marchais* **ou** *je courais.*

       Cependant, si la coordination comporte plus de deux éléments, on emploie alors la virgule entre les éléments coordonnés.

       Ex. : *J'ai observé* **et** *des huards,* **et** *des colverts,* **et** *des oies sauvages.*

> Les coordonnants, par leur sens, jouent le rôle de marqueurs de relation.
> ⮡ **Page 323**, Marqueurs de relation

⮡ **Page 323**, Marqueurs de relation

2ᵉ cycle ▶

▮ POUR PRÉCISER

Les conjonctions *et, ou* peuvent être précédées de la virgule si elles introduisent une seconde coordination, une conséquence, une opposition, un renchérissement (ex. : *et même*), une incidente ou une phrase ayant un sujet différent.

Ex. : *Vous apportez l'équipement et l'eau,* **ou** *nous ne partons pas.*

On a répondu à notre appel, **et** *il était temps !*

Il est fort probable, **et même** *certain, qu'ils partiront demain.*

◀

2ᵉ cycle ▶ 4. La virgule marque l'ellipse (ou effacement) d'un élément répétitif dans une phrase coordonnée ou juxtaposée ; il s'agit généralement d'un verbe.

Ex. : *Laurie est arrivée à midi et Anton,* **à deux heures.** (ellipse du verbe *est arrivé*)

Elle est arrivée à midi ; lui, **à deux heures.**

Ici, le pronom *lui* remplace *il*. Il en est de même pour les pronoms *moi (je), toi (tu), eux (ils)*. De plus, le point-virgule permet de bien distinguer les phrases juxtaposées, car il y a déjà une virgule.

- On peut aussi effacer le sujet et le verbe, à condition que la phrase demeure claire.

  Ex. : *Cette semaine, nous serons à Banff ; la semaine prochaine,* **à Jasper.** ◀

B La virgule pour le détachement

⤷ Page 3
Phrase de base

> Tout élément détaché à l'intérieur de la phrase est encadré par deux virgules.

1. La virgule détache le **complément de P** placé :

   – en début de phrase ;
   Ex. : **Cet après-midi ,** *l'équipe* escaladera la grande paroi .

   – entre le sujet et le prédicat ;
   Ex. : *L'équipe* **, cet après-midi ,** escaladera la grande paroi .

   – à l'intérieur du prédicat, entre le verbe et son complément.
   Ex. : *L'équipe* escaladera **, cet après-midi ,** la grande paroi .

Dans la phrase de base, le complément de P se place après le prédicat sans détachement.
Ex. : *L'équipe* escaladera la grande paroi **cet après-midi** .

On ne détache pas non plus le sujet suivi du verbe, ni le verbe suivi de son complément.

- Placé en tête de phrase et suivi du verbe, le complément de P n'est pas détaché.
  Ex. : **En juillet** *s'amorça la grande expédition.*

- Parfois, un complément de P très court n'est pas détaché.
  Ex. : *Nous allons monter* **ici** *les trois tentes.*

- Il en est de même pour certains marqueurs de relation (*alors, ainsi, en effet*) qui fonctionnent comme des compléments de P. Ils peuvent aussi se placer entre l'auxiliaire et le participe passé.
  Ex. : *Le jour tombait. L'équipe a* **alors** *établi un camp pour la nuit.*

2ᵉ cycle ▶

■ POUR PRÉCISER

- Dans certains cas, le complément de P est détaché en fin de phrase, par exemple :
  - quand il a la valeur d'un marqueur de modalité (commentaire, jugement) ;
    Ex. : *Ils ne m'ont rien dit,* **évidemment.**
  - quand il exprime une justification ou une conséquence ;
    Ex. : *Laurie n'est pas au camp,* **puisqu'elle est partie ce matin.**
    Les cordes sont endommagées, **de sorte qu'on ne peut plus les utiliser.**
  - quand il exprime une opposition, une concession, une exclusion ;
    Ex. : *Je n'aime pas la randonnée,* **contrairement à toi.**
    Il continue à marcher, **bien que ses jambes soient lourdes.**
    Tous les participants sont arrivés, **sauf l'accompagnatrice.**
  - quand il exprime une condition proche d'une restriction.
    Ex. : *On nous permet de faire un feu de camp,* **pourvu que nous soyons prudents.**

  Dans tous ces cas, le détachement permet de considérer le complément comme une information distincte, un ajout à ce qui vient d'être énoncé dans la phrase. C'est pourquoi on le met en relief par la virgule.

- Les compléments exprimant le temps, le but ou la cause sont souvent sentis comme très liés à la phrase. C'est pourquoi ils sont rarement détachés.
  Ex. : *J'apporte une tente* **afin que** *nous puissions camper.*
  (but exprimé par *afin que*)

◀

2. La virgule détache le complément appelé « **complément du nom détaché** » :

Page 86
Complément
du nom détaché

– après le nom ;

Ex. : *Cette alpiniste,* ***très habile,*** *réussira l'ascension de ce mont.*

– en début de phrase, avant le nom ;

Ex. : ***Très habile,*** *cette alpiniste réussira l'ascension de ce mont.*

– en fin de phrase, parfois loin du nom, si le sens le permet.

Ex. : *La grande alpiniste revint au camp,* ***fière de son exploit.***

• Le complément détaché peut aussi être un complément du pronom.

Ex. : *Elle revint au camp,* ***fière de son exploit.***

Avec les pronoms personnels, comme *je, tu, il, elle,* le complément détaché se place en début de phrase avant le pronom ou à la fin de la phrase.

3. La virgule détache un **groupe mis en relief**, par exemple un groupe détaché et repris par un pronom dans la phrase.

Page 140
Phrase
emphatique

Ex. : ***Cette aventure,*** *elle restera gravée dans ma mémoire.*

• La virgule détache tout élément répété ou repris.

Ex. : *Écoutez, écoutez ! Je vous dis,* ***moi,*** *qu'il est tout près.*

• L'expression *et ce*, qui se place devant un complément de P, est généralement encadrée par deux virgules.

Ex. : *Ségolène a cherché son sac,* ***et ce,*** *pendant une heure.*

4. La virgule détache l'**apostrophe**, qui désigne à qui on s'adresse.

Ex. : ***Willem et Anton,*** *prenez les cordes de rappel.*

5. La virgule détache une **phrase incise**, indiquant qui parle.

Ex. : *« La randonnée fut épuisante »,* ***dit Elipsie.***

2ᵉ cycle ▶ 6. La virgule détache une **phrase incidente** ou un **groupe incident**, qui servent à exprimer un point de vue.

Ex. : *Il a pris,* ***je pense,*** *la meilleure décision.*
Il a pris, ***selon moi,*** *la meilleure décision.* ◀

2ᵉ cycle ▶ 7. La virgule détache la subordonnée **relative explicative**.

Page 161
Relative
explicative

Ex. : *Willem,* ***qui faisait le fanfaron,*** *s'est retrouvé premier de cordée.*

■ POUR PRÉCISER

• On encadre par deux virgules tout élément qui doit être détaché au début d'une phrase coordonnée ou subordonnée.

Ex. : *Je crois que,* ***dès son arrivée,*** *elle était prête à grimper.*
Il a pris cette décision et, ***à mon avis,*** *il a bien fait.*

• Parfois, après un coordonnant ou un subordonnant, on ne détache pas un complément de P s'il est court et s'il commence par une voyelle.

Ex. : *Ils sont prêts pour l'escalade, bien qu'****ici*** *ce sera difficile.*

◀

30.7 Le point-virgule **;**

1. Le point-virgule sert à séparer les éléments d'une énumération sous forme de liste. Il est particulièrement utile si ces éléments comportent déjà des virgules.

   Ex. : *Durant toute l'expédition dans les Rocheuses, on doit :*
   – demeurer près du groupe, sinon on risque de se perdre ;
   – prévenir le guide si on voit des pistes de couguar ou de grizzly ;
   – placer, le soir, la nourriture loin des tentes, de préférence dans un arbre.

   L'énumération est présentée sous forme de liste pour en faciliter la lecture : ses éléments sont bien distingués par les tirets et les points-virgules qui les séparent. L'énumération est annoncée par un deux-points, et un point la termine.

2. Le point-virgule s'emploie pour juxtaposer des phrases étroitement unies par le sens. Il est aussi très utile si la virgule est déjà employée dans les phrases.

   Ex. : *D'un côté, personne ne voulait abandonner l'escalade ou passer pour un peureux ; d'un autre côté, la falaise, impressionnante, n'avait rien pour nous rassurer.*

   • La mise en parallèle (sorte de comparaison) se fait d'ordinaire avec des marqueurs doubles comme *d'une part... d'autre part, d'un côté... d'un autre côté.*

   • Le point-virgule est associé à diverses relations de sens : addition, opposition, simultanéité, conséquence, etc.
   Ex. : *Les uns montaient les tentes ; les autres préparaient le souper.*
   Ici, le point-virgule marque la simultanéité (ex. : *pendant que*). ◀

30.8 Le deux-points **:**

1. Le deux-points sert à introduire une énumération.
   Ex. : *Il fallait emporter tout l'équipement : cordes, casques, piolets, etc.*
   Le deux-points peut alors être précédé d'une expression qui le renforce, par exemple : *comme suit, qui suivent (suivants / suivantes), à savoir, soit, tel que, par exemple...*

2. Le deux-points sert à annoncer un discours rapporté direct (paroles rapportées).
   Ex. : *Le guide avait averti tout le monde : « On ne part pas sans l'équipement complet. On n'oublie rien ! »*
   Le discours rapporté direct est encadré par des guillemets.

3. Le deux-points sert à juxtaposer une explication, une conséquence ou une conclusion.
   Ex. : *Elipsie n'a pas fait la deuxième randonnée : elle avait de la fièvre.*
   Dans ce genre de cas, le deux-points a la valeur d'un marqueur de relation comme *c'est-à-dire, car, puisque, parce que, en effet, donc...* Dans l'exemple ici, il marque une relation de cause / conséquence (ex. : *parce que*). ◀

30.9 Les guillemets « »

1. Les guillemets indiquent le début et la fin d'un discours rapporté direct.

   Ex. : *L'instructeur a déclaré : « Vous êtes tous vraiment forts. »*

   > Ici, le discours rapporté est annoncé par un deux-points. Il forme une phrase complète, qui commence par une majuscule et finit par un point ; le tout est encadré par les guillemets.

   - Le discours rapporté présente plusieurs formes. Ce peut être des paroles, un mot ou des mots énoncés par quelqu'un et que l'on rapporte ; ce peut être aussi un monologue, un dialogue, une citation.

   - La citation est un extrait d'ouvrage, un passage cité d'une œuvre ou les propos d'une personne célèbre, par exemple un auteur, un scientifique, un personnage.

2e cycle ▶ 2. Une phrase incise peut être insérée dans un discours rapporté ; il n'est pas nécessaire alors de fermer et de rouvrir les guillemets.

   Ex. : *« L'accompagnatrice, **dit-il,** est très compétente. »*

   - On peut aussi insérer dans une phrase des paroles rapportées qui ne forment pas une phrase complète ; on n'emploie pas alors le deux-points.

     Ex. : *L'instructeur a dit que nous étions « tous vraiment forts ».*

   - Si un discours rapporté est inséré dans une phrase interrogative, celle-ci se termine toujours par un point d'interrogation.

     Ex. : *Qui a dit : « Je pense, donc je suis »* **?** (Réponse : René Descartes)

     > Quand il y a une ponctuation après le guillemet fermant, la phrase rapportée perd son point final.

   ▓ POUR PRÉCISER

   - On met entre guillemets les titres des parties d'un ouvrage, d'une publication, par exemple : articles de revues ou de journaux, poèmes ou nouvelles d'un recueil. Le titre principal est mis en italique ou souligné (si le texte est déjà en italique).
     Ex. : *Elle a lu l'article « Une ascension réussie » dans le journal* <u>Le reflet</u>.

   - Les guillemets s'emploient souvent après des verbes comme *nommer, appeler…*
     Ex. : *C'est un excellent grimpeur, on l'a surnommé « la chèvre de montagne ».*

   - Les guillemets servent à signaler tout ce qui se démarque par rapport au vocabulaire standard ou au texte courant, par exemple :
     – un mot ou une expression de langue familière dans un texte de langue standard ;
     Ex. : *En voyant le grizzly près du ruisseau, elle « s'est déguisée en courant d'air ».*
     – un mot que l'on vient de créer ou d'une langue étrangère ;
     Ex. : *Le mot « e-mail » se traduit par* courriel.
     – un mot employé dans un sens particulier ou le sens d'un mot, d'une expression.
     Ex. : *Il y a un « petit » problème : on a perdu l'équipement.*
     L'expression latine et cetera *(etc.) signifie « et le reste ».*

   > Les guillemets indiquent une distance ou un recul pris par l'énonciateur :
   > – celui-ci rapporte des paroles qui, en effet, ne sont pas les siennes ; il ne les assume pas nécessairement ;
   > – il peut aussi signaler un écart ou un cas particulier à propos desquels il se distance.

◀

30.10 Le tiret —

1. Le tiret s'emploie pour distinguer les répliques dans un dialogue. Chaque réplique est alors précédée d'un tiret.

   Ex. : *Willem s'approcha de Ségolène.*
   — *Est-ce qu'il te reste de la chaux ? demanda-t-il.*
   — *Oui, j'en ai encore un peu, répondit Ségolène. Tiens, voici mon sac.*
   — *Merci ! Mes mains ne glisseront plus sur la roche ! lança Willem.*

   La phrase incise, comme *demanda-t-il*, n'est pas détachée par la virgule quand elle est précédée d'un point d'interrogation ou d'un point d'exclamation.

   • Un dialogue peut aussi être encadré par les guillemets. Le guillemet ouvrant se place avant la première réplique ; le premier tiret est alors mis devant la deuxième réplique.

   Ex. : *Laurie arriva au poste d'entrée du parc national :*
   «*Est-il possible de camper dans le parc ?*
   — *Bien sûr, répondit le gardien. Il y a même plusieurs campings.*
   — *Lequel me recommandez-vous ?*
   — *Regardez sur la carte. Celui-ci est très bien, c'est un terrain aménagé près de la rivière.* »

↪ Page 340
Point-virgule

   • Le tiret est également employé dans une énumération pour distinguer chaque élément énuméré.

2e cycle ▶ 2. Le tiret, simple ou double, sert à mettre en relief des groupes ou des phrases insérées (ex. : phrase incise ou incidente). Il détache plus fortement que la virgule.

   Ex. : *L'alpiniste — sac au dos, piolet à la main — grimpe à l'assaut de la paroi glacée.*
   Elle a réussi — qui l'eût cru ! — l'ascension du mont McKinley, en Alaska.

   Placé à l'intérieur de la phrase, l'élément est encadré par le tiret double (— —). Si l'élément mis en relief est placé en fin de phrase, on emploie alors un seul tiret.

   Ex. : *Ils sont fatigués — très fatigués.*

30.11 Les parenthèses ()

Les parenthèses servent à isoler une précision ou une information accessoire. Il peut s'agir d'une explication, d'une réflexion, d'une indication ou d'un renvoi.

Ex.: *Le K2 (deuxième sommet du monde) est considéré par les experts comme le plus difficile à escalader.*

■ POUR PRÉCISER

- On appelle «parenthèse» l'information mise entre parenthèses.
- La parenthèse peut aussi être à l'extérieur d'une phrase.
  Ex.: *Nous irons dans l'Himalaya voir les neiges éternelles. (Je l'espère !)*
      Ici, la parenthèse constitue une phrase, elle a donc sa propre ponctuation.
- La parenthèse insérée dans une phrase n'est pas terminée par un point, même si elle est placée à la fin de la phrase. Le point final de la phrase suit la parenthèse.
  Ex.: *Le sommet du mont Everest a été atteint en 1953 par le Néo-Zélandais sir Edmund Hillary et le Népalais Tenzing Norgay, un extraordinaire sherpa (guide de montagne dans l'Himalaya).*

30.12 Les crochets []

2ᵉ cycle ▶ Les crochets sont une variante des parenthèses. Ils servent:

- à isoler une indication, une information ajoutée dans une citation pour mieux comprendre le texte ;
  Ex.: *«Ils [Laurie et son ami] avaient prévu se rendre en Patagonie cet automne.»*
- à encadrer les points de suspension pour indiquer qu'une partie de la citation ou du discours rapporté n'est pas reproduite ;
  Ex.: *«Nous devions d'abord prendre un véhicule tout-terrain au Chili. [...] Finalement, nous sommes arrivés en Argentine.»*
- à isoler une précision ou une indication à l'intérieur d'une parenthèse.
  Ex.: *(On a parlé des billets d'avion pour le voyage [3000 $ chacun].)*

■ POUR PRÉCISER

Les crochets encadrent le mot latin *sic*, qui veut dire «ainsi», pour signaler un propos étrange, douteux, même s'il est vrai, ou une erreur dans une citation.
Ex.: *Mon camarade Anton et moi venions de traverser une gorge dans un parc national en Australie. Soudainement, Anton s'exclama d'un ton nerveux: «Hé ! as-tu vu les kangarous [sic] là-bas !»*

La ponctuation

- Les signes de ponctuation sont les suivants :
  - le point **.**
  - le point d'interrogation **?**
  - le point d'exclamation **!**
  - les points de suspension **...**
  - la virgule **,**
  - le point-virgule **;**
  - le deux-points **:**
  - les guillemets **« »**
  - le tiret **—**
  - les parenthèses **( )**
  - les crochets **[ ]**

- Le point, le point d'interrogation, le point d'exclamation et les points de suspension terminent une phrase graphique, qui commence par une majuscule.

- Voici les principaux emplois des signes de ponctuation.

Signes	Emplois
.	• Le point termine une phrase déclarative ou impérative. • Il sert à abréger des mots, qui sont alors des abréviations.
?	• Le point d'interrogation termine une phrase interrogative.
!	• Le point d'exclamation termine une phrase exclamative ou impérative. • Il accompagne une interjection.
...	• Les points de suspension terminent une phrase en suggérant une suite (ex. : une réflexion, un commentaire non exprimé). • Ils signalent qu'une énumération n'est pas achevée (= *etc.*).
,	• La virgule sépare des phrases ou des groupes juxtaposés dans une énumération. • Elle sépare des phrases ou des groupes coordonnés (avec des coordonnants tels *puis, donc, pourtant, sinon, mais, car, soit, à savoir, c'est-à-dire,* etc.). **2ᵉ cycle ▶** • Elle marque l'ellipse d'un élément répétitif dans une phrase coordonnée ou juxtaposée. • Elle détache : – le complément de P déplacé dans la phrase (par rapport à la phrase de base) ; – le complément qui est un complément du nom détaché ; ce peut être aussi un complément du pronom ; – un groupe mis en relief (ex. : groupe repris ou répété dans la phrase) ; – l'apostrophe, qui désigne à qui on s'adresse (ex. : *toi, viens ici*) ; – la phrase incise, indiquant qui parle (ex. : *dit-elle*) ; **2ᵉ cycle ▶** – la phrase incidente ou le groupe incident, qui servent à exprimer un point de vue (ex. : *croit-on, à mon avis*) ; **2ᵉ cycle ▶** – la subordonnée relative explicative. Placé à l'intérieur de la phrase, l'élément détaché est encadré par deux virgules.

Signes	Emplois
2e cycle ▶ ;	• Le point-virgule sépare les éléments d'une énumération sous forme de liste. • Il juxtapose des phrases étroitement unies par le sens. • Il est très utile quand la virgule est déjà employée dans l'énumération ou les phrases juxtaposées.
: 2e cycle ▶	• Le deux-points introduit une énumération. • Il annonce un discours rapporté direct. • Il juxtapose une explication, une conséquence ou une conclusion.
« »	• Les guillemets indiquent le début et la fin d'un discours rapporté direct (ex. : paroles ou mots énoncés, monologue, citation).
—— 2e cycle ▶	• Le tiret distingue les répliques dans un dialogue ou les éléments d'une énumération. • Il met en relief des groupes ou des phrases insérées (incise ou incidente) ; à l'intérieur de la phrase, l'élément mis en relief est encadré par le tiret double : —— ——.
( )	• Les parenthèses isolent une précision ou une information accessoire.
2e cycle ▶ [ ]	• Les crochets isolent une indication, une information ajoutée dans une citation. • Ils encadrent les points de suspension pour indiquer qu'une partie de la citation ou du discours rapporté n'est pas reproduite. • Ils isolent une précision ou une indication à l'intérieur d'une parenthèse.

Monde

l'affiche

4 au 20 juin

Au pied
de
la lettre

Service

Plus-que-

ANNEXE A

Synthèse des fonctions syntaxiques

Les fonctions syntaxiques

Les **fonctions** syntaxiques indiquent les **relations** entre les unités dans la phrase, c'est-à-dire les mots, les groupes et les subordonnées.

Quand on connaît les fonctions, on comprend mieux la construction de la phrase : on sait alors quelles sont les unités qui doivent être mises en relation.

En voici deux exemples.

• Le GN sujet et le GV prédicat au niveau de la phrase :

GN   GV

Ma sœur prête un parapluie à son amie .

sujet   prédicat

• Le verbe et ses compléments au niveau du GV :

V   GN   GPrép

Ma sœur ***prête*** **un parapluie** **à son amie** .

compl. dir.   compl. ind.

Les fonctions sont présentées en tableaux, ci-après, selon l'ordre suivant :
– d'abord, les fonctions des grands constituants de la phrase ;
– ensuite, les fonctions dans le GV, puis dans d'autres groupes ;
– et enfin, les fonctions dans les phrases à construction particulière.

Dans chaque tableau, on retrouve les principales unités qui remplissent la fonction et les manipulations pertinentes pour repérer cette fonction.

> Dans l'analyse, on distingue les unités des fonctions.
> Par exemple, le GN, le GV et le verbe sont des unités de la phrase. Leurs relations dans la phrase sont nommées par les fonctions : sujet, prédicat, complément, etc.

Pour déterminer une fonction de façon plus sûre, il est toujours mieux d'utiliser plusieurs manipulations.

1 Sujet

Unités	Manipulations	Exemples
GN Pronom GVinf Subordonnée complétive	Déplacement impossible	*Le vélo de Josie* a disparu. ➲ *A disparu le vélo de Josie.*
	Effacement impossible	➲ ✕ a disparu.
	Encadrement par *c'est... qui* ou *ce sont... qui*	➲ *C'est* *le vélo de Josie* *qui* a disparu.
	Remplacement par *il / elle, ils / elles, cela, ce*	➲ *Il* a disparu.
	Remplacement par *qui est-ce qui* ou *qu'est-ce qui*	➲ *Qu'est-ce qui* a disparu ? Réponse : *le vélo de Josie*

Le sujet peut être inversé par rapport au verbe dans des phrases transformées (ex. : impérative, interrogative, emphatique).
Ex. : *Nombreux sont les amateurs de plein air* .

2 Prédicat

Unité	Manipulations	Exemples
GV	Déplacement impossible	*Un merle se moque du chat dans la cour.* ➲ *Se moque du chat un merle dans la cour.*
	Effacement impossible	➲ *Un merle* ✕ *dans la cour.*

3 Complément de phrase

Unités	Manipulations	Exemples
GPrép GN GAdv Subordonnée compl. de P	Déplacement	*Ève joue au tennis après les cours .* ➲ *Après les cours , Ève joue au tennis.*
	Effacement (possible mais non suffisant pour déterminer la fonction)	➲ *Ève joue au tennis* ✕ .
	Dédoublement par *et ce, et cela,* etc.	➲ *Ève joue au tennis, et cela, après les cours .*
	Remplacement impossible par un pronom, sauf si le complément exprime un lieu : pronom *y*	*Ève joue au tennis sur le court central .* ➲ *Ève y joue au tennis.*

4 Complément direct du verbe

Unités	Manipulations	Exemples
GN Pronom GVinf Subordonnée complétive	Déplacement impossible hors du GV	*Pablo observe **un geai bleu**.* ⊃ *Pablo ~~un geai bleu~~ observe.*
	Effacement impossible pour les verbes qui exigent un complément direct	*Anaïs aperçoit **des grives**.* ⊃ *Anaïs aperçoit* ✕ .
	Dédoublement impossible	⊃ *Anaïs aperçoit, ~~et cela~~, des grives.*
	Remplacement par : – *le / la / l', les, en* – *en... un / une / plusieurs / beaucoup / certains*, etc. – *cela, ça* (après le verbe)	*Cédric observe **les oiseaux**.* ⊃ *Cédric **les** observe.* *Jia voit **plusieurs oiseaux**.* ⊃ *Jia **en** voit **plusieurs**.* *Ian préfère **nourrir les canards**.* ⊃ *Ian préfère **cela**.*
	Encadrement par *c'est... que* pour vérifier la fonction du pronom conjoint (*me, te, nous...*)	*Pablo **t'**a photographiée.* (t' = Jia) ⊃ *C'est **toi** que Pablo a photographiée.*
	Passivation (souvent possible)	*Le huard construit **un nid**.* ⊃ ***Un nid** est construit par le huard.*

5 Complément indirect du verbe

Unités	Manipulations	Exemples
GPrép Pronom GAdv Subordonnée complétive	Déplacement impossible hors du GV	*Anaïs sort **d'un bosquet**.* ⊃ *~~D'un bosquet~~ Anaïs sort.*
	Effacement impossible pour les verbes qui exigent un complément indirect	*Je vais **au laboratoire**.* ⊃ *Je vais* ✕ .
	Dédoublement impossible	⊃ *Je vais, ~~et cela~~, au laboratoire.*
	Remplacement par : – *lui, leur, en, y* – préposition + *lui / elle, eux / elles, cela, ça* (après le verbe)	*Mon frère songe **à faire le tour du monde**.* ⊃ *Mon frère **y** songe.* *Jia travaille **sur une base de données**.* ⊃ *Jia travaille **sur cela**.*
	Encadrement par *c'est... que* pour vérifier la fonction du pronom conjoint (*me, te, nous...*)	*Erik **vous** a remis le message.* ⊃ *C'est **à vous** qu'Erik a remis le message.*

> On emploie les pronoms *lui* et *leur* surtout pour les réalités animées (personnes, animaux) et les pronoms *en* et *y* surtout pour les réalités non animées.

Certains GPrép ne peuvent pas être remplacés par un pronom. On les remplace donc par une préposition suivie d'un pronom.

Ex.: *Il vote **pour cette candidate**.* ➲ *Il vote **pour elle**.*
*On finit **par des chansons**.* ➲ *On finit **par cela**.*

 Les dictionnaires indiquent les constructions des verbes. Par exemple, on y verra :
- que des verbes comme *attraper, employer, faire, remplir, résoudre, utiliser* commandent un complément direct dans leur construction (transitif direct) ;
- que des verbes comme *accéder, contribuer, nuire, succéder* commandent une préposition devant leur complément, qui est alors indirect (transitif indirect).

6 Complément du verbe passif

Unité	Manipulations	Exemples
GPrép (introduit avec *par* ou *de*)	Effacement	*Il est aimé **de tous**.* ➲ *Il est aimé* ✕ *.*
	Déplacement : le complément du verbe passif devient le sujet dans la phrase de base ; effacement de la préposition	*Le paratonnerre a été inventé **par Benjamin Franklin** en 1752.* ➲ ✕ ***Benjamin Franklin** a inventé le paratonnerre en 1752.*

7 Modificateur du verbe, de l'adjectif ou de l'adverbe

Unités	Manipulations	Exemples
GAdv GPrép	Effacement	*Amélie agit **avec prudence**.* ➲ *Amélie agit* ✕ *.*
	Déplacement impossible hors du groupe – Modificateur du verbe : mobile dans le GV – Modificateur de l'adjectif : souvent placé avant l'<u>adjectif</u> – Modificateur de l'adverbe : toujours placé avant l'<u>adverbe</u>	➲ ~~*Avec prudence* Amélie agit.~~ *Jézabel lit **rapidement** le plan.* *Jézabel lit le plan **rapidement**.* *Ce véhicule est **non** <u>polluant</u>.* *Fanou peut courir **très** <u>vite</u>.*

2ᵉ cycle ▷ Le **modificateur** peut aussi être en relation avec un déterminant, un pronom, un GPrép ou une subordonnée : les mêmes manipulations s'appliquent.

Ex.: *Il faut compter* ⌈**à peu près** <u>huit</u> heures de voyage⌉ *pour se rendre à destination.* ◀

8 Attribut du sujet

Unités	Manipulations	Exemples
GAdj GN GPrép Pronom GVinf	Déplacement impossible hors du GV	*Mika est **sportif**.* ➲ *Sportif Mika est.*
	Effacement impossible avec les verbes toujours attributifs	*Sandrine deviendra **médecin**.* ➲ *Sandrine deviendra ✗.*
	Remplacement par *le / l'*, *en*, *en… un / une* (souvent possible)	*Léa est **une athlète de haut niveau**.* ➲ *Léa **en** est **une**.*
	Remplacement du verbe par le verbe *être*, puis de l'attribut par un pronom	*Olivier a l'air **en forme**.* ➲ *Olivier **est** en forme.* ➲ *Olivier **l'**est.*

- Dans quelques cas, l'attribut peut être un adverbe (GAdv) qui a aussi la valeur d'un adjectif.

  Ex. : *Vous êtes **bien**. Elle est **mieux**.*

- Avec certains verbes qui ne sont pas toujours attributifs, l'effacement de l'attribut donne un autre sens à la phrase.

  Ex. : *Je sors **seule**.* ≠ *Je sors.   Tu pars **heureux**.* ≠ *Tu pars.*

2ᵉ cycle ▷

9 Attribut du complément direct

Unités	Manipulations	Exemples
GAdj GN GPrép	Déplacement impossible hors du GV	*Chloé considère <u>son chien</u> **comme un fidèle ami**.* ➲ *Comme un fidèle ami, Chloé considère son chien.*
	Effacement impossible (ou effacement qui change beaucoup le sens)	*Sami trouve <u>ce spectacle</u> **magnifique**.* ➲ *Sami trouve ce spectacle ✗.* *Ils ont appelé <u>leur fille</u> **Valérie**.* ≠ *Ils ont appelé leur fille.*
	Remplacement seulement du complément direct par un pronom (*le / la / l'*, *les*, *en*, *cela*, *ça*)	*On a élu <u>Tristan</u> **capitaine de l'équipe**.* ➲ *On <u>l'</u>a élu **capitaine de l'équipe**.*

10 Complément du nom

Unités	Manipulations	Exemples
GAdj GN GPrép GVpart Subordonnée relative Subordonnée complétive GVinf	Effacement	*Nous avons vu un <u>film</u> **extraordinaire**.* ➲ *Nous avons vu un <u>film</u>* ~~extraordinaire~~.
	Déplacement impossible (généralement), sauf le complément détaché	*L'auteur **de cette œuvre** est inconnu.* ➲ ~~De cette œuvre~~ *l'auteur est inconnu.* *Félix Leclerc, **écrivain et chanteur**, fut l'un des grands artistes du Québec.* ➲ ***Écrivain et chanteur**, Félix Leclerc fut l'un des grands artistes du Québec.*

11 Complément de l'adjectif

Unités	Manipulations	Exemples
GPrép Subordonnée complétive	Déplacement impossible : placé après l'adjectif	*L'équipe est <u>sûre</u> **de gagner la coupe**.* ➲ ~~De gagner la coupe~~ *l'équipe est sûre.*
	Effacement (souvent possible)	*Mia est <u>ravie</u> **que nous ayons réussi**.* ➲ *Mia est <u>ravie</u>* ~~que nous ayons réussi~~.

2e cycle ▷

12 Complément du pronom

Unités	Manipulations	Exemples
GPrép Subordonnée relative GN détaché GAdj ou GVpart détaché	Effacement (souvent possible)	*<u>Lequel</u> **de ces DVD** voulez-vous ?* ➲ *<u>Lequel</u>* ~~de ces DVD~~ *voulez-vous ?*
	Déplacement (possible selon le pronom)	➲ ***De ces DVD**, <u>lequel</u> voulez-vous ?* *<u>Celles</u> **qui sont choisies** crient de joie.* ➲ ~~Qui sont choisies~~ *<u>celles</u> crient de joie.*
	Déplacement du complément détaché (souvent possible)	***Déçu des résultats**, <u>il</u> se prépare à partir.* ➲ *<u>Il</u> se prépare à partir, **déçu des résultats**.*

- L'effacement du complément est impossible avec les pronoms *celui / celle*, *ceux / celles*.
  Ex. : *<u>Celles</u> **qui sont choisies** crient de joie.* ➲ *<u>Celles</u>* ~~qui sont choisies~~ *crient de joie.*

- Le complément de certains pronoms peut être déplacé, en particulier s'il commence par *de*, *parmi* ou *sur*, ou encore s'il est dans une phrase interrogative.
  Ex. : ***Sur douze DVD**, <u>trois</u> étaient endommagés.* ◀

13 Complément du verbe impersonnel : *falloir, s'agir de, pleuvoir, venter…*

Le complément du verbe impersonnel fonctionne, en fait, comme tout complément d'un verbe personnel : les unités et les fonctions dépendent de la construction du verbe. Les mêmes manipulations s'appliquent donc.

Unités	Manipulations	Exemples
• Avec *il faut* : GN, GN + GPrép, Pronom, GVinf, Subordonnée complétive • Avec *il s'agit de*, *il est question de* : GPrép	Déplacement impossible	*Il faut **une heure de repos**.* ⮑ ~~*Une heure de repos il faut.*~~
	Effacement impossible	*Il s'agit **de finir à temps**.* ⮑ *Il s'agit* ~~~~ *.*
	Encadrement par *c'est… que*	*Il **nous** faut un plan.* ⮑ *C'est **à nous** qu'il faut un plan.* *Il s'agit **de vous**.* ⮑ *C'est **de vous** qu'il s'agit.*
	Remplacement par : – un pronom	*Il faut **des livres à Christine**.* ⮑ *Il **lui en** faut.* *Il faut **que tu sortes**.* ⮑ *Il **le** faut.* *Il est question **de ces livres**.* ⮑ *Il **en** est question.*
	– une préposition + un pronom	*Il s'agit **de ma sœur**.* ⮑ *Il s'agit **d'elle**.*

- Les expressions impersonnelles *il en va de même pour / de*, *il en est de même pour / de* fonctionnent comme *il s'agit de* : leur complément est un GPrép, qui se remplace par une préposition suivie d'un pronom, après le verbe.

  Ex. : *Il en est de même **pour Paul**.* ⮑ *Il en est de même **pour lui**.*

  L'expression *il y va de* a aussi un GPrép pour complément, qui désigne normalement une réalité non animée, ainsi : *il y va de son honneur* (= son honneur est en jeu).

- Les expressions *il est*, *il fait*, *il se fait* sont formées avec un complément qui peut être un GN, un GAdj ou un GAdv. Elles expriment un moment ou une condition météo.

  Ex. : *il est **minuit**, il fait **froid**, il se fait **tard***

Les verbes de météorologie peuvent avoir un **modificateur**.

Unités	Manipulations	Exemples
GPrép GAdv	Effacement	*Il grêlait **beaucoup**.* ⮑ *Il grêlait* ~~~~ *.*
	Déplacement impossible	*Il bruine **à peine**.* ⮑ ~~*À peine il bruine.*~~

Unités	Manipulations	Exemples
GN Pronom Subordonnée complétive	Effacement impossible	*Il y a **du monde**.* ⮞ *Il y a* ✕. *C'est **nous**.* ⮞ *C'est* ✕.
	Effacement possible pour *voici*, *voilà* (en contexte clair seulement)	*Voulez-vous le plan ?* *Voici **le plan**.* ⮞ *Voici* ✕.
	Déplacement impossible	*Il y avait **beaucoup de cadeaux**.* ⮞ *~~Beaucoup de cadeaux~~ il y avait.*
	Remplacement du GN par un pronom : selon le présentatif et son complément	*Voici **ton ami**.* ⮞ ***Le** voici.* *Il y a **du lait**.* ⮞ *Il y **en** a.* *Il y a **plusieurs sacs**.* ⮞ *Il y **en** a **plusieurs**.* *C'est **de la pâte**.* ⮞ *C'**en** est.*

- Les expressions *il est, il était* peuvent être considérées comme des présentatifs quand elles équivalent à *il y a*.

  Ex. : ***Il était une fois...*** ***Il est*** *un jardin où je vais souvent.* (*il est* : emploi littéraire)

- Le complément du présentatif peut être aussi, dans certaines expressions surtout :
  - un GAdv : *c'est **trop tard**, il y a **plus*** ;
  - un GPrép : *c'est **à toi de jouer**, c'est **à vous de parler*** ;
  - une subordonnée relative : *voilà **qui est intéressant*** ;
  - un GVinf : *voici **venir la troupe*** (*la voici venir* ou *la voici qui vient*). ◀

Emploi des temps dans la phrase

Le choix des temps se fait selon le sens et selon le rapport entre le temps du verbe de la subordonnée et le temps du verbe de la phrase enchâssante.

Dans les tableaux suivants, qui présentent les principaux cas, le mode du verbe de la phrase enchâssante est toujours l'indicatif.

Phrase enchâssante	Subordonnée
Verbe au **présent** ou au **futur**	Verbe au mode **indicatif**
Dans ce texte, je **précise** *Dans ce texte, je* **préciserai**	Fait antérieur : *qu'il* **pilota** *durant la guerre.* (passé simple) *qu'il* **avait piloté** *avant la guerre.* (plus-que-parfait) *qu'il* **pilotait** *déjà pendant la guerre.* (imparfait) *qu'il* **a été** *un bon pilote autrefois.* (passé composé)
	Fait simultané : *qu'il* **est** *un bon pilote.* (présent)
	Fait postérieur : *qu'il* **sera** *un bon pilote.* (futur simple)

Phrase enchâssante	Subordonnée
Verbe au **passé**	Verbe au mode **indicatif**
Tu **arrivas**	Fait antérieur : *dès qu'elle* **eut quitté** *la salle.* (passé antérieur)
J'ai su	*que tu* **avais réussi.** (plus-que-parfait)
Tu **quittas** *la pièce*	Fait simultané : *aussitôt qu'elle* **arriva.** (passé simple)
*Tu l'***as interrompue**	*pendant qu'elle te* **parlait.** (imparfait)
Elle **avait compris** *Elle* **comprit**	Fait postérieur : *que tu* **reviendrais** *d'ici peu.* (conditionnel présent) *que tu* **serais revenu** *d'ici peu.* (conditionnel passé)

Le conditionnel présent est un futur dans le passé ;
le conditionnel passé est un futur antérieur dans le passé.

Phrase enchâssante	Subordonnée
Verbe au **présent** ou au **futur**	Verbe au mode **subjonctif**
*Je **crains***	Fait antérieur: *qu'elle **soit venue** hier.* (passé)
*Il **faut*** *Il **faudra***	Fait simultané ou postérieur: *qu'il **vienne** me voir.* (présent)

Phrase enchâssante	Subordonnée
Verbe au **passé**	Verbe au mode **subjonctif**
*Je **craignais***	Fait antérieur: *qu'elle **soit venue** hier.* (passé) *qu'elle **fût venue** hier.* (plus-que-parfait*)
*Je **demandai*** *J'ai **demandé***	Fait simultané ou postérieur: *qu'il **vienne** me voir.* (présent) *qu'il **vînt** me voir.* (imparfait*)

* Ces temps s'emploient dans la variété de langue soutenue.

Phrase enchâssante	Subordonnée d'hypothèse introduite par *si*
Verbe au **présent** ou au **futur**	Verbe au mode **indicatif**
*Tu me **préviens*** *Tu me **préviendras***	*si l'avion **a** du retard.* (présent) *si l'avion **a eu** du retard.* (passé composé)
Verbe au **conditionnel présent** ou au **conditionnel passé**	Verbe au mode **indicatif**
*Il me **préviendrait***	*si l'avion **avait** du retard.* (imparfait) *si l'avion **avait eu** du retard.* (plus-que-parfait)
*Il m'**aurait prévenu***	*si l'avion **avait eu** du retard.* (plus-que-parfait)

ANNEXE C

Rectifications orthographiques

En 1990, l'Académie française a approuvé des rectifications orthographiques recommandées par le Conseil supérieur de la langue française. Ces rectifications ont trait, entre autres, à l'accent circonflexe, au tréma, au trait d'union et aux mots composés. Depuis l'approbation de ces rectifications, les nouvelles graphies, au même titre que les anciennes, sont considérées comme correctes. Cependant, elles ne sont pas encore intégrées entièrement dans les dictionnaires de langue ; c'est pourquoi nous présentons un certain nombre de cas dans cette annexe.

Les personnes qui voudraient en savoir davantage sur les nouvelles graphies du français peuvent se référer notamment aux sources suivantes :
– *Les rectifications de l'orthographe*, Conseil supérieur de la langue française (19 juin 1990) ;
– *Journal officiel de la République française* (6 décembre 1990) ;
– *Le millepatte sur un nénufar. Vadémécum de l'orthographe recommandée*, RENOUVO : Réseau pour la nouvelle orthographe du français (2004) ;
– le site de l'Office québécois de la langue française : www.oqlf.gouv.qc.ca ;
– le site www.orthographe-recommandee.info/intro.

Rectifications orthographiques	Nouvelle orthographe	Ancienne orthographe
Dans les noms composés avec trait d'union formés d'un **verbe + nom complément** ou d'une **préposition + nom** : – le nom est au singulier si le nom composé est au singulier ; – le nom est au pluriel si le nom composé est au pluriel. Le verbe et la préposition ne changent pas. Chapitre 2 (page 26)	*un presse-papier* *un sèche-cheveu* *des sans-abris* *des avant-midis*	*un presse-papiers* *un sèche-cheveux* *des sans-abri* *des avant-midi*
Tous les éléments d'un déterminant numéral complexe sont liés par des traits d'union. Chapitre 3 (page 32), Chapitre 22 (page 247)	*cinq-cent-vingt-deux* *trente-et-un*	*cinq cent vingt-deux* *trente et un*
Dans les suites de lettres -*gue*- et -*gui*-, le tréma est déplacé sur la lettre *u* prononcée. Le tréma est ajouté dans quelques mots ayant les suites -*gue*- et -*geu*-. Chapitre 4 (page 43)	*une réponse ambigüe* *contigüité* *argüer* *gageüre*	*une réponse ambiguë* *contiguïté* *arguer* *gageure*

Dans la nouvelle orthographe, le nom est au pluriel seulement quand le composé est au pluriel, et ce, malgré le sens.
Ex. : *un sèche-cheveu*
      des sèche-cheveux

Rectifications orthographiques	Nouvelle orthographe	Ancienne orthographe

L'accent circonflexe sur le *i* et sur le *u* est supprimé s'il ne sert pas à distinguer:
– des homophones;
  Ex.: *il croît* (croître); *il croit* (croire)
– des temps de verbes.
  Ex.: *nous prîmes, vous fûtes*
  (Ici, l'accent est une marque de la terminaison du passé simple aux 1re et 2e personnes du pluriel.)
Chapitre 7 (page 75), Chapitre 19 (page 201), Chapitre 22 (page 245)
	cout
	piqure
	traine
	crument
	naitre
	disparaitre
		coût
		piqûre
		traîne
		crûment
		naître
		disparaître

Certaines anomalies sont corrigées. Chapitre 19 (page 201), Chapitre 20 (page 218)	*il plait* (tel *fait* ou *tait*) *mu* (tel *vu* ou *lu*)	*il plaît* *mû*
Dans les verbes en -é(*)er, le **é** est remplacé par **è** devant une syllabe, finale ou non, qui contient un *e* muet. (* = consonne) Chapitre 19 (page 200)	*je cèderai* *je règlerais* *je règnerai* *je célèbrerais*	*je céderai* *je réglerais* *je régnerai* *je célébrerais*
Les verbes en -*eler* et -*eter* s'écrivent avec **è** et un seul **l** ou un seul **t** devant une syllabe qui contient un *e* muet, sauf les verbes *appeler*, *rappeler*, *jeter* et ses dérivés. Chapitre 19 (page 200)	*je cachète* *je ficèle* *j'époussète* *j'épèle*	*je cachette* *je ficelle* *j'époussette* *j'épelle*
On soude: – des mots dérivés (par exemple avec *contre*, *entre*, *extra*, éléments en -*o*); – des mots composés (par exemple avec un verbe, un nom, un adjectif); – des onomatopées; – des mots empruntés. Chapitre 2 (page 23), Chapitre 23 (page 253)	*contrecourant* *entretemps* *microorganisme* *piquenique* *rondpoint* *faitout* *tamtam* *statuquo*	*contre-courant* *entre-temps* *micro-organisme* *pique-nique* *rond-point* *fait-tout* *tam-tam* *statu quo*
Les mots empruntés suivent la règle générale pour la formation du pluriel: ajout d'un **s**. Chapitre 23 (page 260)	*des sopranos* *des maximums* *des tennismans*	*des soprani* *des maxima* *des tennismen*
Le participe passé *laissé* suivi d'un infinitif est invariable, comme *fait*. Chapitre 21 (page 235)	*Il les a **laissé** jouer dehors.*	*Il les a **laissés** jouer dehors.*

ADAM, Jean-Michel. *Les textes : types et prototypes. Récit, description, argumentation, explication et dialogue*, Paris, Nathan, 1994, 223 p.

ARCAND, Richard. *Les figures de style : allégorie, ellipse, hyperbole, métaphore…*, Montréal, Les Éditions de l'Homme, 2004, 189 p.

BLAIN, Raymond. « Discours, genre, types de textes… de quoi me parlez-vous ? », *Québec français*, Sainte-Foy, n° 98, 1995, p. 22-25.

CANVAT, Karl. *Enseigner la littérature par les genres*, Bruxelles, De Boeck, 1999, 298 p.

CATACH, Nina. *La ponctuation (Histoire et système)*, Paris, Presses universitaires de France, coll. « Que sais-je ? » (n° 2818), 1994, 127 p.

CHAROLLES, Michel. « Introduction aux problèmes de la cohérence des textes », *Langue française*, vol. 38, 1978, p. 7-41.

CHARTRAND, Suzanne-G. « Outils pour l'enseignement des discours argumentatifs écrits en compréhension », *Québec français*, Sainte-Foy, n° 97, 1995, p. 42-44.

CHARTRAND, Suzanne-G., Denis AUBIN, Raymond BLAIN et Claude SIMARD. *Grammaire pédagogique du français d'aujourd'hui*, Boucherville, Les publications Graficor, 1999, 397 p.

DE KONINCK, Godelieve, Réal BERGERON et Marlène GAGNON. *Lire et écrire au secondaire : un défi signifiant*, Montréal, Chenelière Éducation, 2005, 181 p.

GENEVAY, Éric. *Ouvrir la grammaire*, Lausanne, Éditions L.E.P., 1994, 274 p.

GIASSON, Jocelyne. *Les textes littéraires à l'école*, Montréal, Gaëtan Morin éditeur, 2000, 271 p.

GOBBE, Roger, et Michel TORDOIR. *Grammaire française*, Saint-Laurent, Éditions du Trécarré, 1986, 440 p.

GREVISSE, Maurice. *Le bon usage. Grammaire française*, Paris-Gembloux, Duculot, 11e édition revue, 1980, 1519 p.

GREVISSE, Maurice. *Le bon usage*, 13e édition refondue par André Goose, Paris – Louvain-la-Neuve, Duculot, 1993, 1762 p.

GREVISSE, Maurice, et André GOOSE. *Nouvelle grammaire française*, Louvain-la-Neuve, Duculot, 1995, 393 p.

GUILLOTON, Noëlle, et Hélène CAJOLET-LAGANIÈRE. *Le français au bureau*, 6e édition revue et augmentée par Noëlle Guilloton et Martine Germain, Sainte-Foy, Office québécois de la langue française, Les publications du Québec, 2005, 754 p.

LAPORTE, Myriam. « Des moyens pour la progression du texte », *Québec français*, Sainte-Foy, n° 128, 2003, p. 58-61.

LAPORTE, Myriam, et Ginette ROCHON. *Grammaire Jeunesse* (3e cycle du primaire), Anjou, Les Éditions CEC, 2004, 326 p.

LÉGER, Véronique, François MORIN et Jacques OSTIGUY (dir.). *Référentiel*, collection « En toutes lettres », Boucherville, Les publications Graficor, 2000, 455 p.

NADEAU, Marie, et Carole FISHER. *La grammaire nouvelle : la comprendre et l'enseigner*, Montréal, Gaëtan Morin éditeur, 2006, 239 p.

PARET, Marie-Christine. « La " grammaire " textuelle. Une ressource pour la compréhension et l'écriture des textes », *Québec français*, Sainte-Foy, n° 128, 2003, p. 48-50.

PARET, Marie-Christine, Myriam LAPORTE et Suzanne-G. CHARTRAND. « La cohérence textuelle dans les textes de jeunes Québécois : coordonnées d'une recherche », *Revue de l'ACLA* (Association canadienne de linguistique appliquée), vol. 18, n° 1, 1996, p. 67-83.

RAMAT, Aurel. *Le Ramat de la typographie*, 8ᵉ édition, Montréal, Aurel Ramat éditeur, 2005, 224 p.

RIEGEL, Martin, Jean-Christophe PELLAT et René RIOUL. *Grammaire méthodique du français*, Paris, Presses universitaires de France, 2004, 646 p.

ROY, Gérard-Raymond, et Hélène BIRON. *S'approprier l'orthographe grammaticale par l'approche « donneur » → « receveur »*, Sherbrooke, Éditions du CRP, 1991, 156 p.

TANGUAY, Bernard. *L'art de ponctuer*, Montréal, Éditions Québec Amérique, 2000, 174 p.

Dictionnaires

BESCHERELLE. *L'art de conjuguer : dictionnaire de 12 000 verbes*, nouvelle édition, Montréal, Éditions Hurtubise HMH, 1998.

Dictionnaire analogique, Paris, Larousse / VUEF, 2001.

DULONG, Gaston. *Dictionnaire des canadianismes*, Larousse Canada, 1989.

FOREST, Constance, et Denise BOUDREAU. *Le Colpron : le dictionnaire des anglicismes*, 4ᵉ édition, Laval, Groupe Beauchemin éditeur, 1998.

HANSE, Joseph. *Nouveau dictionnaire des difficultés du français moderne*, 3ᵉ édition avec la collaboration de Daniel Blampain, Louvain-la-Neuve, Duculot, 1994.

Le Petit Larousse Illustré 2007, Paris, Larousse, 2006.

Le nouveau Petit Robert de la langue française 2007, nouvelle édition du *Petit Robert* de Paul Robert, texte remanié et amplifié sous la direction de Josette Rey-Debove et Alain Rey, Paris, Dictionnaires Le Robert / SEJER, 2006.

Le Robert Brio, sous la direction de Josette Rey-Debove, Paris, Dictionnaires Le Robert / VUEF, 2004.

REY, Alain, et Sophie CHANTREAU. *Dictionnaire des expressions et locutions*, Paris, Dictionnaires Le Robert, 2003.

TARDIF, Geneviève, Jean FONTAINE et Jean SAINT-GERMAIN. *Le Petit Druide des synonymes : dictionnaire des synonymes et antonymes*, Montréal, Éditions Québec Amérique, 2003.

VILLERS, Marie-Éva de. *Multidictionnaire de la langue française*, 4ᵉ édition, Montréal, Éditions Québec Amérique, 2003.

INDEX

A

N

Narrateur, 310-311

Ne (explétif), 179, 180, 188

Ne... que, 137

Négation, 137

Néologismes, 252

Ni, 137, 155, 337

Nom, 14-27 (↳ GN)
collectif, 20, **226**, 233
commun, 17
composé ou dérivé, 23
donneur d'accord, 15
féminin (formation du ∼), 24
formes (simple, complexe), 23
genre, 21
nombre, 22-23
pluriel (formation du ∼), 25
noms composés ou dérivés, 26
propre, 18-19
traits (animé / non animé...), 20

Non-contradiction, 324-**326**

Noyau d'un groupe, 4

Nu, 237

O

On, 54
accord, 232

Onomatopée, 145, 335

Organisateurs textuels, 322

Organisation du texte, 315-318

Orthographe, 243
graphèmes, 243
phonèmes, 244

P

Paragraphe, 319-**320**

Parenthèses, 343

Paronymes, 267

Participe, 197, **217**-**218** (↳ Temps des verbes)

Participe passé, 218 (↳ Accord du ∼)
employé avec l'auxiliaire *avoir*, **234**-235
employé avec l'auxiliaire *être*, **228**
employé seul (adjectif), **223**

Participe présent, **39**, 217

Passé, 237

Passé (↳ Temps des verbes)
antérieur, 208
composé, 206
simple, 208

Périphrases, 277

Personnes (pronoms de conjugaison), 199

Personnification, 269

Pertinence de l'information, 324-**326**

Phrase
combinaisons de formes, 142
construction particulière
à présentatif, 146
impersonnelle, 143-144
infinitive, 147
non verbale, 145
forme
active, 138
emphatique, 140-141
impersonnelle (transformée), 144
négative, 136-137
neutre, 140
passive, 138-139
positive, 136
graphique, 121, 334
incidente, 157
incise, 157
schémas de P, 126-127
subordonnée, 151-152 (↳ Subordonnée)
type
déclaratif, 130
exclamatif, 133
impératif, 134-135
interrogatif, 131-133

Phrase de base, **3**, **121**
constituants de la phrase, 3, 122-125

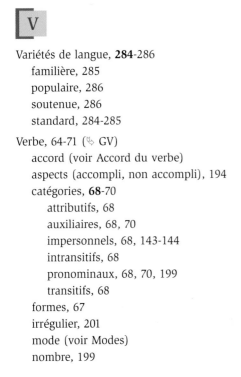

INDEX DES TABLEAUX

SOURCES ICONOGRAPHIQUES

Classes de mots	
Adj	adjectif
Adv	adverbe
Conj	conjonction
Dét	déterminant
N	nom
Prép	préposition
Pron	pronom
V	verbe

Structures : groupes et phrases	
GAdj	groupe de l'adjectif
GAdv	groupe de l'adverbe
GN	groupe du nom
GPrép	groupe de la préposition
GV	groupe du verbe
GVinf	groupe du verbe à l'infinitif
GVpart	groupe du verbe au participe présent
P	phrase
Sub.	subordonnée

Fonctions	
attr.	attribut
compl.	complément
compl. dir.	complément direct
compl. ind.	complément indirect
compl. de P	complément de phrase
modif.	modificateur

Autres	
aux.	auxiliaire
f.	féminin
inf.	infinitif
m.	masculin
p. p.	participe passé
p. prés.	participe présent
pers.	personne (1re, 2e, 3e pers.)
pl.	pluriel
s.	singulier
subord.	subordonnant

Pictogrammes	
	Emploi correct
	Emploi incorrect
	Apprentissage explicite au 2e cycle
	Invitation à consulter un dictionnaire
	Renvoi à une notion d'une autre partie de la grammaire
=	Équivaut à
≠	Différent de
POUR PRÉCISER	Explications ou détails complémentaires
M	Utilisation de manipulations syntaxiques
	Astuces ou informations pratiques

Constituants de la phrase (P)	
	Sujet
	Prédicat (groupe du verbe)
	Complément de P